古代歷史文化研究輯刊

八 編

王明蓀 主編

第 10 冊

唐代地方武官研究

馮金忠 著

國家圖書館出版品預行編目資料

唐代地方武官研究／馮金忠 著 — 初版 — 新北市：花木蘭文
化出版社，2012〔民 101〕

目 2+270 面；19×26 公分

（古代歷史文化研究輯刊 八編：第 10 冊）

ISBN：978-986-254-971-1（精裝）

1. 人事制度　2. 唐代

618　　　　　　　　　　　　　　　　　101014968

古代歷史文化研究輯刊
八　編　第　十　冊　　　　　　　　ISBN：978-986-254-971-1

唐代地方武官研究

作　　　者	馮金忠
主　　　編	王明蓀
總 編 輯	杜潔祥
出　　　版	花木蘭文化出版社
發 行 所	花木蘭文化出版社
發 行 人	高小娟
聯絡地址	新北市永和區中正路五九五號七樓
	電話：02-2923-1455／傳眞：02-2923-1452
網　　　址	http://www.huamulan.tw 信箱 sut81518@gmail.com
印　　　刷	普羅文化出版廣告事業
初　　　版	2012 年 9 月
定　　　價	八編 22 冊（精裝）新台幣 35,000 元

唐代地方武官研究

馮金忠　著

作者簡介

馮金忠，男，1973 年生，河北藁城人，史學博士，河北省社會科學院歷史研究所副研究員。
1998 年於陝西師範大學歷史系獲學士學位，2001 年於河北師範大學歷史系獲碩士學位，2006
年於北京師範大學歷史系獲博士學位，師從於黎虎先生。研究方向為隋唐史和河北區域史。
在《中國史研究》、《文史》、《中國農史》、《中國邊疆史地研究》、《文獻》等刊物發表論文
三十餘篇，著有《燕趙佛教》（中國社會科學出版社，2009 年）等。

提　　要

　　唐代上承魏晉南北朝之餘緒，下開有宋一代之新局，具有鮮明的時代特色。這在地方武官
制度方面同樣有所體現。唐前後期地方武官制度變化劇烈，前期地方武官主要集中在都督府和
都護府下的軍、守捉、城、鎮、戍等機構。唐玄宗時期節度使制度確立後，特別是安史之亂後，
湧現了大量的軍事使職，以節度使為代表的地方武官成為當時武官制度的主體，唐代社會的面
貌也為之一變。本書以問題為綱，選取了幾個學界研究比較薄弱的問題加以探討。共分七章，
分別是：唐代武官及文武之變；唐代州郡地方武官；唐代藩鎮儲帥制度；唐後期藩鎮武職僚佐
的遷轉流動；唐代行營體制下的地方武官；唐代地方武官的世襲問題；唐代地方武官與唐宋歷
史變革。

　　本書在傳統文獻的基礎上，充分利用碑刻墓誌資料，力圖將唐代至宋初進行長時段考察，
揭示唐後期在舊制度被打破，新制度尚未定型時期各種錯綜複雜的現象。除了常態的制度外，
那些非常態的制度（確切一點來說應稱之為規則、故事）也在本人考察範圍之內，例如藩鎮儲
帥制度、戰時體制下行營武官等。另外，本書試圖將地方武官作為鮮活個體給予社會學層面的
關注，探討他們在地方、中央間的遷轉流動。努力將研究動態化、立體化，而不止於簡單的制
度復原。

河北省社會科學院學術著作出版補貼資助

緒　論

一、選題意義

　　中國歷史上歷來文武並稱，武官是封建社會官僚機構的重要組成部分。一般而言，春秋戰國時期文武便開始分途。由於職業特點等因素，武官在考課、選拔任用等方面表現出與文官一定程度的不同。「戡亂以武，守成以文」，封建王朝在不同歷史階段對文武官的依賴也有所側重。在混亂動蕩時期武官（主要是其中武將）的作用凸顯，成爲時代舞臺的中心。同時戰爭環境也推動了武官制度的發展。但當四海清晏，社會走向正規，武官的地位則開始下降，往往被排擠出決策中樞。武官制度作爲官僚制度和軍事制度的交叉點，是政治制度史重要內容。由於歷代王朝通常奉行重文輕武的政策（這在宋以後表現尤爲突出），在史書中武官制度記載十分簡略。同完善成熟的文官制度相比，武官制度顯得零碎和不夠系統。材料的闕失嚴重制約了武官的研究。這種狀況是與武官地位和作用很不協調的。隨著研究的深入和研究領域的拓寬，武官作爲專門研究對象開始進入人們的視野。學界長期以來重文輕武的傾向開始有所改變。以魏晉南北朝爲例，在眾多的論文之外，出現了一些專著，代表性的有張金龍的《魏晉南北朝禁衛武官制度研究》（中華書局，2004年）和陶新華《魏晉南朝中央對地方軍政官的管理制度研究》（巴蜀書社，2003年）等。在宋史界，陳峰對北宋武將群體的研究也成績斐然，著有《北宋武將群體與相關問題研究》（中華書局，2004年）以及《武士的悲哀─北宋崇文抑武現象透析》（陝西人民教育出版社，2000年）等。

　　唐代在中國歷史上是具有轉折性及變革性的歷史時期，處於承上啓下的

地位，在武官制度方面同樣有所體現。它上承魏晉南北朝之餘緒，下開宋代之新局，具有鮮明的過渡時期的特點和濃厚的時代特色。李唐王朝之武功遠邁前代，應該說武官制度是重要的體制上的原因。加強唐代武官的研究，對唐代政治史、軍事史，乃至進一步深入認識唐代社會都有重要意義。

二、唐代武官研究綜述

唐代武官研究相對於其他斷代來說，顯得滯後。長期以來，處於文官研究和軍制研究附庸的境地。近年來這種局面有所改觀。特別是利用敦煌吐魯番文書，在歸義軍軍將研究方面成績尤為突出。現在分幾個方面對一個世紀以來唐代武官研究情況加以回顧。隋和五代與唐代關係密切，對唐代武官進行研究時不可避免的往往會追溯到隋，延伸到五代。由於涉及時段較長，成果眾多，可能存在掛一漏萬，簡擇不當，特別是臺港和日本學界的成果，由於筆者目力和閱力所限，可能頗有遺珠之嫌。

（一）唐代武官的總論性研究

唐代武官作為官制和兵制的一部分，在官制著作和政治制度史中都多少有所涉及。陳仲安、王素《漢唐職官制度研究》（中華書局，1993年）和俞鹿年著《中國政治制度通史》（隋唐五代卷）（人民出版社，1996年）對隋唐時期的眾多武官諸如行臺、總管、都督、節度使、都護、元帥、都統、討擊使、招討使等有概括介紹。後者在軍隊統領系統中對中央和地方間各級武官之間的統屬上下關係等也有所涉及。陳志堅《唐代州郡制度研究》（上海古籍出版社，2005年）是研究地方行政制度的較新成果。主要涉及了唐代州郡的等級和類別、官僚制度以及中央與地方關係等三個大問題。在州郡官僚制度中雖然主要關注的是文職僚佐，對武職僚佐著意不多，但對研究地方武官制度具有很大的借鑒意義。陳國燦、劉健明主編的《全唐文職官叢考》（武漢大學出版社，1997年）對《全唐文》中出現的一些職官加以疏釋，或釋其疑難，或訂其錯訛，採用專題考論的形式，不少條目即是關於武官的考論性的論文。

武官同軍制（兵制）關係十分密切，在軍制的著作中更多涉及到武官。唐長孺《唐書兵志箋正》（科學出版社，1957年）是對《新唐書·兵志》研究的重要成果。該書針對《新唐書·兵志》的闕失，主要作了兩方面的工作：箋其所出，即考疏《兵志》所依據的史源；正其所誤，即根據考證過的原始

資料，糾正《兵志》記載的錯訛，並補其不足。該書不僅是兵制研究，而且也是武官研究的案頭必備書。陳高華、錢海皓任總主編的六卷本《中國軍事制度史》（大象出版社，1997 年），專設武官制度卷。此卷第四章論述隋唐五代的武官制度。共分四節：第一節：制舉、武舉；第二節：門蔭、薦舉、辟署、非時選；第三節：任官制度、官品、封爵、散官、勳官；第四節：考課、獎懲、俸祿、軍禮、致仕。比較全面、系統的介紹了隋唐五代武官制度各方面的內容。此套書專闢「武官制度」卷，反映了編者的卓識。但由於為體例所限，內容流於空泛，深度相對不足。王永興《唐代前期軍事史略論稿》（崑崙出版社，2003 年）此書分上下兩編，上編論述唐代前期的軍事制度，包括中央兵部及其對應機構、府兵制、禁軍制、節度使兵制、城傍制等，重點闡述了從府兵制向節度使兵制的過渡轉型問題。另外還有劉展主編《中國古代軍制史》（軍事科學出版社，1992）等等。除了以上專著外，還有一些總論性論文對唐代的武官制度有所涉及。雷淵深、季德源《中國歷代軍事職官制度》（《中國史研究》1993 年第 4 期）概述了歷代的武官的選拔制度、任用制度、考覈制度、等級制度、俸養制度、致仕制度等幾個方面。臧雲浦、王雲度《中國歷代武官制度》（《徐州師範學院學報》1989 年第 3 期）將中國歷史上的武官制度發展分為六個大階段，十四個小階段，認為隋唐是武官制度的系統化時期，並對此時期的武官制度作了粗線條的勾勒。

在這裡必須要指出的是，日本學者在隋唐軍制研究方面成就巨大。日野開三郎、菊池英夫、濱口重國等人更是其中的翹楚。其成果在研究軍將武官制度時同樣必須借鑒和參考。由於大部分成果與武官關係不是很直接，除一些直接相關的論文將在後面專門介紹外，在此不予多論。

（二）唐代武官選任制度研究

選任制度是唐代武官研究比較深入的方面。全面性的研究有劉琴麗的《唐代武官選任制度初探》（社會科學文獻出版社，2006 年）。全書分六章，第一章，唐代武官的銓選；第二章至第五章是對武官入仕途徑的研究，包括軍功入仕、門蔭入仕、科舉入仕、方鎮使府的辟署制度、其他選任方式等方面。該書在文獻資料的基礎上，充分利用碑志材料，研究十分細緻深入。在武舉、制舉武科、衛官等方面都有突破，代表了當今對武官選任制度的最新成果。其他總體性成果還有，陳志學《試論唐代武官的入仕途徑》（《中華文化論壇》2002 年第 3 期）認為唐前期（指玄宗之前）武官的主要入仕途徑有三：門蔭

（包括宗室）、軍功、科舉；後期新興的辟召成爲主途之一，其入仕者僅次於軍功和門蔭而高於它途。在各種入仕途徑中亦有主從的變化。這種變化和有唐一代的政治形勢息息相關。郭紹林《唐代選拔軍事人才的途徑》（《洛陽師範學院學報》2002 年第 3 期）認爲唐代選拔軍事人才的途徑主要有科舉，包括制舉和武舉，並對武舉的情況進行了較爲詳細的介紹。文中還介紹了一些非正常選拔人才的途徑，如投合皇帝心意、用錢財賄賂宦官而授官等。

　　科舉制度創始於隋，在唐得到進一步的發展。在軍功和蔭任、薦舉等途徑以外，科舉（即武舉）也是途徑之一。武舉是唐代所創，它始設於武則天長安二年（702）。在《新唐書・選舉志》、《通典》和《唐六典》中都有比較集中的記載。相對於武官的其他方面，武舉的研究成果相對較多。陳志學《唐代武舉試論》（《四川大學學報》1988 年第 4 期）將唐代武舉分爲武舉制科和鄉貢武舉兩類，論述了其發展歷史、考試科目、錄取標準、產生歷史原因等。他認爲唐之鄉貢武舉主旨在於選拔能夠衝鋒陷陣的戰將，而不是運籌帷幄的統帥。這正和武舉制科選拔策略之士、將帥之才相輔相成。臺灣學者高明士的《唐代的武舉與武廟》（《第一屆國際唐代學術會議論文集》，臺北學生書局，1989 年）認爲武舉有廣義和狹義之分。一般所說的唐代創設武舉一事，是指科舉常科，是狹義。廣義的武舉還包括制舉中的武科。在武舉制度的淵源問題上，他通過對武舉內容的研究，認爲武舉制度直接是以唐太宗貞觀年間的飛騎制度爲藍本的，還吸收了以前制舉科目的內容。武舉的設立原因，他歸納爲四個方面 1、武則天末年府兵衰散；2、外患不絕；3、獎勵新設的民兵、鎮兵；4、用以選拔將校人才。此文還探討了武舉和武廟的關係。高氏認爲太公廟的創立與武舉並無必然的聯繫，但太公廟成爲全國性的武廟則與武舉的實施有關。武舉與武廟制度的建立，是以文舉與孔廟制度爲藍本的。爲了對應文舉和文廟的關係，在武舉設立後，武廟也應運而生。其背後的意識即認爲文武可分途發展。而這是與唐前期出將入相和文武合一的傳統相背離的。於是文武究係合一抑或分途乃至取太公比文宣王（即孔子）成爲唐代後期議論的焦點。此文視野開闊，開掘很深，不僅探討了武舉的制度淵源，而且以武舉爲切入點觸及了唐代文武之變等深層次問題。除此文外，還有林伯原《論唐代武舉的建立及到兩宋的發展》（《體育科學》1989 年第 1 期）、潘孝偉《唐代的武舉》（《安慶師範學院學報》1990 年第 1 期）、唐羣《武則天開創武舉時的形勢分析》（見趙文潤等主編《武則天研究論文集》，山西古籍出版社，1998 年）等。許友根《武舉制度史略》（蘇

州大學出版社，1997 年）一書專設一章敘述唐代武舉，介紹了武則天創設武舉的歷史原因、鄉貢武舉的選拔和推薦、武舉的省試及除官、歷史意義等方面的內容。趙多梅《武道彷徨：歷史上的武舉和武學》（解放軍出版社，2000 年）部分章節中也涉及到唐代武舉。劉琴麗《從出土墓誌看唐代的武貢舉》（《中國史研究》2003 年第 3 期）一文利用出土的墓誌材料對武舉的史實作了補充。武舉在唐代影響很小，從正史記載來看，僅見到有郭子儀以武舉高第的記載。清人徐松的《登科記考》中記載了唐代科舉中幾十個名目，惟獨對武舉未予以記錄。歐陽修在《新唐書・選舉志》中也說武舉「其選用之法不足道，故不復書」。其對武舉的輕視和淡漠可見一斑。材料的闕失影響了武舉的研究。劉琴麗從墓誌材料中勾稽爬梳，增加了十一位武舉及第者。並以這些材料爲中心探討了唐代武貢舉及第者的家庭出身背景、來源地區和登科後的授官情況等問題。她認爲武舉及第者大多數來源於官宦之家，在地區分佈上絕大部分都來源於北方，在時間上安史之亂前的及第者要多於之後的，及第後初授官都爲武職。墓誌材料提供了武舉方面的寶貴材料，彌補了史籍的不足。但我們也應看到，由於材料有限，並不具有統計學上的意義，故在一定程度上影響了文章的說服力。縱觀以上文章，在對武舉的概念上有一定的分歧，有的認爲包括制舉中的武科，大部分則認爲僅指常科。除此之外，除了論述深度有差別外，在其他方面分歧並不大。

　　從武官的入仕途徑來看，武舉所占比例最小，遠遠不能與軍功和門蔭等途徑相侔，但研究卻集中在這一方面，這和武舉的材料較爲集中和武舉創始於唐不無關係。

（三）唐代具體武官研究

　　唐初繼續推行西魏以來的府兵制。府兵是國家基本軍事力量，主要任務是上番宿衛。若遇戰事，需要征討出征，則從各府抽調兵力，組成行軍，朝廷臨時委派行軍元帥、行軍大總管、行軍總管等作爲統帥。事罷，兵散於府，將歸於朝。高宗武則天時期府兵制逐漸廢弛，行軍逐漸轉變爲鎮軍，唐玄宗時期最終被以募兵制、職業兵等爲特色的節度使兵制所代替。安史之亂後，節度使推及到內地，形成了天下裂於方鎮的局面。有唐一代禁衛軍分爲南衙和北衙。南衙地位淪落較早，北衙六軍的重要性在唐後期也逐漸被神策軍所取代。現在分府兵制、節度使藩鎮、禁軍和蕃將四個方面對這個時期的武官情況加以介紹。

1、府兵制時期的武官

府兵制度在唐代兵制研究中開始最早，研究也最為深入。二十世紀學術界對府兵制的重視，構成了隋唐史研究的一個鮮明特色。岑仲勉的《府兵制度研究》（上海人民出版社，1957 年）和谷霽光《府兵制度考釋》（上海人民出版社，1962 年）是大陸學者研究府兵制的代表作。谷氏此書建立在陳寅恪和濱口重國、岑仲勉等人對府兵研究的基礎上，迄今仍是關於府兵制度最為系統的專著。此書與唐代武官制度關係比較密切的是「唐代衛府組織以及折衝府與州刺史的關係」這一節，對府兵制度下府兵的武官組織系統以及折衝都尉與地方州刺史的關係作了論述。

行軍制度作為出征制度和野戰軍組織形式，發展到隋代已經基本成熟定型。在唐代主要存在於唐初至武周時期。此後除偶爾設置外，已基本廢棄不用。行軍制度下的武官是唐代武官一個重要方面。最早對行軍制度加以注意並進行研究的是日本學者菊池英夫。他論證了行軍向鎮軍，再向軍而至節度使這一軍事組織形式的發展變化過程。與之相聯繫，統兵將軍則由行軍大總管向鎮軍總管、諸使（鎮守、安撫、經略、鎮軍大使等）演變，而後統一名號為節度使。（《節度使制度確立以前「軍」制度的展開》及《續編》，《東洋學報》44 卷 2 號（1961 年），45 卷 1 號（1962 年））二十世紀八十年代後中國學者也開始涉足於這個領域，取得了驕人的成績。其中孫繼民的成就最為突出。《關於隋代行軍制度的幾個問題》（《河北學刊》1990 年第 5 期）探討了隋代行軍統帥及其稱號的變化、行軍統帥與安撫大使的關係、監軍制度等。《關於唐代前期行軍中押官一職的探討》（《河北學刊》1991 年第 6 期）通過對唐代有關材料的分析，認為唐代前期的行軍中不存在統兵五十人的專職隊級押官。押官是隊之上一級編制的長官，統領諸隊，一般領兵五百人。《唐代的行軍統帥》（《魏晉南北朝隋唐史資料》1991 年第 11 輯）指出唐代的行軍統帥有行軍元帥、行軍大總管、行軍總管等稱號。有時由於政治原因或軍事策略的需要，某些軍隊出征以安撫使統領，實即行軍統帥。並探討了它們的歷史淵源、始置時間、人選以及演變特點等。《唐代軍將的泛稱》（《河北師院學報》1994 年第 4 期）認為唐代軍將的稱謂有泛稱和專稱之別。專稱有總管、子總管、隊頭等；泛稱有主帥、營主、押官等。考釋了主帥、營主和押官稱謂的含義和適用範圍。指出「主帥」適用於大將軍以下至隊副以上的各級軍將，相當於現代意義上的「軍官」。「營主」是北周至唐代行軍軍將的泛稱之一，

可以稱謂不同級別的軍將。至於「押官」可能最初只適用於統領作戰部隊的軍將，以後凡是執行臨時性或特殊性任務的軍將都可以稱爲押官。《唐代行軍統帥僚屬制度及其對藩鎮形成的影響》（《河北學刊》1992 年第 6 期）指出行軍制度下的僚佐構成及其辟署制度都對藩鎮形成產生了不可低估的影響。雖然行軍制度在唐玄宗時期趨以消失，但行軍辟署制卻爲節度使體制所保留和繼承，成爲節度使僚屬來源的主要途徑。上述諸文的主要觀點，後都彙入其《唐代行軍制度研究》（臺灣文津出版社，1995 年）一書中。除此書外，孫繼民還有《敦煌吐魯番所出唐代軍事文書初探》（中國社會科學出版社，2000 年）和《唐代瀚海軍文書研究》（甘肅文化出版社，2002 年）兩部專著，對唐代不同歷史時期的武官程度不同的都有所涉及。

　　除了孫繼民外，其他人成果主要有艾沖《隋代總管府的發展與廢止》（《唐都學刊》1998 年第 4 期）、甘懷眞《隋文帝時代軍權與「關隴集團」之關係——以總管爲例》（《唐代文化研討會論文集》臺灣文史哲出版社，1991 年）等對隋代的總管進行了探討。寧志新《唐代行軍總管考略》（《河北師院學報》1991 年第 4 期）則考察了唐代行軍總管的淵源、存在時間、設置特點及消亡原因等問題。他另有一文《隋朝「行軍元帥」考》（《河北師院學報》1996 年第 3 期）論述有隋一代行軍元帥的基本情況，分析其特徵、性質和「某某道行軍元帥」的含義。隋和唐初沿襲前代，在大規模軍事征討時往往設置行臺。杜文玉《論隋唐時期的行臺省》（《渭南師專學報》1993 年第 2 期）對隋唐時期的行臺作了較全面的研討，包括設置的數量、名稱、置廢時間、內部結構、官員職能許可權以及行臺設置的原因、作用和特點等。

　　2、節度使藩鎮的武官

　　唐代方鎮使府組織有文、武兩套系統。《通典》與《新唐書·百官志》、《唐會要》爲代表的唐代史籍都僅記文職僚佐，而於武職軍將組織或闕而不載或語焉不詳。與此相對應的是，文職僚佐的研究成果很多，而武職僚佐研究則長期被忽視。上個世紀八十年代以來伴隨敦煌吐魯番文書研究熱潮的興起，這種局面開始有所改觀。碑刻墓誌材料、敦煌－吐魯番文書在一定程度上彌補了傳統史籍的不足和缺憾。傳統史籍與碑刻墓誌材料、敦煌－吐魯番文書相結合成爲武官研究的重要特色。嚴耕望、張國剛、榮新江、孫繼民、馮培紅等是其中的代表。他們利用傳世史籍、墓誌碑刻、敦煌文獻等資料，對藩鎮使府的武職軍將進行勾稽考證，逐步復原了藩鎮軍隊系統中職官體系的面貌。

（1）藩鎭武官的總體研究

藩鎭武官的研究首先應提到嚴耕望。他的《唐代方鎭使府僚佐考》（《唐史研究叢稿》臺灣新亞研究所，1969 年）分上下兩篇，上篇論述方鎭使府文職僚佐，下篇則論述軍將等武官系統。他根據大量的墓誌碑刻材料，考論了使府幾個最重要的軍將：都兵馬使、兵馬使，虞候、都虞候，押衙、都押衙，教練使、都教練使等。考論其出現時間、職權、地位，認爲兵馬使職在治兵、作戰，押衙職在親從、禁衛，虞候職在整軍紀、刺奸猾。一司外，一衛內，一督察，三分其職，共治軍務。都知兵馬使、都押衙、都虞候可稱「三都」，位尊職重，爲一府軍政之所寄。他認爲此種制度創置於唐玄宗時代。安史之亂後，方鎭執地方行政之權，此三都益見重要。至唐中末葉，又置教練使。教練使與都知兵馬使、都押衙、都虞候稱爲軍將四要職。此文撰成於二十世紀六十年代末，或訂正史實，或補史書之闕，是早期研究藩鎭武官制度的代表性作品，奠定了藩鎭武官研究的基礎。某些觀點或可商榷，但他利用墓誌碑刻研究軍將武官的方法，拓寬了武官研究的資料來源，爲後來的研究開了先路。在嚴氏之後，王永興《關於唐代後期方鎭官制新史料考釋》（《紀念陳寅恪先生誕辰百年學術論文集》，北京大學出版社，1989 年）、馮金忠《唐代幽州鎭組織體制探微》（《中國史研究》2002 年第 2 期）利用房山石經和墓誌的材料對幽州鎭的使府僚佐作了補充和闡釋，並對這個復合型藩鎭使府僚佐的遷轉情況進行了探討。

張國剛由藩鎭問題，轉而研究唐代的兵制，發表了一系列很有影響的論文。《唐代藩鎭軍將職級考略》（《學術月刊》1989 年第 5 期）在嚴耕望研究的基礎上進一步討論了主兵大將的職級劃分，即在兵馬使、押衙、虞候三者的平面關係之外，研究一些領兵軍將的上下統屬關係。認爲唐代藩鎭主兵軍將可以劃分爲都頭（都知兵馬使）、兵馬使、副兵馬使、都虞候、十將、副將等職級。而散兵馬使、散十將、散虞候等皆不統兵，同兵馬使、同散兵馬使、同十將等，具有階官性質。其中十將、副將等低級軍職，嚴文未曾涉及，是對嚴文的補充和深化。《唐代藩鎭軍隊的統兵體制》（《晉陽學刊》1991 年第 3 期）認爲各個藩鎭內部的統兵體制分爲三個層次：一是方鎭治所州的牙兵（衙軍），二是方鎭屬下各個支州（支郡）的駐兵，三是州下各縣的軍鎭。《略論唐代藩鎭軍事制度的幾個問題》（《敦煌學與中國史研究論集——紀念孫修身先生逝世一周年》，甘肅人民出版社，2001 年）探討了唐代藩鎭軍隊的若干制

度的細節，包括唐代藩鎮軍隊的基本任務、藩鎮軍隊的結構、藩鎮的軍事據點設施。《唐代中央軍事決策與軍隊領導體制論略》（《南開學報》2004 年第 1 期）此文立意和視角很新，探討了很少有人觸及的唐代軍事決策和軍隊領導體制問題。認爲唐代中央在君、相對軍國大政進行決策的前提下，尚書省兵部負責政令的制定與推行。中央和地方的軍隊統帥機構則是實施軍事行動的指揮組織。它們組合在一起構成了唐代的軍事領導體制的基本內容。唐代軍隊的統領和指揮機關前後變化最大。從最初的行臺、天策上將府，到藩鎮節度使、天下兵馬大元帥府，唐代中央和地方的軍隊統帥組織發生了巨大的變化，但終唐之世，唐朝都沒有形成全國統一的軍隊領導組織和指揮機構。張國剛先生的一組論文高屋建瓴，不停留在個別軍將的考釋及對軍將平面靜態研究上，注意軍將的上下統屬聯繫，觸及到軍將武官的深層問題，大大深化了武官的研究。他關於軍事制度的一系列論文主要收錄於《唐代軍事制度研究論集》（文津出版社，1994 年），是唐代軍事制度研究的一個新的里程碑。

　　敦煌吐魯番文獻及石窟題記中職官史料十分豐富，大部分屬於唐五代至北宋初年，與藩鎮官制關係十分密切，特別是晚唐五代河西歸義軍時期的材料更爲集中。歸義軍是張議潮在晚唐驅逐吐蕃勢力歸唐之後在敦煌建立的一個藩鎮政權。在歸義軍的研究方面，榮新江最爲突出。《歸義軍史研究——唐宋時代敦煌歷史考索》（上海古籍出版社，1996 年）雖沒有專門論述歸義軍的軍將武官，但建立了歸義軍的完整譜系，使歸義軍軍將武官研究有了一個可靠的座標。榮新江是較早利用敦煌文書研究歸義軍軍將武官的學者。他的《唐五代歸義軍武職軍將考》（《中國唐史學會論文集》，三秦出版社，1993 年，後收錄《敦煌學新論》甘肅教育出版社，2002 年）考察了歸義軍武職軍將的職級與職掌，考證出軍將有都指揮使，都押衙、押衙，都知兵馬使、兵馬使，都教練使、教練使，都虞候、虞候，將頭、隊頭等。其中的都指揮使地位很高，既統兵出征，又兼掌差科賦役，實際上是僅次於節度使的歸義軍內外諸司及馬步軍的總管。在五代初，都指揮使一職已經取代了過去的都兵馬使的地位。馮培紅在榮新江的基礎上，長期致力於歸義軍軍將的研究，成績斐然。《敦煌文獻中的職官史料與唐五代藩鎮官制研究》（《敦煌研究》2001 年第 3 期）闡述了敦煌文獻中職官史料對於唐五代藩鎮官制研究的價值。他認爲敦煌職官史料可用於研究唐五代藩鎮官制的主要有三部分：一是唐代前期河西節度使官制；二是吐蕃佔領時期瓜州節度使官制；三是晚唐五代宋初歸義軍

節度使官制。《晚唐五代宋初歸義軍武職軍將研究》(《敦煌學輯刊》1997 年第 1 期，又見於鄭炳林主編《敦煌歸義軍史專題研究》，蘭州大學出版社，1997 年）主要利用敦煌文書對歸義軍武職軍將系統勾稽出十八個軍將官職。他將其大致分爲兩類：一爲使府軍將，列職衙前；一爲外職軍將，鎮戍地方。對其一一加以考釋，論述其設置時間、分類、職能演變等，並注意與內地藩鎮相比較，多有發明。

另外，值得一提的還有石雲濤的《唐代幕府制度研究》(中國社會科學出版社，2003 年）。他分階段對唐前期的行軍幕府、開元天寶時期的邊鎮幕府、唐後期行營統帥幕府和唐後期藩鎮幕府等進行了全面和系統的研究。其中關於藩鎮幕府研究用力最深，也最有新意。集中探討了藩鎮僚佐辟署對象的法令、僚佐的辟署和遷轉以及賓主關係等。尤其是對幕府僚佐的辟署和遷轉問題在前人基礎上創獲尤多。作者參考了大量文獻材料，正史、野史、筆記、碑志、詩文等無不徵引，資料翔實，是其重要特點。雖然主要集中於文職僚佐，對武職僚佐則沒有涉及，但對武職僚佐的研究，也很有參考價值和借鑒意義。

（2）藩鎮的具體軍將武官研究

在正式職官外，唐和五代的武官一個重要的特色是以節度使爲代表的大量的軍事使職的出現。軍政領域是使職最早出現和發展最爲充分的領域之一。節度使之名在高宗時即已經出現，但作爲官稱一般認爲在景雲初。對節度使的研究起步很早，成果也很多。前期主要用力於對材料的疏釋和整理。代表性作品是近人吳廷燮的《唐方鎮年表》(中華書局，1980 年）和朱玉龍的《五代十國方鎮年表》(中華書局，1997 年）。它們以諸道（鎮）爲綱，廣泛徵引資料，將歷任節度使加以繫年，爲研究者提供了很大方便，是極爲有用的工具書和資料書。二十世紀八十年代以來，研究趨於深化。代表性的成果有：唐長孺《敦煌吐魯番史料中有關伊、西、北庭節度使留後問題》(《中國史研究》1980 年第 3 期）、高鳳林《略談唐朝節度使制度》(《山東師範大學學報》1984 年第 6 期）、沙憲如《唐代節度使的再探討》(《史學集刊》1994 年第 2 期）、王玉群、谷立新《試論節度使爲晚唐中樞的一元》(《河北師範大學學報》2001 年第 1 期）、曹偉《論唐代節度使的興起和演變》(《唐都學刊》2002 年第 4 期）等等。對各鎮節度使個案研究的有樊文禮《唐朔方節度使略論》(《內蒙古大學學報》1988 年第 3 期）、蔡治淮等《「汴宋」節度辨析》(《中國史研究》1988 年第 1 期）、米海平《唐隴右道河源軍經略大使考》(《青海師範大學

學報》1993 年第 1 期）、王永興《論唐代前期河西節度》、《論唐代前期北庭節度》、《論唐代前期朔方節度》（《唐代前期西北軍事研究》，中國社會科學出版社，1994 年）、蘇北海《唐代四鎮、伊西節度使考》（《西北史地》1996 年第 2 期）等等。至於和節度使相關的文章很多，不再一一羅列。

　　邊疆政權中吐蕃也仿傚唐制設有節度使。相關文章有金澄坤《吐蕃節度使考述》（《廈門大學學報》2001 年第 1 期）指出吐蕃將其本部的軍事部落聯盟組織與唐代的節度使制度相結合，在唐蕃衝突地區設置了五道節度大使，專掌該地區的軍事、民政及對唐及周邊部族的外交等事務。它下設五「道」節度使，諸「道」節度使下，又設若干小節度使。該制度爲吐蕃在唐蕃衝突中取得優勢起了積極作用。他另有《吐蕃瓜州節度使初探》（《敦煌研究》2002 年第 2 期）一文，認爲瓜州節度使是吐蕃佔領瓜沙地區後將其本部的軍事部落聯盟組織與唐代的節度使制度相結合的域外軍政機構。它隸屬於吐蕃東道節度使，轄區爲瓜沙二州，又是吐蕃統治敦煌的最高官員，把持著瓜沙地區的軍事、政治、經濟、宗教各方面的大權，是吐蕃贊普在該地區的最高代言人。

　　除了研究節度使的設置、沿革、性質、職權外，有學者注意到和節度使有關的旌節、官印等禮儀制度，如暨遠志《張議潮出行圖研究：兼論唐代節度使旌節制度》（《敦煌研究》1991 年第 3 期）、〔日〕森安孝夫著，梁曉鵬摘譯《河西歸義軍節度使官印及其編年》（《敦煌學輯刊》2003 年第 1 期）。後文將歸義軍節度使的官印從公元 851 年張議潮被授予節鉞開始，分爲八個時期，並繪製了一個《歸義軍節度使之印關聯年表》，很富參考價值。唐制新任節度使辭陛就任，建節樹纛，儀式極爲隆重。當道藩鎮各州縣設立節院，築節樓、節堂相迎；節度使離任，則閉鎖節院，不時祭奠，以盡禮節。馮培紅《唐五代歸義軍節院與節院使略考》（《敦煌學輯刊》2000 年第 1 期）探討了歸義軍的節院與節院使。歸義軍建節敦煌，在河西管內諸州亦設立節院，長官爲節院使，或稱節院軍使，由押衙、都頭兼任，職位比較重要。

　　在節度使之下有都知兵馬使、都押衙、都虞候、都教練使等軍將系統。都指揮使是晚唐五代出現的重要軍將。關於都知兵馬使與都指揮使的關係，史界一般傾向認爲都指揮使與都知兵馬使都掌領兵征討，不存在什麼差別，都知兵馬使爲後起的都指揮使所取代。杜文玉《晚唐五代都指揮使考》（《學術界》1995 年第 1 期）對此提出異議。他認爲二者雖都爲統兵將領，但並非先後替代關係，二者共存了很長的時間，都知兵馬使到宋初才絕迹。他還認

爲都知兵馬使多在節鎮設置，爲節帥所屬的武職衙將之一，而都指揮使的情況則複雜得多，從中央到地方的各級軍職多有設置。從軍事體制上，大體分爲四個層次：州鎮的都指揮使、方鎮的都指揮使、中央禁軍系統的都指揮使和作爲行軍統帥的都指揮使。每個層次內的都指揮使又有地位高下和職權輕重之別。日本學者伊藤宏明《關於唐五代都將的記錄（上）》（《研究論集》名古屋大學文學系，1992 年）對「都將」的用例作了縝密的探索，闡明了「都將」往往是一般名稱，而不是軍職名稱。唐末以前把都知兵馬使和兵馬使稱爲都將，唐末以後把都指揮使和指揮使稱爲都將。鄭炳林、馮培紅《晚唐五代宋初歸義軍政權中都頭一職考辨》（鄭炳林主編《敦煌歸義軍史專題研究》，蘭州大學出版社，1997 年）對都頭一職進行了研究，他們認爲與中原地區相比較，歸義軍的都頭較爲特殊，外遣內任的軍將、文僚、使頭皆冠都頭之名。晚唐五代的都頭實際是一個表示與節度使親從關係的官稱名稱，是一種加官。他所具體執行的差遣則是其所知任的官職。到宋代都頭才成爲正式的軍將官職。按各級組織大致可分爲四類：節度衙內、地方州縣軍鎮、外交使團和鄉團社邑等。黃壽成《唐代的突將》（《中國史研究》2003 年第 2 期）對唐後期常常見諸史籍的突將一詞進行了重新解讀。他認爲胡三省在《資治通鑒》注中將突將解釋爲「領驍勇馳突之士」的將領是錯誤的。突將衹是招募的驍勇的戰士，多爲節度使所驅使，類似於河北三鎮的衙兵（或稱爲牙兵）。

　　中唐以後，藩鎮軍隊中普遍出現押衙一職。日本學者渡邊孝《關於唐五代衙前之稱》（《東洋史論》1988 年第 6 期）認爲在藩鎮形成時期，都知兵馬使、都押衙、押衙、教練使等職名淵源於唐初的「行軍」，職名冠以「衙前」之稱是唐中葉以降，源於「行軍」的軍職的形骸化現象。《唐五代藩鎮的押衙》（上、下），（《社會文化史學》1991 年第 28 卷和 1993 年 30 卷）則探討了押衙名號的變遷，認爲押衙起源於行軍制下牙旗押領的職務。在藩鎮體制下押衙的地位原是比較高的，及至九世紀後半期，它的地位逐漸下降，成爲遷轉的位階或參與軍政事務的吏職。劉安志《唐五代押牙（衙）考略》（《魏晉南北朝隋唐史資料》第 16 輯）綜合考察了唐五代時期押牙的淵源、設置、職責和地位等問題，認爲押牙與東漢末年以來的牙門將有一定的淵源關係。趙貞《歸義軍押衙兼知他官略考》（《敦煌研究》2001 年第 2 期）研究了歸義軍押衙兼知他官這一重要現象。他對敦煌文書及石窟題記中所見的押衙進行梳理歸類，認爲歸義軍政權中的押衙兼知他官，主要職責覆蓋了歸義軍內政外交的方方面面。由此他認爲押衙在

歸義軍的軍政、民事、外交、文化、宗教等方面均扮演著極爲重要的角色，是歸義軍職官系統的核心和基礎。其實趙氏所論大可商榷。押衙在唐後期正如其他許多武職一樣已經階官化，兼官才是其實際的職任。從這個意義上講押衙兼官現象正是其地位淪落的反映，而不是相反。

　　十將（又稱什將）是唐代藩鎮的基層將領，史界對此分歧較大。張國剛《唐代藩鎮軍將職級考略》（《學術月刊》1989 年第 5 期）認爲作爲職級之一的十將絕不是十位將領之意，而是一個將職，也不會領兵一千人。榮新江《唐五代歸義軍武職軍將考》（《中國唐史學會論文集》三秦出版社，1993 年）則認爲十將是十個將頭的總名，每將百人之兵，由將頭、副將統領。齊陳駿、馮培紅《晚唐五代宋初歸義軍政權中「十將」及下屬諸職考》（《敦煌歸義軍史專題研究》，蘭州大學出版社，1997 年）支援張說，又作了一些修正。他們認爲在十將下面分設左右廂十將頭，統領各將，這十個將頭每人兼率一百兵士，構成一支一千人的隊伍。其主要的職守是訓練軍隊和帶兵打仗。在十將下有副將，貳於十將。十將、副將、左右廂將頭和散將構成了一套實散相結合的將級體制。日本學者渡邊孝的《唐藩鎮十將考》（《東方學》1994 年第 87 輯）探索了安史之亂至唐末藩鎮中「十將」的語義。指出實際運用時，「將」由當初的部隊指揮官轉變爲部隊長階層的下級軍將，而另一方面，「將」有表示藩鎮內部地位和等級的作用。賈志剛《從唐代墓誌再析十將》（《98 法門寺唐文化國際學術討論會論文集》，陝西人民出版社，2000 年）一文，則主要利用墓誌材料對十將進行了研究。

　　隊是唐代軍隊編制的最基層單位，存在於前期的行軍和中後期的藩鎮兵制中。凡以五十人爲隊，設隊頭和副隊之職。正史中很少予以關注，向爲史界所忽視。孫繼民《跋「唐垂拱四年（688）隊佐張玄泰牒爲通當隊隊陪事」》（《敦煌吐魯番文書初探二編》，武漢大學出版社，1990 年）利用吐魯番出土文書對唐前期隊的戰鬥隊形、士兵與官佐的人員構成，作了深入的考證。他認爲隊級官佐共有五人，即隊頭、副隊頭、執旗和左右傔旗，不存在隊級押官一職。榮新江《唐五代歸義軍武職軍將考》在考證歸義軍武職軍將時關注到隊這一職級，認爲隊是將下的編制，其職權也相仿。馮培紅在此基礎上進一步研究了歸義軍政權中的隊職問題。他在《唐五代歸義軍政權中的隊職問題辨析》（《敦煌歸義軍史專題研究》）認爲歸義軍政權中隊仍然是基層的軍事單位。但與別的藩鎮不同的是，根據戰時狀態和和平時期可以分爲步軍隊和作坊隊等不同的編制。作坊隊是以兵士服匠役。隊頭和副隊的職權分爲四個

方面：領兵值役訓練軍隊、領軍打仗點檢主管軍器，主持倉庫的色役和出使周邊等。另外還對隊頭、副隊的押衙兼職現象和裝備問題作了論述。

3、禁軍武官研究

唐代禁軍的研究成果很多，但禁軍武官的專門研究卻寥寥可數。由於禁軍的研究不可避免要涉及到軍將武官，現對其擇要簡述如下。汪籛《玄宗時期之禁軍及其統帥》（《漢唐史論稿》，北京大學出版社，1992 年）認爲唐玄宗以藩王勾結禁軍得登帝位，對禁軍大權十分重視。他罷親王典軍之制，把禁軍大權畀與其親信的奴官王毛仲、陳玄禮等人。他雖然信任宦官高力士，然始終不曾以禁軍大權授之。終唐玄宗之世，宦官絕未曾典掌禁軍。另外唐玄宗雖然往往授予邊將左右羽林大將軍的職名，然多係虛銜或遙領。此文是唐代禁軍研究中較早的一篇，很有影響，其結論爲史界所普遍接受。其他還有巴新生《唐代禁軍組織的演變與宦官典禁軍制度》（《天津師專學報》1984 年第 2 期）、寧志新《說唐初「元從禁軍」》（《河北師院學報》1989 年第 3 期）、《唐代羽林軍初探》（《河北師院學報》1990 年第 4 期）、齊勇鋒《唐後期的北衙六軍、飛龍、金吾、威遠和皇城將士》（《河北學刊》1989 年第 2 期）、張國剛《唐代禁衛軍考略》（《南開學報》1999 年第 6 期）。在唐後期禁軍中神策軍最重要，也最受重視，論文主要有：齊勇鋒《說神策軍》（《陝西師範大學學報》，1983 年第 2 期）對神策軍的起源、發展、佈防、職能、兵力與特點等作了比較全面的探討，認爲神策軍具有中央禁軍和直屬作戰部隊的雙重性質。賈憲保《神策中尉與神策軍》（《唐史論叢》，三秦出版社，1990 年第 5 輯）認爲，神策中尉的建立是對唐玄宗以來抑制武將政策的總結，其實質是不許武將擔任中央的統帥，以保證皇帝有一個可靠、強大和穩定的親軍。另外還有張國剛《唐代的神策軍》（《唐代政治制度研究論集》）。專著有何永成《唐代神策軍研究——兼論神策軍與中晚唐政局》（臺灣商務印書館，1990 年）全面論述神策軍的建置發展、組織結構和兵源職任，並對永貞內禪事件進行個案分析，研究神策軍在中晚唐的歷史地位。其中的第三章《內外神策軍組織結構》與軍將武官關係最爲密切。蒙曼《唐代前期北衙禁軍制度研究》（中央民族大學出版社，2005 年）利用大量出土碑刻墓誌材料，對唐前期的屯營、羽林軍、龍軍等北衙禁軍進行了研究。指出開元後期以龍武軍爲代表的北衙禁軍形成了內部遷轉機制，同時向內廷迅速靠攏，在若干方面形成類似於宦官的制度，宦官和禁軍的關係也日益密切，「準內廷體制」從而建立。

4、蕃將的研究

唐代是中國多民族國家形成的重要時期。此時期唐王朝以開闊的胸襟和雄渾的氣魄與周邊各民族和政權相往來，經濟文化交流十分頻繁，還積極吸納周邊各民族分子到中央來任職。唐代蕃將人數之多，族類之眾，爲前代所無，同樣也不見於後世。蕃將作爲一種特殊群體的武官與唐代的武功有密切關係，爲唐王朝的創立、開拓和穩定作出了傑出貢獻。蕃將問題在二十世紀初即爲史家所注意。比較有代表性的有陳寅恪先生。他的《論唐代之蕃將與府兵》（原載《中山大學學報》1957 年第 1 期，後收入《金明館叢稿初編》，上海古籍出版社，1980 年）在此文中他認爲以唐代的武功而言，府兵的重要性遠不及蕃將，蕃將爲武力的主要部分。另外唐代初期即太宗、高宗之用蕃將與後來玄宗之用蕃將也有很大區別。大略而言太宗所任之蕃將爲部落酋長，而玄宗所任之蕃將乃寒族胡人。在蕃將的研究上陳先生具有篳路藍縷之功。介永強《論唐代天寶時期蕃將與宰相的權爭》（《唐都學刊》1999 年第 4 期）指出唐玄宗時代，崛起了一支新的政治力量——蕃將。天寶時期，以安祿山爲代表的蕃將與宰相李林甫和楊國忠展開了激烈的相權之爭。這場權力爭奪不僅直接導致了安史之亂的爆發，而且孕育了中晚唐藩鎮割據的早期胚胎。臺灣學者章羣窮三十年之力撰成《唐代蕃將研究》和《唐代蕃將研究》（續編）（臺北聯經出版，1986 年和 1990 年）對唐代的蕃將作了全面系統的研究，此書的重要特色在於圖表和文字相配合，資料詳贍。在《初編》中唐代蕃將表幾乎占了全書篇幅的 50%。該書不僅對蕃將問題條分縷析，對前人對蕃將的錯誤認識，多有澄清，而且對唐代兵制的變化也多創獲。例如他不同意陳寅恪先生的看法，認爲唐初武功強盛多府兵之功，蕃將增加乃府兵制破壞後才明顯出來。他認爲寒族胡人與部落酋長的分法並不妥當，而應分爲西域胡和邊族蕃。大陸學者馬馳《唐代蕃將》（三秦出版社，1990 年）成書晚於章氏，在篇幅上也大大小於章書，與章氏所論多有不同。二書各有特色，可以參照閱讀。

最後介紹一下和地方武官有某些聯繫的都護。都護府是唐設置在邊區用以統轄羈縻地區的軍政機構。酈平章《唐代都護府之設置及其變遷》（《禹貢》1936 年第 5 卷第 10 期）是關於這一制度的較早研究。唐啓淮《唐代都護府述略》（《西南師範學院學報》1982 年第 1 期）探討了唐代八個都護府的建置、轄區、機構職能及其歷史作用。黎虎《唐代邊境鎮撫機構——都護的外交管理職能》（《人文雜誌》1998 年第 6 期）探討了唐代都護很少爲人注意的外交

管理方面的職能。何天明《唐代單于大都護府探討》(《北方文物》2001 年第
2 期) 探討了單于大都護的設立時間、名稱演變及職官設置等問題。關於單于
都護府的還有艾沖《關於唐代單于都護府的兩個問題》(《民族研究》2002 年
第 3 期)、宋秀英、龍木《唐代單于都護府的幾個問題》(《中國邊疆史地研究》
2002 年第 2 期)。劉安志《唐代安西、北庭兩任都護考補》(《武漢大學學報》
2001 年第 1 期) 考補了不見諸史籍記載的唐高宗上元三年的安西某都護及唐
玄宗開元十五年至二十一年間的北庭都護陰某。關於都護的專著有李大龍《都
護制度研究》(黑龍江教育出版社,2003 年) 此書研究了都護制度的形成,三
國魏晉至隋時期都護制度的發展,都護制度的完善以及都護制度的衰落。

　　綜合上面幾個方面來看,一個多世紀以來,唐代武官研究取得了一定的
成績,表現在:一、唐代武官開始作為單獨的研究對象為學界所重視,作為
文官和軍制研究的附庸的狀況有所改變,出現了一大批研究很深入、質量上
乘的論文;二、重視挖掘新材料。敦煌吐魯番文書和墓誌碑刻材料在一定程
度上彌補了傳統史籍中材料闕略的遺憾。

　　儘管武官的研究取得了很大的成績,但仍存在一些不足和問題,主要表
現在:1. 各方面研究的不平衡性,研究主要集中於武官的選任制度和歸義軍
的軍將武官,其他方面仍很薄弱。當然這種狀況是與武舉和歸義軍材料較為
集中不無關係;2. 即使對研究較多的藩鎮武官而言,雖然利用碑志材料逐步
恢復了藩鎮使府軍將的職級面貌,將藩鎮武官的研究大大推進了一步。但目
前對武官的研究仍多為單個具體的武官的研究,各個武官間的聯繫著眼不
多,整體上的研究還很不夠,給人一種只見樹木,不見森林的感覺;3. 藩鎮
武官的研究,偏重於節度使府武官的研究,而對支郡、軍、鎮的武官的研究
還很不夠;4. 對武官制度的研究,多著眼於制度條文,多為靜態的研究,而
動態研究還很不夠,更缺乏對地方武官作為鮮活個體的社會學層面的關注;
5. 藩鎮分為多種類型,雖然早已成為學界的共識,但具體到藩鎮武官的研究
仍存在各地統而論之的傾向。藩鎮武官的地域差別,特別是順地和割據藩鎮
間的差別,內地和邊區藩鎮武官的差別問題尚待細化。

　　另外,雖然關於武官的論文數量上並不少,除了劉琴麗《唐代武官選任
制度初探》一書著眼於整個武官系統的選任制度外,迄今還沒有一部地方武
官的專著出版。這種狀況是與地方武官在唐五代歷史上的地位很不相稱的。
就是同其他斷代,特別是與魏晉南北朝和宋代相比較,這一時期的武官研究

也顯得滯後。因此唐代武官，特別是地方武官的研究尚有較大的空間。

三、論文主要內容

　　本書以唐代地方武官爲研究對象，但不擬面面俱到，而是選取幾個學界尚少涉及甚至沒有涉及的問題加以探討，以期達到窺斑見豹的效果，對唐代武官的研究有所裨益。本文分爲七章。

　　第一章：唐代武官及文武之變。分爲兩節：

　　第一節，唐代武官的範疇。唐代的武官既包括國家的正式職官（包括職事官和散官），也包括以節度使、行軍總管等爲代表的常設或臨時性的軍事使職差遣；既包括諸衛、北衙等將軍、郎將等中央禁衛武官，也包括地方鎭戍武官，還包括三衛等衛官。

　　第二節，唐代武官和文官的關係。在制度上，唐代有了文武的明確區分。但在實際任用上，自始至終文武相兼、從文入武和從武入文，文武相互遷轉的情況是廣泛存在的。在文武之間並沒有嚴格的畛域界限。但各歷史時期表現出的特點不一。安史之亂前，文武相互遷轉基本處於動態的平衡狀態。安史之亂後，文武問題取代內外官問題，成爲一個突出的社會問題。與魏晉南北朝時期文官往往兼將軍銜不同的是，唐代武官往往兼檢校官和憲銜等文職。另外，武官兼州縣正員官和轉入文官系統，擠佔了文官的官闕，加劇了文武間的矛盾。唐王朝轉而強調文武的區分。但直到唐滅亡這一問題也沒有得到解決。之所以出現這種問題，是當時社會上重文輕武，恥言武事，武官的政治地位和社會地位分離造成的。

　　第二章：唐代地方州郡武官。分爲三節：

　　第一節，唐前期地方州郡武官。都督、都護和刺史雖然有軍事職能，但主要是行政官員，都只有文職僚佐，沒有武職僚佐。地方武官主要是都督、都護統屬的軍、守捉、城、鎭、戍等系統，力量十分弱小。唐高宗武則天以後特別是節度使制度確立後，地方武官系統開始膨脹。刺史手下也開始出現軍事官佐。

　　第二節，唐後期地方州郡武官。安史之亂後，由於刺史往往兼防禦使、團練使等，它們奏辟僚佐，獲得了辟署權。即使在不兼防禦使或團練使的支郡，刺史也擁有一定的辟署權。支郡、軍、城、鎭等武職僚佐包括都知兵馬使、都虞候、押衙、十將等，與藩鎭使府武職僚佐沒有什麼兩樣。

第三章：唐代藩鎮儲帥制度——節度使的選任制度。分爲兩節：

第一節，「順地」的藩鎮僚屬儲帥制。在河朔以外地區的所謂「順地」，往往以都知兵馬使、節度副使和行軍司馬等使府僚佐爲儲帥。隨著唐廷統治的鞏固，特別是元和以後，唐廷極力消除節帥的本鎮化傾向，節度使絕大多數來自朝官和外鎮，儲帥制度走向了末路。它並非在全國普遍推行的制度，具有階段性和區域性，只存在於唐德宗時期之前（包括德宗時期）這一段時間，集中於中原型方鎮和邊疆型藩鎮。從本源上講，它是唐廷對方鎮勢力相妥協的產物，但儲帥從武職的都知兵馬使到文職的行軍司馬的演變，則反映了朝廷加強控制藩鎮的努力。

第二節，河朔地區世襲性的副大使制度。河朔三鎮是唐代割據型藩鎮的典型，是唐王朝控制最弱的地區。這些地區的藩帥大部分時間不由中央任命，以父死子繼和軍將擁立爲特徵。三鎮經過與唐王朝長期較量，唐德宗時期開始形成所謂的「河北故事」。儲帥制度也至此開始形成，存在時間幾乎與唐王朝相始終。三鎮雖也存在都知兵馬使、行軍司馬和節度副使等，但它們並非儲帥。

第四章：唐後期藩鎮武職僚佐的遷轉。分爲三節：

第一節，藩鎮與中央間武職僚佐的遷轉。分順地藩鎮與驕藩叛鎮兩類進行了研究。順地藩鎮武職僚佐入朝爲官主要有朝廷徵召、節度使推薦、隨節度使朝覲等方式。入朝後他們多於禁軍中任職。禁軍軍將也常常外出於順地藩鎮任職。這種流動是雙向的、互動的。以河朔三鎮爲代表的驕藩叛鎮的武職僚佐入朝爲官，主要有棄帥來投式和因軍亂而入朝等，多爲非正常途徑。唐朝野內外對河朔社會的歧視政策並沒有影響這些地區的武職僚佐入朝後的仕途發展。他們依靠過硬的軍事才能和強大的政治影響力爲朝廷所重視，並位居高位。除某個特殊階段外，禁軍軍將不能到河朔三鎮任職，這種流動是單向的。

第二節，藩鎮間武職僚佐的遷轉。由於朝廷調動和辟署制度，武職僚佐在藩鎮間遷轉流動是很普遍的現象。他們初仕時多於本鎮任職，以後則不受地域限制，傾向於「盛府」和有姻舊關係的使府。與文職僚佐多流連於東南地區不同的是，武職僚佐較多集中於西北邊地。此節分順地與驕藩叛鎮、順地與順地、驕藩叛鎮之間三個方面分別進行了探討。順地藩鎮之間的遷轉是最主要的類別，在數量上遠遠高於其他兩類。根據遷轉原因，它可分爲兩種類型，即朝廷對藩鎮軍隊調防而引起的遷轉流動和由於辟署制度引起的遷轉流動。前者貫穿著朝廷的意志，一般涉及人數很多，規模較大。而後者則主

要體現了武職僚佐自身的意志，是個人行爲，雖然規模較小，但卻更鮮明的體現了唐後期的時代特徵。河朔地區，除了某個特殊時期（如元和末長慶初），節度使很少命自朝官或遷自外鎮。與此相適應，順地和河朔三鎮間的武職僚佐隨節度使移鎮而遷轉流動的數目微乎其微。除應辟和投靠姻親舊識等途徑外，較爲常見的還有因戰爭被俘而轉仕他鎮。藩鎮武職僚佐在中央及各藩鎮間的遷轉流動，是與唐後期社會流動加劇的社會特徵相一致的，是中央化和地域化的統一。

第三節，復合型藩鎮內部的武職僚佐的遷轉——以幽州鎮爲例。幽州鎮是一個比較特殊的復合型方鎮。幽州節度使例兼盧龍節度使，幽州節度使以兼盧龍節度使的特殊身份，擁有對盧龍使府官員的調配、陞降的權力。使府僚佐的遷轉、黜陟與單一型方鎮相比有一定程度上的特殊性。表現爲盧龍節度使府官員可改任於幽州使府，同樣幽州使府官員亦可任職於盧龍，表現爲相當程度的流動性，此其特點一。第二，一人可兼職於兩個使府，表現爲一身兩任性。第三，兩個使府官員在任職上地域上的兼跨性。

第五章：唐代行營體制下的地方武官。分爲三節：

第一節，從行軍到行營的轉變。唐前期若遇征行臨時組成行軍。隨著行軍轉爲鎮軍，特別是節度使制度確立後，出現了行營。至晚天寶六載（747）時行營已經出現，但大量出現並形成制度還是在唐後期，其契機便是安史之亂。行軍到行營的嬗變，反映了唐代軍隊出征格局經歷了從中央禁軍到地方藩鎮軍隊的變化，從一個側面反映了中央集權衰落，地方勢力崛起的現實。

第二節，藩鎮行營的統帥。唐後期行營統帥有行營節度使、元帥（包括副元帥）、都統、招討使等。行營節度使至晚在天寶六載（747）已經出現，在諸行營統帥中地位最低。元帥例以親王爲之，臣下擔任副元帥，是實際上的行營統帥，分爲天下兵馬副元帥和諸道行營副元帥兩類，多以藩鎮節度使兼之，唐德宗（不包括德宗）以後基本不再授人。都統始於乾元元年（758），從時間上看存在於唐後期各個時期，既可由節度使兼任，也可由朝官充任。行營招討使分爲三個層級，一爲諸鎮（道）招討使，或稱都招討使，類似於都統；二爲鎮（道）級招討使；三爲州級招討使。

第三節，藩鎮行營的軍將。行營軍將的職名與藩鎮武職僚佐幾乎沒有什麼差別，也有都知兵馬使（都將）、兵馬使、都虞候、押衙等。唐後期由於兵馬使、押衙等階官化，行營中產生了以指揮使、都頭爲代表的一批新的統兵

官。由於行營軍職是戰時署任，戰罷即解，具有臨時性特點，與在藩鎮中的軍職屬於兩套不同系統，但亦存在一定的關係。

第六章：唐代地方武官的世襲——以將門問題為中心的探討。分為三節：

第一節，科舉制度背景下的將門。唐高宗武則天以後，科舉制度有了很大的發展。但總的來說，由於科舉入仕路途的狹窄以及將門的特殊家庭背景，有唐一代將門子弟投身科舉的並不多，多從門蔭入仕。科舉制度對將門的衝擊並不是很大。唐玄宗時期是唐代尚文的極致時期，另一方面也是武功極盛的時期。此節以唐玄宗時期為個案，探討了這一重要歷史時期將門的情況。

第二節，節度使制度與將門的發展。唐初將門主要集中於禁軍中，節度使制度確立後，地方藩鎮的將門開始異軍突起。節度使制度下親屬隨軍制度，直接促進了將門的興盛。唐代不僅將帥往往從將門選拔，而且軍中大將的選用也很重視將門的背景。由於將門選將的方式利弊互見，一方面造成它在歷史上長期存在，一方面也只能成為武官選拔方式的補充，難以取得主體地位。

第三節，唐代將門分佈的地域性。同前代相比，唐代將門的分佈既有幾個傳統地區如關內、隴右，還出現了幾個新地域，如河北、河南。河北道的幽燕地區是傳統的將門所在地，在河朔三鎮的割據統治下，魏博和成德兩鎮統治下的河北中南部也將門興盛。河北道成為唐後期將門最為集中的地區。唐代將門分佈的另一個特點是出現了在集中前提下的分散化的現象。由於全國被分割為幾十個藩鎮，在唐後期入仕本地化的大背景下，各個方鎮不同程度都出現了武職僚佐世代仕於本鎮的現象。即使南方藩鎮也不例外。

第七章：唐代地方武官制度與唐宋歷史變革。分為兩節：

第一節，唐後期地方武官制度的中央化。唐後期在中央集權削弱，地方分權發展的背景之下，中央禁軍官制受到藩鎮官制的強烈影響，藩鎮官職在中央禁軍中得以推廣。另外，地方武官也需帶檢校官、憲銜等。這兩方面相互交織，並行不悖，彰顯了唐後期社會的複雜性和過渡性。

第二節，唐代地方武官制度與唐宋歷史變革。唐代地方武官制度發生了巨大變化，主要表現為使職化，並與中央官制雙向互動。在唐後期地方化的大背景下，地方武官制度又表現為中央化的趨向，並在五代時基本完成。這些變化是唐宋之際社會巨變的一個縮影，對五代、宋官制以及中央與地方關係等都產生了直接而深遠的影響。

四、研究方法

　　本書在傳統文獻資料的基礎上，主要利用碑刻墓誌材料。敦煌吐魯番文書中有大量武官，特別是歸義軍時期的藩鎮職官材料。榮新江、孫繼民、馮培紅等先生對此已經充分運用。文書非本人所長，爲謹慎計，在傳統史籍和碑志墓誌材料能說明問題的情況下，儘量使用這些材料。

　　在研究方法上，主要採用定量分析、個案研究和比較的方法。無庸諱言，資料統計、定量分析的方法雖然爲史界普遍採用，但也是有很大風險的，也是備受爭議的一種方法。由於武官材料的零散瑣碎，在搜集材料上勢必付出巨大的勞動，要求材料盡可能的全面、完備。材料搜集上的缺漏，很可能造成統計資料的偏差，進而影響結論的可信度。本人在盡可能搜集的材料基礎上，製成了附錄的三個表格，並由此提煉出一些相關數據，作爲本書立論的基礎。個案研究，也是近年來廣泛使用的方法，選取較有代表性的例子來說明共性的情況。本書對唐代科舉制度下將門的探討中，即選取了唐玄宗時期作爲個案。雖然藩鎮分爲多種類型早已成爲學界共識，但在藩鎮武官的問題上仍有總而論之的傾向。本書在探討藩鎮武官共性的同時，試圖通過比較，揭示順地藩鎮和割據型藩鎮在儲帥制度、武官遷轉流動、將門等的區域差別。本書試圖將唐後期至宋初作爲一個完整的單元進行長時段考察，揭示唐後期在舊制度被打破，新制度尚未定型時期各種錯綜複雜的現象。除了常態的制度外，那些非常態的制度（確切一點來說應稱之爲規則、故事）也在本人研究範圍之內，甚至給予了更多的注意，例如戰時體制下行營武官等。

第一章 唐代武官及文武之變

官分文武是社會發展到一定階段的產物，並非自始如此。文武分途一般可以追溯到春秋戰國時期。《尉繚子・原官第十》云：「官分文武，惟王之二術。」這時有了以將爲代表的武官和以相爲代表的文官的區分。但還沒有形成系統的文武官的職官體系。東漢時期文武官制之分已趨明朗，不僅有了明確的文官、武官概念，「武官」一詞正式出現，而且其內涵也已明確。〔註1〕唐代時文武的職官體系的區分更加明確。《舊唐書・職官志》明確將百官區分文武，杜佑《通典》專設「武官」兩卷（即第二十八、二十九卷）論其沿革變化。

第一節 唐代武官的範疇

《舊唐書》卷四四《職官志三》「武官」條目中記載的武官有：南衙諸衛上將軍、大將軍、將軍、中郎將、郎將和北衙六軍統軍、大將軍、將軍以及折衝府折衝都尉、果毅都尉、別將、校尉、旅帥等。東宮武官包括左右衛率府、左右司禦率府、左右清道率府、左右監門率府、左右內率府等十率、副率。《通典》所記載也主要是將軍係武官和郎將、都尉等武官，與《舊唐書》並無二致。以上武官屬於武職事官。除了武職事官外，還有驃騎大將軍、輔國大將軍等武散官，從從一品的驃騎大將軍到從九品下的陪戎副尉，凡二十九等。從唐代開始，散官正式區分文武，武散官也是唐代武官的組成部分。以上武職事官和武散官等名號是魏晉南北朝以來武官制度發展變化的結果。唐對此加以繼承和整合，成爲唐初武官制度的主體。唐玄宗時期節度使制度確立後，特別是安史之亂後

〔註1〕 張金龍：《魏晉南北朝禁衛武官制度研究》，北京：中華書局，2004年，頁10。

武官體系發生了重大變化，最主要的就是以節度使爲代表的軍事使職，取代將軍、郎將等武官系統成爲當時武官的主體。以兩《唐書》、《通典》、《唐六典》爲代表的諸史籍受史家生活時代和個人史識的限制對唐代武官的記載存在很多問題。首先，對以節度使爲代表的軍事使職的漏載。眾所週知，唐代官制的一個時代特色是使職差遣的發展，在國家政治經濟生活中扮演著重要的角色。當時甚至出現爲官則輕，爲使則重的局面。唐代使職已經常設化、固定化、系統化，數量也極爲可觀，總數在三百五十個左右。〔註2〕這些使職不是國家正式職官，沒有品階。無論是《舊唐書》，還是《通典》沒有將以節度使爲代表的軍事使職歸入武官系列中，可能出於此考慮。但這些史籍對軍事使職在其他地方也有不同程度的記載。《新唐書》將其列入「外官」中，《舊唐書》將其列於「州郡官員」中，《通典》將其歸入「州郡」職官中。顯然，史書的撰著者包括杜佑都認識到了軍事使職的重要性，並在史籍中給了一定的位置。但沒有將其歸入武官範疇中，不能說不是一個很大的疏忽和疏漏。再則，偏重於中央武官，而對地方州郡武官未予以注意，表現出很明顯的重視中央、忽視地方的傾向。眾所週知，唐初內重外輕，地方軍備很薄弱。擔任征戰和防禦任務的主要是戰時臨時組建的行軍。在邊地零星設置的鎮戍僅負責稽查和警戒任務。唐高宗武則天以後由於邊疆局勢的緊張，情況才有所改觀。諸史籍對武官的記載集中於諸衛和折衝府武官，對地方鎮戍武官則完全忽視了。唐代鎮戍，是繼承北魏以來的軍鎮而來，但在防禦體系中的重要性大爲降低。它們分爲上中下三等，兵力也極爲有限。

> 凡天下之上鎮二十，中鎮九十，下鎮一百三十有五；上戍十有一，
> 中戍八十有六，下戍二百三十有五。〔註3〕

五百人爲上鎮，三百人爲中鎮，不及者爲下鎮；五十人爲上戍，三十人爲中戍，不及者爲下戍。鎮將、鎮副、戍主、戍副都爲武職事官。上鎮，將一人，正六品下；鎮副二人，正七品下；中鎮，將一人，正七品上；鎮副一人，從

〔註2〕 寧志新：《隋唐使職制度研究》（農牧工商編），北京：中華書局，2005年，頁2、90。

〔註3〕 李林甫等撰，陸仲夫點校：《唐六典》卷五《尚書兵部》「職方郎中」條，北京：中華書局，1992年。而《新唐書》卷四九下《百官志四》和《舊唐書》卷四三《職官二》云下戍二百四十五，與《唐六典》記載有異。《通典》卷一七二《州郡二》云天寶初鎮二百四，戍三百九十三。此數目與《唐六典》、《新唐書》和《舊唐書》都不同。

七品上；下鎮，將一人，正七品下；鎮副一人，從七品下。上戍，主一人，正八品下；戍副一人，從八品下；中戍，主一人，從八品下；下戍，主一人，正九品下。〔註4〕

　　如果說諸史籍沒有將節度使等軍事使職納入武官中，還有情可原，因為這些軍事使職不是正式職官，在編制之外（當然這個理由是站不住腳的，因為這些使職被歸入了其他類別中）。鎮將、戍主等武官的被漏載則不能不說是很大的遺憾。與軍事使職相類似，鎮將、戍主，《新唐書》將其列入「外官」中，《舊唐書》、《通典》將其列於「州郡官員」中。當然歸入外官和州郡官員中，無疑也是恰當的。但既然劃分了武官這一類，就不應只注意中央禁衛武官而忽視了地方州縣的武官。這從一個側面反映唐初地方武官是不受重視的，被邊緣化。第三，三衛等衛官系統。三衛指親衛、勳衛、翊衛。衛官除三衛之外，還有千牛備身、備身左右、太子千牛、殿中省太僕寺進馬等。除此之外，親王府執乘、執仗，也屬衛官。衛官有品階，從正六品到九品。史籍中將它們在文武官之外，單獨為一類，稱為衛官。這些人身份特殊，通常由五品以上的官員子孫擔任。衛官還不是正式的官職，雖然享受與職事官相同的俸祿收入，但不過是一個出身而已。他們分番宿衛，或納資代役，若干年後，隨文武散官參加本部的簡試，合格者再作為門蔭入仕的有出身人參加兵部或吏部的文武選。衛官隊伍龐雜，品階也相差懸殊，許多人在番期滿後往往於吏部參選，而於兵部參加武選的並不多，充任文官和地方官是三衛的主要出路。〔註5〕儘管這樣，由於他們擔任宿衛的性質，也可以將他們劃入武官之列。

　　唐前期實行府兵制度，若遇征行，則從各地征集府兵、兵募等組成行軍，朝廷臨時任命行軍大總管、總管等擔任統帥。戰事結束，兵散於府，將歸於朝。與行軍制度相適應，也存在著一套戰時武官體系。《舊唐書》卷四三《職官志二》云「凡親王總戎，曰元帥，文武官總統者，則曰總管。」唐代行軍元帥承襲自北周，但又加以改造，具有自身的時代特點。北周和隋文帝時期，充任行軍元帥的既有皇室親王，也有一般朝臣。唐代則不然，只有親王出征

〔註4〕《新唐書》卷四九下《百官志四下》，北京：中華書局，1975年。在鎮中除了鎮將鎮副等武官外，還有倉曹、兵曹等文職品官，錄事、史，倉曹佐、史，兵曹佐、史，倉督、史等胥吏。至於「每鎮又有使一人、副使一人。」則是唐後期的制度。

〔註5〕劉琴麗：《唐代武官選任制度研究》，北京大學博士論文，2004年，頁61。

才能稱號元帥。可以稱之爲行軍元帥親王專任制。〔註6〕其下設副元帥。實際上唐初親王大多是遙領而不離朝，或徒有其名，副元帥才是實際的軍隊統帥。例如聖曆元年（698），命太子爲河北道元帥以討突厥，以狄仁傑爲河北道副元帥。狄仁傑便是實際的行軍統帥。大多數情況下行軍統帥稱爲總管或大總管。北周時以總管爲行軍統帥之號已很普遍。隋煬帝大業三年（607），曾廢總管之號。唐初制度草創，仍承襲隋制，恢復了隋文帝時期的州總管制和行軍總管制。「時天下未定，凡邊要之州，皆置總管府，以統數州之兵。」〔註7〕州總管亦加號使持節。在州總管之上，武德五年（622）又以洺、荆、并、幽、交五州爲大總管府。無論是總管和大總管都具有強烈的軍事色彩。武德七年（624），隨著各地割據勢力的被消滅，廢除了總管制，改大總管府爲大都督府，總管府爲都督府。雖然作爲正式官職的總管被廢除，但行軍總管仍被保留。「貞觀三年已後，行軍即稱總管，本道即稱都督。」〔註8〕在唐前期，大規模出兵征戰任命行軍大總管，往往還設副大總管數人，其下又有行軍總管、子總管等。小規模用兵則設行軍總管（當然行軍大總管有時也簡稱行軍總管）。除了行軍大總管、總管外，唐代前期，有時還以安撫使、討擊使等作爲行軍統帥。以上敘述的行軍元帥、行軍總管、大總管、安撫使、討擊使等都是行軍制度下的武官，具有臨時性的特點。一般戰爭結束，官職也就被免除。雖然征戰任務主要由它們承擔，但它們不過是府兵制度下的正式武官系統的補充。

總之，唐代的武官既包括國家的正式職官（包括職事官和武散官），也包括以節度使、行軍總管等爲代表的常設或臨時性的軍事使職差遣；既包括諸衛、北衙等將軍、郎將等中央禁衛武官，也包括地方鎮戍武官，還包括三衛等衛官系統。〔註9〕

〔註6〕　孫繼民：《唐代行軍制度研究》，臺灣：文津出版社，1995年，頁137。
〔註7〕　《資治通鑑》（以下簡稱《通鑑》）卷一八五武德元年六月條，北京：中華書局，1956年。
〔註8〕　王溥：《唐會要》卷七八《諸使中·節度使》，北京：中華書局，1998年。
〔註9〕　劉琴麗借用了閻步克「品位分等」和「職位分等」的概念，主要以職事爲本位來界定唐代的武官。她指出，唐代武官在玄宗以前府兵制爲主的時代，主要指十六衛、東宮六率府、北衙禁軍以及地方折衝府的軍官。此外行軍系統、鎮戍系統等還有部分武官。安史之亂後，眞正的地方武官演變爲節度、觀察、團練使下的武職僚佐，原府兵官稱主要用來作爲遷轉之階。北衙禁軍主要爲神策軍、北衙六軍和飛龍兵；南衙禁軍主要爲金吾衛、威遠

第二節　唐代武官和文官的關係

　　唐代文武官的區分已經很嚴格，不僅章服不同，在朝會上所站位置也不同。文官站在東面，武官站在西面。因此武官又稱爲西班官。但文職和武職並不是絕對不變的。比如司馬本爲武職，隋以後變爲州縣文職。甚至在某一朝前後不同時期，文職和武職發生轉化的情況也是存在的。節度副使在開元天寶時本爲武職，但在安史之亂後，通常由文士擔任，變成了一個文職僚佐。行軍司馬在肅代之際多由文士充任，唐德宗時開始由武人擔任，逐漸變成武職。〔註10〕除此之外，文武官的使用上，也並非涇渭分明。在某種程度上講，唐代文武區分並不徹底。自始至終文武相兼、從文入武和從武入文，文武相互遷轉的情況是廣泛存在的。但各歷史時期表現出的特點不一。安史之亂前，文武相互遷轉問題基本處於動態的平衡狀態。安史之亂後，文武問題取代內外官問題，開始成爲一個突出的社會問題。與魏晉南北朝時期文官往往兼將軍銜不同的是，唐代武官往往兼檢校官和憲銜等文職。另外武官兼州縣正員官和轉入文官系統，擠佔了文官的官闕，加劇了文武間的矛盾。唐王朝轉而強調文武的區分。但直到唐滅亡這一問題也沒有得到解決。之所以出現這種問題，是當時社會上重文輕武，恥言武事，武官的政治地位和社會地位分離造成的。

一、唐前期的文武關係

　　唐初文武相兼以及迭處文武的現象屢見不鮮。這也是歷朝歷代政權肇建伊始的普遍現象。貞觀時左衛大將軍李大亮，領太子右衛率、工部尚書，身具三職，宿衛兩宮。〔註11〕左衛大將軍、太子左衛率分別爲南衙和東宮武職，工部尚書則爲文職。劉審禮永徽中，累遷將作大匠，兼檢校燕然都護。後遷工部尚書，兼檢校左衛大將軍。〔註12〕還比如裴行儉以文武兼資，拜禮部尚書，兼檢校右衛大將軍。〔註13〕武德七年（624）改諸州總管爲都督。若發生戰事，臨時任命行軍大總管或行軍總管統軍出征。行軍大總管、行軍總管雖

營和皇城將士。這些部門的將領和使職才具有眞正職守。參見《唐代武官選任制度初探》，北京：社科文獻出版社，2006 年，頁 2～4。

〔註10〕石雲濤：《唐代幕府制度研究》，北京：中國社會科學出版社，2003 年，頁 225。
〔註11〕《唐會要》卷八二《當直》。
〔註12〕《舊唐書》卷七七《劉德威附審禮傳》，北京：中華書局，1975 年。
〔註13〕《舊唐書》卷八四《裴行儉傳》。

然為武職，但擔任者並不限於武臣。《舊唐書》卷四三《職官志·兵部》云「凡親王總戎，曰元帥，文武官總統者，則曰總管。」明確規定文官可以擔任行軍大總管（或總管）。唐玄宗時期節度使制度確立，節度使無疑是武職，但節度使在天寶之前也往往任以文臣。〔註14〕這種情況正如詔書所云：「中外臣寮，文武參用，或自軍衛而居臺省，亦由衣冠而秉節旄。」〔註15〕

唐代在官員的選用上，以五品為界，有不同的任用程式。五品以上由中書門下商量擬議，皇帝敕授。六品以下則由吏部或兵部（文屬吏部，武屬兵部）擬定，上報皇帝批准，稱為旨授。五品以上官員的選授，不分文武，同送中書門下選授。高層文武官員選任機構的合一，為文武官職之間的互換提供了一定的便利。六品以下的文武官員在銓選時文武轉換的渠道也是暢通的。據《通典》卷一五《選舉三》，「若文吏求為武選，取身長六尺以上，籍年四十以下，強勇可以統人者。武夫求為文選，取書判精工，有理人之才而無殿犯者。」《唐會要》卷五九《兵部尚書》載開元十九年四月二十六日敕與此略同。蓋此規定是在開元十九年（731）四月制定的。在這一規定下，只要滿足一定的條件，文職可以參加兵部武選，武職也可以參加吏部的文選。這是唐朝廷為加強文武流動，維持文武平衡採取的一個舉措。其出發點無疑是積極的。

唐前期堅持文武平衡發展，當然在不同時期也各有所側重。唐肇建伊始，社會上彌漫著重武的氣氛。「及太宗即位，益崇儒術。乃於門下別置弘文館，又增置書、律學，進士加讀經、史一部。十三年，東宮置崇文館。自天下初定，增築學舍至千二百區。」即使是擔當宿衛任務的衛士，也盡可能的為他們提供較多的受教育的機會。「雖七營飛騎，亦置生，遣博士為授經」。〔註16〕而在唐代崇文達到極致的武則天到玄宗時期，為了文武的協調平衡，創立武舉和建立武廟。當時仍很重視武備的建設，「製為土木馬於里閭間，教人習騎。」〔註17〕開元中又遣使於諸州教練。直到安史之亂前，輿論關注的焦點主要是

〔註14〕《通鑑》卷二一六云李林甫欲杜邊帥入相之路，乃上奏：「文臣為將，怯當矢石，不若用寒畯胡人。」時在天寶六載。反映當時文臣為將（即節度使）的現象還很普遍。

〔註15〕宋敏求：《唐大詔令集》卷一〇一《文武官參用詔》（天祐二年四月），北京：中華書局，2008年。又見於《全唐文》卷九四哀帝《均文武俸料敕》。此詔令是對唐初太宗時期情況的追溯。其實不止太宗時期，直至玄宗時期情況仍然如此。

〔註16〕《新唐書》卷四四《選舉志上》。

〔註17〕杜佑著，王文錦、王永興等點校：《通典》卷一五《選舉三》，北京：中華書

內外官的不平衡，對文武間的不平衡則較少有人提及。這反映安史之亂前文武官的轉換基本處於一個動態平衡的狀態。文官轉武職，武職轉文職，文武間互換的例子都是很多的。

陳敬玄，年二十八，解褐桐廬丞，「秩滿，屬凶（匈）奴犯塞，邊軍失守。公志懷遠略，願滅胡塵，遂求轉武職，授彭州天水府左果毅。親執堅銳，率先戎行，勇義冠於三軍，沈略由於百勝。軍回，又以爲保大者在於武功，明本者資□闡□，文武之用，卷舒由人。乃敷陳異能，求試小邑，轉綿州西昌縣令，調登州文登令，擢永嘉郡永嘉縣令。」天寶七載（748）去世。〔註18〕按：彭州，屬劍南道，垂拱二年（686）分益州四縣置，天寶元年（742），改爲蒙陽郡，乾元元年（758）復舊稱。另有一彭州，武德元年（618）置，領彭原（屬寧州）一縣，但貞觀元年（627）廢。從凶（匈）奴、胡塵等用語來看，陳敬玄征戰所在當爲西北和北部地區。故陳敬玄所任之彭州當爲後者。碑文中仍用彭州，當爲沿襲舊稱。陳敬玄本爲桐廬丞，屬於文吏，由於異族入侵（當爲突厥或吐蕃），遂求轉武職，授彭州天水府左果毅。戰爭結束後，他又改任文職綿州西昌縣令。

婁師德，進士擢第，授江都尉。上元初，累補監察御史。「屬吐蕃犯塞，募猛士以討之，師德抗表請爲猛士。高宗大悅，特假朝散大夫，從軍西討，頻有戰功，遷殿中侍御史，兼河源軍司馬，並知營田事。天授初，累授左金吾將軍，兼檢校豐州都督，仍依舊知營田事。」〔註19〕

蕭浮丘，蘭陵人。「弱冠發□，長而強學，書劍兩習，藝能雙美，解褐授魏州參軍，秩滿應將帥舉，對策高第，歷洛州懷音府別將」，以後所任均爲武職。「（開元）十八年四月十日，恩敕還舊資，授唐州別駕，將赴任，丁內憂。」開元十九年（731）去世。〔註20〕蕭浮丘原擔任文職，後參加制舉，以後長期擔任武官，開元十八年後還舊資，又重新擔任文職。

唐高宗武則天以後，由於統治趨以鞏固，特別是科舉制度的興起，社會風尚從尙武轉向崇文，「比爲久屬太平，多歷年載，人皆廢戰，並悉學文。」〔註

局，1996年。

〔註18〕周紹良、趙超主編：《唐代墓誌彙編續集》天寶049《唐故永嘉郡永嘉縣令陳公墓誌銘並序》，上海：上海古籍出版社，2001年，頁615。

〔註19〕《舊唐書》卷九三《婁師德傳》。

〔註20〕周紹良主編：《唐代墓誌彙編》開元364《唐故唐州別駕蕭君墓誌銘並序》，上海：上海古籍出版社，1992年，頁1408。

〔註21〕《全唐文》卷九五武則天《答王方慶諫孟春講武手制》，北京：中華書局，1983年。

21）這在唐玄宗天寶年間達到頂峰。史稱，「天寶末，天子以中原太平，修文教，廢武備，銷鋒鏑，以弱天下豪傑。於是挾軍器者有辟，蓄圖讖者有誅，習弓矢者有罪。不肖子弟為武官者，父兄擯之不齒。惟邊州置重兵，中原乃包其戈甲，示不復用，人至老不聞戰聲。」〔註22〕這從官員所帶官階中也可以得到體現。唐代官員有職事官和散官的區分，職事官指居曹有職務者，散官與此相對，指無職務者。大概言之，職事官掌實務，散官表示其服色資蔭。隨著使職差遣的發展，由於使職沒有官階，為表示其身份地位和遷轉的資歷，職事官也慢慢具有了階官性質。諸衛將軍、北衙將軍和折衝府都尉、果毅、郎將等很早就具有了階官性質。唐玄宗時期，節度使及其使府軍將開始加朝銜和憲銜等文職表示身份地位和遷轉資歷。應該指出的是，諸衛將軍（大將軍）和北衙將軍（大將軍）以及折衝府都尉、果毅等軍官作為階官的職能也得到保留，甚至延續到了唐末。〔註23〕這樣就形成了文武兩套職事官階官系統。魏晉以來，將軍號迅速地發展為散階序列，成為職事官之外的、用於標誌個人品位的官僚加號，其加授並不限於武官，文官也多加將軍號，文武疊任在魏晉南北朝為一普遍現象。唐代也往往文武疊任，但截然相反的是，武職軍將所帶兼官多為文職，而且以兼檢校官和憲銜為榮。這情況開始於唐玄宗時期。開元二十三年（735）二月，幽州節度使張守珪詣東都獻捷，拜右羽林大將軍，兼御史大夫。〔註24〕張守珪的實際職任為幽州節度使，所加的右羽林大將軍和御史大夫無疑是階官。唐玄宗時期尚很重視憲銜，不肯輕易假人。得到這一稱號的人也以此為榮。天寶六

〔註22〕《唐會要》卷七二《軍雜錄》。

〔註23〕據《唐語林校證》卷五《補遺》（王讜撰，周勳初校證，北京：中華書局，1997年），安史之亂中，張巡以守睢陽之功加金吾將軍，作《謝金吾將軍表》。另據《唐代墓誌彙編》會昌056《唐故瑯琊王公墓誌銘並序》，王濬應兵部武舉，授汴州大梁折衝都尉，兼宣武軍倅。其孫王惲終於會昌五年。按：折衝府別將，上府正七品下，中府從七品上，下府從七品下。宣武軍倅當為節度副使或行軍司馬，為其實際職任，折衝都尉為官階。唐末朱溫降唐也被授予諸衛將軍。

〔註24〕《通鑑》卷二一四開元二十三年二月條。《唐語林校證》卷八引《封氏聞見記》云：「開元已前，諸節制並無憲官。自張守珪為幽州節度，加御史大夫，幕府始帶憲官，由是方面威權益重。」認為張守珪為幕府加憲銜之始。諸書多採用此說法。實際上並不確切。張守珪加御史大夫銜在開元二十三年。而據唐人陳鴻祖《東城老父傳》云「老人見黃門侍郎杜暹，出為磧西節度，攝御史大夫，始假風憲以威遠。」認為自杜暹開始「始假風憲」。按杜暹為磧西節度使在開元十二年三月。其實在此以前已有先例。開元三年的郭虔瓘轉安西副大都護，攝御史大夫。開元六年郭知運以隴右諸軍節度大使兼鴻臚卿，攝御史大夫。

載（747）高仙芝爲安西四鎮節度使，所兼憲銜不過爲御史中丞，手下稱其爲中丞，即以憲銜御史中丞稱呼他。王忠嗣天寶中爲河西隴右節度使，權重一方，兼職很多，包括左武衛大將軍，但手下稱其爲大夫。〔註25〕武臣不稱散官或其他武職事官階，而稱其憲銜，充分反映了當時對憲銜的看重。形成對照的是，魏晉南北朝時期由於刺史往往兼將軍之銜，故刺史又稱爲「州將」。當然唐代也偶有稱刺史爲州將的。「初，越王之亂，宰相張光輔率師討平之。將士恃功，多所求取，仁傑不之應。光輔怒曰：『州將輕元帥耶？』」〔註26〕武則天即位，改唐爲周，殘害李唐宗室。垂拱四年（688）八月，越王貞等於豫州起兵。州將指狄仁傑，時任豫州刺史。這裡稱刺史爲州將，只不過沿用歷史舊稱，並非唐代實際情況的反映。魏晉南北朝時期文官以所兼武職相稱，唐時武官反而稱其所兼文職，反映了不同社會風尚。

　　由於武官與文官不同的職業特點，武官在文化修養上通常有所欠缺，甚至目不識丁。自漢末魏晉以來，人們對武官就有一種根深蒂固的偏見，武官往往成爲粗魯無知的代名詞。唐高宗武則天以後，社會風氣從尚武向崇文轉變，武官用人常輕。例如諸衛將軍，原來皆選勳德信臣爲之，「時承平既久，諸衛將軍自武太后之代，多以外戚無能者及降虜處之。」〔註27〕諸衛將軍，從三品，掌宿衛宮禁，位高權重。唐廷隨便以名器假人的做法，使武官隊伍魚龍混雜，直接影響了武官隊伍的形象。前面我們提到，唐代六品以下官員歸吏部和兵部銓選，但在政策導向上反映出很明顯的重文輕武的傾向。「凡千牛備身、備身左右，五考送兵部試，有文者送吏部。」〔註28〕不僅千牛類衛官的銓選如此，所有衛官的銓選都遵循著這一原則。《唐六典》卷五《兵部郎中員外郎》載三衛，「考滿，兵部校試，有文，堪時務，則送吏部；無文，則加其年階，以本色遷授。」有文才的人士集中於文選，只有缺乏文學修養，難以以此晉身的人才選擇武選。雖然由於邊疆戰事的吃緊，也有一些文士投筆從戎，改從武職，但數量並不是很多，對此不能估計過高。大量的社會精英分子流入文官的隊伍，直接導致了武官隊伍素質之低下。這也嚴重影響到了武官的社會地位。當時人們不樂爲武官是很普遍的事情。「徐彥伯常侍，睿宗朝以相府之舊，拜羽林將軍。徐既文士，

〔註25〕《舊唐書》卷一○四《封常清傳》；《舊唐書》卷一○三《王忠嗣傳》。
〔註26〕《舊唐書》卷八九《狄仁傑傳》。
〔註27〕李繁：《鄴侯家傳》，轉引自王應麟《玉海》卷一三八，臺灣：大化書局，1977年。
〔註28〕《新唐書》卷四五《選舉志下》。

不悅武職，及遷，謂賀者曰：『不喜有遷，且喜出軍。』」〔註29〕崔圓少孤貧，志尚閎博，好讀兵書。開元中，詔搜訪遺逸，圓應制舉中第，授執戟。史稱崔圓「自負文藝，獲武職，頗不得意。」〔註30〕執戟，正九品下，屬於六軍十二衛的武官系統。執戟與司階、司戈、中候一起謂之四色官，武則天天授二年（691）創置。

應該看到，儘管當時重文官而輕武官，文官和武官已經趨以失衡。但同時唐廷也在積極努力，調節文官和武官的結構，試圖緩解這種狀況。曹懷舜，金鄉人。父繼叔，死王事。懷舜授遊擊將軍，歷內外兩官。武則天嘗云：「懷舜久歷清資，屈武職。」儘管武則天認為曹懷舜擔任武職有些屈才，當還是委任他為右玉鈐衛將軍。〔註31〕開元八年（720），韋湊由東都留守遷右衛大將軍，唐玄宗謂之曰：「皇家故事，諸衛大將軍共尚書交互為之。近日漸貴文物，乃輕此職。卿聲實俱美，故暫用卿以光此官，勿辭也。」〔註32〕東都留守為從三品，諸衛大將軍正三品。從東都留守到諸衛大將軍升了一階。但從上下文來看，似乎韋湊並不樂意。但唐玄宗卻刻意為之，他的目的也是很明顯的，即以口碑甚佳的韋湊牽頭作表率，來扭轉輿論風尚。總的來看，安史之亂前，文武的問題仍處於量化積累階段，它們相互遷轉基本上還處於動態的平衡狀態。這種局面到安史之亂後才徹底發生了變化。

二、安史之亂後的文武關係

安史之亂後，唐由盛轉衰，文武間的失衡不僅沒有緩解，而是進一步加劇了。文武問題取代內外官問題，成為唐廷關注的一個重要問題。開元天寶時期作為階官的憲衛主要授予邊鎮的節度使和軍將，安史之亂後，南北衙禁軍武官也開始兼憲銜。寶應二年（763）六月，以前淮西節度使、安州刺史王仲昇為右羽林大將軍知軍事，仍兼御史大夫。史稱「六軍將軍兼憲官，自此始也。」〔註33〕唐後期武官濫授十分嚴重，甚至釋褐官就是諸衛大將軍。這種以官賞功的做法，無異於飲鴆止渴。諸衛、北衙將軍以及折衝府都尉、郎

〔註29〕《隋唐嘉話》卷下，轉引自《唐語林校證》卷五《補遺》。
〔註30〕《舊唐書》卷一〇八《崔圓傳》。
〔註31〕《唐語林校證》卷五《補遺》。
〔註32〕李昉：《文苑英華》卷九一四《唐太原節度使韋湊神道碑》，北京：中華書局，1966年。
〔註33〕《唐會要》卷七二《京城諸軍》。

將等日益不爲人們所重。〔註34〕相對而言，朝廷對檢校官和憲銜的授予比較慎重，程式要嚴格一些。雖然授予也漸濫，但情況要好得多。開成元年（836）大赦文中稱「天下鎭戍文武帶憲官者，解補進退，並須奏聞。」〔註35〕咸通十二年（871）七月，中書門下奏：「諸道節度及都團練防禦使下將校奏轉試官及憲御等，令諸節度事每年量許五人，都團練防禦量許三人爲定，不得更於其外奏請。」〔註36〕即使在唐末時各鎭爲將校奏憲銜仍有較嚴格的數量限制。故當時在南北衙武官日益貶值的情況下，人們看重的還是檢校官和憲銜。

　　唐後期藩鎭武職僚佐除帶檢校官和憲銜外，他們還往往兼帶州縣正員官。正員官又稱正官，是相對於使府幕職而言的。我們知道州縣正員官都是文職，不存在武官。藩鎭武職僚佐所兼州縣正員官主要爲別駕、長史、司馬等上佐。別駕、長史在唐代多不並置，與司馬都爲五品官。其職任雖然說是綱紀眾務，通判列曹，實際上唐前期已無具體職務，中葉已後閒散尤甚。職此之故，州府上佐特別是別駕，自天寶八載後屢有廢省。天寶八載（749）廢，上元二年（761）九月復置，貞元十七年（801）三月又廢。但因其品高俸厚職閒，往往被用來安排貶退大臣和宗室、武將。唐文宗大和元年（827），宰相韋處厚因元和以來武將立功者眾，無以酬官，乃「復奏置六雄、十望、十緊、三十四州別駕以處之。」〔註37〕檢校官和憲銜祇是官階，僅表示身份地位和遷轉的資歷而已，員數沒有限制，並不占正式官闕。州縣正員官則不同，不僅僅祇是名義而已。我們知道，對官員的任命和黜陟權是體現朝廷權威的重要方面。安史之亂後，唐王朝對地方的控制力大爲削弱。此時，朝廷的官吏任免權被藩鎭所分割。藩鎭擁有廣泛的用人權，不僅僅限於自行辟署僚佐。河朔等割據藩鎭自不用說，其他藩鎭也往往爲其僚佐奏請州縣正員官，或擅自派僚佐攝州縣官，而不向政府申報員闕。朝廷手中掌握的官闕大量流失，以致造成上自要重，下至卑散，班行府縣，更無闕員的局面。選人待闕的隊伍卻有增無減。在這種情況下，官員任期間越來越短。原來一般四考爲滿，後來兩考、一考，甚至或未經考，便須更替，竟然出現一年爲官，十年待闕

〔註34〕《通鑑》卷二一九肅宗至德二載（757）五月條，「是時府庫無蓄積，朝廷專以官爵賞功，諸將出征，皆給空名告身，自開府、特進、列卿、大將軍，下至中郎、郎將，聽臨事注名。其後又聽以信牒授人官爵，有至異姓王者。」
〔註35〕《唐大詔令集》卷五《改元開成赦》。
〔註36〕《舊唐書》卷一九上《懿宗紀》。
〔註37〕《舊唐書》卷一五九《韋處厚傳》；《舊唐書》卷一七《文宗紀》。

的現象。這使本來嚴重的官闕、選人之間的缺口越來越大，成為社會不穩定的因素。當時武官轉入文官十分普遍。致使朝廷不得不一再下詔加以禁止。

唐德宗建中元年（780）四月十七日敕：「兵部闕（關？）送吏部武官，自今已後宜停。」〔註38〕

晚唐廣明元年（880）正月，唐僖宗下敕：「近者武官多轉入文官，依資除授。宜懲僭倖，以辨品流。今後武官不得輒入文官選改。內司不在此限。」〔註39〕

唐廷嚴格文武的界限，強調「文武名分，授受各殊。」〔註40〕這主要是限制武職轉入文職著眼的。在朝廷詔令中，文武參用的原則仍在被強調，唐德宗貞元十年（794）詔略云：「欲求致理，必藉兼才，文武遞遷，不令隔限。自今內外文武闕官，於文武班中才望相當者參敘用。」〔註41〕但這不過是冠冕堂皇的藉口，是給被任以武職者一個臺階而已。當然，由於科舉之途的狹窄和戎馬倥傯的環境，投筆從戎的仍不鮮見。這往往出於迫不得已，並非出於其主觀願望。正如吳郡朱府君臧氏夫人墓誌所云「子孫多值干戈之時，故不暇展文術之材入仕，苟從戎立勳。」〔註42〕以武職晉身後，如有機會，他們還是極力爭取轉為文職。唐人劉允章在《直諫書》中揭露當時存在的各種社會弊病，談到八種為時人詬病的入仕門徑，其中便包括從武入文。

> 節度使奏改，一入也；用錢買官，二入也；諸色功優，三入也；從
> 武入文，四入也；虛銜入仕，五入也；改偽為真，六入也；媚道求
> 進，七入也；無功受賞，八入也。〔註43〕

有學者認為「中晚唐以後，由武官轉入文職的比較多。這可能與戰爭頻仍，武官多不願打仗送命有關。」〔註44〕這種解釋失之皮相，並不得要領。也許

〔註38〕《唐會要》卷五九《兵部侍郎》。

〔註39〕《唐會要》卷五九《兵部尚書》。而《舊唐書》卷一九下《僖宗紀》記載稍有差異。類似有關這方面的記載參見《冊府元龜》卷六三一《銓選部・條制三》太和二年六月敕、太和三年七月敕、開成三年十二月敕，以及《全唐文》卷七八武宗皇帝《加尊號後郊天赦文》、《全唐文》卷八二宣宗皇帝《大中改元南郊赦文》、《全唐文》卷八九僖宗皇帝《南郊赦文》、《唐大詔令集》卷七二《乾符二年南郊赦》。

〔註40〕王欽若：《冊府元龜》卷六三一《銓選部・條制三》，北京：中華書局，1960年。

〔註41〕《唐大詔令集》卷一〇一《置上將軍及增諸衛祿秩詔》。

〔註42〕《唐代墓誌彙編》大中013《唐故處士吳郡朱府君臧氏夫人墓誌銘並序》，頁2261。

〔註43〕《全唐文》卷八〇四劉允章《直諫書》。

〔註44〕王勳成：《唐代銓選與文學》，北京：中華書局，2001年，頁211。

從當時重文輕武的社會風尚方面解釋較爲妥帖。

與武官地位持續走低，大量武官通過各種途徑轉向文職形成另一番景象的是唐後期武官隊伍的畸形膨脹。唐前期文官大大多於武官。據《文獻通考》卷四七《職官考一》記載，開元時期文武官員凡一萬八千八百五，其中文官14，774員，武官則只有4，031員。武官的數量僅占文官的四分之一。唐後期武官隊伍大大膨脹起來。自唐初以來武選的門檻就較文選低。那些難以通過文學之途晉身的人，幾乎無一例外的選擇了武選。當然他們往往將武選只作爲一個跳板。甚至工賈遊食通過賄賂藩鎮也能得到軍職。武官成爲冗官的淵藪。唐僖宗廣明元年正月（880）制文指出：「入仕之門，兵部最濫，全無根本，頗壞紀綱。」〔註45〕史籍中雖然沒有留下唐後期武官具體的數字，但可以推想數目當是很驚人的。

「艱難以來，優寵節將。」〔註46〕安史之亂後，史籍中對武臣受尊崇的記載不少。但事實上武官的社會地位並沒有隨著國內形勢的改變而得到改變。唐廷平亂靖難不得不依賴武臣，但安祿山的教訓，以及建中之亂中原本忠順於朝廷的大將如姚令言、李懷光等的反叛，使唐朝廷對武臣特別是手握大權，掌握重兵的武將的忠誠問題產生了強烈的不信任感。朝廷對武臣政治上和經濟上的尊崇，並不能扭轉社會上輕視武官的輿論導向。綿延八年的叛亂，以及頻繁的藩鎮動亂，不僅沒有喚起朝野尚武興武的氣氛，甚至朝野上下從此對軍戎諱莫如深，文武之間的隔膜進一步加深。〔註47〕姜太公，是輔助周武王滅商的功臣，戰國時期已經被視爲武教的泰斗至尊，一些兵書也僞託他之名。張良受師於黃石公的著名故事中，張良所受兵書即託名爲《太公兵法》。司馬遷指出，太公「其事多兵權與奇計，故後世之言兵及周之陰權皆宗太公爲本謀。」〔註48〕貞觀初年，唐廷在傳說中的太公釣魚處磻溪設立太公祠，開始官方祭祀。以後規格漸高，開元十九年（731）詔於兩京各置太公廟一所，以張良配享。安史之亂中，大敵當前，爲了激勵軍心，安撫武臣，培植尚武的精神，上元元年（760）閏四

〔註45〕《舊唐書》卷一九下《僖宗紀》。

〔註46〕《唐會要》卷七八《諸使中·節度使》。類似記載還有「王室比多難，高官皆武臣。」「近傳天子尊武臣，強兵直欲靜胡塵。」分別見杜甫的《送陵州路使君赴任》和張謂《代北州老翁答》。

〔註47〕于賡哲：《由武成王廟制變遷看唐代文武分途》，《魏晉南北朝隋唐史資料》2002年第19輯。

〔註48〕《史記》卷三二《齊太公世家》，北京：中華書局，1982年。

月將太公廟升格爲武成王廟，以與孔子文宣王廟相匹配。但貞元年間由於大難削平，唐王朝度過了最艱難的時候，許多大臣對武成王廟制提出了非議。祇是由於左領軍大將軍令狐建等武官的堅持，武成王的稱號才得以保留，但享受的規格卻大爲降低。唐初崇尙文武兼資，出將入相，到了唐後期文、武判若兩途，甚至勢同水火。「唐自大中已來，以兵爲戲者久矣。廊廟之上，恥言韜略，以橐鞬爲凶物，以鈐匱爲凶言。」〔註49〕杜牧對此也大發感慨，「復不知自何代何人分爲二道，曰文、曰武，離而俱行。因使搢紳之士，不敢言兵，或恥言之，苟有言者，世以爲粗暴異人，人不比數。」〔註50〕節度使爲地方最高一級的武官，官位尊崇，總掌軍旅，顓誅殺，外任之重莫比焉。拜節度使後赴任中享受的禮遇也是其他官員難以望其項背的。

> 辭日，賜雙旌雙節。行則建節、樹六纛，中官祖送，次一驛輒上聞。
>
> 入境，州縣築節樓，迎以鼓角，衙仗居前，旌幢居中，大將鳴珂，
>
> 金鉦鼓角居後，州縣齎印迎于道左。〔註51〕

但一些文士似乎並不鍾情於此職。楊汝士拜同州節度使後即很不開心。他在《建節後偶作》一詩中云：「拋卻弓刀上砌臺，上方臺榭與雲開。山僧見我衣裳窄，知道新從戰地來。」在另一首詩中又云：「太華峰前是故鄉，路人遙指讀書堂。如今老大騎官馬，羞向關西道姓楊。」〔註52〕楊汝士出身士族名門，官拜節度使後身穿戎服，即所謂橐鞬服，不僅沒有衣錦還鄉的感覺，竟然以此爲恥，甚至羞於向人說他姓楊，很怕玷污了祖宗。楊汝士的例子並非個別。還比如薛能以文章自負，累出戎鎮，常鬱鬱歎息，曾作詩云：『麁官乞與真拋卻，賴有詩名合得嘗。』」〔註53〕也把節度使視爲「麁官」。「麁」，同「粗」，謂才能平庸。古代重文輕武，多稱武官爲麁官。節度使尙且爲麁官，其他武官可想而知。楊給事被外放到地方藩鎮任職，以擔任武官（著橐鞬）而惆悵不樂。好友劉禹錫作詩三首安慰他。其中一首說：「揮毫起制來東省，攝足修名謁外臺。好著橐鞬莫惆悵，出文入武是全才。」〔註54〕史籍中沒有留下楊

〔註49〕孫光憲：《北夢瑣言》卷一四，上海：上海古籍出版社，1981年。

〔註50〕《樊川文集》卷一〇《注孫子序》，上海：上海古籍出版社，1984年。

〔註51〕《新唐書》卷四九下《百官志下》。

〔註52〕《全唐詩》卷四八四楊汝士《建節後偶作》及《題畫山水》，北京：中華書局，1979年。

〔註53〕《北夢瑣言》卷四。

〔註54〕《全唐詩》卷三六五劉禹錫《寄毗陵楊給事》。

給事的應和詩，不知他在聽了這些寬心之詞後反應如何。唐後期文武判然兩途，劉禹錫還用唐初的出文入武的陳例來試圖疏解楊給事的怨氣，估計是難以有效果的，這些恐怕連劉禹錫自己都不相信。

以下以節度使為例，探討一下節度使的文儒化及帶來的後果。

安史之亂結束之初，各地藩鎮大多都由武人擔任。武人掌握重兵，即使不興兵作亂，在唐廷看來也是一個潛在的威脅。從唐代宗時期就開始削奪統兵將領的兵權，改由文官擔任地方長官。當時大難略平，社會逐步走向正規，也為地方官員的人事調整准備了條件。「在叛亂結束時，各地的長官（不論其具體官稱是什麼）有近75%是軍人。到779年的代宗末年，這一比率已減少到約五分之三。」〔註55〕這些成就主要是在南方藩鎮取得的。唐德宗即位，這一步伐大為加快。他即位的第一個大動作便是罷除了元勳郭子儀的兵權，肢解了朔方軍。對河朔三鎮也採取了強硬的態度。建中之亂時，魏博田悅在諸道軍隊聯合打擊下，節節敗退。為了擺脫孤立的局面，他謀劃離間諸道，特別是成德、幽州與唐中央的關係。他派人對幽州節度使朱滔說，「今上（指德宗）志欲掃清河朔，不使藩鎮承襲，將悉以文臣代武臣，魏亡，則燕、趙為之次矣。」〔註56〕後來朱滔也叛唐作亂，與魏博、成德、淄青等結成了反唐的同盟。朱滔叛唐的原因很多，但田悅說客所說的德宗「將悉以文臣代武臣」這句話恐怕起了很大的作用，擊中了要害。由於德宗削藩措施危及到了幽州的自身利益。為了自身的安全計，朱滔也倒戈一擊，從平叛功臣蛻變為唐朝廷的貳子逆臣。

當然唐廷在文武的使用上也考慮到了因地制宜。江南、淮南諸道為唐後期主要的財賦來源，這裡的賦稅收入成為唐王朝賴以存在的根基。安史之亂前，這一帶兵力寡弱，設軍府很少。安史之亂其間，陸續設置了防禦、團練、節度諸使，但亂後，先後易節度為觀察使。唐廷對南方藩鎮軍隊職能的定位僅是防禦盜賊，維護地方治安。在此指導思想下，諸鎮兵力嚴格受到限制，所謂「賦稅之地，與關右諸鎮及河南河北有重兵處，體例不同。節度使之外，不合更置軍額。」先後數次裁罷軍額，其中有江陵永平軍、潤州鎮海軍、宣州採石軍、越州義勝軍、洪州南昌軍、福州靜海軍等等。〔註57〕因此東南型

〔註55〕〔英〕崔瑞德：《劍橋中國隋唐史》，北京：中國社會科學出版社，1994年，頁491。

〔註56〕《通鑒》卷二二七建中三年二月條。

〔註57〕《唐會要》卷七八《節度使》。

藩鎮軍隊一般較少，節帥也多用文儒大臣。淮南節度使，擔負著保衛運河航道的重任，兵力達三萬五千，號稱「爲諸道府軍事最重。」但在節度使的人選上，「皆以道德儒學，來罷宰相，去登宰相……自貞元、元和已來，大抵多如此。」〔註58〕河朔地區節度使幾乎是清一色的武人。但河朔在王命所及之外，可以暫不考慮。京西北藩鎮處於防禦吐蕃的前沿，保障著國都長安的安全，戰略地位十分重要。這裡諸鎮也多用武臣，而且多出自神策軍系統。當然這衹是一般情況。具體到各鎮，在各歷史時期情況也有所不同。河朔三鎮之外，河南道的淄青、淮西等鎮也是著名的驕藩叛鎮。唐廷在這些叛鎮周圍也部署了重兵，加以防範。節度使乃至州郡長官大多用武將或有武略之文臣。「黃境隣蔡，治出武夫，僅五十年，令行一切。」〔註59〕「黃」指黃州，屬淮南道，「蔡」指蔡州。黃州與蔡州並不接壤。淮西轄申、光、蔡三州，治所在蔡州，蓋以蔡州爲淮西之代稱。因此所謂「黃境隣蔡」，其中的「蔡」實指淮西節度使。運河爲唐王朝的經濟命脈，溝通了長安和東南地區之間的聯繫。東南地區糧食和布帛通過運河運抵長安，說運河爲唐王朝的生命線並不過分。因此運河沿線是唐王朝必須牢牢控制的地區。會昌時期運河沿線「江賊」猖獗，對運河航運構成了一定的威脅。故從長江入淮一線的州郡多用武將。「蓋以倚淮介江，兵戈之地，爲郡守者，罕得文吏，村鄉聚落，皆有兵仗，公然作賊，十家九親，江淮所由，屹不敢入其間。〔註60〕澤潞鎮屬河東道，但巡屬三州邢、磁、洺位於河北，這三州猶如楔子釘入了河北的腹心。澤潞是唐王朝防遏河朔的重鎮，唐對此鎮的得失是十分在意的。故當節度使劉從諫去世，其姪劉稹不稟命於朝，擅自爲留後，武宗不惜興師討伐。宰相李德裕是強硬的主戰派，他在申述理由時強調：「澤潞國家內地，不同河朔。前後命帥，皆用儒臣。」〔註61〕其實李德裕所言，與事實有很大出入。從李抱眞以來歷任節度使似乎多爲武將，王虔休、盧從史、孟元陽、李愬、劉悟都是武將。但內地藩鎮大多用儒臣卻是事實。

唐憲宗時期討伐藩鎮取得了巨大的勝利。淮西、淄青、西川、浙西的叛亂都被平定，連跋扈最烈的河朔三鎮也稽顙稱臣。唐憲宗去世後，穆宗即位，

〔註58〕杜牧：《樊川文集》卷一〇《淮南監軍使院廳壁記》。
〔註59〕《樊川文集》卷一四《祭城隍神祈雨文》。
〔註60〕《樊川文集》卷一一《上李太尉論江賊書》。
〔註61〕《舊唐書》卷一七四《李德裕傳》。

雖然不久河朔復叛，河朔三鎮又脫離了中央的控制，但唐室對其他藩鎮的控制並沒有由此削弱，節度使文儒化的路線仍繼續得以貫徹。這時期吐蕃已經衰落，對唐西北的壓力大為減輕。邊地節度使也開始多使用文臣。元和九年（814）十一月，以御史中丞胡證充振武、麟勝節度使。時振武累用節將，邊事曠廢，朝廷思用儒者以撫安之，乃有是命。唐宣宗時更以節將貪暴為理由，撤換了一大批邊地武人節帥，而代之以文臣。例如以右諫議大夫李福為夏州節度，刑部侍郎畢誠為邠寧節度，大理卿裴識為涇原節度。〔註62〕

應該看到，唐後期在河朔地區之外，成功地實現了節度使的文職化，以致邊地節度使往往也用文臣。在減少藩帥叛亂的同時，也逐漸暴露了新的弊端，即導致了邊防和內地防禦力量的削弱。唐王朝節帥文職化路線的著眼點，主要是易制，骨子裏完全是出於對武臣的極度不信任。正如陸贄在貞元九年（793）上疏奏論備邊六失時指出的，「自頃邊軍去就，裁斷多出宸衷，選置戎臣，先求易制」。〔註63〕經過長期的變亂，唐王朝不免矯枉過正。在官員的選擇上，首先強調的是對朝廷的忠誠，而忽視了官員的軍事才能和對地方的彈壓能力。這個矛盾正如元結指出的，「陛下若獨任武臣，則州縣不理；若獨任文吏，則戎事多闕。」〔註64〕正是由於軍備廢弛，當變亂猝然發生，文儒節帥往往束手無策。這在唐宣宗朝已經暴露無遺。北邊將帥儒弱不武，導致了戎狄侵叛。〔註65〕另外江南軍亂頻頻，軍將作亂的數量大大多於以前，恐怕與節度使為文儒大臣，難以彈壓也有直接關係。唐末人胡曾對當時節鎮多用文儒，以致軍政不修的狀況進行了強烈的批評。他在致宰相路隨的信中說：

> 山東藩鎮，江表節廉，悉用豎儒，皆除迂吏，胸襟齷齪，情志荒唐。
>
> 入則粉黛繞身，出則歌鍾盈耳。但自誅求白璧，安能分減黃金。雖
>
> 設朱門，何殊亡國。徒開玉帳，無異荒墟。〔註66〕

不可否認，胡曾把當時的嚴重狀況完全歸咎於文臣，是不公正的，對文臣的指責也有點偏激。但他的言論並非全無根據，也多少指出了當時問題癥結的所在。

〔註62〕　《東觀奏記》卷下，轉引自《唐語林校證》卷二《政事下》。又見於《新唐書》
　　　　　卷一七三《裴識傳》。
〔註63〕　《全唐文》卷四七四陸贄《論緣邊守備事宜狀》。
〔註64〕　《全唐文》卷三八〇元結《請節度使表》。
〔註65〕　《全唐文》卷七二四李騭《徐襄州碑》云徐商「會昌二年以文學選入禁署。
　　　　　宣宗以北邊將帥，儒弱不武，戎狄侵叛，公時為尚書左丞，詔以公往制置安
　　　　　撫之。」
〔註66〕　《全唐文》卷八一一《謝賜錢啟》。

　　唐僖宗以後，天下大亂，即使向來安定的江南也久經戰爨之災。這時候歷史又來了一個循環，似乎又回到了安史之亂中的起點。節度使和州郡牧守幾乎都為武夫悍將，他們「類以威鷔相高，平居齋几之間，往往以斬伐為事，至有位居侯伯，而目不識點畫，手不能提筆者。」〔註67〕五代時期更是如此，正如趙翼指出的，「五代諸鎮節度使，未有不用勳臣武將者，遍檢薛、歐二史，文臣為節度使者，惟馮道暫鎮同州，桑維翰暫鎮相州及泰寧而已……乃至不隸藩鎮之州郡，自朝廷除刺史者，亦多以武人為之。」〔註68〕這種情況一直延續到宋代，才得以改變。宋代用文臣擔任知州知縣，文人政治才完全確立。

〔註67〕《釣磯立談》，轉引自陳志學《試論唐代武官的入仕途徑》，《中華文化論壇》
　　　　2002 年第 3 期。
〔註68〕趙翼著，王樹民校證：《廿二史箚記校證》卷二二《五代藩郡皆用武人》，北
　　　　京：中華書局，1984 年。

第二章　唐代州郡地方武官

　　唐初沿用西魏以來的府兵制度。折衝府分置於諸州而名隸中央諸衛及諸率府，雖然駐扎地方州縣，但性質上爲中央軍隊。折衝府武官如折衝都尉、果毅、別將等都不屬於地方武官。刺史、都督和都護雖然都有一定的軍事職能，但歸根結底爲行政長官。當時地方武官主要是都督、都護系統下的軍、守捉、城、鎮、戍武官。隨著節度使制度的興起，形成了以節度使爲代表的地方武官系統。節度使可以自辟僚佐，形成了龐大的武職僚佐隊伍。不僅有使府武職僚佐，還包括巡屬支郡的軍、守捉、城、鎮、戍等武官。在唐代武官系統中，地方武官是前後變化最爲劇烈的。中央諸衛及北衙六軍武官在安史之亂後，逐漸趨以閒散，成爲安置勳臣的官階。唐德宗後期中央雖然組建了神策軍，控制大量外鎮，軍額一度達到十五萬，是制約地方藩鎮的威懾力量。但總的來說，節度使體制確立特別是安史之亂後唐代武官的主體和重心已經由中央轉移到了地方藩鎮。地方武官系統經歷了從弱到強，從小到大的過程。這一過程是與唐王朝中央集權的逐步衰落同步的。

　　學界關於藩鎮使府武官的研究已經很多，下面主要探討一下地方州郡武官，即唐前期的地方州郡武官和唐後期的藩鎮支郡武官。在唐代的時期劃分上，本書沿用一般通行的兩分法，以安史之亂爲界，唐前期指安史之亂前，唐後期指安史之亂後。〔註1〕

〔註1〕　對政治制度研究而言，以政治事件安史之亂爲界，並不恰當。因爲制度有一定的延續性，而地方武官制度而言，節度使對軍、鎮等機構的管轄，州郡軍事官佐的出現都是在節度使制度確立後，安史之亂前。安史之亂後，不過進一步固定而已。但爲了研究的方便，姑且採用學界通行的劃分法。

第一節　唐前期地方州郡武官

　　唐初地方行政體制採用州（郡）縣兩級制。全國被劃分爲三百多個由中央直接管轄的州。州的長官刺史及其屬吏都由中央任免，刺史的兵權也被收回中央，其職權同魏晉南北朝時期相比不能同日而語。這種情況是與隋以來中央集權的強化相適應的。唐代州刺史之職銜例爲「持節某州諸軍事、某州刺史」，即使邊荒之地僅轄幾百戶的小州也不例外。此乃承南北朝的慣稱而來，實不持節管軍，祇是作爲榮寵之銜。故在前期其僚佐亦只有別駕、長史、司馬等上佐、錄事參軍、六曹參軍等州院系統，沒有專門軍事官佐。〔註2〕軍事事務由其上的都督府、都護府掌握。當然刺史爲民政長官，也有軍事性的一面。置於各州郡的折衝府，不受地方長官刺史的管轄，刺史沒有指揮調動的權力，折衝府也不得干預地方行政。但刺史與折衝府也並非毫無關係。谷霽光先生認爲刺史對折衝府之職責經常有四個方面：一發兵，二練兵，三查閱軍備，四點兵。〔註3〕另外，刺史領兵征討也是屢見於史乘的。儘管這樣，唐代刺史本質上是行政官員，並不是一級地方武官。

　　與州同級，尚有府的建制。唐代府按照性質的不同，可分爲三類：一是都督府，設於國內重要地區，是掌理一州政務兼督數州防務的軍政機關；二是都護府，設於沿邊重鎮，管理內附的少數民族；三是京都及皇帝曾經駐蹕之州，特建爲府，如京兆府、河南府、太原府、興元府、興德府等。〔註4〕與本文主旨有關的是都督府和都護府。

　　都督，起源甚早，至遲東漢末已經出現。魏晉南北朝時期都督分爲兩類，一類是不管軍區的普通都督，性質爲偏裨將領；一類是分管軍區的持節都督，性質爲全軍統帥。史界關注的主要是第二類都督。〔註5〕隨著都督的出現，全國被劃分爲眾多的都督區。都督具有強烈的軍事性，在當時分裂割據的環境下，

〔註2〕嚴耕望：《唐代府州僚佐考》，《唐史研究叢稿》，香港：新亞研究所，1969年，頁165。而岑仲勉先生則認爲唐初州郡兵馬由刺史掌之，刺史擁有軍權。見氏著《隋唐史》，北京：中華書局，1982年，頁227。馬俊民也持此觀點，參見《唐朝刺史軍權考——兼論與藩鎮割據的關係》，《南開大學歷史系建系七十五周年紀念文集》，天津：南開大學出版社，1987年。

〔註3〕谷霽光：《府兵制度考釋》，上海：上海人民出版社，1978年，頁163～164。

〔註4〕俞鹿年：《中國政治制度通史》（隋唐五代卷），北京：人民出版社，1996年，頁240。

〔註5〕陳仲安、王素：《漢唐職官制度研究》，北京：中華書局，1993年，頁169。

軍事權力得以伸張，都督不僅掌軍事，而且干涉甚至領導地方行政，儼然成為在州郡縣之上的一級新的地方行政區劃。北周武成初改都督為總管。隋沿北周之制，以總管管一州之政而兼督諸州軍事，並加使持節之號。諸州總管分為上、中、下三等，而并、益、荊、揚四州則置大總管府。當時作為軍區長官的都督之名雖廢，但都督之名卻得以保留。大都督、帥都督、都督、子都督成為府兵中團、旅、隊、火等各級武官的稱號。武德元年（618），以天下未定，其緣邊鎮守及襟帶之地，置總管府，以統軍戎。總管府具有軍區的性質，諸州總管加號使持節。武德七年（624），天下甫定，改大總管府為大都督府，總管府為都督府，管十州以上為大都督府，不滿十州者為都督府。總管府改為都督府，並非僅是名稱的改易，還意味著職官性質的轉變，軍事色彩減退，開始向民政方面轉移。都督府的職責是「掌所管都督諸州城隍、兵馬、甲仗、食糧、鎮戍等」事。〔註6〕雖對屬州有一定的軍事指揮權，但原則上與刺史同為最高地方長官，雖然有軍事性的一面，但民政卻是主要的。〔註7〕貞觀三年（629），太宗在與侍臣的談話中，即把都督和刺史都視為「堪養百姓」之官。〔註8〕都督府設官與州郡大體相同。一般大都督府由親王遙領，長史主其事，其餘都督一般兼任治所州的刺史。都督之下有別駕、長史、司馬為上佐，有錄事參軍，有功曹、倉曹、戶曹、兵曹、法曹、士曹參軍事等判司。這些僚佐均為文職，武職僚佐則不見諸記載。景雲二年（711）六月，分天下為二十四個都督府，令都督糾察所管州刺史以下官人善惡。這種都督府實際上是州縣以上的監察機構，與國內要地所置的以總軍戎的都督府性質不同。此項改革，因賦予都督的權力過大，遭到許多大臣的反對，不久就停罷。開元以後，都督府的職任仍為統籌數州鎮防行政事務。節度使制度興起後，都督府的稱號仍得到保留。由於節度使例兼駐在地的州刺史，若治所州為都督府者亦兼都督，為大都督府者，則兼長史。

　　除都督府外，唐前期還於邊疆地區設置了都護府。都護府的歷史可以追溯到西漢，西漢時在西域地區就有都護的設置。貞觀十四年（640），唐滅高昌後設置的安西都護府是唐廷設置的第一個都護府。以後又陸續設立了安北、單于、安東、安南等都護府，武后時又設北庭都護府。都護府分大都護

〔註6〕　《通典》卷三二《職官十四·都督》杜佑自注。
〔註7〕　對唐代都督性質的認識，史界存在爭議。或認為為民政官，參見牟發松《唐代都督府的置廢》（《魏晉南北朝隋唐史資料》1986年第8輯）。或認為是軍政武官。參見陳仲安、王素《漢唐職官制度研究》，頁219。在此本書採用前說。
〔註8〕　《唐會要》卷六八《刺史上》。

府與上都護府兩等。大都護府有大都護一人，從二品，一般由親王遙領。副
大都護、副都護各二人，爲三品和四品官。此外設官與都督府大體相同。都
護府的職責主要是管理歸附的少數民族。《舊唐書》卷四四《職官三》云：都
護「掌撫慰諸蕃，輯寧外寇，覘候奸譎，征討攜貳。」《通典》卷三二云：「掌
所統諸蕃慰撫、征討、斥堠，安輯蕃人及諸賞罰，敍錄勳功，總判府事。」
其軍事色彩是比較濃重的。但其僚佐中仍只有文職僚佐，沒有武職僚佐，與
州郡、都督府沒有什麼兩樣。

　　唐初州郡武官主要是都督、都護府下軍、守捉、城、鎮、戍等機構的武
官。《新唐書》卷五〇《兵志》云「唐初，兵之戍邊者，大曰軍，小曰守捉，
曰城，曰鎮，而總之者曰道。」鎮的下面尚還有戍，而《新唐書·兵志》略
之。軍、守捉、城、鎮、戍分佈於緣邊地區，掌防捍守禦。分別設軍使、守
捉使、城使、鎮將、戍主等長官，受統於道的長官大總管（後改名爲大都督）。
城、鎮、戍沿自北魏。軍和守捉則是唐代新出現的防邊機構。節度使制度確
立後，節度使取代了都督、都護對軍、守捉、城、鎮、戍的領導權。

1、軍　使

　　軍作爲唐代屯防軍事系統中直接統率防丁的最高機構，在武德年間即已
開始設立，如赤水軍、墨離軍等。但軍的大規模出現還是在武后特別是唐玄
宗之世。〔註9〕這時期突厥、吐蕃和東北的「兩蕃」崛起，對唐邊境造成巨大
威脅。爲了加強邊地的防禦力量，除了充實原有機構的兵力，又勢必需要設
置新的防禦機構。據杜佑《通典》所載，十節度使所轄之軍共有四十五個之
多。從分佈地域來看，這些軍最初設於沿邊的軍事要衝，以後推及到內地。
安史之亂後，仍在陸續設置，例如鄜州境內的肅戎軍，大曆六年（771）置。
鹽州境內的保塞軍，貞元十九年（803）置等等。這些軍雖然中間時有廢罷，
但總的來看，數目在不斷增加。至唐末五代形成幾乎無州不軍的局面。《新唐
書·地理志》在諸道州下對軍有所記載，但有很大的遺漏。〔註10〕唐前期對
大部分軍而言，雖然置於某州，刺史卻無權指揮調度。軍使的地位相當於刺
史，因此刺史往往兼任境內某軍使。

〔註9〕　孟彥弘先生在《唐前期的兵制與邊防》（《唐研究》1995年第1卷）一文中認
　　　　爲，置於武德年間的墨離軍、玉門軍、赤水軍等與設兵鎮守之「軍」性質不
　　　　同，與武后、玄宗之後的軍並無直接淵源關係。王永興先生也認爲武德時尚
　　　　無邊境固定駐軍制度，不可能置軍。見《唐代前期西北軍事研究》，頁32。
〔註10〕　參看拙文：《〈新唐書·地理志〉諸道軍補遺》，《文史》2003年第3期。

關於軍的職官設置。據《新唐書》卷四九下《百官志四下》：諸軍各置使一人，五千人以上有副使一人，萬人以上有營田副使一人。軍皆有倉、兵、冑三曹參軍事。刺史領使，則置副使、推官、衙官、州衙推、軍衙推。《新唐書》的記載當來源於《唐六典》。據《唐六典》卷五「兵部郎中員外郎」條：

> 諸軍各置使一人，五千人已上置副使一人，萬人已上置營田副使一人；每軍皆有倉曹、兵曹、冑曹參軍各一人。其橫海、高陽、唐興、恒陽、北平等五軍皆本州刺史爲使。（其兵各一萬人，十月已後募，分爲三番教習。五千人置總管一人，以折衝充；一千人置子將一人，以果毅充；五百人置押官一人，以別將及鎮戍官充。）

兩書對刺史兼軍使的情況下的設官記載有所不同，《新唐書》所云「刺史領使則置副使、推官、衙官、州衙推、軍衙推」，顯然是作爲宋人的歐陽修追述的唐後期制度。唐前期情況並非如此。《唐六典》的記載反映了唐開元前期的制度。唐前期軍設有軍使，副使，營田副使，倉曹、兵曹、冑曹參軍，總管，子將，押官等。根據軍兵額的多少，官員類別及人數也有所增減。其中武官包括軍使、總管、子將、押官等。軍使、副使已上，皆四年一替；總管已下，二年一替，押官隨兵交替。〔註11〕事實上，《唐六典》記載並不完全，也有漏載。孟憲實指出軍也置有司馬。〔註12〕例如，婁師德「遷殿中侍御史，兼河源軍司馬，並知營田事。」〔註13〕王齊丘「屬西戎未康，師出於外，遞以君爲殿中侍御史，充赤水軍司馬，又敕監涼府倉庫。」他於景龍三年二月去世。〔註14〕士如珪：「解褐授幽州臨渠府別將，轉拜潞州潞川府別將。公材爲時雄，智周出俗，范陽郡節度使張守珪慕公文武英傑，幹濟時務，別表授平盧軍司馬，賞緋魚袋。」他於天寶二載四月去世。〔註15〕《金石萃編》卷六九《涼州衛大雲寺碑》提到軍

〔註11〕《舊唐書》卷四三《職官志二》。而《唐六典》卷五則云諸軍鎮使、副使已上（當爲下）皆四年一替，總管已上六年一替，押官隨兵交替。蓋以《舊唐書》記載爲是。《通鑑》卷二一一開元四年六月條胡注云軍的職官設置與諸書都不同：「《唐令》，制每軍大將一人，別奏八人，傔十六人。副二人，分掌軍務，奏、傔減大將半，判官二人，典四人。總管四人，二主左、右虞候，二主左、右押衙，傔各五人。子將八人，資其分行陣，辨金鼓及部署，傔各二人。」胡三省所引用的材料不詳所出，但其中武官也包括軍使、總管、子將。與兩《唐書》和《唐六典》相同。

〔註12〕孟憲實：《唐代前期軍鎮研究》，北京大學歷史系博士論文，2001年。

〔註13〕《舊唐書》卷九三《婁師德傳》。

〔註14〕《唐代墓誌彙編》景龍029《故右臺殿中侍御史王君墓誌銘并序》，頁1101。

〔註15〕《唐代墓誌彙編》天寶047《大唐故朝散郎試平盧軍司馬賞緋魚袋士府君太原

（赤水軍）長史萬徹、軍司馬王休祥。此碑建於景雲二年。綜合以上例子，唐前期軍置有司馬並無疑問，也並非置後旋廢，在相當長的時期裏軍都置有司馬一職。由於鎮軍的組織系統係由行軍組織系統發展而來，因此在職官名稱上也保留了行軍時代的色彩。軍司馬有時也稱爲行軍司馬。徐乾昌爲青州北海縣令兼漁陽軍行軍。「漁陽軍行軍」即漁陽行軍司馬之省稱。漁陽軍在幽州北盧龍古塞，開元十九年（731）九月改爲靜塞軍。因此，徐乾昌爲漁陽軍行軍當在開元十九年九月之前。〔註16〕

　　有證據顯示，在節度使制度確立前，「軍」中已經有兵馬使的設置。大谷文書 2840 號爲武則天長安二年（702）的文書，文書中已經出現了豆盧軍兵馬使的職名。豆盧軍置於沙州。爲了清楚起見，現迻錄文書如下：

1、豆盧軍　　牒敦煌縣
2、軍司死官馬肉錢叁仟柒百捌拾文。
3、壹阡陸伯伍拾文索禮，壹伯陸拾文郭仁福，
4、叁伯文劉懷委，叁伯文氾索廣，
5、壹伯玖拾文馬　楚，叁伯叁拾文唐大懷
6、壹伯伍拾文陰琛，出索禮　叁伯文王會，
7、肆伯文張亮
8、牒被檢校兵馬使牒稱件狀如前者，
9、欠者，牒敦煌縣請征，便付玉門軍，仍
10、牒玉門軍便請受領者。此已牒玉門
11、訖，今以狀　牒　至准狀故牒。
12、　　　　　長安二年十二月十一日典　畫懷牒。
13、　　　　　　　　判官　郭　意。
14、　　　　　　　　十二月十五日錄事　徹　受。
15、　　　　　尉攝主簿　　　　　付司兵。
　　　　　　　　　　　　（以下略）

　　上列文書的內容是沙州豆盧軍牒敦煌縣司，請征索禮等人所欠死馬肉

　　　郭夫人墓誌銘》，頁 1562。
〔註16〕吳鋼主編：《全唐文補遺》第 3 輯王恒《唐故右龍武軍同正將奉天定難功臣寧
　　　遠將軍守左金吾衛大將軍員外置同正員試殿中監賜紫金魚袋上柱國徐府君
　　　（思倩）墓誌銘并序》，西安：三秦出版社，1996 年，頁 136。

錢，便付玉門軍。文書上鈐有豆盧軍兵馬使之印和敦煌縣之印。〔註17〕這反映至遲長安二年軍中已經開始設置兵馬使一職，可以補充《唐六典》和《新唐書》等書在記載軍職官上的闕漏。

2、守捉使

守捉為軍之下的防禦單位，始設於唐。具體設置時間不詳。但可以肯定的是在唐初已經設立。例如合川郡界守捉，乃貞觀中侯君集置。雲中守捉置於高宗調露年間，綏和守捉、平夷守捉置於開元初。守捉可以升級為軍，軍當然也會降為守捉。例如會州有新泉軍，開元五年（717）廢為守捉。幽州納降軍，本納降守捉城，後升為軍。蔚州清塞守捉城，貞元十五年（799）升為清塞軍。營州鎮安軍，本燕郡守捉城，貞元二年（786）為軍城。守捉地位雖然低於軍，但守捉統軍也有多於軍者。如隴右之平夷守捉管兵三千人，而寧塞軍只有五百人。河西之張掖守捉管兵六千三百人，馬千匹，而建康、寧寇二軍只有千七百人，馬百匹。軍雖然為守捉的上一級單位，從《新唐書·地理志》來看許多州置有軍，但沒有設守捉。似乎軍和守捉衹是級別不同，並沒有上下隸屬關係。守捉設使，為最高長官。守捉使下設有守捉官、押官等。據阿斯塔納 509 號墓出土的《唐開元二十年瓜州都督府給西州百姓遊擊將軍石染典過所》記載，石染典從安西到瓜州「市易事了，今欲卻往安西已來，路由鐵門關，鎮戍守捉不練行由，請改給者。」這年的三月十四日，瓜州都督府「改給」了石染典過所，過所後依次寫有：三月十九日，懸泉守捉官高賓勘西過；三月十九日，常樂守捉官果毅孟進勘西過；三月廿日，苦水守捉押官年五用勘西過；三月廿一日，鹽池戍守捉押官健兒呂楚珪勘過。〔註18〕

3、城　使

《新唐書·兵志》城使在軍使和守捉使之下。但實際上城和軍、守捉的界限並不明晰。唐代許多軍、守捉本身即是一城，因此史籍中常有軍城、守捉城的稱呼。例如營州東有鎮安軍，本燕郡守捉城，貞元二年為軍城。西四

〔註17〕唐耕耦、陸宏基編：《敦煌社會經濟文獻眞迹釋錄》第 2 輯《長安二年（西元七〇二年）十二月豆盧軍牒》，北京：全國圖書館文獻縮微複製中心，1990 年，頁 325。按原件文書中年、月、日等使用武周新字。《釋錄》已經改爲通行字。此文書又見於日人小田義久編《大谷文書集成》第 1 卷（法藏館，1984 年）頁 110，定名爲《豆盧軍牒》，過錄文字與《釋錄》有所出入。

〔註18〕唐長孺：《吐魯番出土文書》第 9 冊，北京：文物出版社，1986 年，頁 40～42。

百八十里有渝關守捉城。又有汝羅、懷遠、巫閭、襄平四守捉城。因此城使和軍使的地位問題比較複雜，不可一概而論。據苑玄亮墓誌，他開元二十九年去世，生前曾遷龍勒府折衝新泉軍大使，後又遷濟北、唐安二府折衝，試松州別駕都知劍南道節度兵馬使。後又加拜夏州都督府別駕定遠城使知十將兵馬。〔註19〕從其遷轉仕途來看，似乎定遠城使地位還在新泉軍使之上。城在設有城使這個最高長官外，其下還有兵馬使等僚佐。唐玄宗時期，臧懷恪即曾任安北都護、中受降城使、朔方五城都知兵馬使。〔註20〕

4、鎮將、戍主

《唐六典》卷五兵部職方郎中員外郎條記載有唐前期的鎮戍數目：「上鎮二十，中鎮九十，下鎮一百三十有五；上戍十有一，中戍八十有六，下戍二百三十有五」。這些鎮、戍皆分為上、中、下三等，防人五百人為上鎮，三百人為中鎮，不及者為下鎮。五十人為上戍，三十人為中戍，不及者為下戍。每鎮有鎮將、鎮副，戍有戍主、戍副，皆為品官。鎮戍制度沿自北魏，鎮將和戍主在北魏時地位甚重，領兵多達萬人，到唐代卻淪為卑秩。上鎮將，正六品下，鎮副正七品下；中鎮將正七品上，鎮副從七品上；下鎮將，正七品下，鎮副從七品下。上戍主正八品下，戍副從八品下；中戍主從八品下，下戍主正九品下。中、下戍只有戍主正職，沒有副職，與鎮有些不同。鎮將有時又稱為鎮使。例如天授二年（691年）敦煌寫本P.2005《沙州都督府圖經》載：「大周天授二年臘月，得石城鎮將康拂耽延弟地舍拔狀稱……」〔註21〕而《新唐書》卷四三《地理志七》則稱康拂耽延為鎮使。〔註22〕由於鎮、戍屬於縣一級建置，鎮將、戍主等考課由州進行。根據仁井田陞先生復原的唐開元七年（719）和開元二十五年（737）的《考課令》，「縣令已下及關鎮戍官嶽瀆令，并州考。」〔註23〕

軍、守捉、城、鎮、戍的地位等級有嚴格規定，但實際上往往並不循此遞遷，而是呈一定的跳躍性。庭州北庭都護府所轄清海軍，設於天寶年間，即由

〔註19〕《唐代墓誌彙編》天寶019《唐故正議大夫行袁州別駕上柱國苑府君墓誌銘》，頁1543。

〔註20〕《全唐文》卷三四二顏真卿《唐故右武衛將軍贈工部尚書上柱國上蔡縣開國侯臧公神道碑銘》。

〔註21〕唐耕耦、陸宏基：《敦煌社會經濟文獻真迹釋錄》第1輯，頁39。

〔註22〕《新唐書》卷四三《地理志七》云為康豔典，與敦煌寫本《沙州都督府圖經》中的康拂耽延為同名異譯。

〔註23〕仁井田陞：《唐令拾遺》，東京大學出版會，1933年，頁327。

清海鎮升格而來。〔註24〕還比如馬神威，久視元年（700）九月去世，他生前曾任疊州（屬隴右道）刺史，兼充露谷軍副使。〔註25〕露谷軍，史籍不載，地望及始置時間均難以稽考。上引墓誌中，墓主馬神威卒於久視元年，生前曾兩任露谷軍使（或副使），顯然武后末年已有此軍。又，藤井有鄰館所藏敦煌第49號文書中提及疊州有一露歸鎮，高文幹曾任露歸鎮副。露歸鎮，史書不載。露歸和露谷音相近，又同處疊州，蓋露歸即露谷。此件文書的年代，孫繼民先生推定在開元年間，開元十九年之前。〔註26〕碑志言露谷軍，文書則言露歸鎮（即露谷鎮），大概此時已由軍降格爲鎮。由上面兩個例子可以看出，清海鎮升爲清海軍，露谷軍降格爲露谷鎮，都沒有經過守捉、城這兩級。

在軍、守捉、城、鎮、戍之外似乎還有柵這一級。據《新唐書》卷三九《地理志三》永淳二年以岢嵐鎮爲柵，長安三年爲軍。柵，編立木爲之，大致可分爲兩種，一種是戰時臨時性的軍事設施，一種則是常設性的軍事據點。〔註27〕唐代宗廣德元年（763）正月，唐軍追擊史朝義時，曾提到溫泉柵。唐憲宗元和年間討伐淮西吳元濟時，李愬曾攻取文成柵、新興柵、興橋柵等，並擒獲了文城柵都將吳秀琳。這些柵估計是臨時性的。而岢嵐柵應是屬於後一類。這一類多建於邊疆險要之地。「或因山河險勢，多石少土，不任板築，乃建木爲棚。」〔註28〕據上下文，棚即柵。這類固定性的柵的等級不詳。從岢嵐鎮先爲柵，後升軍來看，柵的地位在軍之下，但似乎還在鎮之上。這也可以找到一些證據。據唐末一方張氏墓誌，其子王弘泰任幽州雄武軍平地柵巡檢烽鋪大將。〔註29〕

在節度使制度確立前，軍、守捉、城、鎮、戍等一般隸屬都督、都護府。也有個別鎮戍歸州統領。《唐律疏議》卷二二諸監臨官司條疏議云：「其有府

〔註24〕《新唐書》卷四○《地理志四》。

〔註25〕《唐代墓誌彙編》久視016《大周故冠軍大將軍上柱國襄信郡開國公馬府君墓誌銘並序》，頁979。

〔註26〕孫繼民：《敦煌吐魯番所出唐代軍事文書初探》，北京：中國社會科學出版社，2000年，頁200。

〔註27〕張國剛：《略論唐代藩鎮軍事制度的幾個問題》，《敦煌學與中國史研究論集——紀念孫修身先生逝世一周年》，蘭州：甘肅人民出版社，2001年。此文中張先生注意到了柵的問題，但並沒有涉及柵在唐初防禦體系的地位問題。

〔註28〕曾公亮：《武經總要‧前集》卷六《木棚法》，《中國歷代兵書集成》本，北京：團結出版社，1999年。

〔註29〕《唐代墓誌彙編》咸通031《大唐幽州節度隨使押衙銀青光祿大夫檢校國子祭酒太原王公夫人清河張氏墓誌》，頁2402。

及鎮、戍隸州者，亦爲統屬之限。」我們知道折衝府隸屬於諸衛和東宮率府，這裡云某些折衝府隸屬州，祇是特例。鎮戍隸屬於州也同樣如此。節度使制度確立後，節度使取代都督、都護，取得了對軍、守捉、城、鎮、戍等的直接指揮權。

唐高宗武則天以後特別是節度使制度確立後，地方官制的另一個新的變化是刺史軍權的增強，刺史往往兼任境內軍的軍使。例如開元十四年設立的唐興軍由莫州刺史兼領，橫海軍由滄州刺史兼領。天寶十三載（754），在黃河九曲之地設洮陽郡，內置神策軍，以成如璆爲太守，兼神策軍使。這樣刺史以兼軍使的身份獲得了一定的軍權。由於安史之亂前，內地長期安定，無戰事，精兵猛將集中於邊地，州郡刺史掌握軍權也主要集中於邊疆地區和北部州郡。刺史兼軍使的狀況並不普遍。但從某些迹象來看安史之亂前，州郡在州院系統外，似乎已經存在著軍院武官僚佐。嚴耕望先生指出安史之亂前邊疆諸州往往特置軍事官佐。他列舉了《通鑒》卷二一三開元十九年條嶲州總管董元禮和《元和郡縣圖志》卷四〇顯慶年間庭州參將的例子：

> 或告嶲州都督解人張審素贓汙，制遣監察御史楊汪按之。總管董元禮將兵七百圍汪，殺告者。

> 明（顯）慶中……來濟爲刺史，……請州所管諸蕃……皆爲置州府，以其大首領爲都督、刺史、司馬，又置參將一人，知表疏事。

武德七年（624）改總管爲都督，諸州總管不復存在。除行軍總管外，總管的職名在軍、鎮中仍得以保留。據《唐六典》卷五及《舊唐書》卷四三《職官志二》記載，諸軍、鎮置有總管。總管爲使職差遣性質，例由折衝都尉等官充當。軍、鎮總管設置也可以在墓誌中得到驗證。例如《八瓊室金石補正》卷五五《白鹿泉神祠碑》，此碑建於開元二十四年三月，碑文中有恒陽軍總管元賢宰。《唐代墓誌彙編》開元 409《大唐故清夷軍倉曹兼本軍總管張君墓誌銘並序》墓主張休光任清夷軍（屬嬀州）總管。他陣亡後，開元二十二年歸葬於河南北山平樂鄉。蓋張休光擔任清夷軍總管也在開元時期，與嶲州總管的時期相同。因此，有理由懷疑嶲州的總管實際上爲嶲州境內所置軍的總管。據《新唐書》卷四二《地理志》嶲州境內有昆明軍、寧遠軍等。由於此軍（昆明軍或寧遠軍）位於嶲州，故此軍總管簡稱爲嶲州總管。關於參將，明代的參將爲武職毫無疑問，但此處的參將從其掌表疏事來看，當不爲武職。而且庭州治下置參將的府州爲蕃族聚集的羈縻府州，並非正州。嚴耕望先生在引

用《元和郡縣圖志》卷四〇隴右道這則材料中多所省略。爲了清楚起見，現將這則材料完整迻錄如下，庶幾可以對瞭解參將的性質有所裨益。

> 庭州，因王庭以爲名也。後爲賊所攻掠，蕭條荒廢，顯慶中重修置，以來濟爲刺史，理完葺焉。請州所管諸蕃，奉敕皆爲置州府，以其大首領爲都督、刺史、司馬，又置參將一人知表疏等事。其俗帳居，隨逐水草。帳門皆向東開門，向慕皇風也。其漢戶，皆龍朔已後流移人也。

參將在唐代史籍中也僅此一見，對其的意義似乎並不能估計過高。儘管嚴先生舉的例子並不確切，但他認爲安史之亂前州郡存在軍事官佐的論斷卻是正確的。《唐六典》卷五在黎州、雅州、邛州、翼州和茂州等五州「鎮防團結兵」下注云：「並令刺史自統領，若須防遏，即以上佐及武官充。」這些州中統領鎮防團結兵的武官不知何指。從「以上佐及武官充」來看，此武官當不是作爲上佐的司馬。司馬一職自隋後不專武事，即廢爲州吏員。武官究竟何指，待考。另外，從墓誌及其正史傳記中也可窺到一些蛛絲馬迹。啜祿，開元二十八年爲河東道軍前討擊副使，仍充雲州十將使。〔註30〕十將使即十將，爲藩鎮武職僚佐，爲使職性質，故有時也稱爲十將使。據此開元二十八年前雲州已經有十將的職名，無疑當隸屬於雲州刺史。還比如，張興，束鹿人，爲饒陽裨將。〔註31〕饒陽即饒陽郡，屬河北道，天寶元年（742）改深州爲饒陽郡。張興既爲饒陽裨將，當爲饒陽郡太守屬下的武職僚佐。從時間來看，也在安史之亂前。另據《新唐書》卷一四四《侯希逸傳》侯希逸，營州人。天寶末爲州裨將，守保定城。同書卷二一三《李正己傳》也云李正己爲營州副將。這些例子可以作爲嚴先生論點的補證。因此可以斷言，安史之亂前州郡確實已經存在軍事官佐。

第二節　唐後期州郡武官

安史之亂後，藩鎮推及到全國各地。唐玄宗開天時期形成的節度使制度至此完全定型。藩鎮（道）成爲凌駕於州縣之上的新一級行政單位。雖然節

〔註30〕《唐代墓誌彙編》開元524《大唐故冠軍大將軍行右武衛大將軍啜祿夫人鄭氏墓誌銘并序》，頁1516。
〔註31〕《新唐書》卷一九三《忠義・張興傳》。

度使及其僚佐往往帶有朝銜和憲銜等，仍無改其地方官員的性質。唐後期藩鎮「大者連州十餘，小者猶兼三四」，〔註32〕所轄少則二三州，多則十數州。一般節度使都兼治所州（即會府）的刺史，其他各州則稱爲巡屬或支郡。藩鎮支郡官員本來概由朝廷任命，但到唐後期，州縣已爲藩鎮所實際控制，常常以使府僚佐軍將兼攝刺史和上佐。這祇是唐後期支郡的一般情況，具體到各個時期及各地又有所不同。

一、支郡刺史辟署權的獲得

如前所述，安史之亂前某些地區的刺史已經出現了武職僚佐。但刺史從制度上廣泛獲得軍權還是在安史之亂後。地方州郡的軍事化成爲唐後期州縣政治制度的一個基本內容。大曆十二年（777）在元載下臺後，宰相楊綰提出了一系列改革措施，其中有「定上、中、下州，差置兵員。」〔註33〕《資治通鑑》卷二二五也提到：「又定諸州兵，皆有常數。」即根據各州的等級高下，規定了諸州的兵額。州郡常備兵趨以制度化，正如貞元九年（793）福建觀察使王栩所說：「諸州並設軍額」。〔註34〕這些常備兵主要是健兒和團結兵。安史之亂後，刺史統領州兵除了以「持節某州諸軍事」的職銜外，還兼有防禦使和團練使等使職。防禦使和團練使的軍職大大加重了刺史的軍事權力。

《通典》卷三三《職官十五・州郡下・郡太守》云：「自至德之後，州縣凋弊，刺史之任，大爲精選。諸州始各有兵鎮，刺史皆加團練使，故其任重矣。」

《舊唐書》卷三八《地理志》也云：「至德之後，中原用兵，刺史皆治軍戎，遂有防禦、團練、制置之名。」

事實上，《通典》和《舊唐書・地理志》所云並不準確。防禦使，全稱爲防禦守捉使。防禦使出現甚早，武則天聖曆元年（698）以夏州都督領鹽州防禦使，此時就已經出現了防禦使之名。但此時期防禦使的設置並不普遍，祇是局限於某個邊疆地區。其廣泛的設立還是在安史之亂後。天寶十四載（755）安祿山叛亂，爲阻止叛軍，詔令諸州地當要衝者均置防禦使。當時河南、河東、河北、關內、山南、劍南等地均有設置。寶應元年（762）五月在戰局趨於好轉的情況下，唐代宗下詔停諸州防禦使。不久又部分恢復。建中二年（781）

〔註32〕《新唐書》卷五〇《兵志》。
〔註33〕《新唐書》卷一四二《楊綰傳》。
〔註34〕《全唐文》卷五三六《請停執刀資糧奏》。

正月二十五日，潭、開二州依舊置防禦使。〔註35〕此後一直延續到唐末。防禦使一般為刺史的兼職。除州防禦使外，還有都防禦使。與州防禦使轄一州軍事不同的是，都防禦使管轄數州軍事，常為觀察使的兼職，其地位低於節度使，不賜旌節。

團練使類似於防禦使，也分州團練使和都團練使。防禦、團練二使在設置之初，並無太大區別，唯防禦使地位在團練使下。州團練使在武則天時期也已經出現，〔註36〕但也祇是個別的例子。安史之亂後，州團練使在一部分州設置。據立於唐代宗永泰二年（766）七月的《李寶臣碑》碑陰記載，冀、深、趙、定四州刺史都兼團練守捉使，而易州刺史沒有兼團練守捉使。〔註37〕後宰相元載為了延譽，收買人心，令諸州刺史均兼團練使。大曆十二年（777）元載伏誅，五月，在宰相楊綰的建議下，除都團練使外，悉罷諸州團練守捉使。〔註38〕但不久又部分恢復。例如，建中四年（783）壽州置團練使，貞元五年（789）置汝州團練使。此後至唐末均有設置。刺史即使不兼有團練使、防禦使、鎮遏使等軍事使職，仍然可以「持節某州諸軍事」的名義來統率境內軍隊，處理軍政事務。

當時天下裂於方鎮，除了少數幾個直屬中央的府州外（例如京畿道的京兆府、同、華二州以及都畿道的河南府，在某個時期也曾設立藩鎮或隸屬某鎮，但大部分時間保留直屬府州的地位），其他州都為藩鎮所控制，藩鎮大者控制十餘州，少者也有二三州。

眾所週知，隋代開始將官吏的任免權收回，州郡刺史的辟署權被取消，由吏部掌握詮選，尚書舉其大者，侍郎詮其小者。「海內一命之官，並出於朝

〔註35〕《唐會要》卷七八《諸使雜錄》。
〔註36〕據《岱嶽觀碑》所載聖曆元年有兗州團練使，轉見俞鹿年：《中國政治制度通史》（隋唐五代卷），頁233頁。
〔註37〕王昶：《金石萃編》卷九三《成德軍節度使開府儀同三司檢校尚書右僕射兼御史大夫恒州刺史充管內支度營田使清河郡王李公紀功載政頌並序》，北京：中國書店，1985年。
〔註38〕《新唐書》卷一四二《楊綰傳》。而《文苑英華》卷八〇三李觀《常州軍事判官廳壁記》云：「自天下稱兵，三四十年間，擁旄曰使持節，曰州使，曰節度，曰團練。有副使、判官。大曆中，宰臣常公以為費，不能去其大，而去其細，乃罷團練。」將大曆中罷團練之舉歸於常袞。《唐會要》卷七八《諸使雜錄》、《通鑑》卷二二五祇籠統地言「中書門下」或「詔」，未明言發自何人。《舊唐書‧楊綰傳》亦未提楊綰倡議罷諸州團練使之上奏。當時楊綰與常袞同為相，蓋罷諸州團練使之議，當發自二人之協謀。

廷，州郡無復有辟署之事。」〔註 39〕這項改革舉措被唐代所繼承。唐太宗曾打算恢復舊制，令州縣辟召。但亦因群臣反對而不了了之。大曆十四年（779）八月，沈既濟上奏痛陳當時朝廷銓選之弊，並提出補救的辦法：「今諸道節度、都團練、觀察、租庸等使，自判官、副將以下，皆使自擇，……則辟吏之法，已試於今，但未及於州縣耳。」〔註 40〕他建議詳度古制，折量今宜，「五品以上及臺司長官、宰臣進敘，吏部、兵部得參議焉；六品以下或僚佐之屬，聽許州、府辟用。」〔註 41〕似乎直到大曆末，州郡還沒有獲得辟署權。學界也多認為方鎮使府採用辟署，州縣官員則由朝廷任命，分屬兩個不同的系統，州府辟署之法在唐代並沒有得到實行。〔註 42〕

嚴耕望先生較早注意到了唐後期府州僚佐的構成問題。他認為府州僚佐分為三個系統：原州縣官系統（州院系統）；軍院僚佐系統（軍院系統）和軍將系統。軍院系統是隨著使職差遣的發展而出現的與軍將相對的文職僚佐，包括孔目院判官、軍事判官、軍事衙推官、軍事直典、逐要、驅使官、隨軍、隨身等。軍將僚佐有軍事押衙、都押衙，衙前虞候、都虞候、衙內衙前指揮使、兵馬使及其他衙將、散將、十將等。〔註 43〕嚴先生在所列舉的各種軍將中，沒有提到都知兵馬使，並指出「惟不見都知兵馬使耳。」其實都知兵馬使也是存在的。《通鑑》卷二五六中和四年十二月條，即記載有潁州都知兵馬使王敬蕘。因此支郡使職武官在組成上與藩鎮使府幾乎沒有什麼區別。這些官職之前也常常冠以「節度」等名稱，例如節度押衙、節度先鋒兵馬使、節度討擊使等等，與使府武職僚佐並無二致。〔註 44〕

當然，唐後期支郡的職官設置與使府也是有所區別的。例如副使、行軍司馬、掌書記等文職僚佐，支郡就不存在。即使在團練州、防禦州，設有團練副使、防禦副使，卻仍沒有行軍司馬、掌書記等使府要職。因此節度使府僚佐在向州郡的移植上並不完全徹底，僅是在原有職官系統上的嫁接。

〔註39〕馬端臨：《文獻通考》卷三九《選舉十二》，北京：中華書局，1986 年。
〔註40〕《通鑑》卷二二六大曆十四年八月條。
〔註41〕《新唐書》卷四五《選舉志下》。
〔註42〕石雲濤在《唐代幕府制度研究》第六章中鳩集了有唐一代諸臣試圖恢復州府辟署制的論述，即持此觀點。
〔註43〕嚴耕望：《唐代府州僚佐考》，《唐史研究叢稿》，頁 103。
〔註44〕撫州為鎮南節度使之屬州，據《金石萃編》卷一一七《撫州寶應寺鐘款》，在鐘款題名中，撫州刺史危全諷之後，撫州武職僚佐有節度先鋒兵馬使充都押衙曾可徒、節度左押衙危堯、節度討擊使黃遵等。時間在大順元年（890）。

嚴先生雖然指出了唐後期州郡武職僚佐的構成，卻沒有說明其來源問題。由於州郡刺史往往兼防禦使、團練使等使職，安史之亂後辟署制度開始擴展到了州郡。前面所引材料中，啜祿開元二十八年爲河東道軍前討擊副使，仍充雲州十將使。啜祿是由河東節度使抑或云州刺史辟署，由於墓誌記載的關略難以確定，但說至遲在安史之亂後州郡已經獲得辟署權應無大的問題。正從史籍及出土碑志中可以得到反映。

《太平廣記》卷一五〇《裴諝》：寶應二年（763）裴諝出爲廬州刺史，即出牒署故人子爲逐要一職。

王虔休，汝州梁人，少涉獵書籍，名聞鄉里，尤好武藝。大曆中，汝州刺史李深用之爲將。〔註45〕

魏弘立，開成年間旅於邊塞而訪友人，□州刺史武公授弘立□兵馬使。「□逾二秊，遷任授□州押衙兼靖邊將。」〔註46〕

刺史兼團練使、防禦使或鎮遏使等使職，擁有辟署權問題不大。由於刺史兼團練使、防禦使等，特別是在大曆十二年後，並非普遍現象，多於大郡要害之地。上揭例子中的廬州、汝州均爲防禦（團練使）州。這就產生了一個問題，在刺史不兼有防禦、團練等使職的情況下是否還有辟署權力？

《全唐文》卷五三四李觀《常州軍事判官廳壁記》，此文作於貞元九年（793），文中常州刺史韋公（即韋夏卿）辟署汝南袁德師爲軍事判官。

元和初，宰相韋執宜因爲參與「永貞革新」被貶爲崖州司戶參軍，「刺史李甲憐其羈旅，乃舉牒云：『前件官久在相庭，頗諳公事，幸期佐理。勿憚縻賢，事須請攝軍事衙推。』」〔註47〕

元和末，婺州錄事參軍孫乂爲刺史王仲舒所辟，「辟倅軍事」。〔註48〕

常州、婺州和崖州分別屬江南東道和嶺南道，刺史不兼團練、防禦等使。常州、婺州和崖州刺史卻有權辟署僚佐。當然軍事判官和軍事衙推爲軍院僚佐，屬於文職。但估計武職僚佐情況也當如此。前揭魏弘立墓誌中，其曾祖

〔註45〕《舊唐書》卷一三二《王虔休傳》。
〔註46〕《唐代墓誌彙編》咸通 092《唐故□州押衙靖邊將中大夫檢校太子詹事□□郡曹公武威石氏夫人合祔墓》，頁 2450。
〔註47〕《嶺南異物志》，轉引自《太平廣記》卷四九七《韋執宜》，北京：中華書局，1985 年。
〔註48〕《唐代墓誌彙編》大中 054《唐故銀青光祿大夫工部尚書致仕上柱國樂安縣開國男食邑五百戶孫府君墓誌銘》，頁 2289。

治，爲易州□將；祖玉，□州衙前兵馬使；考長，易州衙前將。由於唐後期河朔社會中軍將任職的本鎮化、世襲化特點，再聯繫碑志上下文，所謂「□州衙前兵馬使」當爲易州衙前兵馬使。安史之亂後，易州先屬成德，後屬義武，自始至終沒有設防禦使或團練使。因此魏治、魏玉、魏長等軍職當均爲易州刺史所辟署。另據崔羣墓誌，崔羣，除曹州刺史，「此郡俸給，號爲優豐，及到請受，亦與隣並相類。問於主吏，何以致然？對曰：素例合補□隨從將校凡六十員，職之卑高，唯所制置。君以不可爲法，請于廉使。廉使以成例既久，重難改更。君乃減舊之半，仍立定制。廉愼之道，遠近咸伏。」崔羣大中八年（864）十一月去世。〔註49〕他任曹州刺史的時間，郁賢皓先生考證約在大中八年。曹州屬河南道，爲天平鎮的巡屬。從碑文來看，刺史到任，可以補署隨從將校六十員，職務之高下都由刺史決定。且云爲「素例」、「成例既久」，蓋大中年間之前早已實行。自大曆十二年後，曹州刺史不曾再兼團練使或防禦使。崔羣的墓誌中也沒有提到他兼團練使或防禦使。這當不是碑志漏載。還比如，唐末天下大亂，爲了加強防禦，昌州刺史韋君靖景福元年（892）利用山川險勝於今四川重慶大足縣設立永昌寨，令人撰文記之。文中題記中有「節度先鋒兵馬使州補軍事押衙充通判官楊義貞、崔孟餘」〔註50〕即明確提到了州補軍事押衙。

因此，唐後期不兼使職的刺史也擁有一定的辟署權。五代時期則明確提到了州郡的辟署。《五代會要》卷二五《幕府》後唐同光二年（924）八月八日中書門下奏：「今後諸道除節度副使、兩使判官除授外，其餘職員並諸州軍事判官等，並任本道、本州各當辟舉。」其淵源就在於唐後期。

二、軍鎮武官系統的變化

唐後期支郡軍鎮武官的變化，包含兩方面的內容，武官設置的變化和隸屬關係的變化。

（一）軍鎮武官設置的變化

前面我們引用大谷文書2840號說明，至遲長安二年軍使下已經出現兵馬

〔註49〕《唐代墓誌彙編》大中090《□□□□□使持節曹州諸軍事守曹州刺史賜紫金魚袋清河崔府君墓誌銘並序》，頁2318。

〔註50〕陸耀遹纂，陸增祥校訂：《金石續編》卷一二《韋君靖建永昌寨記》，北京，中國書店，1985年。

使。但當時設置並不普遍。筆者也僅見此一例。軍鎮武官系統發生巨大變化還是在節度使制度確立後。與支郡武官的變化相類似，軍鎮除軍使、副使、鎮使、副使之外，也出現了都知兵馬使（兵馬使）、都押衙（押衙）、都虞候（虞候）、十將等使職武官系統。試舉幾例

　　鄭玉為唐興軍左虞候，以屏盜賊，職竟都虞候。「自□主局，向三十年，閭里懷其仁，鄉黨服其義……眾稱才用無窮，又拜牙門將……以其州在關外，賴之襟帶，委以守禦，無遷易也。」〔註51〕唐興軍開元中置，鄭玉為莫州唐興軍（屬河北道）左虞候、都虞候累計近三十年。他貞元十八年（802）十二月去世，以此計算他任此職當在代宗大曆初年。

　　延州安塞軍設有同十將。謝壽，延安金明縣人，元和七年（812）任同十將，十三年遷先鋒十將。〔註52〕

　　石默啜為易州高陽軍馬軍都知兵馬使，元和十二年去世。〔註53〕陸振威，少閑書劍，長而好兵，為河源軍經略使田公所厚，隨在戎伍，推為心腹，補充為將，不幸染疾，至德二年去世於青州公館。〔註54〕從墓誌蓋「唐故青州參軍都知兵馬使陸府君夫人太原王氏墓誌銘」來看，陸振威所任之「將」實為河源軍都知兵馬使。

　　據《金石續編》卷一二《開元寺隴西公經幢讚》，易州高陽軍官署有都押衙兼馬步都虞候一人，討擊副使充軍城都虞候一人，衙城都虞候兼右廂兵馬使一人。《八瓊室金石補正》卷六四《妒神頌》，此碑立於大曆十一年五月，在河東道之承天軍（今山西娘子關）。碑文題名中除了承天軍使黨昇外，其下屬武職僚佐還有：承天軍副使同經略副使廉明、遊奕副使步光庭、都虞候王曇將、散將衛尉卿劉浩、節度隨身官右翊府中郎將燕潤國、副將太常卿孟大津、總管太常卿□□僧等等。根據此碑文加以統計：承天軍使一人、副使同經略副使一人、遊奕副使一人、都虞候一人、將三人、散將七人、副將三人、

〔註51〕　《唐代墓誌彙編》貞元128《唐莫州唐興軍都虞候兼押衙試鴻臚卿鄭府君墓誌銘》，頁1931。又見於《全唐文》卷九九三《莫州唐興軍都虞候兼押衙試鴻臚卿鄭府君玉墓石》。

〔註52〕　《唐代墓誌彙編》會昌024《左神策延州防禦安塞軍同十將陳留謝君墓誌銘並序》，頁2228。

〔註53〕　《唐代墓誌彙編》元和106《唐義武軍節度易州高陽軍故馬軍都知兵馬使銀青光祿大夫兼監察御史樂陵郡石府君墓誌銘並序》，頁2024。

〔註54〕　《唐代墓誌彙編》乾元005《唐故青州參軍都知兵馬使陸府君夫人太原王氏墓誌銘》，頁1737。

衙官二人、總管三人。

　　守捉使在唐後期有兩種類型。一類是防禦、鎮戍長官的守捉使。唐前期的許多守捉在唐後期仍沿置不廢。一類是防禦守捉使或團練守捉使，設置於安史之亂後，往往由刺史兼領。例如安史之亂爆發後，魯炅遷南陽太守、本郡守捉，仍充防禦使。〔註55〕大中十一年（857）三月以成德軍中軍兵馬使王景胤爲深州刺史、本州團練守捉使。〔註56〕一般而言，防禦守捉使和團練守捉使由於爲刺史兼職，地位一般高於第一類守捉使。但有些設在要害之地的守捉，由於位置特殊，往往也以刺史兼領。例如大中年間唐宣宗收復河隴三州、七關，以沙陀人朱邪赤心爲蔚州刺史、雲州守捉使。〔註57〕雲州守捉使實際指雲中守捉，雲中守捉位於雲州，故雲中守捉又可稱爲雲州守捉。此雲中守捉使即以蔚州刺史兼領。後朱邪赤心之子李克用承襲了雲中守捉這一職位。

　　鎮的情況比較複雜，雖然都稱爲鎮，但性質卻不同。唐初鎮駐兵很少，即使上鎮也不過五百人。但到了唐玄宗時期，有了萬人以上的鎮，這些鎮與軍實質上幾乎沒有什麼不同。安史之亂後，藩鎮也常常簡稱爲鎮（如盧龍鎮、宣武鎮），則又是另一種性質的鎮，在此不予置論。一般而言，軍與州同級，鎮與縣同級。唐後期鎮仍廣泛存在，鎮兵人數增多。據《通鑒》光啓二年六月條載，高駢部將海陵縣鎮遏使高霸，「有民五萬戶，兵三萬人」。同書中和二年十月載，劉漢弘手下登高鎮將王鎮更是統兵達七萬之眾。雖然鎮兵達數萬的鎮可能並不是很多，但可以說明唐後期鎮兵兵力在不斷膨脹。由於兵力的增多，鎮的地位也相應有所提高，與唐前期主要掌「捍防守禦」、稽查盜賊相比，唐後期鎮不僅在抗禦隣藩和外寇中發揮了重要作用，有時甚至還統眾出征作戰。例如王智興常以徐軍抗淄青李納，累歷滕、豐、沛、狄四鎮將。自是二十餘年爲徐將。〔註58〕郝玼，貞元中，爲臨涇鎮將，勇敢無敵，聲振虜庭。〔註59〕前揭登高鎮將王鎮即爲受命出征的例子。

　　唐後期鎮，一般在鎮將之外，還設有鎮副。例如，王公進爲節度副兵馬使充安溪鎮副將，副將即鎮副。〔註60〕由於唐後期使職差遣的發展，鎮將也

〔註55〕《舊唐書》卷一一四《魯炅傳》。
〔註56〕《舊唐書》卷一八下《宣宗紀》。
〔註57〕《新唐書》卷二一八《沙陀傳》。
〔註58〕《舊唐書》卷一五六《王智興傳》。
〔註59〕《舊唐書》卷一五二《郝玼傳》；《新唐書》卷一七〇《郝玼傳》。
〔註60〕《金石續編》卷一二《韋君靖建永昌寨記》。

趨於使職化。鎮將往往又稱鎮使、鎮遏使等。據《新唐書》卷四九下《百官志》每鎮又有使一人、副使一人。

一般而言，唐後期的鎮分為兩類。其一，神策軍的外鎮。《通鑑》卷二三七元和二年四月條注引宋白《續通典》云：「左神策，京西北八鎮，普潤鎮、崇信鎮、定平鎮、□□□、歸化鎮、定遠城、永安城、邠陽縣也。右神策五鎮，奉天鎮、麟遊鎮、良原鎮、慶州鎮、懷遠城也。」當然諸書在神策外鎮的名稱上記載不一，由於與本文主旨無關，在此不予細論。這些神策外鎮地位最高，略同於藩鎮的地位。鎮使常常出任西北藩鎮的節度使。〔註61〕例如元和七年（812）以神策軍普潤兵馬使蘇光榮為涇原節度使。元和十三年（818），長武城使韓全義遷為夏綏銀節度使。這些軍鎮內部建制略同於藩鎮，也有兵馬使、都虞候、十將等武職僚佐。高崇文即曾為長武城使韓全義手下都虞候。劉自政為涇州潘原鎮十將。〔註62〕惟有一點不同的是，藩鎮的兵馬使為節度使的手下僚佐，而軍鎮的鎮使又稱鎮（都知）兵馬使。鎮兵馬使實為鎮遏兵馬使的簡稱。〔註63〕

另一類的鎮，指神策系統之外的鎮。這種類型的鎮占了鎮的絕大多數。前揭材料中武寧節度使下的滕、豐、沛、狄等鎮即屬這一類。一般與縣同級，地位遠低於藩鎮，但職官設置大同小異，也有兵馬使（包括都知兵馬使）、都虞候、教練使、十將等職。例如，榆林窟張編第17窟唐光化三年的題記中，懸泉鎮遏使之後有都知兵馬使、兵馬使、遊弈使等武職僚佐。〔註64〕宋自昌，墓誌在敘述其仕途時云「四為十將，一為都虞候，三為團使，五領雄鎮。」所謂的「領雄鎮」實指任滄州弓高鎮兵馬使。〔註65〕張承泰，深州饒陽縣人，「元和四年（809）授成德節度使牒，補充十將，兼充樂壽鎮遏都知兵馬使苑公押衙」。〔註66〕魏博鎮米文辯，唐文宗大和年間遷貝州臨清鎮遏都虞候兼

〔註61〕 張國剛：《唐代的神策軍》，《唐代政治制度研究論集》，臺灣：文津出版社，1994年，頁125。

〔註62〕 《唐代墓誌彙編》大中058《唐故涇州潘原鎮十將朝散大夫檢校太子賓客雲麾將軍試殿中監上柱國彭城劉府君墓誌銘並序》，頁2294。

〔註63〕 據《舊唐書》卷一五，元和元年正月，以左神策長武城防秋都知兵馬使高崇文檢校工部尚書，充神行營節度使。高崇文貞元十四年已繼韓全義為長武城使。《唐會要》卷七二《京城諸軍》：「元和三年正月詔，普潤鎮兵馬使隸左神策軍，良原鎮兵馬使隸右神策軍。」

〔註64〕 謝稚柳：《敦煌藝術敘錄》，上海：上海古籍出版社，1957年，頁468。

〔註65〕 《唐代墓誌彙編》會昌054《唐滄州節度押衙弓高鎮兵馬使銀青光祿大夫檢校太子詹事廣平宋府君墓誌銘並序》，頁2250。

〔註66〕 《唐代墓誌彙編》大中081《唐故清河郡張府君夫人安定郡胡氏合祔墓誌銘》，

將，又轉武城鎮遏都虞候兼將。〔註67〕正因爲這類鎮將（鎮使）雖與節度使在身份地位上高下懸殊，從組織結構上看卻爲藩鎮的具體而微者，五代時產生了把節度使賤稱爲鎮使的習慣。〔註68〕《通鑒》卷二七一貞明六年九月條，「河中兵進攻崇州，靜勝節度使溫昭圖甚懼。帝使供奉官竇維說之曰：『公所有者華原、美原兩縣耳，雖名節度使，實一鎮將，比之雄藩，豈可同日語也。』」還比如，同書卷二五八大順元年八月李存孝擒獲朝廷使臣孫揆，獻於李克用。克用囚之，既而使人誘之，欲以爲河東副使，揆曰：「吾天子大臣，兵敗而死，分也，豈能伏事鎮使邪！」李克用明明爲河東節度使，爲雄藩大鎮的節帥，但孫揆爲表示蔑視，稱呼其爲鎮使。

戍在唐後期仍然存在，但也不同程度地出現了使職化現象。唐前期戍設戍主，爲一戍的最高長官，唐後期有些戍由於地處襟要，屯兵較多，還設立了鎮遏使，在地位上形同於鎮。例如在浙西長江入海口處設有狼山戍，以鎮遏使領其軍。〔註69〕

（二）軍鎮武官隸屬關係的變化

唐後期的防戍機構中軍、鎮（城）最爲常見，也最爲重要。守捉雖然沿置不廢，但在史籍中出現較少，在防禦體系中的重要性似乎降低。支郡中諸軍、鎮的隸屬關係以唐憲宗元和十四年（819）年爲界前後有所變化。

安史之亂後諸軍、鎮作爲藩鎮的外鎮軍，由節度使派其親信將領直接統轄。即使軍鎮設在某州縣，州縣長官也無權指揮調動。相反軍使鎮將卻常常干預州縣事務。這也是唐後期軍事權力膨脹，行政權力附屬於軍事權力的反映。唐憲宗時期對驕藩叛鎮採取了強硬姿態，並在討伐叛鎮中取得了節節勝利。在這背景之下，出臺了一系列政策，削弱藩鎮對支郡的控制，擴大藩鎮支郡的權力。這改革的舉措主要源於元和十四年橫海節度使烏重胤的上奏：

頁2310。

〔註67〕《大唐魏博節度故步軍左廂都知兵馬使兼節度押衙銀青光祿大夫檢校太子賓客兼侍御史米公墓誌銘並序》，轉見孫繼民《河北新發現石刻題記與隋唐史研究》，頁59。

〔註68〕日野開三郎：《五代鎮將考》，《日本學者研究中國史論著選譯》，北京：中華書局，頁88。

〔註69〕《唐大詔令集》卷一二○《討伐王郢詔》云王郢「迫脅將相，盜竊干戈，劫資財於建業之城，聚徒黨於狼山之戍」。而據《通鑒》卷二五二乾符二年四月條，王郢任浙西狼山鎮遏使。

臣以河朔能抗拒朝命者，其大略可見。所管刺史失其權與職分，反使鎮將領事。若刺史各得職分，又有鎮兵，則節度使雖有安祿山、史思明之奸惡，豈能據一州爲反哉！所以河朔六十年，能不奉朝命者，只以奪刺史權與縣令職守，而自作威福。臣所管德、棣、景三州，已舉公牒，各還刺史職事。應在州兵，並令刺史收管。

唐憲宗採納了他的建議，並以此爲突破口，將此措施推向了全國。同年同月詔：

諸道節度、都團練、防禦、經略等使所管支郡，除本州軍使（使字衍）外，別置鎮遏守捉兵馬者，並令屬刺史。如刺史帶本州團練、防禦、鎮遏等使，其兵馬名額，便隸此使。如無別使，即屬軍事。其有邊於溪洞，接連蠻蕃之處，特建城鎮，不關州郡者，則不在此限。〔註70〕

其實，除了烏重胤外，唐廷不少大臣也都看到了藩鎮權重、跋扈難制的癥結所在。陸亙，字景山，吳郡人。元和三年（808），策制科中第，補萬年丞。歷兗蔡虢蘇四州刺史、浙東觀察使，徙宣歙。大和八年（834）卒。史稱陸亙初赴兗州，延英面奏曰：「凡節度使握兵分屯屬郡者，刺史不能制，遂爲一州之弊，宜有處分。」因詔天下兵分屯屬郡者，隸于刺史。〔註71〕即將元和十四年憲宗的改革歸於陸亙之面奏。可以說，限制藩鎮對支郡的控制在元和末年已經成爲朝野上下的共識，在他們的共同推動下，唐憲宗的改革措施最終出爐。

這項改革使藩鎮只能控制會府（藩鎮所在州，刺史由節度使本人兼任），支郡的軍事權力則轉歸各州刺史。這樣藩鎮支郡的軍鎮開始擺脫節度使而轉隸屬於刺史，州郡的軍事權力得以伸張，支郡實際上成爲具有一定獨立條件的地方軍政實體。這項改革在河朔地區以外的大部分地區都得到了貫徹。《唐會要》卷七八《諸使雜錄》在上述詔敕後，注曰：「自艱難以來，天下有（當爲「右」）軍，諸將之權尤重。至是，遂分屬於所管州郡焉。」這個小注當是史官所加，反映這一措施確實被施行了。在這年八月，浙東觀察使薛戎奏：

淮（准）敕：諸道所管支郡，別置鎮遏、守捉、兵馬者，宜並屬刺史。其邊於溪洞，接連蠻夷之處，特建城鎮者，則不在此限。今當道望海鎮，去明州七十餘里，俯臨大海，東與新羅、日本諸蕃接界。

〔註70〕　《冊府元龜》卷六〇《帝王部·立制度一》。按此又見於《新唐書》卷一七一《烏重胤傳》、《舊唐書》卷一六一《烏重胤傳》和《通鑒》卷二四一元和十四年三月條，文字有詳略。

〔註71〕　《舊唐書》卷一六二《陸亙傳》；《新唐書》卷一五九《陸亙傳》。

請據文不屬明州。許之。

望海鎮，在明州界內，其不屬明州，還須觀察使專門奏請朝廷。這反映詔敕確實得以貫徹執行。唐憲宗不久去世，穆宗繼位後，河朔再叛，又擺脫了中央的控制。但在河朔以外的其他地區，這項改革仍得以繼續，並沒有因為憲宗的去世而中途夭折。劉禹錫寶曆元年（825）六月在和州刺史任上所作的《和州刺史廳壁記》提到和州「州師五百，環峙於東南，瀕江劃中流為水疆，揭旗樹蘆，十有六戍。」〔註 72〕和州境內這十六個戍即歸刺史統領。當然由於中央對各地控制程度不同，各地執行情況也有差別，在時間上也有先有後。大和六年（832），濠州刺史劉茂復上任伊始，就在關於屬州兵權方面與方鎮發生了衝突。他對觀察使說：「詔條：『節度團練兵鎮巡內州者，悉以隸州。』今濠州未如詔條，請如詔條。」〔註 73〕劉茂復引以為據的，就是元和十四年的詔令。濠州屬河南道，當時隸屬武寧節度使。這反映濠州直至大和年間才得以執行。會昌年間，澤潞劉稹叛亂，唐武宗在李德裕的主持下，興師討伐，一舉收復了澤潞治下山東磁、邢等州。據李德裕《奏磁邢州諸鎮縣兵馬狀》：「又件州縣兵馬，並准江淮諸道例，割屬本州收管。所有解補，並委刺史自處置訖。（闕二字）如鎮過十將以上，是軍中舊將，兼有憲官，不願屬刺史者，並委盧鈞追上驅使。」〔註 74〕隨著討伐澤潞鎮叛亂的節節勝利，節鎮還權於屬州的政策也開始在澤潞推行。

軍、鎮、戍和刺史間的新的隸屬關係，以後沒有變更，一直延續到了五代。以致當時鎮將的領域鎮經常被稱為「郡邑之所」或「郡之指邑。」據《五代會要》卷二〇《州縣分道改置》，後唐長興三年（932）二月秦州奏：「見管長道、成紀、清水三縣外，有十一鎮，徵科並係鎮將」。這裡的歸化、恕水等十一鎮（實際當為十二）即隸屬秦州。再如《全唐文》卷七九九所載皮日休的《何武傳》記載，「何武者，壽之驍卒也，故為步卒將，戍隣霍岳。……壽之指邑曰樅陽，野寇四起，其邑將危。武請於守曰：此真某畢命之秋也。」邑將無疑就是鎮將。由於鎮越過縣，直屬於州，故稱為指邑。

當然，這項改革主要在中央控制力較強的順地藩鎮得到貫徹，在以河朔

〔註 72〕 《全唐文》卷六〇六《和州刺史廳壁記》。
〔註 73〕 《全唐文》卷七四六盧子駿《濠州刺史劉公善政述》。據《唐刺史考全編》，郁賢皓先生考證劉茂復任濠州刺史在大和六年前後。
〔註 74〕 《全唐文》卷七〇二。

三鎮爲代表的割據型藩鎮中情況依舊，沒有什麼變化。另外，支郡軍、鎮等雖然擺脫了節度使的直接控制，但由於節度使作爲州刺史之上的軍政長官，其對屬州軍、鎮事務和人事任命的干預仍是不可避免的。到唐末天下大亂後，隨著強藩的崛起，形成地方權力中心，這種情況更爲嚴重，藩鎮屬州獨立化趨向又有所逆轉。

三、屬州留後的出現

唐代刺史的任期一般是三年到四年，唐後期藩鎮「輒追赴使，及專擅停務，差人權攝」，〔註75〕造成刺史任期縮短，更代頻繁，以致唐廷屢發佈敕令加以限制，另外刺史因病故、入朝、出征及被免職等非正常情況下，刺史之職空缺，而朝廷尚未正式任命刺史，或刺史尚未蒞任時，藩鎮往往權署刺史代理其職，稱爲權知刺史、權知軍州事，或知州事等。〔註76〕除此之外，唐後期州郡亦出現了留後。

史籍中某某州留後的稱呼並不鮮見，這些州留後情形比較複雜，需要加以辨別。它們大致可以分爲四類。

第一類實爲藩鎮使府留後。由於藩鎮節度使（觀察使、都團練使、都防禦使等）例兼所在州的刺史，故常以此使府所在的州代指此藩鎮。例如宣武節度使治汴州，往往以汴州指代宣武鎮。忠武節度使治許州，往往以許州指代忠武鎮。因此，藩鎮治所所在州的留後，實際上即藩鎮使府留後。唐代宗大曆八年（773）冬，汴宋節度使田神功死，「弟神玉，自曹州刺史權汴州留後。」〔註77〕唐文宗太和九年（835）二月，以幽州留後史元忠爲盧龍節度使。此汴州留後、幽州留後實際上分別指汴宋節度留後和幽州鎮留後。唐哀帝天祐二年（905）五月，陳許節度使張全義奏：「得許州留後狀申，自多事以來，許州權爲列郡，今特創鼓角樓訖，請復爲軍額。」〔註78〕據《新唐書·方鎮表》，德宗貞元三年（787），置陳許節度使，治許州。此處之許州留後實際指陳許節度使留後。史籍中以此類留後最爲常見。

第二類爲鹽鐵轉運使的留後。唐後期，自劉晏之後，鹽鐵、轉運逐漸合爲

〔註75〕《唐會要》卷七八《採訪處置使》大曆十二年五月詔。
〔註76〕陳志堅：《唐代州郡制度研究》，上海：上海古籍出版社，2005年，頁41～57。
〔註77〕《舊唐書》卷一二四《田神功傳》。
〔註78〕《舊唐書》卷二○下《哀帝紀》。

一使，稱鹽鐵轉運使，多由宰相兼領。轉運、鹽鐵合爲一使後，原轉運使下屬的巡院及倉吏，即與鹽鐵使下屬的場、監、巡院並職，另於揚州之揚子及江陵各設留後院，以鹽鐵轉運副使主之，稱爲揚子留後、江陵留後，主持漕務鹽利。例如，唐順宗即位，有司重奏鹽法，以杜佑判鹽鐵轉運使，理於揚州。唐憲宗元和二年（807）三月，以李巽代之。李巽以程异爲揚子留後。〔註79〕

第三類爲進奏官。唐後期諸道在京師長安都設置了進奏院，作爲諸道與中央聯繫的橋梁，負責上情下達和下情上達。史籍中亦有不少州進奏院，例如據徐松《唐兩京城坊考》，除了藩鎮治所州外，還有一些州設進奏院，例如崇仁坊有商州進奏院、汝州進奏院，務本坊有齊州進奏院等。諸道進奏官亦稱留後，或留後使，大曆十二年（777）五月，敕令改爲進奏官。〔註80〕但史籍中仍沿用舊稱的也不鮮見。例如元和十年（815），在討伐淮西吳元濟的過程中，京師長安發生了宰相武元衡被殺一案，京城內外展開大搜捕，緝拿可疑人等，史稱「李師道置留後院於東都，本道人雜沓往來，吏不敢詰」。〔註81〕此處之「留後院」，實即進奏院，仍沿用了大曆十二年前之舊稱。

第四類爲藩鎮屬州的留後，此爲本文主要探討的對象。

唐後期，唐廷爲了削弱某些藩鎮，採取擡高巡屬州郡地位的措施，甚至使其劃歸中央直屬，可以直達天聽，具有了類似方鎮的地位。直屬州除了同、華二州外，汝州、泗州、隴州、商州、齊州、蔡州、湖州、鹽州等，都曾一度成爲直隸州。例如據《舊唐書》卷一三下《德宗紀》，貞元十九年（803）「十一月戊寅朔，以鹽州兵馬使李興幹爲鹽州刺史，許專達於上，不隸夏州。」這樣唐後期州郡出現了兩個趨向，一是藩鎮對巡屬州郡控制的加強；另一方面則是中央直屬州郡的增多，許多州郡化身藩鎮，這在唐末表現尤爲突出。安史之亂後，地方獨立化已經開始肇始，但由於中央權威尚存，從至德元載到中和元年（756～881）這一時期尚處於地方獨立化的初級階段。而中和以後，在黃巢起義的衝擊下，地方獨立化進入深化和完成階段。在南方還呈現出一種有別於北方特有的形式——州的獨立化，即獨立化開始從藩鎮蔓延到管內的支州。〔註82〕屬州

〔註79〕《新唐書》卷四九《食貨志》。
〔註80〕《唐會要》卷七八《諸使中》。《通鑒》卷二四四太和七年二月條胡注引「宋白曰」言在正月。
〔註81〕《通鑒》卷二三九元和十年八月條。
〔註82〕朱德軍：《唐代中後期「地方獨立化」問題初探》，《陝西師範大學學報》2009年第2期。

留後的出現也屬於唐後期地方獨立化的一個組成部分。

根據史籍和碑刻材料，屬州留後主要有以下幾個：

1、泗州留後和濠州留後

唐德宗貞元十六年（800），徐泗濠節度使（即武寧節度使）張建封去世，其子張愔爲軍士擁立，唐廷征討不果，不獲己，乃起復張愔右驍衛將軍同正，兼徐州刺史、御史中丞充本州團練使，知徐州留後，後正授節度；同時以武寧鎭所屬泗州和濠州二州改隸淮南，以泗州刺史張伾爲泗州留後，濠州刺史杜兼爲濠州留後。〔註83〕

唐憲宗元和中，泗州和濠州又隸於武寧鎭，唐懿宗咸通三年（862）七月，武寧鎭發生軍亂，唐廷一方面以王式率軍討伐，同時懲於武寧屢爲亂源，將節度使降爲團練使，又一次分割武寧，「仍置宿泗等州都團練觀察處置等使，便以宿州爲理所。王式且充武寧軍節度使兼徐泗濠宿等州制置使，其兵馬除留在徐州外，仍令王式與元質量其多少，分配宿州團練使及泗州兵馬留後、濠州渦口城使下。」〔註84〕

2、瀛州留後

劉澭爲幽州鎭節度使劉濟之子，曾爲涿州刺史。「未幾，轉領瀛州……其年兼御史中丞充本道節度瀛州兵馬留後。」〔註85〕據郁賢皓考證，劉澭爲瀛州刺史約在貞元三年至十年間（約787～794），以此而言，劉澭始爲瀛州兵馬留後約在貞元三年（787）。

3、朗州留後

唐僖宗中和四年（884），湖南朗州蠻雷滿、陬溪人周岳、石門峒蠻向瓌各集眾，皆逐殺當州刺史，自爲留後，或自稱刺史。〔註86〕《通鑑》對此記載更爲明確，云雷滿爲武陵蠻，原爲荆南節度使高駢牙將，統領蠻軍，「從駢至淮南，

〔註83〕《舊唐書》卷一四○《張建封傳》和《新唐書》卷一五八《張建封傳》。張伾爲泗州留後，又見於《千唐誌齋藏誌·大唐故銀青光祿大夫檢校太子賓客上柱國范陽郡開國子兼監察御史盧公（翃）墓誌銘並序》，志文稱：「亞相兼泗州刺史、淮南節度、泗州留後使張公（即張伾），作鎭淮泗」。

〔註84〕《全唐文》卷八四《降徐州爲團練使勑》。

〔註85〕《全唐文》卷六三○《唐故金紫光祿大夫檢校兵部尚書使持節都督秦州諸軍事兼秦州刺史御史大夫充保義軍節度隴西經略軍等使上柱國彭城郡開國公食邑二千戶贈尚書右仆射中山劉公神道碑銘》。

〔註86〕《新唐書》卷一八六《雷滿傳》。

逃歸，聚眾千人，襲朗州，殺刺史崔翥，詔以滿爲朗州留後」。〔註87〕按，朗州，唐武德四年（621）置，天寶元年（742）改稱武陵郡，乾元元年（758），復爲朗州。天寶初，割屬山南東道。後又改隸江南西道，爲其巡屬。

4、登州留後

據圓仁《入唐求法巡禮行記》卷二，記載開成五年「〔三月〕十一日，巳時，得州牒兩道。一道留後官，一道進使。」〔註88〕同書卷二「〔三月〕廿八日，立夏。天氣陰沉。登州留後官王李武來院相看。」〔註89〕

5、冀州留後

據《大唐故冀州留後官李府君夫人譙郡曹氏合祔墓誌銘》，墓主李方簡，其父李清，「皇授冀州留後官兼驅使官」。李方簡「始授冀州留後官，……轉冀州驅使官」。唐僖宗廣明二年（881）三月卒於鎮府真定縣靈府坊公之私弟。〔註90〕冀州爲成德節度使的屬州。李清和李方簡任冀州留後官的時間均不可考。但從李方簡卒於廣明二年來看，李方簡及其父李清所任均在唐後期殆無疑問。

由於本人閱力有限，以上所列當然不是唐代藩鎮屬州留後的全部，但也可以說明，唐後期藩鎮屬州中留後是確實存在的，它表明藩鎮留後的設置已經不再限於使府，層級逐漸下移。

留後同節度使（觀察使等）類似，也屬於使職，不屬於正式品官，故又稱留後使。〔註91〕爲了標誌其身份等級，他們亦有本官。從以上諸州留後來看，他們多兼刺史，泗州留後張伾爲泗州刺史、濠州留後杜兼爲濠州刺史、瀛州留後劉澭爲瀛州刺史。雷滿原爲淮南牙將，後襲朗州、殺刺史崔翥。既然在雷滿據有雷州的情況下，唐廷被迫以其爲朗州留後，無疑當以其爲朗州刺史。這就產生了一個問題，這些諸州刺史既爲一州最高長官，爲什麼又兼有留後一職呢？眾所週知，留後一般用以指稱各種使職代理，〔註92〕那麼諸

〔註87〕《通鑒》卷二五四中和元年十二月。

〔註88〕圓仁著，白化文等修訂校注：《入唐求法巡禮行記校注》卷二，石家莊：花山文藝出版社，1992年，頁234。

〔註89〕圓仁著，白化文等修訂校注：《入唐求法巡禮行記校注》卷二，頁247。

〔註90〕轉見宋坤《新出唐冀州留後官李方簡墓誌考釋》，石志生、秦進才主編《冀州歷史文化論叢》，石家莊：河北人民出版社，2010年。

〔註91〕天寶六年十二月，高仙芝爲安西節度使。《舊唐書》卷一○四《封常清傳》云「仙芝每出征討，常令（封）常清知留後事」。而此傳中封常清又自稱「留後使」。

〔註92〕張國剛：《唐代藩鎮研究》，長沙：湖南教育出版社，1987年，頁167。

州刺史代理的爲何種使職呢？

　　《舊唐書》卷三八《地理志》云：「至德之後，中原用兵，刺史皆治軍戎，遂有防禦、團練、制置之名。」《新唐書‧百官志》亦云，「及安祿山反，諸郡當賊衝者，皆置防禦守捉使」。事實上，防禦使出現甚早，武則天聖曆元年（698）以夏州都督領鹽州防禦使，此時就已經出現了防禦使之名。但此時期防禦使的設置並不普遍，祇是局限於某個邊疆地區。其廣泛設立還是在安史之亂後。天寶十四載（755）安祿山叛亂，爲阻止叛軍，詔令諸州地當要衝者均置防禦使。當時河南、河東、河北、關內、山南、劍南等地均有設置。寶應元年（762）五月在戰局趨於好轉的情況下，唐代宗下詔停諸州防禦使。大曆十二年（777）五月，詔自都團練使外，悉罷諸州團練守捉使。但不久防禦使和團練使又在部分地區恢復，並長期並存。

　　泗州，唐屬河南道，天寶元年（742），改爲臨淮郡，唐後期屬武寧節度使（即徐泗濠節度使，或簡稱徐州節度使）。由於毗鄰運河，戰略地位十分重要，「瀕淮列城，泗州爲要，控轉輸之路，屯式遏之師」，〔註93〕唐歷來對此關係命脈的地區十分重視。《新唐書》卷六五《方鎮表》「徐海沂密」條云：（貞元）十六年（800）「廢徐、泗、濠三州節度使，未幾，復置泗、濠二州觀察使，隸淮南。徐州領本州留後。」在分割武寧的方案中，泗州和濠州都升格爲觀察州，成爲淮南節度使的巡屬。以此來看，上揭材料中泗州刺史張伾所任泗州留後實指泗州觀察使留後、濠州刺史杜兼所任濠州留後實指濠州觀察使留後。唐穆宗長慶元年（821），李諒被任命爲泗州刺史，制文稱「泗州刺史兼團練使當道兵馬留後」。〔註94〕更是明確指明李諒以泗州刺史兼團練使兵馬留後。

　　瀛州是幽州鎮最南的一州，與定、深、冀、滄等州毗鄰，「幽州巡屬大州也」，〔註95〕其刺史多兼防禦使。例如據《隋唐五代墓誌彙編》（北京卷）第2冊《大唐涿州范陽縣主簿蘭陵公夫人侯氏墓誌銘》，墓主祖父紹宗曾任使持節瀛州諸軍事守瀛州刺史，充本州營田防禦等使。

　　冀州爲成德鎮巡屬，據河北棗強縣董仲舒藝術碑廊所藏的後唐時期《唐廣阿明府渤海高公歷代記》，其中提到墓主高朏之高祖諱靈，曾任成德軍馬

〔註93〕《全唐文》卷六五七白居易《柳經李褒並泗州判官制》。

〔註94〕白居易：《白居易集》卷五〇《李諒除泗州刺史兼團練使當道兵馬留後兼侍御史賜紫金魚袋張愉可岳州刺史同制》。

〔註95〕《通鑒》卷二三四貞元八年十一月條。

步軍使，後任冀州防禦使，唐長慶四年（824）十一月去世。〔註96〕但唐代宗永泰二年（766）七月所立的《李寶臣碑》，碑陰題名有「使持節冀州諸軍事兼冀州刺史充本州團練守捉使、同成德軍節度副使、上柱國、臨汝郡開國公源恒」。〔註97〕一云冀州刺史兼防禦使，一云兼團練使，可能是時期不同有所變化。

登州，唐屬河南道，中都督府，天寶元年（742）爲東牟郡，乾元元年（758），復爲登州。從史籍登州刺史來看，均不兼防禦使或團練使。《唐代墓誌彙編》咸通068收錄有一方孫方紹墓主，孫方紹於唐懿宗咸通六年（865）去世，生前曾任登州刺史，其官銜爲「承議郎使持節都督登州諸軍事守登州刺史」，亦未言其兼防禦使或團練使。但登州刺史也是兼有使職的，登州境內設有平海軍，亦曰東牟守捉，以登州刺史領之，管兵千人。此登州留後爲東牟守捉（或平海軍）留後的可能性似乎不是很大。白化文先生認爲此處的留後，「可能是青州節度使派出到登州的一個行轅事務處性質的機構。前面三月九日條說的青州節度府，看來也是指此機構，而不是眞到青州去。」〔註98〕白化文先生的推斷，有一定的合理成分。例如唐後期鹽鐵轉運使，多由宰相兼領，在揚子、江陵等地都設有留後，爲鹽鐵轉運使的派出機構。但登州留後與此並非同類，聯繫以上泗州留後、濠州留後、瀛州留後等例子，可以肯定登州留後並非青州節度使的派出機構。

朗州，等級爲下，只轄二縣，爲江南西道一個偏遠小州。從典籍和碑銘記載來看，均不見朗州刺史兼有防禦使或團練使。

從以上諸州來看，多爲防禦州或團練州。這些州位居要衝，戰略地位較爲重要，其地位也在一般州之上。這些屬州留後實際上多爲防禦使或團練使留後。但從登州和朗州的情況來看，這兩州刺史似乎並不兼防禦使或團練使，這說明一般的州也有可能設有留後，留後設置進一步下移。當然，由於資料所限，祇是推測而已，尚待他證。

藩鎮屬州留後與節度使府留後不是處於一個層級，其性質似乎也有所不同。「唐藩鎮命帥，未授旌節者，先以爲節度留後」。〔註99〕節度使府留後是

〔註96〕參見拙文：《〈唐廣阿明府渤海高公歷代記〉考釋》，《文物春秋》2008年第2期。
〔註97〕沈濤：《常山貞石志》卷一〇《李寶臣碑》，續修四庫全書本。
〔註98〕《入唐求法巡禮行記校注》卷二注釋，頁235。
〔註99〕《通鑒》卷二二二廣德元年閏正月條胡注。

藩鎮節度使（觀察使、都團練使、都防禦使等）由於出征、入覲、遷代等原因而暫時缺員時，由節度副使、行軍司馬、都知兵馬使、判官等文武僚佐理政，代行職權。知留務者是臨時主持一道軍政的實際長官，衹是尚未授予旌節而已。防禦州、團練州中刺史是一州最高長官，防禦使和團練使是其所帶兼職。有時刺史和防禦使、團練使的授予並不同步，例如至德元載（756）安史之亂中，唐廷以來瑱爲潁川太守以禦叛軍，來瑱前後破賊甚重，功績卓著，才加本郡防禦使。〔註100〕正出於考察、試用目的，才設置防禦使或團練使留後。經一段時期考察後，朝廷如果認可，方正授防禦使或團練使。

　　在明確了屬州留後實際上爲州防禦使或團練使留後，那麼我們就不難理解屬州留後在刺史州府系統外，也當另有一套職官僚佐系統。白居易《柳經李褒並泗州判官制》：「（柳）經可監察御史充泗州團練副使散官如故，（李）褒可試太常寺協律郎充武寧軍節度泗州兵馬留後判官，仍改名銜散官勳如故」。這裡提到了泗州留後判官。上揭李方簡墓誌中，李方簡和其祖父均曾任冀州留後官，但他們所兼的爲驅使官。眾所週知，驅使官爲藩鎮僚佐中地位很低的小吏，故宋坤先生認爲此處的留後官，應是冀州團練守捉使留後或冀州防禦使留後下的一名胥吏。〔註101〕宋先生的推斷不無道理。另外，前節我們已經講到，支郡武官僚佐與使府僚佐大同小異，亦有兵馬使、都押衙、十將等，留後之下也當有這些武職僚佐。

　　五代時期，使府留後已經有成爲固定職官的迹象。與使府留後逐漸品官化的趨勢相同，屬州留後開始擁有官印，表明留後已經定型化、正規化。故宮博物院藏有一方五代時期的「右策寧州留後朱記」印章，長方形、銅質，鼻鈕，印文爲隸書，爲五代時期州郡留後的實物見證。〔註102〕但總的來看，唐後期以來屬州留後並沒有得到充分發展，衹是在個別地區零星出現，其影響不及「權知州事」、「權知軍州事」，但它作爲唐後期州郡制度變化的一部分，仍值得人們提起足夠的重視。

〔註100〕《通鑑》卷二一七至德元載四月條。
〔註101〕宋坤：《新出唐冀州留後官李方簡墓誌考釋》，《冀州歷史文化論叢》，頁253。由於進奏官亦稱留後，此處的冀州留後亦有可能是冀州設在京師長安進奏院的進奏官。
〔註102〕轉見朱象賢著，方小壯編著：《印典》，北京：中華書局，2011年，頁99。

小　結

　　唐前期地方州郡武官主要是都督、都護下的軍、守捉、城、鎮、戍系統的武官，在官僚體系中不占重要位置。節度使制度確立，特別是安史之亂後，形成了以節度使爲代表的龐大的地方武官系統，刺史的軍權得以加強。由於刺史往往兼防禦使、團練使等，它們也奏辟僚佐，州郡沒有辟吏權力的情況開始改變。即使在不兼防禦使或團練使的支郡刺史也擁有一定的辟署權。支郡、軍、鎮下的武官組成與使府沒有什麼兩樣，也有都知兵馬使、都虞候、押衙、十將等。這種現象是與唐代使職差遣發展的特點相一致的，成爲了方鎮的具體而微者。藩鎮使府的留後一職，在屬州中也開始零星出現。由於藩鎮爲唐後期地方一級政區，屬州的奏報、人員任免、州郡事務等都受到藩鎮的干涉和制約，甚至節度使多以僚佐權攝州縣官，乃至刺史，以此控制各支郡。但另一方面，唐廷爲了限制藩鎮權力，也在積極謀求削弱藩鎮對屬州的支配權，擴大屬州在經濟、人事、軍事等的自主權和獨立地位。正是中央與藩鎮的博弈中，處在兩者夾縫中的支郡對藩鎮的獨立性和離心力也在逐漸增強。唐末，特別是黃巢起義入據京師引發的廣明、中和的動亂浪潮中，許多動亂發生在支郡，大量支郡脫離藩鎮自立，或升格爲藩鎮。唐王朝名存實亡，統治秩序崩潰，對地方幾乎完全失控固是主要原因，但長期以來州郡的逐漸實體化，例如支郡軍事權力的增強和辟署權的獲得、留後等的出現，則爲其作了組織上的準備。

第三章 唐代藩鎮儲帥制度——節度使的選任制度

　　節度使由都督（或總管）演變而來。《唐會要》卷七八《節度使》云：「永徽已後，除都督帶使持節，即是節度使。不帶節者，不是節度使。」節度使之名雖然在永徽年間就已經出現，但節度使制度則形成較晚。一般把唐睿宗景雲二年（711）以賀拔延嗣爲涼州都督，充河西節度使，作爲節度使制度的起源。唐玄宗時期因防邊的需要，在邊境地區設置了安西、北庭、河西、朔方、范陽、平盧、河東、隴右、劍南九個節度使，再加上嶺南五府經略使，共十個節鎮。節度使制度是一種軍政合一的體制，是唐王朝在周邊少數民族興起，邊疆緊張形勢下，對禦邊格局進行重大調整的產物。節度使往往兼有觀察、支度、營田、採訪、經略、招討等使，將軍事、行政、財政等權都收入一人之手。但由於被賜予旌節，得以專制軍事，「掌總軍旅，顓誅殺」，〔註1〕更多地體現爲軍事色彩，軍事權力是最基本的。節度使爲唐後期地方最高一級武官。雖然唐廷推行節度使文儒化的路線，各地節度使特別是東南地區的節度使往往任以文臣，但這不能改變節度使武官的性質。節度使研究是藩鎮研究的一個重要方面，學界對節度使的研究成果很多，可以參看前面緒言中的研究綜述。但這些成果多是從制度層面，研究其起源、演變，或以個案的形式研究某鎮的發展始末及特點等。本章試圖從節度使作爲地方武官的角度，研究其選任制度。

　　安史之亂後，節度使制度由緣邊推及到內地，不僅內地的江淮、中原等

〔註1〕 《新唐書》卷四九下《百官志》。

地，甚至唐王朝統治中心的關中地區也設立了節度使。「至德、乾元之後，迄於貞元、元和之際，天下有觀察者十，節度二十有九，防禦者四，經略者三。」〔註2〕在中央集權削弱的特定歷史背景下，藩鎮形成了儲帥制度。儲帥制度是節度使（也包括觀察使、防禦使、經略使）的選任制度，是研究唐代節度使制度的重要一環，對深入研究唐後期政治，特別是中央與藩鎮關係也不無裨益。

　　唐自高宗武則天以後，周邊吐蕃、奚、契丹等少數民族興起，之前為唐所滅的突厥也開始復興，所有這一切都給唐邊境造成巨大壓力。唐王朝也從唐初的主動進攻，轉為戰略防禦。唐玄宗即位後，積極經略邊疆，「有吞四夷之志」〔註3〕當時邊帥功名盛者往往入為宰相，宰相也常常外出為節度使。唐玄宗後期，儘管荒於朝政，疏於國事，出現了李林甫和楊國忠輪流把持朝政的局面。對軍力配置而言，大量軍隊集聚邊地，而內地十分空虛，唐初的內重外輕的局面已經完全倒置。特別是范陽節度使安祿山身兼三鎮，幽州地區已經出現分離的傾向，地域主義初步形成。但節度使的任命權還牢牢地控制在朝廷的手中。節度使或命自朝官，或來自外鎮節帥，或由宰相、親王遙領、鄰鎮節帥兼統，而由本鎮將校、僚佐陞遷為節度使的例子還較為少見。在朔方、河東、幽州、平盧、劍南、隴右、河西、安西、北庭九鎮中，節度使合計128人次，除去由於史書記載疏略，一些人情況不明外，明確以本鎮將校、僚佐升至節度使的合計不過12人次，還不到總人數的10%。〔註4〕在這十二

〔註2〕　《舊唐書》卷一七下《文宗紀下》。

〔註3〕　《通鑑》卷二一六天寶六載十二月條。

〔註4〕　朔方節度使自開元九年正式改稱朔方節度使，開天間節度使共15人次（按：王晙、信安王禕等數次任節度使，則分別計算。以下諸鎮同），除韋光乘、張齊邱（或作丘）情況不詳外，沒有一例來自本鎮將校、僚佐。河東節度使，共19人次，其中宋之悌、王昱、田仁琬、韓休琿（《唐方鎮年表》作「韓休琳」，誤）四人情況不明，只有王忠嗣一人由節度副使、大同軍使繼任為節度。幽州節度使，共12人次，只有王斛斯以北州刺史繼任為節度使。平盧，8人次，明確可知的只有安祿山一人，由營州都督、平盧軍使升為節度使。劍南道20人次，張守潔、張敬忠、王昱、張紹貞四人情況不明，明確可知的只有章仇兼瓊以益州司馬為劍南節度使，鮮于仲通以行軍司馬為節度使。隴右道，節度使15人次中，除臧懷恪、張志亮、賈師順、陰承本、皇甫惟明五人情況不明外，王君𡙇，由右衛副率，代為節度使。張守珪由瓜州都督，遷為隴右節度。杜希望，據《文苑英華》卷三九七孫逖《授杜希望鴻臚卿制》云杜以鄯州刺史、隴右節度副使，知節度留後。哥舒翰以隴右節度副使遷節度使。河西節度使，共17人次，除楊敬述、張敬忠、蓋

人中，或為屬州刺史、節度副使，或為行軍司馬、都知兵馬使等，其中節度
副使共 3 例，行軍司馬、都知兵馬使各 2 例，並沒有相對固定於某一職。因
此可以說，唐玄宗開元、天寶時期還沒有形成成型的儲帥制度。〔註5〕

　　安史之亂使唐王朝盛極而衰，「天寶之後，區夏痍破，王官之戍，北不踰
河，西止秦、邠，凌夷百年，逮於亡。」〔註6〕領土被蠶食，防線步步後撤，
而內地藩鎮林立，中央集權遭到了嚴重削弱。在眾多的藩鎮中，河北三鎮為
典型的割據型藩鎮，自署文武將吏，租賦也不入於中央，幾乎形同化外。陳
寅恪先生早就注意到河朔地區的特殊性。他指出安史之亂後，「大唐帝國版圖
以內實有截然不同之二分域」即除擁護李氏皇室之區域外，還有一河北藩鎮
獨立之團體。〔註7〕在儲帥制度問題上，河朔地區也不例外，表現出與其他地
區較大的不同。一般而言，唐代儲帥有兩種形式，第一，藩鎮僚屬儲帥制，
主要存在於中央能夠控制的所謂「順地」；第二，世襲性的副大使制度，主要
存在於河朔地區。現分別論述如下。

第一節　「順地」〔註8〕的藩鎮僚屬儲帥制

　　安史之亂後，唐廷面對藩鎮林立的新局面，積極調整其藩鎮政策，到唐
德宗時期逐步完成。因此唐德宗時期是唐藩鎮政策的一個重要階段。現以吳
廷燮《唐方鎮年表》所列藩鎮為綱，對安史之亂後至德宗時期全國重要藩鎮
節度使（河朔地區不計在內）的繼任情況加以統計。

　　　嘉運、王倕情況不明外，王君㲷，任職不詳。牛仙客以涼州別駕代蕭嵩為
　　　節度使。安西四鎮 10 人次中，高仙芝為安西副都護、四鎮都知兵馬使，後
　　　代夫蒙靈詧為節度使。封常清以行軍司馬為節度使。北庭節度使 12 人次中，
　　　則無一例。
〔註5〕　榮新江認為：「開天以來，都知兵馬使一職極為重要，常常就是藩鎮儲帥。」
　　　見《唐五代歸義軍武職軍將考》，《敦煌學新論》，蘭州：甘肅教育出版社，2002
　　　年，頁 59。石雲濤指出開元天寶時期，邊塞戰事頻繁，這時期節度副使大多
　　　為武人，當時節度使大多由副使升擢。見《唐代幕府制度研究》，頁 90。實際
　　　認為節度副使在當時為儲帥。
〔註6〕　《新唐書》卷二一九《北狄傳》贊曰。
〔註7〕　陳寅恪：《唐代政治史述論稿》，上海：上海古籍出版社，1997 年，頁 25。
〔註8〕　所謂「順地」是同河朔割據型方鎮相對而言的，當然這些藩鎮中有時也不乏
　　　跋扈甚至叛逆，例如山南東道梁崇義的叛亂、澤潞劉稹的叛亂、浙西李錡的
　　　叛亂等等。儘管它們與中央的關係也存在著差別，但總的來說為唐王朝王命
　　　所及的地區。

（單位：人次）

鎮別	非本鎮		本　鎮							不詳
	外鎮	朝官	行軍司馬	副使	（都）兵馬使	都虞候	巡屬刺史	牙將（押衙）	其他	
鳳翔	5	5			1	1				2
邠寧	4	1			3	1				3
涇原	3	2		1	2			1		1
鄜坊	6	5	1							
夏綏	1	1								
朔方	2	5	1		3					
振武	3		1							2
宣武	9	6	1	1	1		2	1		2
義成	4	2	1				2			
忠武	2	2	1		1					
天平	3									
感化	2						1			1
淄青	3	1	1		1		2			
河陽		2		1	1			1		
陝虢	7	7		1				1		1
河東	4	4	4	1	1		1			
河中	6	7								1
昭義	4		1		1		1	1		1
山南東道	6	2	1		1					1
山南西道	4	3				1	1			2
荊南	11	4	1							4
淮南	3	7	1							1
浙西	6	2					4			3
浙東	12	1								1
宣歙	3	3								4
江西	10	5								
福建	7	4								3
鄂岳	1	5					1			1

湖南	7	6		1			1		2
黔中	4	6							3
劍南西川	4	8	1	1					1
劍南東川	1		1		1		3		2
嶺南東道	11	5							2
嶺南西道	5	1						1	
容管	7	2							7
桂管	4	3						1	6
靜海	5	1							1
京畿	4	9				1			
華州		1		1				1	
丹延	1	1							
隴州								1	
東畿	3	9							
晉慈	3	2							
河西	1	1			1				6
磧西北庭	2								
安西四鎮									2
淮西	3	1			1	1		1	
平盧	1			1				1	1
合計	197	140	17	9	19	5	19	8	3	66

說明：

1、本表材料主要依據《舊唐書》、《新唐書》、《通鑒》等書，也適當利用了《文苑英華》、《金石萃編》等書。

2、人次計算上，某人前後數次任某鎮節度使，例如郭子儀等，本表分別列入，以不同人對待。

3、唐代官員兼職情況比較複雜，節度副使往往兼某州刺史，都知兵馬使也有時兼領屬州刺史，諸書在人物身份上可能記載舛異，本表在人物身份上主要依據《舊唐書》、《新唐書》、《通鑒》，擇善而從。

4、唐代神策軍將以朝官計。

5、唐代藩鎮轄區伸縮不恒，本表概以較穩定時期的轄區爲準。

對上表加以綜合，可以得出下表：

	非本鎮		本　　鎮							不詳
	外鎮	朝官	行軍司馬	副使	都知兵馬使	都虞候	巡屬刺史	牙將（押衙等）	其他	
人次	197	140	17	9	19	5	19	8	3	
合計	337		80							66

從上表可以看出，除去 66 人由於史書記載缺略，情況不詳外，在另外 417 人次中，來自外鎮和朝官的達 337 人，所占比例幾乎達 81%，佔據了絕大多數。這反映了安史之亂後中央權威雖然有所削弱，但除河朔地區外，在節度使的任命上仍然具有絕對權威，大多命自朝官或來自外鎮。雖然由本鎮陞遷的數目仍遠遠不能與來自外鎮和朝官相比，但與開元、天寶時期相比，則有了較大幅度的增長，所占比例由 10% 上升到 20%。節度使陞遷的本鎮化，是安史之亂後節度使制度的一個重要變化。在來自本鎮的 80 人次中，節度使僚佐（巡屬刺史屬州縣系統，不屬節度使僚佐）中，都知兵馬使為代表的軍將（包括都知兵馬使、都虞候、牙將等）所占比例最大，有 32 人次，竟占了 40%，其次行軍司馬，副使更次之。唐代方鎮幕府中有文武兩套僚佐系統，文職僚佐主要有行軍司馬、節度副使、掌書記、判官等等。而武職僚佐有都知兵馬使、都虞候、押衙等等。其中行軍司馬和節度副使為上佐，都知兵馬使為武職僚佐之首。儲帥自然主要集中於這三個官職。

1、都知兵馬使

兵馬使，藩鎮衙前軍職也，總兵權，任甚重。唐代兵馬使名號甚多，職務最高的是都知兵馬使，它又稱都頭，「至德以後，都知兵馬使率為藩鎮儲帥。」〔註9〕在上表中，唐肅宗到德宗的五十年中，有 19 人次以都知兵馬使升至本鎮節度使。安史之亂爆發後，長安、洛陽兩京相繼失守，唐玄宗出奔，唐室不絕如縷，形勢岌岌可危。當時擺在唐室第一位的任務就是消滅叛軍，恢復統治。「戡亂以武，守成以文」的道理眾所週知。在戎馬倥傯的環境中，軍將自然被倚重。「時武臣崛興」，〔註10〕《舊唐書》卷一三一《李勉傳》則云當時「朝廷右武，勳臣恃寵，多不知禮。」當時節度使，特別是

〔註9〕《通鑑》卷二一五天寶六年十月條胡注。
〔註10〕《新唐書》卷一三一《李勉傳》。

邊鎮節度使大多是武將。〔註11〕正如《新唐書》卷五○《兵志》所云：「久之，大盜（指安祿山、史思明父子）既滅，而武夫戰卒以功起行陣，列爲侯王者，皆除節度使。」儲帥自然也從武將中選拔。都知兵馬使作爲地位僅次於節度使的統兵官，軍權在握，具有舉足輕重的力量。它之所以能取得儲帥的地位，是與它掌握軍權分不開的。但另一方面，唐王朝從安祿山坐大以致叛亂中吸取了教訓，對手握重兵的將帥十分猜忌，即使是具有再造唐室之功的郭子儀也難以倖免，叛亂甫定，就被解除了兵權。唐室所主要依靠的平叛主力朔方軍也難逃被削弱，以致被肢解的命運。不少學者都注意到僕固懷恩、李懷光之叛，很大程度上是唐帝猜忌將帥的結果。〔註12〕猜忌和倚重，看似矛盾，實際上具有統一的一面。二者實際上體現了唐王朝對武將在不同階段的態度。當海岳既晏，波塵已清，社會趨以穩定時，武將的地位勢必被削弱。因此都兵馬使的儲帥地位是不穩固的，存在著極大的隱患，被其他官職所取代的命運是不可避免的。

另外，對上表中都知兵馬使繼任節度使的資料，應具體分析。都知兵馬使位高權重，是節度使鎮壓叛亂，維護自己統治的工具，但同時也有太阿倒持的危險。方鎮中的叛亂常常就是由他們挑起來的。即使他們沒有參與軍亂，但由於舉足輕重的地位和在軍中的影響力，也往往被擁立爲帥。因此不少都知兵馬使能繼任節度使，並不是唐廷的初衷，很多情況下祇是對既成事實的無奈承認。例如，寶應元年（762），河東軍亂，殺節度使鄧景山，以都知兵馬使辛雲京爲節度使。永泰元年（765），淄青軍亂，逐節度使侯希逸，以兵馬使李懷玉（即李正己）爲帥。建中四年（783），鳳翔兵馬使李楚琳發動軍變，節度使張鎰被殺，李楚琳取而代之。唐廷在難以顧及的情況下只好授予其旌節。貞元二年（786），淮西節度使陳仙奇被部下所殺，以兵馬使吳少誠爲帥。以上種種，這些兵馬使爲帥，並不是唐廷的最初安排，這些人並不是儲帥。考慮到這些因素，肅代至貞元時期，兵馬使爲儲帥的數目得打一個很大折扣。因此，儘管都知兵馬使在安史之亂後爲儲帥，但對其所占地位不能估計過高。

〔註11〕 王禹偁：《小畜集》卷三○《建谿處士贈大理評事柳府君墓碣銘》云：「有唐以武戡亂，以文化人，自宰輔公卿至方伯連率，皆用儒者爲之。」並非針對整個唐代而言，主要是貞元以後的現象。

〔註12〕 參看李鴻賓：《唐朝朔方軍研究》，長春：吉林人民出版社，2000年，頁169，以及陳勇：《從僕固懷恩反唐看中唐的河朔政策》，《文史雜誌》1991年第2期。

2、節度副使

節度副使，是節度使的佐貳。據《新唐書》卷四九《百官志》節度使下有節度副使一人。《冊府元龜》卷七一六《幕府部》記載同。但實際上有時卻不只一人。《通鑑》卷二二一上元元年十一月條云御史中丞李銑、宋州刺史劉展皆領淮西節度副使。如此看來，當時淮西鎮當至少有兩名節度副使。〔註13〕節度副使本爲節度使手下的文職僚佐，在開元、天寶間卻往往多由武人擔任。〔註14〕安史之亂後，又改爲多由文士擔任。長慶元年（821）河朔再叛，十月以沂州刺史王智興爲武寧節度副使。「先是，副使皆以文吏爲之，上聞智興有勇略，欲用之於河北，故以是寵之。」〔註15〕這說明當時以武將出身的王智興爲節度副使，衹是特例，並不具有普遍性。

節度副使作爲使府上佐，在開元、天寶時期是節度使的主要來源。〔註16〕安史之亂後，也是儲帥的當然人選。乾元元年（758），平盧節度使王玄志去世，唐肅宗遣中使前往弔唁安撫將士，此行還有一個重要的目的就是察看軍情，因軍中人心嚮背，確定節度使的人選。高麗人裨將李懷玉（即後之李正己）殺王玄志之子，推侯希逸爲平盧軍使。朝廷於是以侯希逸爲節度副使。以侯希逸爲節度副使即以他爲儲帥，這不過是正式授予旄節的過渡。開成三年（838），朝廷以義昌節度使李彥佐在鎮久，以德州刺史劉約爲節度副使，欲以代之。也是以節度副使作爲儲帥。據上表，唐肅宗到德宗五十年間節度副使爲儲帥的有 9 例，排在都知兵馬使和行軍司馬之後。另外，節度副使作爲儲帥，在五十年間呈現逐漸淪落的態勢，在肅代至貞元之前的三十年間有 8 例，貞元年間二十年僅只有 1 例，差別十分明顯，反映唐德宗貞元年間節度副使已經不再是主要的儲帥形式。

3、行軍司馬

行軍司馬，或省稱行軍，〔註17〕或稱軍司馬。〔註18〕諸鎮編制爲一人，

〔註13〕唐後期藩鎮僚佐員額前後往往有所變化，並非前後一貫。另外，制度的執行與條文規定也有一定差距，現實生活中突破朝廷限制的事例很常見。當然也存在這樣一種可能，宋州刺史劉展所任的節度副使爲同節度副使。《新唐書・百官志》在諸使僚佐下記載同節度副使有十人。這樣的情況在史籍中並不鮮見。例如僕固懷恩曾任朔方同節度副使，田弘正曾任魏博衙內兵馬使、同節度副使。

〔註14〕石雲濤：《唐代幕府制度研究》，頁 89。

〔註15〕《通鑑》卷二四二長慶元年十月條。

〔註16〕石雲濤：《唐代幕府制度研究》，頁 143。

〔註17〕《舊唐書》卷一三八《賈耽傳》。

「弭戎政，掌武事，居常習蒐狩之禮，有役申戰陣之法。」另外，凡器械軍糧，也皆得專之。地位初不甚高，「舊制，朱衣銅印墨綬。開元故事，多選臺郎爲之。」〔註19〕開天時期，在諸多節度使中由行軍司馬升任的明確可知的只有二例（即鮮于仲通、封常清）。〔註20〕《通鑑》卷二一六天寶十一年十二月條，胡三省指出，「唐制，行軍司馬位節度副使之上，天寶以後，節鎮以爲儲帥。」嚴耕望先生對此提出了質疑。他認爲以行軍司馬爲儲帥，天寶之後直至唐德宗初年，三十年間還很少見。至唐德宗興元以後才事例漸多。貞元中葉以前多以副使爲留後，德宗晚年則以行軍司馬爲儲帥。〔註21〕嚴先生的論斷是有道理的。開天時期，姑且不論，在肅代時期由行軍司馬升爲本鎮節度使的也只有3例，而唐德宗時期竟有14例之多，貞元時期就占了11例。另外，應指出的是，節度副使在開元、天寶年間爲首席僚佐。安史之亂後，實掌軍政之行軍司馬漸見重要。但即使到了大曆年間，行軍司馬地位似乎仍在節度副使之下。段秀實爲涇原節度行軍司馬，大曆十一年（776）節度使馬璘疾甚，不能視事，請秀實攝節度副使兼左廂兵馬使。〔註22〕行軍司馬在唐德宗時期地位迅速攀升，才開始凌駕於副使和都知兵馬使之上，成爲儲帥的最重要的形式。《新唐書‧百官志》敘述節度使府僚佐，以行軍司馬居首，副使次之，正是唐後期行軍司馬地位上升在制度上的反映。五代時期，後唐政權以李唐王朝繼承人自居，曾試圖提高節度副使之地位，恢復唐德宗貞元前之舊制，明宗開成四年六月下詔：「諸道節度使行軍司馬，名位雖高，或帥臣不在，其州事宜委節度副使權知。」〔註23〕但總的來看，雖然唐貞元以後行軍司馬地位漸升，但並沒有完全取代都知兵馬使、節度副使作爲儲帥的地位。

　　爲直觀起見，在上表基礎上，將唐肅宗到德宗時期兵馬使、行軍司馬、節度副使在各時期之分佈製成下表：

〔註18〕《舊唐書》卷一二八《段秀實傳》及卷一二五《張鎰傳》，《新唐書》卷一二九《嚴綬傳》。

〔註19〕《全唐文》卷四三○李翰《淮南節度行軍司馬廳壁記》。

〔註20〕石雲濤提到章仇兼瓊也由行軍司馬而升任節度使，見《唐代幕府制度研究》，頁92。實際上章氏爲益州司馬，而非行軍司馬。

〔註21〕嚴耕望：《唐代方鎮使府僚佐考》，《唐史研究叢稿》，頁182。

〔註22〕《舊唐書》卷一二八《段秀實傳》。

〔註23〕《舊五代史》卷四○《明宗紀六》，北京：中華書局，1976年。

（單位：人次）

職　名	肅——代時期	德宗貞元之前	德宗貞元時期
兵馬使	6	5	8
行軍司馬	3	3	11
副使	4	4	1

　　儲帥往往帶有其他兼職，以鞏固其地位和權力，這也是其得以繼任節度使的資本。上元元年（760）劉展以宋州刺史領淮南節度副使。大曆中，涇原節度使馬璘以段秀實爲行軍司馬兼都知兵馬使。貞元十八年（802），淮南節度使杜佑累表求代，以王鍔爲淮南節度副使兼行軍司馬。閻巨源，貞元十九年（803）以勝州刺史攝振武行軍司馬。當節度使范希朝入觀，遂代爲節度。〔註24〕張萬福以壽州刺史兼淮南節度副使，由於爲節度使崔圓所忌，被免去刺史一職，而僅以節度副使將千人鎮壽州。〔註25〕

　　儲帥制度在全國實行程度並不一致，表現出較強的地域差別。唐代藩鎮並不是鐵板一塊，與中央的關係呈現出較大差異，張國剛先生將之分爲四類：河朔割據型、中原防遏型、東南財源型、邊疆禦邊型等。〔註26〕河朔藩鎮下節將有專門論述，在此暫不以考慮。如果以吳廷燮《唐方鎮年表》所列方鎮爲基礎，對肅代至貞元時期行軍司馬、副使、兵馬使繼任爲節度使的情況加以統計，便會發現，這些鎮主要有鳳翔、邠寧、涇原、鄜坊、朔方、振武、宣武、義成、忠武、平盧（淄青）、河陽、河東、澤潞、山南東道、荊南、淮南、湖南、西川、東川、華州、河西、淮西、平盧。平盧（淄青）、淮西二鎮，是原平盧節度使餘部於安史之亂中渡海後所建立，張國剛先生將其歸入河朔割據型。其他諸鎮中，東南型藩鎮只有荊南、湖南、淮南三鎮，僅占 14% 強。因此，儲帥制度主要存在於中原型和邊疆型藩鎮。中原藩鎮的任務是防遏河朔藩鎮和保障運河暢通，軍力較強，不乏桀驁不遜的方鎮，例如武寧鎮和宣武鎮。安史之亂中，爲平息叛亂，唐沿邊軍隊大量內撤，吐蕃趁機入侵，河西隴右盡失。吐蕃將邊界推進到長安以西邠寧、鳳翔一線。唐防禦重點從北部防禦突厥、契丹、奚轉移到西北防禦吐蕃。京西北八鎮就是這種歷史情況下的產物。這些地區駐軍眾多，擔

〔註24〕《舊唐書》卷一五一《閻巨源傳》。
〔註25〕《舊唐書》卷一五二《張萬福傳》。
〔註26〕張國剛：《唐代藩鎮研究》，頁 77。

負著防禦吐蕃的重任，但土地貧瘠，人口稀少，軍隊供給嚴重依賴於朝廷。故這些方鎮對中央較爲恭順，但另一方面也是軍亂的多發地。中原型藩鎮和邊疆型藩鎮的相同點都是王命之所及，關係唐王朝的生死存亡，是務必要控制的地區，但同時也是軍亂的多發地。而東南型方鎮爲唐王朝主要財賦來源地，「當今賦出於天下，江南居十九」。〔註27〕這些地區兵力寡弱，節帥也多用儒臣，幾乎清一色命自朝官或來自外鎮，而且調動十分頻繁，任期一般都很短暫，是唐王朝控制最牢固的地區。〔註28〕它根本不存在產生儲帥制度的土壤。

　　儲帥制度是唐廷在安史之亂後的特定形勢下對方鎮勢力妥協的產物。而儲帥從都知兵馬使、節度副使到行軍司馬的演進則反映了朝廷對方鎮加強控制的努力。石雲濤已經指出，「行軍司馬在開元、天寶邊鎮幕府中本爲文職，多以文士充任，德宗時更多以文吏充之以爲儲帥，以改變方鎮武人跋扈之局面。」〔註29〕唐德宗向以對方鎮軟弱爲時人和後來史家所詬病，他的方鎮政策被目爲「姑息之政」。《新唐書》卷一四六《李吉甫傳》云：「德宗以來，姑息藩鎮，有終身不易地者」。韋皋從貞元元年（785）爲西川節度使至永貞元年（805）卒於任上，在鎮時間長達二十一年。《新唐書》所云不爲無據。但近來越來越多的學者注意到唐德宗在貌似軟弱的背後所作的種種努力。崔瑞德所編《劍橋中國隋唐史》一書指出：「他在位的二十五年中，朝廷在恢復對高級地方官職的任命的控制和讓更多的官僚代替職業軍人擔任這些職務等方面，仍取得了穩步的進展。到804年，有一半節度使是官僚而不是軍人。」〔註30〕經過建中之亂後，唐德宗的雄心嚴重受挫。他基本上放棄了收復河朔三鎮的努力，但對其他地區，卻沒有絲毫放鬆。史載「德宗季年，天下方鎮副倅多自選於朝，防一日有變，遂就而授之節制。」〔註31〕他以行軍司馬爲儲帥，企圖用文職的職業官僚取代武夫悍將，

〔註27〕　《全唐文》卷五五五韓愈《送陸歙州詩序》。

〔註28〕　參見王壽南：《唐代藩鎮與中央關係之研究》，臺灣：大化書局，1978年，頁273～282，及張國剛：《唐代藩鎮研究》，頁98～101。

〔註29〕　石雲濤：《唐代幕府制度研究》，頁283。

〔註30〕　崔瑞德：《劍橋中國隋唐史》，頁510。另外，劉玉峰《評唐德宗「姑息」藩鎮說》（《學術月刊》1993年第7期）一文也對傳統的德宗姑息藩鎮的說法提出了質疑。石雲濤指出德宗經過兩河用兵、涇原之亂後，在對待藩鎮的策略方面由起初激烈的行動，轉而以較爲緩和的方式加以收攏與裁抑。見《唐代幕府制度研究》，頁243。

〔註31〕　《舊唐書》卷一一三《裴遵慶傳附子裴向傳》。又見於《冊府元龜》卷七一六《幕府部‧選任》，文字略有出入。

就是這種反映。「是時姑息四方諸侯，未嘗特命帥守，物故即用行軍司馬爲帥，冀軍情厭伏。」〔註32〕他十分重視行軍司馬的人選，「行軍司馬盡簡自上意。」〔註33〕「上（德宗）不欲生代節度使，常自擇行軍司馬以爲儲帥。」〔註34〕貞元十八年（802）淮南節度使杜佑累表求代，十月，以刑部尚書王鍔爲淮南副節度使（副節度使當作節度副使）兼行軍司馬。杜佑入朝後，隨即以王鍔爲節度使。徐泗濠節度使張建封鎮彭城十餘年，軍府稱治，病篤，請除代人。朝廷以蘇州刺史韋夏卿爲徐泗濠行軍司馬。儘管後來事態發生變化，徐州發生軍亂，韋夏卿沒有能繼任爲節度使，但朝廷欲以他接替張建封的本意是很明顯的。行軍司馬爲儲帥，被當時人認爲理所當然，反之，則認爲反常。貞元十年（794）六月，昭義節度使李抱真去世，以步軍虞候王延貴（即王虔休）爲留後。「昭義行軍司馬、攝洺州刺史元誼聞虔休爲留後，意不平，表請以磁、邢、洺別爲一鎮。昭義精兵多在山東，誼厚賚以悅之。」〔註35〕按照當時慣例，行軍司馬元誼是節度使的當然人選。但節度使李抱真卻打破常規，以步軍虞候王虔休爲留後。這在元誼看來無疑是難以接受的。

應該指出的是，所謂的儲帥，在唐代某個時期祇是一種約定俗成的慣例，只不過提供了一種繼任可能性，並沒有法令條文的制度依據。安史之亂後，往往以都知兵馬使、節度副使、行軍司馬爲儲帥，但都知兵馬使、節度副使、行軍司馬不能繼任的情況比比皆是。可以說，其數量也許比繼任的還要多。永泰元年（763）五月，西川節度使嚴武去世，杜濟爲西川行軍司馬，權知軍府事。時郭英幹爲都知兵馬使，郭嘉琳爲都虞候，皆請英幹兄英乂爲節度使。郭英乂時爲尚書右僕射，遠在京師。崔旰（即崔寧）時爲西山都知兵馬使，與軍眾共請大將王崇俊爲節度使。兩種意見都上奏京師，最後朝廷以郭英乂爲節度使。郭英幹雖爲都知兵馬使，杜濟雖爲行軍司馬，貴爲留後，都沒有繼爲節度使。貞元十一年（795）五月，河東節度使李自良去世，監軍王定遠奏請行軍司馬李說爲留後。「王定遠自恃有功於李說，專河東軍政，易置諸將；說不能盡從，由是有隙。」〔註36〕從王定遠恃功自傲來看，當是其在李說繼爲節度使過程中發揮了關鍵乃至決定性作用。如果沒有他，李說可能根本不

〔註32〕《舊唐書》卷一四六《嚴綬傳》。
〔註33〕《舊唐書》卷一五二《李景略傳》。
〔註34〕《通鑒》卷二三五貞元十二年八月條。
〔註35〕《通鑒》卷二三五貞元十年七月條。
〔註36〕《通鑒》卷二三五貞元十一年七月條。

可能繼任節度使。另外從李說被任命爲節度使後的反應來看，也可以印證這一點。「說深德王定遠，請鑄監軍印。」〔註37〕從這可以看出，行軍司馬爲留後也並非水到渠成。儲帥能否繼任節度使，不僅取決朝廷，監軍的作用也不可忽視。另外，還往往受制於軍中的意見，甚至以軍中的意向爲指歸。「德宗中歲，每命節制，必令採訪本軍爲其所歸者。」〔註38〕貞元八年（792）二月，宣武節度使劉玄佐去世，手下將校封鎖消息，而以劉玄佐的名義上表稱疾請代，德宗雖知眞相，亦爲之隱誨，不願點破，遣使即軍中問：「陝虢觀察使吳湊可乎？」監軍孟介、行軍司馬盧瑗皆以爲便，然後除之。〔註39〕貞元十七年（801）五月邠寧節度使楊朝晟死後，德宗幾次去軍中徵求意見。「貞元末年，天子方鎭物故，往往依憑眾請而得者，十恒二三。」〔註40〕唐人李翺亦稱：「及貞元季年，雖順地節將死，多即軍中取行軍副使將校以授之節，習以成故矣。」〔註41〕唐德宗這種做法爲一些投機者製造了可乘之機。盧從史就是這種做法的受益者。他爲昭義鎭（澤潞鎭）兵馬使。貞元十五年（799）節度使李長榮卒，從史因軍情，且善迎奉中使，得授昭義軍節度使。

設置儲帥有一定的積極作用。首先，對本鎭而言，由於儲位已定，減少了部將覬覦的野心，有利於消弭紛爭，維護穩定。再則，對藩鎭與中央關係而言，在中央妥協的基礎上，短期內基本上達成了利益的平衡，避免了藩鎭與朝廷兵戎相見。但任何事情都有兩面性，儲帥制度也不例外。儲帥制度的消極作用也是不容忽視的。首先，作爲未來的節度使，儲帥的存在無形中對節度使的權威構成了挑戰和威脅，往往造成和加劇儲帥與節度使的矛盾。這同樣構成了藩鎭的不穩定因素。陸長源爲宣武軍行軍司馬，「汴州政事，皆決斷之。」〔註42〕甚至將節度使架空。李景略的例子很有代表性。據《舊唐書》卷一五二《李景略傳》：「時河東李說有疾，詔以景略爲太原少尹、節度行軍司馬。時方鎭節度使少徵入換代者，皆死亡乃命焉，行軍司馬盡簡自上意。受命之日，人心以屬。景略居疑帥之地，勢已難處。」《通鑑》卷二三五對此

〔註37〕《通鑑》卷二三五貞元十一年七月條。

〔註38〕《舊唐書》卷一三二《盧從史傳》。

〔註39〕《新唐書》卷二一四《劉玄佐傳》。

〔註40〕《元稹集》卷三一《代諭淮西書》，北京：中華書局，1982年。

〔註41〕《全唐文》卷六三九《故正議大夫行尚書吏部侍郎上柱國賜紫金魚袋贈禮部尚書韓公行狀》。

〔註42〕《舊唐書》卷一四五《陸長源傳》。

說的更為直接：「李景略為河東行軍司馬，李說忌之。」鄭儋於貞元末為河東行軍司馬，其神道碑云「能以無心處嫌間，卒用有就。」〔註43〕看來鄭儋的處境也是很微妙的，也身不由己的捲入了人事糾紛中。又如，張萬福以壽州刺史兼淮南節度副使，為節度使崔圓所忌，被免去了刺史一職，僅帶節度副使頭銜將千人鎮壽州。〔註44〕但更重要的是，儲帥「儲將於其軍」的體制，從長遠來看容易形成盤根錯節的地方勢力，孕育著地方坐大的危險，對中央集權也是一個潛在挑戰。這一點在唐德宗朝已經開始為德宗君臣所認識。宰相賈耽對德宗曰：「凡就軍中除節度使，必有愛憎向背，喜懼者相半，故眾心多不安。自今願陛下只自朝廷除人，庶無他變。」上以為然。〔註45〕貞元十七年（801），邠寧節度使楊朝晟疾亟，召僚佐謂曰：「朝晟必不起，朔方命帥多自本軍，雖徇眾情，殊非國體。寧州刺史劉南金，練習軍旅，宜使攝行軍，且知軍事，比朝廷擇帥，必無虞矣。」又以手書授監軍劉英倩，英倩以聞。軍士私議曰：「朝廷命帥，吾納之，即命劉君，吾事之；若命帥於他軍，彼必以其麾下來，吾屬被斥矣，必拒之。」〔註46〕孟彥弘先生指出唐後期軍隊的地方化問題，〔註47〕無論兵士來源，還是將領乃至節帥都出現了地方化的現象，這對中央集權是一個反動。以朔方軍為例，從郭子儀、李光弼、僕固懷恩、李懷光等歷任節度使都來自朔方軍系統。以後的李晟、渾瑊、駱元光、楊朝晟等節帥也都來自朔方軍這個母體。朔方鎮例子並非個別，在當時帶有一定的共性。朝廷在節度使的任命上存在一個兩難選擇，是「徇眾情」還是顧及「國體」？徇眾情，將帥歡喜，藩鎮上下也其樂融融，藩鎮與中央之間可相安無事，也不至於造成衝突。但從長遠來看，卻有傷「國體」。從唐德宗對宰相賈耽的憂慮反應來看，他對賈耽的看法是贊同的。當徇眾情與國體發生矛盾時，唐德宗顧及的還是國體，即國家的長遠利益。如果說，唐德宗時還停留於想法，到其後任唐憲宗時則開始付諸實踐。唐人杜牧已經覺察出這樣的變化，云自此「命節度使出朝廷，不由兵士，（原注：……自此不用貞元

〔註43〕 《全唐文》卷五六二《河東節度觀察使榮陽鄭公神道碑文》。
〔註44〕 《舊唐書》卷一五二《張萬福傳》。
〔註45〕 《通鑒》卷二三五貞元十六年九月條。
〔註46〕 《通鑒》卷二三六貞元十七年五月條。
〔註47〕 孟彥弘：《論唐代軍隊的地方化》，《中國社會科學院歷史研究所學刊》，第 1
　　　　集，北京：社會科學文獻出版社，2001 年。

故事以行軍副使大將軍爲節度使）〔註48〕儲帥制度至此面臨著巨大變化。

現以吳廷燮《唐方鎮年表》所列方鎮爲基礎，對永貞元和後到大中五十多年間，對存在本鎮僚佐陞遷爲節度使的藩鎮進行統計，製成下表：

（單位：人次）

鎮　別	行軍司馬	副使	（都）兵馬使	都虞候	牙將（押衙等）	巡屬刺史	其他
邠寧							1
朔方						1	
忠武		1				1	
感化		1					
淄青		1					
河陽	1						
昭義							1
浙西						1	
劍南西川	1						
容管							1
靜海		1					
晉慈						1	
淮西		1					
合計	3	5				4	2

說明：

1、唐代藩鎮轄境伸縮不恒，前後變化很大，本表以較穩定時期的轄境爲準。

2、唐代官員兼職情況比較複雜，節度副使往往兼某州刺史，都知兵馬使也有時兼領屬州刺史，對於此種情況則各項分列，分別計入。另外，諸書在人物身份上可能記載舛異，本表在人物身份上主要依據《舊唐書》、《新唐書》、《通鑒》，擇善而從。

3、僖宗年間黃巢起義後至朱溫代唐，唐廷基本上喪失了對全國的控制，全國陷於割混戰狀態，這段時期統計意義不是很大，故從略。

從上表可以看出，在元和至大中年間的五十多年中，諸鎮由本鎮官員陞遷爲節度使的合計不過 14 人，與前一時期相比大爲降低。其中有幾個明顯

〔註48〕杜牧：《樊川文集》卷一二《上宣州高大夫書》。又見《全唐文》卷七五二。

的變化：

其一，行軍司馬陞遷爲節度使的數目大爲減少，僅有兩例，即西川的劉闢、河陽的元韶，而且集中在永貞元年（805）。這只不過是唐德宗時期以行軍司馬爲儲帥的餘波。元和後，行軍司馬依然與節度副使並爲藩鎮上佐，在時人眼裏地位依然顯赫，白居易詩云：「四十著緋軍司馬，男兒官職未蹉跎。」〔註49〕但作爲儲帥的歷史已告結束。〔註50〕開天時期，節度副使多由武人擔任，行軍司馬多以文士充任。行軍司馬與節度副使分掌府務和武事，一文一武，佐統戎務。但唐德宗以後，大亂夷平，社會趨以穩定，節度副使也多由文士擔任。這樣發生了與行軍司馬職事重疊交叉的現象。「既有副使，又置司馬，參雜重設。」〔註51〕行軍司馬變爲冗散之職。開成四年（839）廢省，唐末才又復置。〔註52〕行軍司馬安史之亂後名位日隆，特別是唐德宗時期成爲最重要的儲帥形式。其後爲示對武人優寵，常常授予此職。崔寧，原名旰，原爲西川大將。在節度使嚴武去世後，朝廷任命郭英乂繼任節度使。崔寧不受朝命，起兵反抗。郭英乂被殺，圍剿的軍隊也屢屢失利。唐廷最後只得妥協，以宰相杜鴻漸爲節度使，崔寧爲行軍司馬。大曆二年（767），杜鴻漸歸朝，遂授崔寧西川節度使。鄭從讜爲河東節度使，大將張彥球強桀難制，「前後帥守以疑間貽釁，故軍旅不寧。及從讜撫封四年，知其才用可委，開懷任遇，得其死力。故抗虜全城，多彥球之效也，累奏爲行軍司馬。」〔註53〕一旦大難削平，社會趨以穩定，武人自然閒散，其所任之職便爲人所輕。行軍司馬一職也難逃此下場。《北夢瑣言》卷五引《國史補》卷下《省中四軍紫》云：「貞元末，有郎官四人，自行軍司馬賜紫，而登粉署，省中謔之爲四君子也。」君子與軍紫諧音，言其因從軍而蒙賜紫。〔註54〕行軍司馬走向冗散，與武人相聯繫，爲社會輿論所輕，這樣它元和後喪失儲帥的地位就不難理解

〔註49〕《白居易集》卷一六《聞李六景儉自河東令授唐鄧行軍司馬，以詩賀之》。

〔註50〕嚴耕望先生指出同光至天成初年，復置行軍司馬，且明云地位在副使之上，仍爲帥臣不在時之法定代理人。天成四年始特敕由副使權知。見《唐代方鎮使府僚佐考》，頁186。其實五代時考稽史書由行軍司馬升爲節度使的並不多見。另外五代時的情況不在本文論述範圍，因此不再詳論。

〔註51〕《通典》卷三二《職官十四》注文。

〔註52〕嚴耕望：《唐代方鎮使府僚佐考》，《唐史研究叢稿》，頁186。

〔註53〕《舊唐書》卷一五八《鄭餘慶傳附從讜傳》。

〔註54〕《唐國史補》與各本引文均作「四軍紫」。《北夢瑣言》及《唐語林》卷六作「四君子」。

了。至於唐末此職又見恢復，則又與當時戰爭形勢緊張有關。〔註55〕

　　其二，都知兵馬使、都虞候、押衙等武職軍將繼任爲本鎮節度使的可能已經微乎其微。他們即使在立功的情況下被任命爲節度使，也往往被調往外鎮，以防止形成盤根錯節，尾大不掉的地方勢力。例如劉悟，原爲淄青都知兵馬使，元和十四年（819）殺節度使李師道降唐，唐憲宗沒有依照以前的習慣，授予其旌節，而是改任義成節度使。烏重胤，原爲潞州牙將。元和中，擒獲盧從史有功，並成功的穩定了澤潞的局勢。雖然權臣吐突承璀以之爲昭義留後，但最後唐憲宗還是將他調離澤潞，任命爲河陽節度使。再如王逢，爲忠武節度使王沛之子，驍勇善戰，從父征伐有功，爲忠武都知兵馬使。大和中，入宿衛，歷諸衛將軍。後亦爲忠武節度使。〔註56〕王逢爲都知兵馬使，但沒有直接繼任其父爲節度使，而是經過了入朝爲諸衛將軍的過渡才最後爲節度使。

第二節　河朔藩鎮世襲性的副大使制度

　　唐代儲帥制度的第二種類型爲世襲性的副大使制度，主要存在於河朔藩鎮，是河朔節度使爲了父子相襲的內部傳承而制定出來的辦法。安史之亂後，唐廷瓜分河北授予田承嗣、李寶臣、李懷仙等安史叛將，河朔割據的局面開始形成。魏博、成德、幽州（又稱盧龍）三鎮，加上後來分化出的義武、橫海二鎮，通稱爲河朔藩鎮，是唐代割據型藩鎮的典型。河朔藩鎮形式上也奉唐王朝之正朔，但節度使除短時期由朝廷除授外，絕大部分時間都父死子繼或兄終弟及或由部下擁立。他們自署文武將吏，租賦也不入於中央，幾同獨立王國，「雖稱藩臣，實非王臣也。」〔註57〕史書中對河朔的儲帥制度多有提及。貞元八年（792），幽州節度使劉濟以其子爲副大使。胡三省在此注云：「河朔三鎮及淄青皆以其子爲副大使，儲帥也。〔註58〕《新唐書》卷二一一《王士眞傳》云：「河北三鎮自置副大使，常處嫡長，故承宗以御史大夫爲之。」元和五年（810）劉濟討王承宗，以長子緄爲副大使，掌幽州留務。〔註59〕義

〔註55〕據《五代會要》卷一四《司封》後唐同光二年司封奏：「伏見諸道有奏置行軍司馬並參謀者，其職位實在副倅之上。」蓋五代時行軍司馬也曾一度廢罷。
〔註56〕《舊唐書》卷一六一《王沛附逢傳》。
〔註57〕《舊唐書》卷一四三《李懷仙傳》。
〔註58〕《通鑑》卷二三四貞元八年十一月條和《通鑑》卷二三八元和七年八月條。
〔註59〕《通鑑》卷二三八元和五年六月條。

武節度使王處存去世，「三軍以河朔舊事，推其子副大使郜爲留後，朝廷從而命之。〔註60〕

安史之亂這場綿延達八年之久的戰爭，幾乎拖垮了唐王朝，其結局是以唐王朝同河朔叛軍的妥協而宣告結束。當時唐廷並沒有賦予三鎮傳子的特權。唐人李翱云：「自安祿山起范陽，陷兩京，河南北七鎮節度使，身死則立其子。」〔註61〕這不過是籠統而言，從時間上講並不準確。唐人包括近人習慣以安史之亂爲界將唐王朝分爲兩個時期。其實直至唐德宗時期，唐廷自始至終亦未曾想放棄對河朔事務的干預，也沒有放棄收復河朔的努力，只不過有時力不從心罷了。大曆三年（768），幽州發生軍亂，節度使李懷仙被部將所殺，唐廷認爲有機可乘，遂以宰相王縉出鎮幽州，但無果而終。大曆十年（775）田承嗣侵襲鄰道昭義，取得相、衛、磁、洺四州，破壞了河朔業已形成的均勢格局。唐代宗糾集成德、淄青、幽州諸鎮，進行討伐。建中二年（781）成德李惟岳、淄青李納請求繼襲父位，唐德宗斷然加以拒絕，甚至不惜訴諸戰爭。史書所云「〔李〕寶臣與李正己、田承嗣、梁崇義相結，期以土地傳之子孫。」〔註62〕在當時，這只不過是諸鎮的一廂情願而已，在唐廷眼中這是斷難接受的。但經過建中初的武力干預失敗後，唐廷才正式承認了三鎮特殊的繼任制度，形成了父死子繼爲主要特點的所謂「河朔故事」。李德裕言「河朔習亂已久，人心難化，是故累朝以來，置之度外」。〔註63〕這裡所說的「累朝以來」，確切一點來說，是從唐德宗以後開始的。因此，河朔地區的儲帥制度同全國其他地區相比，形成較晚，出現於唐德宗時期。〔註64〕

需要指出的是，唐代節度使正式名稱本是某某節度副大使，知節度事，節度大使則由親王遙領或空闕不授。例如貞元十六年（800）九月，以虔王諒爲徐州節度大使。會昌二年（842）正月，以撫王搏爲開府儀同三司，行幽州

〔註60〕《舊唐書》卷一八二《王處存傳》。

〔註61〕《全唐文》卷六三九李翱《故正議大夫行尚書吏部侍郎上柱國賜紫金魚袋贈禮部尚書韓公行狀》。所謂「河南」，指淄青、淮西二鎮。「河北」則指幽州、魏博、成德、橫海、義武五鎮。

〔註62〕《通鑑》卷二二六建中二年正月條。

〔註63〕《通鑑》卷二四七會昌三年四月條。

〔註64〕孟彥弘先生在《「姑息」與「用兵」：李唐朝廷藩鎮政策的確立及其實施》（杜文玉主編《唐史論叢》第12輯，西安：三秦出版社，2010年）一文指出，「河朔故事」是代宗爲了結束長達八年之久的中央與安史的公開武裝對抗而提出的權宜之計。將「河朔故事」的形成繫於代宗初年，恐不妥。

大都督府長史，充幽州盧龍軍節度、觀察、處置、押奚契丹兩蕃、經略盧龍等軍大使。藩鎮的實際節帥則稱爲副大使。有時親王雖爲遙領，但朝廷名義上授予其知節度事時，也稱副大使。《唐會要》卷七八《親王遙領節度使》中所列事例很多，例如，會昌四年（844）十一月，以皇子鄂爲開府儀同三司、朔方軍節度副大使，知節度事。大中十一年（857），以昭王汭爲開府儀同三司、成德軍節度副大使，知節度事，以佐（左）司馬王紹〔懿〕知成德軍兩使留後。咸通十年（869）十二月，以蜀王佶爲開府儀同三司、劍南西川節度副大使，知節度事。乾符四年（877）正月，以壽王傑爲開府儀同三司、幽州經略盧龍軍節度副大使，知節度事。上述所云的副大使與河朔地區的作爲儲帥的副大使完全不同，不可混爲一談。

河朔之副大使地位上僅次於節度使，在行軍司馬之上，當然更在節度副使之上。〔註65〕但史書中作爲儲帥的節度副大使往往簡稱爲節度副使。〔註66〕這極易與作爲使府上佐的節度副使混淆。在此略舉數例：

貞元十七年（801）六月，成德節度使王武俊去世，七月以成德節度副使王士眞爲節度使。按，王士眞爲王武俊長子，前面所云的節度副使實當爲副大使。

永貞元年（805）七月，橫海節度使程懷信薨，以其子副使執恭爲留後。〔註67〕

中和三年（883）正月，成德節度使王景崇去世，軍中立其子節度副使鎔知留後。〔註68〕這裡提到的副使，實際也爲副大使。

《通鑑》卷二四三寶曆二年三月條云，橫海節度使李全略去世，其子副大使李同捷擅領留後。而大和元年（827）三月條則言其爲副使。

《通鑑》太和二年閏二月條言魏博節度使史憲誠之子唐爲副大使，大和三年五月條則云副使。

韓簡，自其父允忠初授魏博戎帥，便爲節度副使。乾符初，累官至檢校工部尚書。允忠卒，即起復爲節度觀察留後。逾月，加檢校右僕射。〔註69〕

〔註65〕《通鑑》卷二三八元和七年八月條胡注。

〔註66〕谷川道雄先生已經指出副大使，有時單稱爲副使。見氏著《關於河朔三鎮藩帥的繼承》，（台）《第一屆國際唐代學術會議論文集》（1），1989年，頁913注文。

〔註67〕《通鑑》卷二三六永貞元年七月條。

〔註68〕《通鑑》卷二五五中和三年正月條。

〔註69〕《舊唐書》卷一八一《韓允忠傳附韓簡傳》。

元和五年（810），幽州節度使劉濟奉詔討王承宗，使長子緄假爲副使，領留務。

大中三年（849），張仲武之子直方以幽州節度副使襲父位。〔註70〕

乾符三年（876），節度使李茂勳請求致仕，表其子可舉自節度副使、幽州左司馬加右散騎常侍，爲節度留後。〔註71〕

以上所云的節度副使無一例外實際指副大使。事實上，唐代史籍中與此相類似的省略是很多的，比如都知兵馬使往往省稱兵馬使、行軍大總管往往省稱總管等等，不一而足。

雖然節度副大使與節度副使在史籍中用語上較爲模糊，但還是能加以區分的。副大使的身份特殊，他原則上是節度使的嫡長子，當然可能也有例外，例如王元逵本爲成德節度使王庭湊次子，本無資格繼任節度使，但「以先兄謝世，改職副持節。」〔註72〕還比如魏博節度使田緒有子三人，即季和、季直、季安。其中季安最幼，生母微賤，但因爲是田緒夫人嘉誠公主的養子，反倒成了嫡嗣，幼年便被任命爲副大使。節度使其他旁支疏族，甚至兄弟子侄等，即使官拜節度副使，也絕不能稱之爲副大使。例如，大中十一年（857）八月成德節度使王紹鼎去世，軍中立其弟節度副使紹懿。〔註73〕據《舊唐書‧宣宗紀》三月，起復朝請大夫、深州刺史、御史大夫，兼成德軍節度判官王紹懿可檢校左散騎常侍、鎮府左司馬、知府事，充成德軍節度副使，兼充都知兵馬使。紹懿爲節度使王紹鼎之弟，這裡節度副使就不當爲副大使。

河朔三鎮爲保證副大使地位，能順利繼任節度使，有時還使其兼任都知兵馬使，以重其權。例如成德節度使王士眞之子王承宗和王庭湊之子王元逵都爲都知兵馬使。但總的來說，副大使兼兵馬使並不普遍。都知兵馬使在河朔三鎮並不是儲帥。當然三鎮中有不少節度使是以都知兵馬使的身份繼任爲帥的，給人一種錯覺，似乎都知兵馬使也是儲帥。其實這是一種誤解。我們不妨對以都知兵馬使成爲節度使的例子加以統計，並加以分析。

〔註70〕 《舊唐書》卷一八○《張仲武傳附直方傳》。

〔註71〕 《舊唐書》卷一八○《李可舉傳》。

〔註72〕 《唐代墓誌彙編》大中 096《唐故成德軍節度鎮冀深趙等州觀察處置等使光祿大夫檢校司徒兼太傅同中書門下平章事兼鎮州大都督府長史駙馬都尉上柱國太原郡開國公食邑二千戶食實封二百戶贈太師王公墓誌銘並序》，頁2324。

〔註73〕 《通鑒》卷二四九大中十一年八月條。

鎮別	人　物	時　間	出　處	備　註
魏博	田悅	大曆十四年	《舊紀》	田悅爲田承嗣之侄
	田興（田弘正）	元和七年	《舊紀》	田興爲田氏疏族
	史憲誠	長慶二年	《舊傳》	《舊紀》云史爲中軍先鋒兵馬使，《舊傳》云爲中軍都知兵馬使
	何進滔	太和三年	《舊紀》	
成德	王武俊	建中三年	《舊紀》	
	王承宗	元和四年	《舊紀》	王承宗爲節度使王士眞之子
	王廷（庭）湊	長慶二年	《舊傳》	
	王元逵	太和八年	《舊紀》	王元逵爲節度使王庭湊之子
	王紹懿	大中十一年	《舊傳》	王紹懿爲節度使王紹鼎之弟
	王景崇	咸通七年	《舊傳》	王景崇爲紹懿之侄，紹鼎之子
幽州	朱希彩	大曆三年	《舊紀》	
	朱克融	長慶二年	《舊紀》	
	李載義	寶曆元年	《通鑑》	
	史元忠	太和八年	《舊紀》	
	張允伸	大中四年	《舊傳》	

　　表中成德鎮的王承宗和王元逵都是節度使之子，是以節度副大使的身份兼都知兵馬使的，決定其繼承父親之位的是節度副大使，而非都知兵馬使。當然都知兵馬使職務無疑提高了其在本鎮的地位。田悅爲魏博節度使田承嗣之侄，田承嗣以其子幼弱，難當重任，乃舍諸子，轉立田悅爲其繼承人。成德王紹懿情況與此相類，他是節度使王紹鼎之弟，紹鼎有景胤、景崇、景嶧等諸子，而景崇爲嫡子。他去世時景崇尚十分年幼。故王紹鼎舍景崇而立王紹懿。王紹懿繼任後，沒有立其子，爲報答其兄的恩德，而立景崇。這些都是和平方式進行的，是河朔副大使儲帥制度的補充。至於表中其他諸人，繼任完全採取武力攘奪的方式，與儲帥制度根本無涉。

　　三鎮同其他藩鎮一樣，使府中也有行軍司馬一職。李惟岳，少爲行軍司馬、恒州刺史。李寶臣死，軍中推爲留後。〔註 74〕興元元年（784）四月，魏博行軍司馬田緒殺其帥田悅。〔註 75〕劉濟爲幽州節度使劉怦長子，怦爲節度

〔註 74〕《新唐書》卷二一一《李寶臣附惟岳傳》。
〔註 75〕《舊唐書》卷一二《德宗紀》。

使，乃以濟兼御史中丞，充行軍司馬。〔註76〕細檢諸書，河朔三鎮中僅發現此三個例子。建中二年（781），李惟岳自爲留後後，朝廷並不承認，並沒有授予旌節。田緒爲田承嗣之子，他一直爲未能繼任節度使而耿耿於懷。他殺節度使田悅，是非正常的繼承方式。因此以行軍司馬繼任節度使的僅劉濟一例。應該說，這並不具有普遍性。如果說三鎮另以行軍司馬爲儲帥，是缺乏說服力的。〔註77〕

河朔儲帥制度作爲一種世襲制，不可避免會帶來一些問題。諸如儲帥幼弱，難以服眾，往往難以順利繼任等等。前面提到的田承嗣以諸子幼弱，舍諸子而立侄子田悅。成德王紹鼎也是舍子，而立其弟。三鎮在以其子爲副大使的同時，還往往以兄弟子侄爲軍將、刺史，特別是以親信爲中軍兵馬使、牙內兵馬使等要職掌握牙軍，目的是利用血緣紐帶來維繫其本姓的統治。魏博節度使田悅待諸弟無所間，使田緒主牙軍。成德節度使王景崇引母昆弟爲牙將。節度使和大將之間亦往往以婚姻爲紐帶相維繫。李寶臣以女妻大將王武俊之子王士眞。田季安之妻爲大將元誼之女。借助血緣和婚姻關係，節度使試圖和軍將間建立了比較穩固的關係，增強其凝聚力。因此三鎮表現出很強的家族統治色彩。田承嗣是魏博的建立者，田氏家族在諸姓中統治魏博時間最長，從田承嗣到田興（即田弘正）凡五十八年。何進滔何氏家族位居其次，凡統治四十一年。成德鎮表現最爲突出。王武俊至王承元入朝，歷經四世。王廷湊到末帥王鎔歷經六世，在成德一百五十餘年的統治中，成德鎮大部分時間都由這兩個王氏家族所統治。故姜密稱之爲「家鎮」。〔註78〕在三鎮中，幽州鎮在節帥的產生方式上呈現出與魏博和成德很大的不同，以部將攘奪爲主要方式。父死子繼或兄終弟及的在二十九位節帥中只有九人。這與幽州鎮政局長期動蕩，變亂頻仍有關。

應該承認，河朔節帥爲防範軍亂，保證父死子繼，權位能夠順利移接，亦採取了一系列措施。他們對軍士裨校防範很嚴，「河北之法，軍中偶語者斬」〔註79〕以防止部下聚眾作亂。對大將尤其是對擁兵在外的軍將更是如此，往

〔註76〕《舊唐書》卷一四三《劉怦附濟傳》。
〔註77〕嚴耕望先生根據李惟岳和劉濟的事例，傾向認爲河朔三鎮在貞元末前早就有以行軍司馬爲儲帥的行爲。參看《唐代方鎮使府僚佐考》，見氏著《唐史研究叢稿》，頁185。
〔註78〕姜密：《唐代成德鎮的割據特點》，《河北師範大學學報》2000年第3期。
〔註79〕《通鑒》卷二四八會昌五年正月條。

往拘劫其妻子兒女以爲人質。唐人李絳言「兩河藩鎮之跋扈者，皆分兵以隸諸將，不使專在一人，恐其權任太重，乘間而謀己故也。諸將勢均力敵，莫能相制，欲廣相連結，則眾心不同，其謀必泄；欲獨起爲變，則兵少力微，勢必不成。加以購賞既重，刑誅又峻，是以諸將互相顧忌，莫敢先發，跋扈者恃此以爲長策」。〔註80〕分散兵權以削弱其勢力。三鎮節度使對威望素著，深孚眾望的部將往往十分猜忌，甚至不惜殺死，以消除對其子的威脅。例如成德李寶臣以其子李惟岳闇弱年少，不能服眾，於是「豫誅諸將之難制者」，「所殺高班大將，殆以百數」。〔註81〕魏博鎮亦不例外，時人元稹說：「魏之法虐切疑忌，諸將以才多死者」。〔註82〕例如，節度使田季安對大將田興十分猜忌，田興被迫收斂鋒芒，「陽爲風痹，灸灼滿身，乃得免」。〔註83〕

河朔藩鎮中，除魏博、成德、幽州三鎮外，還有義武、橫海二鎮。義武鎮是由成德鎮分化而出來的，橫海則是分割幽州之德州，淄青之棣州而來。義武鎮建立於建中三年，張孝忠本爲成德大將。貞元七年（791），張孝忠去世，傳位於其子張昇雲（後改名張茂昭），元和五年（810）張茂昭以所轄易、定二州歸於有司。史稱張茂昭「請除代人，欲舉族入朝。河北諸鎮互遣人說止之，茂昭不從，凡四上表；上乃許之。以左庶子任迪簡爲義武行軍司馬。茂昭悉以易、定二州簿書管鑰授迪簡，遣其妻子先行，曰：「吾不欲子孫染於汙俗。」〔註84〕張茂昭完全背離了河朔的傳統，父死子繼，以副大使爲儲帥的所謂「河朔故事」，在他看來完全是「汙俗」，不願子孫受其熏染。副大使的儲帥制度在義武僅存在兩世，不足三十年。

雖然元和五年後義武鎮歸款中央，但很長時間，朝廷仍不得不顧及河朔的傳統，節度使仍來自本鎮（當然這些人可能也並非本鎮土著，缺乏本土背景，例如任迪簡在任義武行軍司馬前歷任天德軍使、太常少卿、汝州刺史等。）。「儲將於其軍」，在其他地區已經廢棄的傳統仍得以延續。張茂昭之後的節帥任迪簡、渾鎬、陳楚、劉公濟、張璠、李仲遷等都來自義武鎮。任迪簡的例子較有代表性。張茂昭入朝，以任迪簡爲行軍司馬，作爲儲帥。但任迪簡本人並非土著，在本鎮沒有任何背景。因此他上任伊始遭到一連串的反

〔註80〕《通鑒》卷二三八元和七年八月條。

〔註81〕《通鑒》卷二二六建中二年正月條。

〔註82〕《元稹集》卷五三《故中書令贈太尉沂國公墓誌銘》。

〔註83〕《通鑒》卷二三八元和七年八月條。

〔註84〕《通鑒》卷二三八元和五年九月條。

對，先是虞候楊伯玉以府城叛。叛亂甫定，兵馬使張佐元又叛。任迪簡深知他四周危機四伏，因此在任上如履薄冰，不敢有絲毫懈怠。「初，茂昭奢蕩不節，公私殫罄，迪簡至，欲饗士，無所取給，乃以糲食與士同之。身居戟門下凡周月，軍吏感之，請歸堂寢，迪簡乃安其位。」〔註85〕太和三年（829），唐廷也試圖以外鎮的河東兵馬使傅毅為義武節度使，但遭到義武軍的強烈抵制，最後唐廷也不得不收回成命。開成三年（838）唐廷以易州刺史李仲遷為節度使，此任命又遭到抵制，以致發生軍亂，亂軍請故節度使張璠之子張元益為留後。唐廷又一次妥協，罷斥了李仲遷。這以後節度使簡自本鎮的傳統才被廢棄，節度使完全來自朝官和外鎮。但比起河朔之外其他地區，已經晚了三十多年了。

小　結

安史之亂後，由於藩鎮割據局面形成，在中央集權削弱的情況下，形成了儲帥制度。在河朔以外地區的所謂「順地」，往往以都知兵馬使、節度副使和行軍司馬等使府僚佐為儲帥。隨著唐廷統治的鞏固，特別是元和以後，唐廷極力消除節帥的本鎮化的傾向，節度使絕大多數來自朝官和外鎮，儲帥制度走向了末路。因此它並非在全國普遍推行的制度，而是具有階段性和區域性，只存在於唐德宗時期之前（包括德宗時期）這一段時間，集中於中原型方鎮和邊疆型藩鎮。從本源上講，它是唐廷對方鎮勢力相妥協的產物，但儲帥從武職的都知兵馬使到文職的行軍司馬的演變，則反映了朝廷加強控制藩鎮的努力。河朔三鎮是唐代割據型藩鎮的典型，是唐王朝控制最弱的地區，這些地區的藩帥大部分時間不由中央任命，以父死子繼和軍將擁立為特徵。三鎮經過與唐王朝長期較量，唐德宗時期開始形成所謂的「河北故事」，儲帥制度也至此開始形成，存在時間幾乎與唐王朝相始終。三鎮雖也存在都知兵馬使、行軍司馬和節度副使等，但它們並非儲帥。

〔註85〕《舊唐書》卷一八五下《良吏下‧任迪簡傳》。

第四章　唐後期藩鎮武職僚佐的遷轉

　　節度使制度確立後，形成了以節度使爲代表的地方武官系統。藩鎮武職僚佐是地方武官的主要組成部分。其遷轉包括兩方面的內容，一爲職級〔註1〕和官職的遷轉。由於藩鎮武職僚佐爲使職差遣，沒有品級，需要帶試官、檢校官和憲官等表示其身份地位、資歷以作遷轉的憑藉。試官、檢校官和憲官等是由藩鎮奏報中央任命的；職級則是由藩鎮自己署任的。官位和職級有一定關係，「凡使府之制，量職之輕重以命官」，〔註2〕但並非絕對，官位和職級並不一定同時變動。某人官升而職不變，官降而職依舊，或職改而官不遷，官、職俱遷的情況都是存在的。〔註3〕使府僚佐帶檢校官和憲官等，唐政府就是試圖把方鎮僚佐資限與朝官和州縣官一致起來，從而納入選舉制度所劃定的軌道上來。「列諸侯之賓者，遷次淹速，得與上臺比倫。」〔註4〕但事實上使府僚佐陞遷速度一般比正員官迅速。由於唐後期朝廷控制的官闕減少，選人守選期滿不能得官者比比皆是。一年爲官，十年待選的情況並不少見，以此造成仕途壅滯的狀況。而使府僚佐不存在守闕的問題。他們的檢校官和憲官祇是官階，只要達到期限就可按例陞遷。這也是唐後期藩鎮爲世人所重的一個很重要的原因。

〔註1〕　關於藩鎮軍將的職級，胡三省認爲：「職者，軍職。級者，勳級。」即認爲職級包括軍職和勳級。他還指出：「職級，謂牙前將吏自押牙、孔目官而下，分職各有等級。」張國剛對此提出不同的意見。他認爲職級就是軍將升遷的職位等級，不包括勳官官級，職級應該包括各級各類軍將的。參見《唐代藩鎮軍將職級考略》，《唐代政治制度研究論集》，臺北：文津出版社，頁156～159。
〔註2〕　《白居易集》卷五三《京兆府司錄參軍孫簡可檢校禮部員外郎制》。
〔註3〕　劉琴麗：《唐代武官選任制度初探》，頁172。
〔註4〕　《元稹集外集》卷五《授王陟監察御史充西川節度判官制》。

藩鎮有文武兩套僚佐班子，文、武僚佐並稱，但由於武職僚佐陞遷注重軍功，「軍中無年勞」，〔註5〕在軍功因素之後往往才考慮資歷和勞考。因此與文職僚佐相比較，不易操作，彈性較強。加之歷代王朝重文輕武的傳統政策，武職僚佐遷轉制度化的進程大大滯後於文職僚佐。安史之亂後，很長時間裏武職僚佐遷轉的制度化也沒有排上日程。貞元十六年（800）十二月敕：

> 諸道觀察、都團練、防禦，及支度、營田、經略、招討等使，應奏副使、行軍（即行軍司馬）、判官、支使、參謀、掌書記、推官、巡官，請改轉臺省官，宜三周年以上與改轉。其緣軍務急切，事跡殊常，即奏聽進止。〔註6〕

此制只云文職僚佐，未提及武職的情況。其後，元和七年（812）對上述規定有所變通，條件又有所放鬆。規定諸使府參佐檢校試官，從元授官月日計，如是五品以上官及臺省官，經三十個月，任與改轉；餘官經三十六個月任與改轉。把檢校五品以上官及臺省官考限減少了六個月，餘官年限也有所減少。但此敕文同樣沒有涉及武職僚佐。《南部新書》壬部云：「元和以來，始進用有序」，當是針對元和七年的規定而言的。所謂的「有序」，主要指的是文職僚佐，而不包括武職僚佐。由於武職僚佐遷轉沒有章法可依，竟然造成了軍中不依官職，祇以實際職任相統攝的混亂局面。唐穆宗長慶年間這種狀況才得以改變。長慶二年（822）三月，穆宗下詔「使幕賓寮，皆有年限改轉，軍府大將，豈可獨不敘遷？」規定諸道軍府大將，監察以上官者，三周年予以改轉。〔註7〕至此，武職僚佐的遷轉才與文職僚佐開始接軌，走向了制度化。長慶二年三月的詔書是在河朔復叛的背景下頒佈的，唐王朝此舉不過為亡羊補牢的措施。唐穆宗君臣從河朔軍亂中吸取了教訓，為避免軍將因仕途淹滯，萌生不滿情緒，再次激起軍亂，才頒佈了此對武官的優假之詔。

> 如聞近日武班之中，淹滯頗多，雖負才略，無由自明；又有諸道薦送大將，或隨節度歸朝。自今後，宜令神策大將軍、軍使，及南衙常參武臣，各具由歷、受官年月、前後功勳，牒送中書門下。〔註8〕

〔註5〕《唐語林校證》卷一《政事上》。
〔註6〕《唐會要》卷七八《諸使雜錄》。
〔註7〕《唐大詔令集》卷六五《敘用勳舊武臣德音》、《全唐文》卷六七《優恤將士德音》、《唐會要》卷七二《京城諸軍》以及《冊府元龜》卷六三一《銓選部‧條制三》。《唐會要》卷七八《諸使雜錄》將此詔繫於長慶三年三月，當為二年之誤。
〔註8〕《唐大詔令集》卷六五《敘用勳舊武臣德音》，又見於《全唐文》卷六七《優

除了對武職僚佐檢校官、憲銜遷轉加以規定外，對軍職的遷轉唐穆宗以後也
逐漸作出了一些規定。開成元年（836）十一月，中書門下奏：

> 准太和十一年（按：文宗太和年號只有九年，無太和十一年）七月二
> 十六日敕：『諸道節度使下，都押衙、都虞候，約五年以上，方得改
> 轉。押衙、兵馬使，約七年以上，方得改轉。』……勅旨依奏。〔註9〕

當然制度規定是一問題，實際執行狀況又是一問題。在中央權力式微，地方
藩鎮坐大的背景下，這些規定往往是一紙具文，難以發揮多大效果。但畢竟
開始有法可依。在河朔等割據型藩鎮之外，這些規定還是有一定約束力的。

唐代藩鎮武職僚佐官職的遷轉，學界已經多有研究，〔註10〕下面我們主要
探討一下武職僚佐遷轉的另外一個重要方面，在地域上的遷轉流動。安史之亂
引起了人口的遷徙流動浪潮，上至皇室貴族、官僚顯宦，下至平民僕隸都被裹
挾其中。平盧軍數萬人在田神功、侯希逸等率領下渡海南下，以平盧餘部為基
幹建立了淄青、淮西等鎮。這是大規模軍事移民的典型例子，也為學界所熟知。
其他較小規模的武職僚佐在中央及各藩鎮間遷轉流動，更為常見。這些構成了
唐後期社會流動的一個方面。〔註11〕武職僚佐的遷轉與一般移民相比較，由於
他們身份特殊，為現任官或前資官，在地域選擇上主動性較強，牽扯面也較大。
對他們遷轉流動的探討或許對唐代後期政治及社會流動的研究有所裨益。

第一節　藩鎮與中央間武職僚佐的遷轉

唐前期內重外輕，時人重內官而輕外官，朝官對人有莫大的吸引力。安史
之亂後，中央用人權被侵蝕，方鎮則獲得了廣泛的用人權，例如辟署、奏薦權。

恤將士德音》。
〔註9〕《唐會要》卷七九《諸使下·諸使雜錄下》。
〔註10〕主要有張國剛：《唐代階官與職事官的階官化》（見氏著《唐代政治制度研究論
集》)、劉琴麗《唐代武官選任制度初探》和石雲濤《唐代幕府制度研究》等。
〔註11〕學界對人口流動的研究已經很多，但主要集中在士族、官僚士大夫以及一般民
戶上。比較有代表性的論文有：毛漢光《從士族籍貫遷徙看唐代士族之中央化》
（《中國中古社會史論》，上海：上海書店，2002年）、周振鶴《唐代安史之亂
和北方人民的南遷》（《中華文史論叢》1987年第2期）、費省《論唐代的人口
遷徙》（《中國歷史地理論叢》1989年第3期）等等。專著主要有葛劍雄主編、
吳松弟著《中國移民史》（隋唐五代卷）（福州：福建人民出版社，1997年）以
及凍國棟《唐代人口問題研究》（武漢：武漢大學出版社，1993年）。但對藩鎮
武職僚佐由於仕宦原因在中央及各藩鎮間的遷轉流動則措意不多

在經濟收入方面，外官除俸料收入外，還有其他形成定例的收入。各方面的收入加起來，大大高於同級別的京官。朝廷中官闕爭奪的激烈也是使人激流勇退，向地方謀求發展的原因。「大凡才能之士，名位未達，多在方鎮。」〔註12〕以致於當時有了「遊宦之士，至以朝廷爲閒地，謂幕府爲要津」〔註13〕的說法。唐初內重外輕的局面完全改觀，變爲外重而內輕。劉詩平先生指出，唐後期出現了內外官互相流通機制存在和被普遍貫徹執行，中央地方仕途天壤之別消失，地方行政經歷成爲一種陞遷資歷等變化。〔註14〕但總的來看，入朝爲官還是大部分士子乃至官員汲汲以求的目標。他們於幕府任職，往往祇是入朝爲官的跳板和臺階。正如有的學者所指出的那樣，方鎮不斷膨脹自己的權力和朝廷無時無刻不在關注方鎮並給以限制構成一對矛盾，這就決定了一般文士仕途不順走方鎮、一有時機就入朝的大致態勢。大多數文人應是「先辟於征鎮，次陞於朝廷」，及經歷「科舉及第——服務方鎮——入朝爲官」的過程。〔註15〕李建爲吏部郎中，嘗曰：「大凡中人三十成名，四十乃至清列，遲速爲宜。既登第，遂食祿；既食祿，必登朝；誰不欲也？」〔註16〕貞元中趙憬說「日月在上，誰不知之，思登闕庭，如望霄漢。」〔註17〕對幕府僚佐入朝的急切心情，雖有誇張的成分，卻也不爲無據。這些材料反映的是士子文官。學界研究較多的也主要是這些人，而對使府武職僚佐在朝廷和藩鎮間的遷轉流動情況則措意不多。考諸史籍和墓誌材料，還是能夠發現一些蛛絲馬迹的。

張周抗本南陽人，後徙居於潞州。其祖、父兩代都於澤潞任職。張周抗「工善弧矢，盡妙武□，強仕之□，求伸上國。」他的第一選擇便是入朝爲官，但在某位宰相勸說下才回澤潞任職，任兵馬使。〔註18〕

臧昌裔爲淮南節度押衙、同節度副使，在墓誌中稱「淮南節度押衙，光

〔註12〕《舊唐書》卷一三八《趙憬傳》。

〔註13〕《唐語林校證》卷八《補遺》。

〔註14〕劉詩平：《唐代前後期內外官員的變化——以刺史遷轉途徑爲中心》，《唐研究》第 2 卷，1996 年。

〔註15〕戴偉華：《唐代使府與文學研究·前言》，南寧：廣西師範大學出版社，1998年，頁 6。

〔註16〕李肇：《唐國史補》卷下《李建論選業》，轉引自《唐語林校證》卷二。

〔註17〕《舊唐書》卷一三八《趙憬傳》。

〔註18〕《唐代墓誌彙編》廣明 003《唐故昭義軍節度右衙馬軍使靈威行營都虞候銀青光祿大夫檢校太子賓客兼監察御史上柱國南陽張府君廬江郡何氏夫人祔葬墓誌銘並序》，頁 2501。

元戎之幕府；同節度副使，所謂鵬之槢風。然廊廟未登，知令望即如舟檝，知孝行久能安親。」〔註19〕碑文中對臧昌裔極盡讚美之極，但提到「然廊廟未登」，從語氣來看，似乎對其沒有入朝爲官的經歷稍抱有遺憾。這從側面反映當時人心目中入朝爲官是十分榮耀的。即使在地方任職十分顯赫，在人生宦途中也是有缺失的。

同時，唐廷也把徵召藩鎮武職僚佐入朝作爲獎賞的手段。柏良器爲浙西都知兵馬使，在討伐淮西李希烈叛亂中立下戰功。貞元二年（786）淮西平，詔曰：「休勳茂伐，書於竹帛，戎籍乃爲裨將副，非所以褒功寵德也。其以爲左神策軍將軍知軍事兼官如故。」〔註20〕貞元三年（787）五月，左右神武等軍各加將軍一員，「上以諸道大將有功勞者，將擢掌禁兵，故增其官員以待之。仍以浙西大將王栖曜、李長榮，河東大將郭定元、符璘充之。」〔註21〕還比如，史用誠本爲山南東道馬軍兵馬使，在討伐淮西和淄青中屢立戰功，後詔統麾下，鎮防朔方。「居三年，朝議以頻建茂功，位未充量，趣徵赴闕，除左羽林將軍。」〔註22〕柏良器由浙西都知兵馬使入朝爲左神策將軍，史用誠由山南東道馬軍兵馬使入朝爲左羽林將軍，都被視爲「褒功寵德」的行爲。

在入朝方式上河朔三鎮武職僚佐與所謂「順地」有較大不同。三鎮主要爲棄帥來奔、主帥推薦和隨帥來朝式。徵召方式竟無一例。這反映朝廷意志在河朔軍將入朝爲官所發揮的作用不大。而順地則以徵召式爲最多。除 7 人入朝原因不詳外，其他人各種方式詳見下表：（單位：人）

地區類型	徵召	隨帥來朝	棄帥來朝	節帥推薦	因入衛等而留京
順地	13	3	1	1	5
割據藩鎮	0	3	6	3	0

說明：

1、「唐後期武職僚佐入朝擔任朝官統計表」中的「平盧」從時間上看爲李正己統治之前，還沒有成爲跋扈叛逆型方鎮，故歸入順地之列。

2、表中材料主要來源於兩《唐書》、《唐代墓誌彙編》及《續集》、《全唐文補遺》。

〔註19〕《唐代墓誌彙編》貞元 083《唐故朔方節度十將遊擊將軍左內率府率臧府君墓誌銘并序》，頁 1896。

〔註20〕《全唐文》卷六三八李翶《唐故特進左領軍衛上將軍兼御史大夫平原郡王贈司空柏公神道碑》。

〔註21〕《唐會要》卷七二《京城諸軍》。

〔註22〕《全唐文》卷七四七奚敬元《唐左羽林軍大將軍史公神道碑》。

現分區域對武職僚佐在中央與藩鎮間的遷轉加以探討。

一、「順地」藩鎮與中央間武職僚佐的遷轉

所謂的「順地」，主要是指河朔以外的地區。另外河南的淄青、淮西等鎮在元和以前相當長時期內也曾跋扈不庭，故這段時期內二鎮也被排除在順地之外。順地雖然也偶有叛亂，但基本上是朝命所及之地，是唐王朝控制較為牢固的地區。當然不同的順地藩鎮同中央的聯繫也有較大差別，在此不再細分。這些地區武職僚佐的改轉陞遷採取奏報的方式，其命運一定程度上是掌握在節度使的手中的。但朝廷的意志凌駕於節度使權威之上，朝廷權力的制約一定程度上可以打破節度使在人才選用上的地域化和本位化傾向。這從而使藩鎮武職僚佐在藩鎮和中央間的遷轉成為了可能。在上表中，順地入朝軍將 23 例中，徵召入朝的有 13 例，所占比例最大。因入衛等原因而留京為官的有 5 例，居於其次。

在對唐後期藩鎮的認識上，隨著研究的深入，地方藩鎮與中央截然對立的觀點逐漸被摒棄，大部分學者認識到藩鎮（包括割據型藩鎮）與中央間相互依存、互相利用的一面。這對藩鎮本質的認識無疑往前邁進了一步。但同時也應看到，由於目前藩鎮問題研究趨以冷落衰歇，雖然藩鎮研究的大致框架已經確立，但在此框架內一些重要問題仍未得到根本解決，一些曾經研討過的問題仍有進一步討論的餘地，一些似是而非的看法直到今天仍很有市場，例如強調藩鎮官員任用的地域化和土著化的問題。〔註 23〕這些研究者頭腦中往往事先有一個藩鎮為地方勢力代表的預定假設，在此預設支配下，研究中不可避免的會導致以理論的推演代替具體的論證。如果我們在盡可能充分材料的基礎上仔細分析，便會得出一些新的結論。根據文末附表一和附表二，202 位藩鎮武職僚佐，有為朝官經歷的占 45 位，占 22.2%強，比例並不算低。順地藩鎮 132 人（其中包括情況不詳的有 7 人）中有入朝為官經歷的竟達 24%。由於正史記載的簡約，傳主一些不甚重要的經歷有的被隱去不載。

〔註23〕 李治安認為：「唐後期的藩鎮軍隊是一個近乎封閉式的武裝集團。」見《唐宋元明清中央與地方關係研究》，頁 69。劉琴麗指出，安史之亂後，兵部的選舉權力一分為三，即兵部、中書門下和方鎮。職能部門的分割，使得基層軍將較難實現全國範圍內的統一升遷調動，故軍將任命的地域性得到了強化，從而為藩鎮軍將的土著化奠定了基礎。她還認為「藩鎮將領入朝為官的道路相對而言是狹窄的，因為它缺乏中央統一任命這樣一種體系。」見《唐代武官選任制度研究》北大博士論文 2004 年，第 23 頁、126 頁

因此，某人即使曾入朝爲官，史書上也完全可能不予以記載。如果再考慮到這個因素，24%這個比例實際上會更高一些。我們從史籍記載上也可以得到一些反證。韋皋從貞元元年（785）到永貞元年（805）去世一直擔任西川節度使，時間長達二十一年，在任上他「重加賦斂，豐貢獻以結主恩，厚給賜以撫士卒，士卒婚嫁死喪，皆供其資費，以是得久安其位而士卒樂爲之用，服南詔，摧吐蕃。幕僚歲久官崇者則爲刺史，已復還幕府，終不使還朝，恐泄其所爲故也。」〔註24〕韋皋不使幕僚還朝，使其在西川本鎮內部流動，史書是作爲特例來記載的，說明這樣的情況並不具有普遍性。

唐後期官員的內外問題逐漸被文武問題所取代。雖然關注度降低，內外迭用、出入常均的原則仍一再被朝廷強調，「夫文武之才，內外迭用；軍國之任，出入遞遷，斯所以優勳賢而均勞逸也。」〔註25〕爲了促成官員內外流動，唐廷也頗花費了一番腦筋。天寶以後，南衙諸衛趨於閒散，衛士變得有名無實。諸衛將軍、大將軍等名號卻沒有廢棄，成爲文武勳臣出入轉遷的官階。〔註26〕除了保留原有的武官名號，還增添了一些新的官職。爲了安置罷鎮的節度使，興元元年（784），左右羽林、龍武、神武等北衙六軍置六統軍，秩從三品，視六尚書。〔註27〕貞元二年（786年）九月勅：「十六衛宜各置上將軍一員，秩從二品」〔註28〕同年同月，左右神策軍也置大將軍各二人，正三品；將軍各二員，從三品。貞元三年五月又敕左右神策將軍各加二員，左右神武將軍各加一員。〔註29〕貞元十四年（798），仿照六軍之制，左右神策軍也置統軍。〔註30〕貞元三年唐德宗之所以再次擴大北衙禁軍武官的編制，原因即在於，「上以諸道大將有功勞者，將擢掌禁兵，故增其官員以待之。」〔註31〕也就是說，主要是爲了加強內外軍將的流動性。實際上，統軍並非僅限於安

〔註24〕《通鑑》卷二三六永貞元年八月條。
〔註25〕《白居易集》卷五三《前河陽節度使魏義通授右龍武軍統軍，前泗州刺史李進賢授右驍衛將軍，並檢校常侍兼御史大夫制》。
〔註26〕《唐大詔令集》卷一○一《置上將軍及增諸衛祿秩詔》。
〔註27〕《舊唐書》卷一二《德宗紀上》。另參見《舊唐書》卷四四《職官志三》和《唐會要》卷七一《十二衛》。或言統軍爲從二品。
〔註28〕《舊唐書》卷四四《職官志三》。另參見《唐會要》卷七一《十二衛》。
〔註29〕《舊唐書》卷四四《職官志三》。另參見《唐會要》卷七二《京城諸軍》。
〔註30〕統軍之名，唐初即已經出現。武德七年三月六日改驃騎將軍爲統軍，車騎將軍爲副統軍。至貞觀十年改統軍爲折衝都尉，副爲果毅都尉。
〔註31〕《唐會要》卷七二《京城諸軍》。

置節度使之罷鎮者。有時也用來授予藩鎮的入朝軍將。賈隱林本爲永平兵馬使，建中四年（783），率軍入京宿衛，恰值發生涇原兵變，叛軍擁立朱泚爲帝。在這危機關頭，他率眾扈駕至奉天，以功拜神策統軍。南衙諸衛將軍（大將軍）、北衙六軍統軍、神策將軍、統軍等，再加上貞元二年（786）增置的十六衛上將軍，都被用來安置入朝軍將。這樣的例子很多。

《唐文拾遺》卷二四《張維岳神道碑》：張維岳本爲朔方大將，廣德二年（764）僕固懷恩叛亂，張維岳時任朔方都知兵馬使，被徵入朝，拜左羽林軍將軍知軍事。

《全唐文》卷六三八《柏良器神道碑》：柏良器，本爲浙西都知兵馬使，入朝爲左神策將軍知軍事。

《全唐文》卷七四七《史用誠神道碑》：史用誠，本爲山南東道馬軍兵馬使，後徵赴闕庭，除左羽林將軍。

《舊唐書》卷一六一《王逢傳》：王逢爲忠武都知兵馬使，大和中，入宿衛，歷諸衛將軍。

此類出膺藩翰，入備爪牙的例子很多，不再贅舉。

唐前期武官的數量遠遠低於文官。據《通典》卷四〇《職官典》記載，開元年間文武官員凡 18,805 員，其中文官是 14，774 員，武官 4，031 員；內官 2，620 員，外官是 16，185 員。〔註32〕武官的數量還不足文官的三分之一。另外，內官（即朝官）又遠遠少於外官。可以想見朝內武官的數量更是很少的。這雖然是唐前期的數字，但可以作爲唐後期情況的一個參考。中央禁衛武官的編制情況是有史可查的。十六衛大將軍各一員，將軍各二員。左右衛有親府一，勳府、翊府各二。其他各衛有翊府二。三府各有中郎將、左右郎將一人。東宮十率各有率一人，副率二人。其中左右衛率、左右司禦率、左右清道率均有親、勳、翊府，各府有中郎將一人。北衙系統左右羽林、龍武、神武六軍大將軍也是各一員，將軍二員。即使再加上六軍統軍（各一人）、十六衛上將軍（各一人），總共也不過百餘人。朝廷中中高級武官編制這麼少，這似乎確實構成了藩鎮武職僚佐入朝爲官的障礙。但事實上，自唐初以來，唐王朝就設立了「同正」、「員外」等名目。武后時員外官更是大量增加。正員編制雖少，但「同正」、「員外」卻無名額限制。不僅地方軍將可以加這些頭銜，中央禁衛武官也不例外。高定方，開元中爲右威衛將軍員外置同正員、

〔註32〕另見於《文獻通考》卷四七《職官考一》。

右羽林軍上下、仗內供奉。〔註33〕薛義爲左龍武軍大將軍員外置同正員，天寶八載去世。〔註34〕李獻，贊皇人。父安樂，爲唐元功臣、左龍武軍將軍員外置同正員。〔註35〕因入仕多門，官員猥濫，唐廷幾次整頓員外官。唐玄宗一朝就先後五次頒佈詔書整頓員外官。但無論那次，因軍功授予的員外官都在保留之列。開元二年（714）五月三日勅：

> 諸色員外、試、檢校官，除皇親及諸親五品以上，並戰陣要籍、內侍省以外，一切總停……起今以後，戰攻以外，非別敕，不得輕注擬員外官。

天寶七載（748）正月二十二日勅：

> 內外六品以下員外官，至考滿日，一切並停，各依選例。自今以後，更不得注擬。其皇親幼小及諸色承優授官、軍功、伎術、內侍省、左右龍武軍，並諸蕃官等，不在此例。〔註36〕

武官官闕很緊張是不容迴避的事實。但相對文官官闕來說，情況當好得多。因此，以中央武官編制量少，來力圖說明藩鎮武職僚佐入朝受限制，是沒有說服力的。〔註37〕

藩鎮武職僚佐入朝後仍往往任職於武職系統，且多在禁軍中任職。「諸道大將有功勞者，將擢掌禁兵」〔註38〕上表中除王鍔入朝後被授予鴻臚少卿，6人任職不詳外，其餘38人均於南衙或北衙禁軍中任職。可以說，擔任禁軍將領爲安置入朝軍將的主要方式。鴻臚少卿，從四品上，主要掌賓客及凶儀之事。除了作爲階官外，鴻臚少卿主要以文臣擔當。王鍔之所以被授予這一職

〔註33〕《唐代墓誌彙編》開元407《大唐故雲麾將軍可右威衛將軍員外置同正員上柱國右羽林軍上下兼知射生使監河東河西道兵馬使內供奉高府君墓誌銘並序》，頁1436。

〔註34〕《唐代墓誌彙編》天寶145《大唐故冠軍大將軍行左龍武軍大將軍員外置同正員上柱國薛府君墓誌》，頁1633。

〔註35〕《唐代墓誌彙編》天寶175《唐故致果副尉行右驍衛馮翊郡興德府別將員外置同正員左龍武軍宿衛李君墓誌銘並序》，頁1653。

〔註36〕《唐會要》卷六七《員外官》。

〔註37〕劉琴麗指出，「與唐代初期軍功入仕階層能夠出入朝廷相比，武周以後，尤其是安史之亂以後的軍功入仕者，更多的是被壓制在地方而無由上達。這與府兵制度廢除以後，中央武官的數量有限有關，也與南衙禁軍極端萎縮密切相連，更與藩鎮軍隊相對獨立有關。見《唐代武官選任制度研究》北大博士論文，2004年，頁40。

〔註38〕《唐會要》卷七二《京城諸軍》。

位，當是王鍔本人特殊的素質使然。史稱王鍔明習簿領，嗣曹王皐稱讚他「雖文用小不足，他皆可以試驗。」〔註39〕也就是說，王鍔雖文學辭章上稍有欠缺，但卻具有多方面的才能，在宿衛領域之外也能駕輕就熟。

諸衛大將軍（將軍）、北軍大將軍（將軍），包括神策大將軍（將軍）官位崇重，安史之亂後無一例外趨以閒散。如果加有「知軍事」的頭銜，則擁有理本軍的權力。〔註40〕實際上，即使不加知軍事，也不能完全以冗散視之。韓充，爲宣武節度使韓弘之弟，歷河陽、昭義、宣武諸鎮，後入朝爲右金吾衛將軍，轉大將軍，「斥軍士虛名不如令者七百人。」〔註41〕史書中只云爲右金吾大將軍，沒有說知軍事。唐後期禁軍猥濫，許多市井無賴之徒也竄身其中，但往往是名屬禁軍，身在市井。這向來爲時人所詬病。韓充作爲右金吾衛大將軍，能大刀闊斧對禁軍加以整頓，清除其中虛名不如令者，說明諸衛大將軍仍擁有一定權力，並非完全尸位素餐。禁軍將軍對禁軍屬行整飭的例子還有一些。

《唐文拾遺》卷二四《張維岳神道碑》：張維岳本爲朔方都知兵馬使，在僕固懷恩叛亂後，入朝拜左羽林軍將軍知軍事。「前此軍政壞，蠹習以生。常有無其人而私入其食與其衣者，有市井屠沽之伍，避屬所征役而冒趨戎行者。公悉罷斥，歸之尹京，解紫紱而從褐衣者，凡千二百輩。其餘慰撫字恤，討而訓之，皆趨才勇悍，一以當百。」

《全唐文》卷六三八《柏良器神道碑》：柏良器本爲浙西都知兵馬使，貞元二年（786）入朝爲左神策軍將軍知軍事，八年遷大將軍，「士卒之在市販者，悉揮斥去，募勇者代之，故爲所監者不悅。」〔註42〕

神策軍，本爲西北一支邊軍，唐德宗時開始成爲中央禁軍，並取代了其他北軍諸如羽林、龍武、神武等軍的地位，成爲唐後期最重要的一支禁軍。神策軍在建制上也逐漸走向完備，貞元二年（786）設立了大將軍、將軍等職務。神策大將軍二人，正三品；將軍，二人，從三品。掌衛兵及內外八鎮兵。〔註43〕神策大將軍名義上爲神策軍的最高統領，但實權卻掌握在由宦官

〔註39〕《舊唐書》卷一五一《王鍔傳》。
〔註40〕《通鑒》二四○元和十二年十一月條胡注：「唐制：諸衛將軍、大將軍、上將軍，類加以名號而不掌兵；知軍事則掌兵矣。」
〔註41〕《新唐書》卷一五八《韓弘傳附充傳》。
〔註42〕《新唐書》卷一三六《柏良器傳》則云爲左神策大將軍、知軍事。待考
〔註43〕對神策大將軍、將軍的品階和人數，諸書記載有差別，《新唐書》卷四九上《百

充任的左右神策中尉手中。神策中尉置於貞元十二年（796），由左右神策監軍改名而來。在時間上晚於神策大將軍、將軍十年左右。在貞元二年至十年這段時間內，宦官以「監勾當」的名義實際上掌握著神策軍，但卻非名正言順，沒有制度上的保證。因此，神策大將軍（將軍）失權也有一個過程，並非開始即是如此。柏良器對神策軍進行的整頓即是一例。雖然因觸怒了宦官，但宦官罷免他也只能另尋事端。「公之故人有犯禁宿於望仙門者，衛使奏言，遂轉右領軍衛大將軍，所監者乃用其衙將魏循代爲將軍。自是軍中之政，不復在於將軍矣。」〔註44〕這就說明對禁軍的整頓是大將軍份內之舉，宦官無權干涉。柏良器，《新唐書》有傳，對其失權經過所載略同。他所冒犯的權宦，《新唐書》明言爲中尉竇文場。據柏氏神道碑，其募材勇以代士卒市販者在貞元八年（792），被藉端陷害在第二年即貞元九年。當時神策中尉還沒有設立，竇文場根本不可能擔任中尉，當爲神策監軍。《新唐書》所記並不準確，蓋爲追記。它也把此事件作爲一個標誌性事件，云「自是軍政皆中官專之」。但即使在此事件以後，神策大將軍（將軍）還有一定的統軍權。何文哲於長慶初任左神策軍將軍知軍事，充步軍都虞候。長慶三年（823）爲神策大將軍兼御史中丞。「敬宗失御，越在左軍。公領敢死七千人，或擐甲重門，嚴其環衛；或荷戈討亂，誅剪群凶。」當唐敬宗被殺後，「公領神策勇士萬餘人，與故開府中尉魏公弘簡創議協心，犄角相應，誓清逆黨。」〔註45〕按，何文哲，兩《唐書》也有記載。《舊唐書》卷一七上大和元年（827）九月條記載以左神策將軍知軍事何文哲爲鄜坊丹延節度使。此與墓誌所云爲左神策大將軍不同。另據《新唐書》卷二〇七也云何文哲爲左神策將軍。當時身爲左神策大將軍的爲唐藝全。因此，墓誌在何文哲的職務上所載並不準確，在事迹上也不無拔高粉飾的嫌疑。但何文哲以神策將軍的身份率兵參與了平叛卻是不容否認的事實。

　　另外我們應看到，諸衛大將軍（將軍）和北衙大將軍（將軍）在唐後期

官志上》「左右神策軍」條云神策大將軍各一人，正二品；將軍各四人，從三品。張國剛先生認爲，神策大將軍是正三品，而非正二品。見《〈新唐書・百官志〉關於禁衛軍的幾點錯誤記載》，《唐代政治研究論集》，頁257。

〔註44〕《全唐文》卷六三八李翱《唐故特進左領軍衛上將軍兼御史大夫平原郡王贈司空柏公神道碑》。

〔註45〕《唐代墓誌彙編續集》大和020《唐故銀青光祿大夫檢校工部尚書守右領軍衛上將軍兼御史大夫上柱國廬江郡開國公食邑二千戶贈太子少保何公墓誌銘並序》，頁893～896。

是節度使職位的一個很重要的階梯。「自大曆以來，節度使多出禁軍」。〔註46〕
節度使，特別是武人節度使往往有擔任諸衛大將軍（將軍）和北衙大將軍（將
軍）的經歷。正如吳廷燮所言，「文非歷給舍丞郎，武非更宿衛南北軍者，皆
不得除節使。」〔註47〕前面所引用材料中的韓充後即任鄜坊節度使，何文哲
大和元年（827）也外出爲鄜坊丹延節度使。節度使位尊權重，統領一方，是
許多人垂涎的目標。如果說節度使入朝任禁軍大將軍或將軍，一般被認爲是
罷權。而對一般藩鎮武職僚佐而言，則遠非如此。他們入朝後擔任禁軍軍將，
擔任神策外鎮軍將自不待言，即使擔任向爲人們視爲閒職的諸衛將軍、北衙
將軍，由於有較多的外放爲節度使的機會，他們的仕宦前景還是較爲理想的。
這正是藩鎮武職僚佐對入朝趨之若鶩的主要原因所在。

　　唐代藩鎮武職僚佐入朝爲官有以下幾種方式：

1、朝廷徵召而入朝

　　在上表中，45人入朝武職僚佐中，除7人入朝原因不詳外，有13人爲朝
廷徵召而入朝，在各類原因中所占比例最大。朝廷徵召軍將的原因，大致有
以下幾種。

　　其一，抽調藩鎮軍中的優秀將才，充實禁軍力量，同時達到削弱藩鎮勢
力的目的。眾所週知，安史之亂的一個重要原因就是內外力量的失衡。中央
軍備空虛，從而使手握重兵的安祿山萌發了問鼎的野心。安史之亂後，中央
積極謀畫建立一支皇帝直接控制的新軍，以取代早已名存實亡的南衙諸衛和
北衙羽林、龍武等軍。英武軍、神策軍就是在這樣的背景之下發展壯大的。
一些在藩鎮軍中嶄露頭角的將才通過徵召等方式進入了禁軍中。

　　辛京杲爲辛雲京從弟，在河東節度使李光弼手下任裨將。在嘉山戰役中，
他作戰十分勇敢，引起了唐肅宗的注意，對他十分欣賞，認爲可以和歷史上
的名將黥布、彭越、關羽、張飛相媲美，召爲英武軍使。〔註48〕

　　李觀，少習武藝，沉厚寡言，有將帥識度。累歷朔方、嶺南、義成等鎮，
後「追赴闕，授右龍武將軍。」〔註49〕

　　陽惠元，原爲平盧大將，安史之亂中從田神功、李忠臣浮海入青齊間。

〔註46〕《通鑑》卷二四三大和元年四月條。又見《舊唐書》卷一六二《高瑀傳》。
〔註47〕吳廷燮：《唐方鎮年表》「敍論」，北京：中華書局，2003年。
〔註48〕《新唐書》卷一四七《辛雲京附京杲傳》。
〔註49〕《舊唐書》卷一四四《李觀傳》。

史稱其「忠勇多權略，稱爲名將」。後詔以兵隸神策，爲京西兵馬使，鎮奉天。〔註 50〕

郝廷玉，驍勇善格鬥，爲李光弼帳下愛將。李光弼去世後，唐代宗用爲神策將軍。〔註 51〕

范希朝初爲邠寧節度使韓遊瓌帳下別將，治軍整毅，深孚重望。因被韓遊瓌所忌，逃奔鳳翔。唐德宗聞訊，將范希朝召置左神策軍。〔註 52〕

周寶，出身將門世家，以蔭爲千牛備身。後爲天平部將，「會昌時，選方鎮才校入宿衛，與高駢皆隸右神策軍。」〔註 53〕

唐後期選藩鎮才校入禁軍，雖然沒有像宋代那樣成爲制度，但也並非僅是偶而爲之。

其二，朝廷將可能造成後患的軍將，召入中央以便於控制。前面所提到的張維岳，爲朔方節度使僕固懷恩手下都知兵馬使。廣德二年（764），僕固懷恩叛亂，張維岳被徵入朝，授予左羽林將軍。

這兩種原因中，無論是哪種原因的徵召，幾乎全部集中在順地藩鎮，在三鎮等割據型方鎮中則無一例。梁崇義爲山南東道節度使，朝廷授其裨將藺杲爲鄧州刺史，遣御史張著以手詔徵之。藺杲接到詔書後，卻不敢赴任，馳詣崇義請命。梁崇義所在的山南東道在大曆時是一個跋扈方鎮。他與田承嗣、李正己、薛嵩、李寶臣爲輔車之勢，奄有襄、漢七州之地，未嘗朝觀。從朝廷本意來看，任命其裨將藺杲爲鄧州刺史，恩出於上，無疑含有離間挑撥之意。藺杲接到詔書後，不敢上路，還要察看梁崇義的反應，再作處置。梁崇義與魏博、淄青、相衛、成德等鎮相比力量最弱，「然於羣凶，地最褊，兵最少，法令最理，禮貌最恭」。〔註 54〕即使在這樣的一個方鎮，朝命也得不到有效切實的貫徹。朝廷徵召不能及於河朔三鎮爲代表的割據型方鎮是顯而易見的。當然查稽史書，也能發現在河朔三鎮徵召軍將的例子。據《舊唐書》卷一四三《劉怦傳》，幽州節度使劉濟之弟劉源爲涿州刺史，不受其兄教令，被劉濟擊敗，擒至幽州，「上言請令入覲，故授官以徵之。」劉源在兵敗被俘後，劉濟不願承擔殺弟的惡名，令其入覲，這樣也免除了後患，可

〔註 50〕《舊唐書》卷一四四《陽惠元傳》。
〔註 51〕《舊唐書》卷一五二《郝廷玉傳》。
〔註 52〕《舊唐書》卷一五一《范希朝傳》。
〔註 53〕《新唐書》卷一八六《周寶傳》。
〔註 54〕《舊唐書》卷一二一《梁崇義傳》。

謂一箭雙雕。唐廷的徵召也不過是在劉濟的暗示或要求下的順水推舟，賣個人情罷了。還比如張遵爲成德大將，歷事王武俊、王士眞、王承宗三代，累至節度押衙兼內院兵馬使等職，後被徵入朝，拜右龍武軍將軍，知軍事。〔註55〕但仔細考察其經歷，張遵並非於現職上被徵入的。他藉口丁外艱，護葬歸東都，遂隱居故里不歸，已經無異於成德的叛臣。會昌中對澤潞用兵，以之爲將，原因正在於此。這樣的情況似乎不適用於文職僚佐，河朔文職僚佐被朝廷徵召的例子並不鮮見。例如李益爲幽州幕僚，「憲宗雅聞其名，自河北召還，用爲秘書少監、集賢殿學士。」〔註56〕文武僚佐爲何出現這些差別，待考！

2. 除直接徵召外，唐王朝還往往將因入衛、朝覲等原因入朝的某些軍將留於朝中爲官。

從上表中看有 5 例，在數量上僅次於直接徵召，居於第二位。戴休顏，爲朔方節度使郭子儀部將，以戰功累遷至鹽州刺史。建中四年（783），唐德宗逃到奉天，戴休顏率所部赴難，並在收復長安戰鬥中立下大功。興元元年（784）扈駕還京，尋拜左龍武將軍。賈隱林的情況有些類似。他本爲永平兵馬使。當入衛，時值涇原之亂，唐德宗出幸，他率眾扈行在，以功官至神策統軍。還比如，王逢爲忠武節度使王沛之子，少沉勇，從父征伐有功，爲忠武都知兵馬使。大和中，入宿衛，歷諸衛將軍。

3、節度使推薦軍將僚佐入朝

節度使推薦僚佐入朝原因大致而言，可分爲兩類：

其一，爲求清譽。當時藩鎮，積極延攬人才，「諸使辟吏，各自精求，務於得人，將重府望。」幕府僚佐登朝爲官，在府主看來也是十分榮耀的事情。「使府賓介，每有登朝，本使殊以爲榮，自喜知人，且明公選。」〔註57〕因此他們有時也樂於推薦僚佐入朝爲官。當然這樣也不無爲自己在朝中培植勢力的考慮。太和四年（830）四月，中書門下奏：「自元年（和）以來，頻有討伐，諸道薦送軍將，其數漸多。」鑒於這種情況，中書門下制定了一些措施，擡高了諸道薦送軍將的級別。只有官至常侍大夫，職兼都知兵馬使、都押

〔註55〕《唐代墓誌彙編續集》大和 032《唐故張府君墓誌故夫人豆盧氏墓誌銘》，頁905。

〔註56〕《舊唐書》卷一三七《李益傳》。

〔註57〕《舊唐書》卷一三八《趙憬傳》。

衙，功績顯著，本道官職可獎者，才允許薦送。至於那些官職未高，而才能比較突出的，只令於本鎮任職，不得薦送入朝。〔註 58〕當然舉送僚佐入朝，對府主來說也有不利的一面，特別是那些得力的僚佐，薦其入朝無異於自翦羽翼，對本身也是一大損失。因此，舉薦武職僚佐入朝主要發生在對朝廷恭順的藩鎮，河朔三鎮的例子很少。前揭表中，割據性藩鎮中節帥推薦入朝的例子有三例，相反順地只有一例，這似乎與論斷矛盾。其實，對那三例稍加考察，其中原因就不難理解了。表中提到的三人爲朱克融、康志達和張漸。朱克融，爲朱滔之孫，在幽州節度使劉總帳下官至都知兵馬使。元和末年，淮西、淄青等鎮相繼被平定，成德也歸服中央，所有這些都對幽州鎮造成巨大壓力。劉總在失去黨援的情況下，也只好向中央表示臣服，請求朝廷命帥，署置文武將史。爲防止在他離任後發生軍亂，便推薦其中桀驁難制的大將數人入朝。「仍籍軍中宿將，盡薦於闕下，因望朝廷升獎，使幽、薊之人，皆有希美爵祿之意。」〔註 59〕其中便包括朱克融。這些人久留京師，長期得不到陞遷。當朝廷任命張弘靖爲節度使後，他們又被遣還幽州。康志達，史書無載，從其墓誌銘來看，爲康日知之第四子。康日知本爲成德大將，後爲晉慈等州節度使。康志達，貞元末爲幽州節度使劉濟所辟署，擔任軍職。「今年本軍選能，薦於朝。朝以軍臨戎虜，藉舊將」爲理由又被遣回原鎮。長慶元年（821）五月去世。〔註 60〕據種種迹象，很可能康志達與朱克融等同在被節度使劉總推薦入朝之列，又同被遣回原鎮。至於張漸之被推薦是在長慶初張弘靖主政幽州的時期。而張弘靖則是唐王朝任命的節度使。因此，這三人之被推薦發生在節度使向中央臣服的特殊時期，具有一定的特殊性，並不具有普遍意義，不可據以爲例。這又恰恰可以反證只有當藩鎮對中央恭順時才能舉薦僚佐入朝，而朝廷也才願意接納。

其二，排斥異己，薦其入朝，以達到消除威脅的目的。唐後期藩鎮內部軍亂頻頻，節度使往往被殺或被逐。策劃者和參與者大多是手握重兵的大將。大將權重，對節度使的權位和安全構成潛在的威脅。在這種情況下，節度使對軍將採取或殺或驅逐的方式也就不難理解了。吳仲甫爲宣武軍衙門大

〔註 58〕《唐會要》卷七九《諸使下・諸使雜錄下》。

〔註 59〕《舊唐書》卷一二九《張弘靖傳》。

〔註 60〕《唐代墓誌彙編續集》長慶 002《唐故幽州盧龍軍衙前兵馬使朝散大夫檢校光祿卿兼監察御史贈莫州刺史會稽康公墓誌銘並序》，頁 859。

將，「職重兵附，才高有功，戎帥畏逼，置蠱以殺之。」〔註61〕這樣的例子史籍中很多。但這樣的做法痕迹太重，給人以不能容人之嫌，再則容易激化矛盾，造成局勢的動蕩，對節度使的統治也是不利的。因此聰明一些的節帥採取薦其入朝的形式，表面來看是給所薦送大將以仕進的良機，實際上卻是爲了轉移危機，消除後患。除了上面所舉劉總薦朱克融等例子外，下面再舉數例。

李晟，大曆中爲涇原、四鎮、北庭都知兵馬使。節度使馬璘忌晟威名，又遇之不以禮，令朝京師。帝知之，留宿衛。

大曆十一年（776），涇原節度使馬璘疾亟，以行軍司馬段秀實知節度事，付以後事。馬璘去世後，軍心浮動，都虞候史廷幹、兵馬使崔珍、十將張景華等欲趁機作亂。段秀實知之，「奏廷幹入宿衛，徙珍屯靈臺，補景華外職，不戮一人，軍府晏然。」〔註62〕

大曆十四年（779），李懷光爲朔方、邠寧節度使，邠府宿將史抗、溫儒雅、龐仙鶴、張獻明、李光逸等功勳聲望在李懷光之上，故皆怏怏不服。監軍翟文秀勸李懷光奏令史抗、溫儒雅諸人宿衛。在他們離營後，使人追捕，誣以他罪，盡殺之。〔註63〕

長慶初河朔復亂，唐廷征兵討伐。王智興爲武寧大將，唐穆宗素聞其名，遷節度副使、河北行營都知兵馬使。「初，召智興以徐軍三千渡河，徐之勁卒皆在部下。節度使崔羣慮其旋軍難制，密表請追赴闕，授以他官。」〔註64〕但計劃還沒有來得及實施，王智興先行入境，突入城中，殺異己者十餘人。崔羣無奈之下治裝赴闕。朝廷也無力征討，只好任命王智興爲節度使。

4、隨節度使朝覲而入朝

前表中，順地武職僚佐隨節度使入朝的共有三例，河朔地區也有三例。在河朔地區的這三例中，閻好問大中三年（849）隨節度使張直方入朝。由於幽州發生軍亂，張直方被驅逐。此時張直方已經不能控制幽州。另外一例發生在義武鎮。義武雖然也爲割據型藩鎮，但獨立型較三鎮弱得多。自節度使張茂昭之後，唐廷便革除了節度使世襲的成例，改以朝廷命帥。另外一例是

〔註61〕《唐代墓誌彙編》開成035《唐故濮陽郡夫人吳氏墓誌銘並序》，頁2193。
〔註62〕《通鑒》卷二二五大曆十一年十二月條。
〔註63〕《通鑒》卷二二六大曆十四年八月條。
〔註64〕《舊唐書》卷一五六《王智興傳》。

張昇大曆三年（768）隨節度使朱泚入朝。朝覲述職本爲人臣常禮，是奉事中央的象徵。但安史之亂後，隨著中央權威的削弱，一些跋扈方鎮往往擁兵自重，阻命不朝，中央也無可奈何。史稱「貞元以來，天下節將，握兵守土，少肯入朝」。〔註65〕其實不獨唐德宗貞元時期，安史之亂後皆然。韓弘自貞元十五年（799）爲宣武節度使，二十餘年未入朝。元和十四年（819），唐憲宗平定淄青，李師道被誅殺。這對諸鎮造成很大的震懾。其年七月，韓弘盡攜汴之牙校千餘人入覲。〔註66〕于頔的情況與此相似，他爲山南東道節度使，跋扈一方，朝廷竟爲之盱食。「及憲宗即位，威肅四方，頔稍戒懼」才不得不入朝京師。〔註67〕河朔等割據型方鎮更是如此。大曆九年（774），幽州節度使朱泚求入朝。《新唐書》卷二二五朱泚本傳云：「自幽州首爲逆，〔李〕懷仙以來，雖外臣順，然不朝謁，而泚倡諸鎮，以騎三千身入衛，有詔起第以待。」〔註68〕由於朱泚此舉在河朔三鎮建立以來是前所未有的，對唐廷而言也是具有象徵意義的大事。故唐代宗給予了朱泚極高的禮遇。自此以後，三鎮在任節度使除了魏博節度使田弘正外，再無朝覲之事。即使號稱「最務恭順」的幽州節度使劉濟也不例外，史稱其「在鎮二十餘年，雖輸忠款，竟不入覲。」〔註69〕另外，應指出的是，驕藩叛鎮和一些與中央產生過芥蒂的順地節度使在朝覲問題上是心存顧慮的。他們主要擔心離開自己的勢力範圍，入朝之際被縻留，失去兵權。正如王武俊指出的那樣，「以一幅詔書召歸闕下，一匹夫耳。」〔註70〕他們的擔心並非多餘，是有前車之鑒的。來瑱本爲襄陽節度使，廣德元年（763）破裴茂後，被徵入朝，拜兵部尙書。由於爲權宦程元振所嫉恨，藉端誣陷，來瑱竟坐誅。來瑱在鎮時，可以挾軍自重，朝廷也拿他沒有辦法，但一旦入朝，便遭到誅殺。由於三鎮以及其他跋扈藩鎮節度使少有朝覲之事，因此武職僚佐隨節度使朝覲主要集中於順地藩鎮。現根據史書聊舉幾例。劉沔，許州牙將，少事李光顏，爲帳中親將。元和末，淮、蔡平，隨

〔註65〕《白居易集》卷四一《論于頔、裴均狀》。
〔註66〕《舊唐書》卷一五六《韓弘傳》。
〔註67〕《舊唐書》卷一五六《于頔傳》。
〔註68〕《唐代墓誌彙編》永貞007《唐故開府儀同三司使持節隴州諸軍事行隴州刺史上柱國南陽縣開國伯張府君墓誌銘並序》在朱泚入朝所帶軍隊人數上與正史記載差別甚大，云「率精騎二萬，西赴闕庭」。姑系于此，以備一說。
〔註69〕《舊唐書》卷一四三《劉濟傳》。
〔註70〕《通鑑》卷二二五大曆十年十月條。

李光顏入朝，唐憲宗留宿衛，歷三將軍。李自良爲河東都將，貞元三年（787）從節度使馬燧入朝，授右龍武大將軍。

除了現任節度使入朝攜帶一定數量的武職僚佐外，罷鎮節帥入朝時也同樣如此。但兩者所受的待遇有所不同。隨在職節帥入朝的武職僚佐，不僅原來官職會保留，如果得到朝廷的賞識，還有得以留在朝廷，進一步高升的機會。相反，隨罷任節度使入朝的武職僚佐，則沒有那麼幸運，官職一般隨府主的罷任而被解除。會昌三年（843）五月敕：

> 自今以後，節度使等如罷鎮赴闕，應將官吏將健，隨赴上都者，並隨使停解。縱有帶憲官充職，亦勒停。其間或有是功勳重臣舊將校，人數稍多者，離鎮後，新停解，即須具人數聞奏。當與量事宜處分。
> 〔註71〕

之所以出現這種差別，與辟署制度直接相關。武職僚佐由節度使自己辟署，其所帶朝官及憲銜也由節度使向朝廷奏報。節度使的命運不可避免的會影響到武職僚佐的前途。當節度使罷任，這些僚佐自然原則上應當解任。至於被後繼者所挽留，重新辟署，那又另當別論。

藩鎮武職僚佐入朝爲官外，禁軍軍將也常常外出藩鎮任職。順地藩鎮與中央間的這種流動是雙向的、互動的。禁軍軍將向藩鎮的流動分兩種情況。

其一，由於軍隊隸屬關係的改變引起。這種情況下一般涉及面廣，人數眾多，規模也較大。元和二年（807）四月，以范希朝充朔方靈鹽節度，「以右神策鹽州定遠三鎮兵馬隸焉。所以革近制，任邊將也。」〔註72〕神策諸外鎮原本隸屬神策中尉，所在地區的節度使無權指揮調度。唐憲宗現以神策三鎮歸屬朔方節度使，故云「革近制」也。元和八年（813）十月又以神策普潤鎮兵四千人割屬涇原節度使。〔註73〕普潤縣位於岐州鳳翔府。貞元中，劉澭自河北率兵千人赴京西防秋，十二年（796）二月，被朝廷任命爲秦州刺史、隴右經略軍使，治普潤縣，並以普潤軍爲名。元和元年（806）加號保義軍節度使。劉澭去世後，保義軍廢，所統兵號普潤兵馬使。元和三年（808）正月，隸屬神策軍。一般所

〔註71〕《唐會要》卷七九《諸使下·諸使雜錄下》。

〔註72〕《冊府元龜》卷一二〇《帝王部·選將二》。按，文中只提到了鹽州、定遠二鎮，抑或「三」爲「二」之訛，待考。定遠位於靈州境內，據《通鑑》卷二三七元和二年四月條注引宋白《續通典》云屬神策。此云屬右神策。蓋其中有一誤，抑或中間有隸屬變化。

〔註73〕《冊府元龜》卷一二四《帝王部·修武備》。

說的京西北八鎮或十三鎮，其中都有普潤鎮。普潤鎮由原隸神策軍，改屬涇原節度使。普潤鎮的武職僚佐自然也隨之改隸涇原節度使。

其二，諸衛將軍、北衙將軍等禁軍將領應奏辟或被外放於藩鎮任職。這種情況是軍將的個人行為，涉及面較小。這樣的例子也是很多的。

王栖曜，濮州濮陽人，為金吾衛將軍。上元元年（760），王璵為浙東節度使，奏為馬軍兵馬使。〔註74〕

范希朝原為邠寧別將，為逃避節度使韓遊瓌的迫害，逃奔鳳翔。德宗將他召入神策軍。後又入張獻甫幕，為邠寧節度副使。

孟常謙為義成中軍兵馬使，貞元九年（793），節度使賈耽入朝為宰相，他隨之入朝拜左領軍衛將軍。歷事唐德宗、順宗、憲宗三朝，凡九年，又出為安州防遏兵馬使。〔註75〕

魏莅本朔方子弟，武藝冠絕，入為神策軍散將。貞元八年（792），應邠寧節度使張獻甫所請，出為邠寧馬軍兵馬使。〔註76〕

令狐梅，為浙西節度使李德裕左押衙。寶曆元年（825），右神策護軍中尉梁守謙「聞公善毬妙，奏署軍兵馬使兼押衙，且以供奉敬皇帝。公以非道，又進由景監，甚不樂，思得脫去。每馳擊，佯不能。」大和元年（827），他如願以償，離開京師，又重新回到浙西。〔註77〕

仇用誠，貞元中為徐州節度左射生兵馬使兼知徵馬使，大和十二年（838）入朝為右龍武軍押衙，長慶三年（823），又隨從節使至單于府，為振武軍隨使衙前虞候。〔註78〕

元和十五年（820），淮南裨將譚可則，因防秋為吐蕃所掠，在蕃時間達六年之久。「及歸，詣闕自陳，敕付神策軍前馳（應為驅）使。未及進用，為

〔註74〕《舊唐書》卷一五二《王栖曜傳》。

〔註75〕《柳宗元集》卷一○《唐故安州刺史兼侍御史貶柳州司馬孟公墓誌銘》，北京：中華書局，1982年。

〔註76〕《通鑑》卷二三四貞元九年二月條考異引《邠志》。

〔註77〕《全唐文補遺》第6輯，令狐棠《唐故棣州刺史兼侍御史敦煌令狐公（梅）墓誌銘並序》，頁168。

〔註78〕《唐代墓誌彙編續集》開成022《唐故振武節度衙前虞候遊擊將軍試太常安南郡仇府君墓誌銘並序》，頁938。按此墓誌在時間上存在很多問題。唐文宗大和（太和）年號使用了九年，在大和九年便改元開成，根本沒有太和十二年。另外，長慶三年在文宗太和之前，而墓誌則繫於大和十二年之後。雖然存在諸多時間上的錯誤，但其仕官經歷應是可靠的。

軍中沙汰，因配在浙東，止得散將而已，竟無官。」〔註79〕神策軍的沙汰工作，於史有徵。馬存亮，元和時，累擢左神策軍副使、左監門衛將軍，知內侍省事，進左神策中尉。「軍所籍凡十餘萬，存亮料柬尤精，伍無罷士，部無冗員。」〔註80〕神策軍進行的沙汰工作，被淘汰者大概如潭可則一樣被配在各道驅使。

二、河朔三鎮等割據型藩鎮與中央間武職僚佐的遷轉

安史之亂以唐王朝與河朔叛軍的妥協而宣告結束。經過一系列努力的受挫，特別是建中年間削藩的失敗，唐廷基本上放棄了控制河朔的努力，而河朔在唐德宗後也形成了所謂的「河朔故事」。河朔故事，又稱「河朔舊事」，其內容大略言之，包括節度使父死子繼，租賦不入於中央，自署文武將吏等等。這種局面是建立在唐王朝與河朔藩鎮勢力均衡的基礎之上的。對唐廷而言，既然無力改變河朔割據的局面，只有對既成事實加以承認，來換取彼此間的相安無事。河朔藩鎮無力也無心推翻唐王朝，它們希望的不過是使唐王朝承認它們的割據局面，維持現狀。河朔節度使父死子繼，或由部將擁立，也需要奏報朝廷，請求朝廷的承認並授予節鉞。這形式上的追認，卻是不可或闕的。「河朔兵力雖強，不能自立，須藉朝廷官爵威命以安軍情。」〔註81〕如果朝廷遲遲不予以承認，授予節鉞，會給擅位者造成極大的心理壓力。因為朝廷不承認其繼位的合法性，會給其他人取而代之的機會，軍中往往會釀成新一輪的變亂。會昌年間幽州鎮動亂頻頻的原因正在於此。很明顯，河朔與唐王朝形成的這種均勢格局是一種基於雙方力量對比而達成的短暫平衡，很容易被打破。

經過幾十年的積蓄力量，唐王朝的元氣逐漸恢復，朝野中主戰的呼聲也逐漸高漲。唐憲宗即位後，開始了對河朔的大規模用兵。元和七年（812），魏博節度使田季安去世，其子田懷諫繼立，慘酷暴虐，濫用私人，不得人心，將校擁立都知兵馬使田興（後改名田弘正）為留後。田興由於得不到幽州和成德諸鎮的支援，為擺脫孤立的局面歸順中央，「乃圖六州之地域，籍其人與三軍之生齒，自軍司馬已下，至於郡邑吏之廢置，盡獻於先帝。」〔註82〕《舊

〔註79〕趙璘：《因話錄》卷四《角部之次》。
〔註80〕《新唐書》卷二○七《宦者上・馬存亮傳》。
〔註81〕《通鑒》卷二四八會昌四年八月條。
〔註82〕《元稹集》卷五二《沂國公魏博德政碑》。

唐書》卷一四一《田弘正傳》則云「賓僚參佐，請之於朝」，可為田興德政碑之注腳。可見德政碑所云並非全為溢美之辭，是有一定事實根據的。但《唐會要》卷七五《雜處置》記載，元和七年十二月，魏博奏：「管內州縣官二百五十三員，內一百六十三員見差假攝，九十員請有司注擬。」由此看來，實際上魏博官員官闕中央只收回了一小部分，大部分仍由節度使自行署任。儘管如此，此舉的影響是十分巨大的，其象徵意義遠遠大於其實際意義。「唯河北道吏部不注」〔註 83〕的傳統開始改變。更重要的是，河朔一體的局面被打破，魏博成為河朔這塊堅冰的突破口。從此河朔的局面為之改觀。

經過唐憲宗一系列的軍事勝利，特別是對淮西和淄青的勝利，對成德和幽州二鎮產生了極大的震懾力。成德和幽州也不得不表示臣服。元和十五年（820）正月，成德節度使王承宗送兩個兒子至魏博，「因田弘正求入侍，且請歸德、棣二州，入租賦，待天子署吏。」〔註 84〕既然中央逐漸收回了官吏的任免權，這就為藩鎮武職僚佐進入中央以及中央朝官外出藩鎮任職鋪平了道路。田弘正兄弟子侄，悉仕於朝，憲宗皆擢居班列，朱紫盈庭，當時榮之。〔註 85〕幽州節度使劉總「仍籍軍中宿將，盡薦於闕下」〔註 86〕前面我們提到的朱克融、康志達都在被推薦入朝之列。史稱「總既以土地歸國，授其弟約及男等一十一人，領郡符加命服者五人，升朝班佐宿衛者六人。」〔註 87〕但不久河朔再叛，此後唐廷再也沒有能重新控制河朔地區。

除了元和末長慶初這極為短暫的時間，河朔武職僚佐通過正常渠道進入中央朝廷為官的機會較少。白居易所擬《溫堯卿等授官賜緋充滄景、江陵判官制》所云：「今之俊乂，先辟於征鎮，次升於朝廷。故幕府之選，下臺閣一等，異日入為大夫公卿者，十八九焉。」〔註 88〕薛廷圭所云，「天子擢侯府之彥，昇諸周行，掄材獎勞，斯謂彝制」，〔註 89〕這主要是針對順地藩鎮文職僚佐而言的，對河北藩鎮武職僚佐並不適用。另一方面，唐廷派朝官入河朔三鎮任職也是很困難的。因此，除特殊時期外，三鎮將校同順地藩鎮相比，在進入朝廷為官的方

〔註 83〕 《冊府元龜》卷六三一《銓選部・條制三》。
〔註 84〕 《新唐書》卷二一一《王承宗傳》。
〔註 85〕 《舊唐書》卷一四一《田弘正傳》。
〔註 86〕 《舊唐書》卷一二九《張延賞附弘靖傳》。
〔註 87〕 《舊唐書》卷一四三《劉怦附總傳》。
〔註 88〕 《白居易集》卷四九《溫堯卿等授官賜緋充滄景、江陵判官制》。
〔註 89〕 《全唐文》卷八三七薛廷圭《授裴迪太僕卿元鎬京兆少尹盧珌國子司業等制》。

式上有很大區別。我們在前面已經提到順地藩鎮軍將入朝爲官主要有朝廷徵召和隨節度使入朝以及由於入衛等原因而被留在朝中爲官等方式。三鎮將校進入朝廷爲官往往是一種非正常的途徑。大致有以下幾種：

1、棄帥來投式

棄帥來投指由於不爲節度使所容或對節度使不滿而逃離本鎮，投奔朝廷。這種行爲對本鎮而言無疑是一種叛變。爲杜絕這類事件的發生，河朔三鎮採取了一些防範措施，最主要的就是嚴刑酷法和拘囚人質。「河北之法，軍中偶語者斬。」〔註90〕對擁兵在外的軍將，往往將其妻子兒女作爲人質。〔註91〕前面我們提到的成德大將張遘，歷事王武俊、王士眞、王承宗三代，累至節度押衙兼內院兵馬使等職。他丁外艱，護葬歸東都，便以其妻子兒女在鎮州作爲人質。儘管如此，三鎮的叛離事件還是時有發生。張遘藉口護葬，而隱居故里不歸。會昌中對澤潞用兵，被唐廷委以重任，授邢州、洺州刺史，不久追入拜右龍武軍將軍，知軍事。不數月，授楚州刺史。王士則爲成德節度使王武俊之子。「承宗既立爲節度使，不容諸父，乃奔于京師，用爲神策大將軍。」〔註92〕《新唐書》卷二一一《王承宗傳》則云王承宗「不能叶諸父，皆奔京師。」據此來看，逃奔京師的還不止王士則一人。劉澭，爲幽州節度使劉怦次子，官至瀛州刺史。劉濟能繼任爲節度使，劉澭發揮了很大的作用，劉濟爲表示感激，承諾在去世後，當讓劉澭接任。但後來又反悔，以其子劉總爲副大使。劉澭十分憤怒，但又自知眾寡不敵，於是藉口防秋，率領其部一千五百人馳歸京師。唐德宗甚寵之，拜秦州刺史，屯普潤。

當然這種方式在河朔以外的其他方鎮也同樣不同程度的存在，並非爲河朔所特有。例如韓充爲宣武節度使韓弘之弟，主親兵。史稱「弘頗酷法，人人不自保。充獨謙恭執禮，未嘗懈怠，由是偏得士心。然以親逼權重，常不自安。」元和六年（811），乘打獵的機會，單騎逃于洛陽。〔註93〕前面我們所引用的范希朝爲節度使馬璘所忌，逃往鳳翔，後被唐德宗徵入朝。李晟也是如此。順地藩鎮中這樣的例子也許並不比河朔叛鎮少。但這種方式卻在三鎮軍將與朝廷聯繫的很少的渠道中，佔有重要地位，不能不予以特別注意。

〔註90〕《通鑒》卷二四八會昌五年正月條。
〔註91〕《元稹集》卷五二《沂國公魏博德政碑》。
〔註92〕《舊唐書》卷一四二《王武俊附士則傳》。
〔註93〕《舊唐書》卷一五六《韓弘傳附充傳》。

2、因軍亂而入朝

河朔地區為軍亂的多發地。據張國剛先生統計，唐廣德乾符間，河朔型藩鎮動亂凡六十五起，其中與中央發生武裝衝突或帶擴張性的僅十三起，只占 20%。其餘 80%的動亂發生在藩鎮內部。這些動亂具有封閉性和凌上性等特點。〔註94〕三鎮在節度使的產生方式上除父死子繼和兄終弟及外，部將攘奪也是重要的方式。節度使屠戮部下以及將校作亂，驅逐殺害節度使的事例比比皆是。史書稱這些地區「以暴亂為事業，以專殺為雄豪，或父子弟兄，或將帥卒伍，迭相屠滅，以成風俗。」〔註95〕在血腥慘烈的軍亂之後，在勝利者歡呼勝利的同時，失勢的一方如果得以倖免則往往外逃。除了逃往其他藩鎮，入朝無疑也是一個可供選擇的出路。大和三年（829）魏博發生軍亂，節度使史憲誠被殺。其子孝章入朝為右金吾衛將軍。其弟憲忠，奔京師，累加檢校右散騎常侍、隴州刺史。〔註96〕張簡會為幽州節度使張允伸之子。咸通十二年（871）張允伸去世，簡會被部將張公素所逼，出奔京師，「簡會入朝，昆弟多至大將軍、刺史、郡佐者。」〔註97〕

接下來探討一下河朔藩鎮武職僚佐入朝後的處境問題。

唐初李世民與太子建成帝位之爭中，河北地區是太子的勢力範圍。唐太宗在即位後一直對此耿耿於懷，抱有戒心。加之唐王朝繼承隋以來的關隴本位政策，致力於西北地區的開拓，而在東北地區採取消極維持的政策。〔註98〕因此自唐太宗以來，唐王朝對河北道即不十分重視，甚至還加以歧視。一方面是由於皇帝的感情問題，更主要是由於中央政策問題。當然安史之亂前，唐王朝的河朔政策也在不斷調整變化，並非一以貫之。高宗武則天時期，由於東北奚、契丹的興起，唐王朝已經開始調整戰略部署，注意加強東北地區的防禦力量。唐玄宗時期更是大規模對兩蕃用兵。正是在此背景下，安祿山集團的勢力迅速崛起。安祿山所在的范陽節度使擁有的兵馬在諸鎮最多，如果再加上所兼領的平盧節度使，合計兵馬達十三萬，占當時邊兵總數四十九

〔註94〕張國剛：《唐代藩鎮研究》，頁 105。
〔註95〕《舊唐書》卷一四三「史臣曰」。
〔註96〕《新唐書》卷一四八《史孝章附憲忠傳》。
〔註97〕《新唐書》卷二一二《張允伸傳》。
〔註98〕參見谷霽光：《安史之亂前之河北道》，《燕京學報》第 19 期；王壽南：《唐代藩鎮與中央關係之研究》，頁 327～330；陳寅恪：《唐代政治史述論稿》，頁 130。

萬的 26%強，造成「天寶以來，東北隅節度位冠諸侯」的局面。〔註99〕天寶十四載（755），安祿山悍然發動了叛亂，叛亂持續了八年之久，唐室幾乎傾覆。這段歷史唐朝統治者當然不會忘記，儘管人去時易，本能的對河朔存有排斥、戒懼心理，當亦在情理之中。

　　從河朔地區的方面來說，安史之亂後，河朔爲割據藩鎮所控制。雖然三鎮仍是中央王朝下的地方行政區域，當地社會接受的也是傳統以儒家思想爲主體的教育，忠孝節義等觀念仍深入人心，也以參加科舉考試作爲入仕晉身之正途，同其他地區並無二致。但長期的割據統治，河朔人士的價值觀念與以長安、洛陽爲代表的唐中央意識形態產生了很大距離。安史之亂中絕大部分河朔士人對叛亂持反對和抵制態度，現在卻接受了叛亂的結果，在安史餘孽建立的割據政權中任職，對割據予以認同，這不能說不是一個很大的變化。元和年間宰相李絳說成德鎮「自武俊以來父子相襲四十餘年（實際上，自王武俊建中三年始有恒冀，至此才二十八年）人情習慣，不以爲非……內則膠固歲深，外則蔓連勢廣，其將士百姓懷其累代煦嫗之恩，不知君臣逆順之理。」〔註100〕李絳雖然只提到成德，事實上魏博和幽州與此也相差不遠，甚至有過之而無不及。幽州房山雲居寺在唐代造經活動盛極一時，石經題記中有聖武、順天、顯聖等年號。聖武是安祿山稱帝的年號，順天和顯聖分別是史思明和史朝義的年號。這些年號在民間碑刻中的行用，正是當地人接受和認同其統治的表示。據宋儼墓誌銘，宋儼是幽州鎮朱滔部將，參加了四鎮之亂，在建中三年（782）六月與唐軍作戰時陣亡。墓誌銘撰者名已佚，不可考。文中對唐廷頗有指摘，而對朱滔及墓主極盡讚美之能事。蓋志文當撰於四鎮叛亂期間，出於從亂文人之手。〔註101〕竇建德是隋末河北農民起義的領袖，後爲唐擊敗，被殺。從武德四年（621）到唐文宗大和三年（829），已經過去二百多年，但魏州當地仍建有竇建德廟，當地人自發地祭祀，仍尊敬的稱呼他爲夏王。大和三年魏州書佐殷侔目睹這一規模宏大的祭祀場面，十分激動，爲竇建德碑撰寫了碑文。其中說「自建德亡，距今已久遠，山東河北之人，或尚談其事，且爲之祀。知其名不可滅，而及人者

〔註99〕　《全唐文》卷三一六李華《安陽縣令廳壁記》。
〔註100〕　《李相國論事集》，另參見《通鑒》卷二三八元和四年七月條和《全唐文》卷六四六李絳《論河北三鎮及淮西事宜狀》，文字略有異同
〔註101〕　《唐代墓誌彙編》建中 018《故雲麾將軍守左金吾衛大將軍試鴻臚卿上柱國宋公墓誌銘並序》，頁 1833。

存也。」〔註102〕竇建德在唐廷眼中不過是亂賊草寇，但在河朔人心中卻是大大的英雄。還比如安祿山、史思明發動叛亂，幾乎傾覆唐室。在唐官方意識形態來看爲十惡不赦的逆臣，但河朔人仍對其很尊崇，被奉爲地方的英雄。大曆八年（773），魏博節度使田承嗣爲安祿山、史思明父子建立祠堂，謂之「四聖」。唐穆宗時，中央委派的幽州節度使張弘靖發掘安祿山之墓，結果竟然激起變亂。

　　由於這兩大區域間鴻溝的存在，當時人對河朔人士往往抱有很深的成見。劉栖楚，出於寒微，曾爲吏鎮州，王承宗甚奇之，薦之於朝，官至京兆尹。由於這個特殊的背景，在一次奏請中失當而被人譏爲「栖楚出河北，大率不讀書史，乖於聞識。」〔註103〕在時人眼裏，劉栖楚學識上的欠缺並非個別，而是河朔社會的普遍反映。河朔軍士情況更甚，即使在歸順中央後還動輒被視爲「反虜」、「河北賊」。〔註104〕《新唐書》卷一四八《史孝章傳》記載史孝章對其父魏博節度使史憲誠說：「大河之北號富彊，然而挺亂取地，天下指河朔若夷狄然。」《史孝章神道碑》文字略有異同：「大河之北，地雄兵精。而天下賢士心侮之，目河朔間，視猶夷狄。」〔註105〕

　　但根據以上種種並不能由此得出河朔武職僚佐入朝後不被重視，仕途不順的結論。現對河朔武職僚佐入朝後的情況加以分析。爲了直觀起見，製成下表：

武職僚佐	鎮別	入朝時間	入朝後的仕途情況	材料出處	備　註
李全略	成德	元和十五年	授代州刺史、橫海節度使等	《舊》卷143	
康日知	成德	興元元年	奉誠軍節度、晉絳節度	《新》卷148	
史憲忠	魏博	大和三年	隴州刺史、涇原朔方、振武等節度使	《新》卷148	節度使史憲誠之弟
康志達	幽州	長慶元年	被遣回原鎮	《續集》長慶002	
朱克融	幽州	長慶元年	被遣回原鎮	《舊》卷180	
張漸	幽州	長慶初	入朝二紀，無正秩之授	《續集》會昌024	張漸因善音樂被張弘靖舉送入京

〔註102〕《全唐文》卷七四四殷侔《竇建德碑》。
〔註103〕《唐會要》卷三四《雜錄》。
〔註104〕參見《舊唐書》卷一四五《陸長源傳》。
〔註105〕《文苑英華》卷九一六《邠寧慶等州節度觀察處置使朝散大夫檢校戶部尚書兼御史大夫賜紫金魚袋贈右僕射史公神道碑》。

閻好問	幽州	大中三年	宿州司馬後又回幽州	《彙編》咸通106	隨張直方入朝
董重質	淮西	元和十五年	左神武軍將軍、夏綏銀宥節度使等	《舊》卷161	
李祐	淮西	元和十二年後	神武將軍、夏綏銀宥節度使、涇原節度使等	《舊》卷161	
李惟簡	成德	建中元年	太子諭德、左金吾衛大將軍、鳳翔節度使	《新》卷211	因兄李惟岳叛，而逃奔京師，《舊唐書》云為王武俊械送京師
王士則	成德	元和四年後	神策大將軍、邢州刺史兼團練使	《舊》卷142	不為王承宗所容，逃奔京師
田緒	魏博	貞元十年	左驍衛將軍、夏綏銀節度使、左衛大將軍	《新》卷210	田緝為田緒之弟
劉澭	幽州	不詳	入朝後特授秦州刺史、保義軍節度使	《舊》卷143	
劉源	幽州	不詳	左武衛將軍	《舊》卷143	
陳楚	義武	元和四年	諸衛大將軍、易定節度使、河陽節度使等	《舊》卷141	張茂昭之甥
牛元翼	成德	長慶元年	山南東道節度使	《新》卷148	
傅良弼	成德	長慶元年	左神策將軍、夏綏銀節度使、橫海節度使	《新》卷148	
李寰	成德	長慶元年	保義軍節度使、橫海節度使、夏綏節度使	《新》卷148	
趙萬敵	成德	王士眞時	龍武將軍、神策先鋒將	《舊》卷15上	

說明：

1、這裡所說的河朔軍將，不是指籍貫（或出生地），只要其入朝前任職於河朔地區，即目爲河朔軍將。

2、這裡的統計，河朔的罷任或被逐節度使不計在內

3、這裡所說的「入朝」不包括入朝奏事等短期停留，而是指從河朔軍將轉變爲朝官或順地藩鎮官員。

4、董重質和李祐入朝前雖然爲武寧軍將，但他們都爲淮西降將，其出身也爲河朔，故計算在內。

從上表可以看出，康日知、李全略、史憲忠、董重質、李祐、李惟簡、田緒、劉澭、陳楚、牛元翼、傅良弼、李寰等12人在入朝後都官至節度使，官位

不謂不顯赫，占總數 19 人的 63%強。〔註106〕張漸、閻好問二人以後仕途不顯，有他們自己本身的原因。張漸，在入朝前爲同經略副使，因擅長音樂而被舉送入朝。閻好問，從碑志記載來看，也並非職業軍人，軍事才能似乎並不突出，並非全是朝廷歧視所致。朝廷在河朔軍將的使用上採取了區別對待的方式。對三鎮節度使推薦而來的軍將往往保有戒心，其仕途往往不順。幽州節度使劉總「盡籍宿將薦諸朝。」這些都是些桀驁不馴者，劉總的本意是希望朝廷給這些人高官顯位，來顯示朝廷皇恩浩蕩，以此消除他們的亂心。但結果事與願違，「克融等留京師，久之不得調，數詣宰相求自試，皆不聽，羸色敗服，飢寒無所貸丐，內怨忿。」〔註107〕當朝廷任命張弘靖爲節度使後，這些人又被遣還幽州。相反對於不爲原鎮所容，或主動逃奔朝廷的武職僚佐，由於其忠心可鑒，則往往委以重任。河朔軍將能征善戰，這是他們能在朝廷中立足並被重用的最大資本。李全略、董重質、李祐、田縉、趙萬敵等人便是明證。趙萬敵，本成德軍裨將也，以善戰爲王武俊所器重，令姓王氏。士眞時遣歸朝，官至左武衛將軍。元和四年（809），討伐王承宗，趙萬敵被任命爲左神策軍行營先鋒兵馬使，也是因爲「習知鎮冀事」，故授以前鋒。〔註108〕王士則、李惟簡等人雖然軍事才能並不突出，但他們在河朔地位已經很高，爲節度使的近親，政治影響力是不能夠低估的。王士則爲王武俊之子，節度使王承宗的叔父，由於不爲王承宗所容，逃到京師，被任命爲神策大將軍。王承宗叛逆，盜殺宰相武元衡時，他請移貫京兆府，以示與王承宗劃清界限。當諸鎮兵討伐王承宗時，王士則被任命爲邢州刺史兼本州團練使。朝廷的意圖宰相裴度表述得很清楚，「其軍中必有懷之者，」以達到「攜離承宗之黨」的目的。〔註109〕張茂昭原爲易武節度使，後入朝爲唐德宗言河朔事，唐德宗頗有相見恨晚的感覺，對其優寵有加，其子克禮也蒙尚晉康郡主。在這優寵的背後，其眞實意圖是「倚之經置北方。」〔註110〕

　　因此，唐朝野內外對河朔社會的歧視政策並沒有影響到河朔入朝軍將的仕途發展。他們依靠過硬的軍事才能和強大的政治影響力爲朝廷所重視，並位居

〔註106〕劉澭德宗時爲秦州刺史，屯於普潤縣，後賜軍額爲保義，以劉澭爲節度使，此保義軍沒有巡屬。

〔註107〕《新唐書》卷二一二《朱克融傳》。又見於《舊唐書》卷一二九《張弘靖傳》，文字略有異同

〔註108〕《冊府元龜》卷一二〇《帝王部・選將二》。

〔註109〕《舊唐書》卷一四二《王武俊附士則傳》。

〔註110〕《新唐書》卷一四八《張孝忠附茂昭傳》。

高位。〔註111〕在朝廷討伐三鎮叛亂和防禦西北外患的戰鬥中發揮了重要的作用。這與河朔出身的文人入朝後往往仕途不順形成了鮮明的對比。當然說唐廷在用人上毫無畛域偏見也是不符合事實的。元和初年西川節度使韋皋去世後，劉闢圖謀割據自立，唐憲宗決意討伐。在統兵將帥上，宰相杜黃裳推薦了兩個人選，劉澭和高崇文，並傾向於劉澭。唐憲宗卻認爲劉澭「河朔氣度尚在」，難以駕馭，若討伐成功，當以西川授之，但這樣一來無異於掇心腹疾。「不如崇文，久將親軍，寬和得衆，用兵沈審。」最後任命高崇文爲西川行營節度使。〔註112〕

第二節　藩鎮之間武職僚佐的遷轉

武職僚佐在藩鎮間的遷轉是武職僚佐遷轉的另一個重要方面，也是唐後期一個不容忽視的現象。根據文末附錄一「唐後期藩鎮武職僚佐辟署遷轉統計總表」，表中所列唐後期武職僚佐總共 202 人，有遷鎮經歷（不包括因升任節度使等而遷鎮，及入朝爲官）的共 56 人，占 27.7%。其中初仕於割據型方鎮（包括幽州、魏博、成德、義武、橫海、淮西、淄青）的共 70 人，有遷鎮經歷的僅有 5 人，所占比例僅爲 7.14%。而在「順地」藩鎮有遷轉經歷的占 39%。這反映河朔藩鎮武職僚佐同順地藩鎮相比，流動性較弱，主要於當地任職。

一、武職僚佐遷轉的類型

眾所週知，安史之亂是唐王朝歷史發展的轉捩點，唐王朝從此由盛轉衰。安史之亂後，內地形成藩鎮林立的局面。藩鎮（道）成爲凌駕於州縣之上一級新的行政單位。藩鎮問題成爲唐後期國家政治的核心內容。由於中央禁軍力量的微弱（雖然神策軍的建立這種局面有所改觀），爲抵禦異族的入侵和平定藩鎮的叛亂，唐政府不得不很大程度上倚仗諸藩鎮的力量，特別是順地藩鎮的力量。在防禦外患和征討叛鎮中隨著軍隊的頻繁調防，武職僚佐也隨之在各地區間遷轉流動。另外，由於辟署制度的盛行，藩鎮武職僚佐獲得了很大的選擇空間。前者武職僚佐的遷轉貫穿著朝廷的意志，往往規模較大。後

〔註111〕方積六先生認爲，這些人主要憑藉騎射勇戰登上河朔三鎮的政治舞臺，既沒有進士出身的資格，更沒有文學儒士們吟風詠月的才華，就很難在唐中央或河朔以外地區謀得官職。見氏著《論唐代河朔三鎮的長期割據》，《中國史研究》1984 年第 1 期，頁 41。

〔註112〕《唐語林校證》卷一《政事上》。

者則主要體現了武職僚佐自身的意志，是個人行為，雖然規模較小，但卻更大程度上體現了唐後期的時代特徵。

（一）唐後期政治軍事形勢與武職僚佐的遷轉流動

1、防秋防冬制度與武職僚佐的遷轉流動

安史之亂中，為平定叛亂，河西隴右邊軍主力內撤，吐蕃趁機蠶食唐之領土，河西、隴右盡陷於吐蕃之手。當時唐與吐蕃以涇、隴、靈、寧等州為界，邊境線與京城長安的距離，遠者不過千里，近者才數百里。長安處在吐蕃鐵騎的直接威脅之下。針對這種嚴重的局勢，唐王朝積極調整部署，調集全國各鎮的力量，充實西北的防務。防秋就是這種背景下的產物。「河隴陷蕃已來，西北邊常以重兵守備，謂之防秋，皆河南、江淮諸鎮之軍也，更番往來，疲於戍役。」〔註113〕《新唐書》卷一五七《陸贄傳》也云「西北邊歲調河南、江淮兵，謂之防秋。」都只提到了河南和江淮的藩鎮軍，其實參與防秋的不止河南、江淮兵，河北等割據型方鎮有時也在被征調之列。《唐大詔令集》卷一一一《命諸道平耀敕》云大曆元年（766）正月：

> 應諸道每歲皆有防秋兵馬，其淮南四千人，浙（淮）西三千人，魏博四千人，昭義二千人，成德三千人，山南東道三千人，荊南二千人，湖南三千人，山南西道二千人，劍南西川三千人，劍南東川三千人，鄂岳一千五百人，宣歙三千人，福建一千五百人。其嶺南、江南、浙西、浙東等亦合準例……〔註114〕

這裡提到了魏博和成德的防秋兵，而且兵力還不少，魏博四千人，成德三千人。沒有提及幽州，並不是說幽州鎮不參與防秋。大曆年間幽州節度使朱泚入朝後曾率幽州部眾三千人防秋。在此之前的大曆八年（773）八月，朱泚亦曾派其弟朱滔將五千精騎詣涇州防秋。除了防秋後，還有防冬，即防禦南詔。吐蕃主要在秋季進攻，而南詔主要選在冬季。南詔位於唐之西南，唐文宗大和年間後也開始構成邊患。由於南方炎瘴嚴重，到冬季則輕些，因此南昭主要利用冬季對唐發動攻勢。東南地區唐向來駐兵很少，防禦力量很薄弱，為

〔註113〕《舊唐書》卷一三九《陸贄傳》。

〔註114〕按此詔令又見於《舊唐書》卷一一《代宗紀》，均作「浙西三千人」，而後又言浙西等道以路途遙遠，不承擔出兵防秋任務，改交以諸色雜錢及回易利潤、贓贖錢等。因此前之「浙西」疑當為「淮西」之訛。另，上引《唐大詔令集》云劍南東川三千人，而《舊唐書·代宗紀》作兩千人。

抵禦南詔勢必調動其他諸鎮的兵力。

由於防禦吐蕃、南詔的需要，軍隊調動十分頻繁。舉例來說，大曆二年（767）九月，吐蕃入寇，詔郭子儀以步騎三萬自河中移屯涇陽。三年三月還河中。八月吐蕃寇靈武，詔子儀率師五萬自河中移鎮奉天。十月還鎮河中。「時議以西蕃侵寇，京師不安，馬璘雖在邠州，力不能拒，乃以子儀兼邠寧慶節度，自河中移鎮邠州，徙馬璘爲涇原節度使。」〔註115〕在節度使頻頻調動的基礎上，其武職僚佐自然大多隨之轉徙。前揭材料所說的「時議」主要是以宰相元載爲首。在他的堅持下，西北邊的防禦格局進行了巨大調整。朔方軍從二線開向防禦吐蕃的第一線。朔方軍駐防地也從河中移到了邠州。「朔方軍自此大徙于邠。郭公雖連統數道，軍之精甲，悉聚邠府，其他子弟，分居蒲、靈，各置守將以專其令。蒲之餘卒，稍遷于邠。十年之間，無遺甲矣。」〔註116〕

防秋、防冬體制下各藩鎮一般抽調一千左右到三千人組成行營，由軍將或行營節度使統率。行營制度淵源於唐前期的行軍。〔註117〕一般而言，各藩鎮的行營期限滿或戰事結束即歸本道。但由於防秋、防冬而改變隸屬關係的例子也不鮮見。劉昌初爲宣武兵馬使。貞元三年（787）隨節度使劉玄佐入朝京師，唐德宗派遣劉昌率宣武軍八千人北出五原防秋。尋以本官授京西行營節度使，歲餘授涇州刺史，充四鎮北庭行營兼涇原節度度支營田等使。〔註118〕劉昌即因防秋的需要，而改變了隸屬關係，由宣武兵馬使遷涇原節度使。高崇文，少從平盧軍。貞元中，隨韓全義鎮長武城，十四年（798）爲長武城使。長武城乃大曆中李懷光所築，位於邠州宜祿縣，地處涇水南岸，俯瞰東道，戰略位置十分重要。蓋高崇文也以防秋的原因而由地方藩鎮轉入禁軍系統。〔註119〕

2、節度使更迭與軍將遷轉流動

唐代藩鎮節帥任期以一至三年最多。任期的長短也受制於中央力量的強弱。當中央力量強大，對地方控制較有力時，藩鎮節度使（或觀察使、防禦使等）的任免控制在朝廷的手中。這時朝廷對節度使的去留可以猶臂使指，節度使任期一般較短；反之，當中央力量弱小，對藩鎮不能有效的指揮調度時，節度使任期一般都較長。唐德宗在建中之亂後姑息藩鎮，「不生除節帥」，節度使

〔註115〕《舊唐書》卷一二○《郭子儀傳》。
〔註116〕《通鑑》卷二二四大曆三年十二月條考異引《邠志》。
〔註117〕張國剛：《唐代藩鎮行營制度》，《唐代政治制度研究論集》，頁175。
〔註118〕《冊府元龜》卷一一九《帝王部·選將一》。度支當爲支度。
〔註119〕《舊唐書》卷一五一《高崇文傳》。

去世後方遣中使察軍情所嚮，得軍心者即授予節鉞。藩鎮任期一般較長，甚至有終身不易地者。宣武節度使韓弘、西川節度使韋皋竟達二十多年，韋皋即卒於任上。據王壽南先生統計，唐代在鎮十年以上之藩鎮共 114 任，而德宗時期就達 45 任（包括經歷代宗德宗、德宗順宗憲宗之藩鎮），占全部久任藩鎮之39.5%。〔註120〕唐德宗以後、僖宗乾符以前，節度使調動較爲頻繁。特別是唐憲宗時期，對藩鎮政策開始趨以強硬，積極謀求收回中央任免藩鎮的權力。史稱李吉甫「爲相歲餘，凡易三十六鎮，殿最分明。」〔註121〕這一時期節度使任期都較短。

　　節度使嬗代之際，藩鎮人事變動一般較爲頻繁，以至唐廷明令加以限制。唐憲宗元和十三年（818）九月詔：「諸道新授節度、觀察、經略等使，自勑出後，使未到以前，或前使尚在本鎮，或已發差知留務軍等官，其軍府職員多停省改易。自今已後，切令禁止。縱先有此色，新使道到，並令仍舊。」〔註122〕唐文宗大和三年（829）十一月《南郊赦文》又加以重申：「其方鎮交代之時及知留後官，不得輒有補置。如違，委巡院官具事目申臺司錄奏，其違犯官重加科貶，所補人並本職停解。」〔註123〕節度使移鎮進入另一個方鎮，在全新的環境下，爲了駕馭屬下和保障自己的安全，他們往往率領相當數量的本鎮軍隊赴任。這也是唐廷所允許的。當然所帶士卒軍將的人數原則上應上奏朝廷，得到朝廷的批准。王晏平爲朔方靈鹽節度使，去鎮日擅將征馬四百餘匹及兵仗七千事自衛，爲憲司所糾。減死，長流康州。〔註124〕王晏平之所以被處罰，不是因爲在離鎮時攜帶兵馬甲仗，而是在離鎮時沒有將這情況上報朝廷，在程式上不合法，屬於擅興。某些特殊情況下，一些節度使移鎮時甚至將全鎮精銳悉數帶走。至德二載（757），以賀蘭進明代虢王巨爲河南節度使。虢王巨受代之時，盡將部曲而行，留下的祇是數千老弱羸兵。〔註125〕大曆四年（769）六月，郭子儀自河中遷於邠州，「其精兵皆自隨，餘兵使裨將將之，分守河中、靈州。」〔註126〕還比如，元和十三年（818），烏重胤自河陽三城節度使移鎮滄景，以河

〔註120〕王壽南：《唐代藩鎮與中央關係之研究》，頁 55。
〔註121〕《新唐書》卷一四六《李栖筠附吉甫傳》。
〔註122〕《唐會要》卷七八《諸使雜錄》。
〔註123〕《全唐文》卷七五。
〔註124〕《舊唐書》卷一五六《王智興附晏平傳》。
〔註125〕《舊唐書》卷一八七下《忠義下·許遠傳》。
〔註126〕《通鑒》卷二二四大曆四年六月條。

陽銳卒三千爲紀綱之僕。〔註127〕滄景（即橫海鎮）在河朔地區相對三鎮較爲恭順。唐王朝在程權之後成功實現了節度使任免的中央化。但一般朝臣對在這地區任職仍不能不抱有戒心。

　　節度使移鎮所帶的親隨元從是他的腹心，最可依賴的力量。即使轉任數鎮，也往往帶著這些人。劉悟原爲淄青都知兵馬使，在李師道叛亂時期，看到形勢不利，就殺了李師道投降朝廷。先被任命爲義成節度使，次年又移鎮澤潞。他在從鄆州到滑州，又從滑州到潞州的過程中始終都帶著鄆州時的二千心腹。在劉悟去世後，其子劉從諫不稟朝命，擅爲留後。這二千親兵又成了支持劉從諫的死黨。〔註128〕這些元從親隨，深爲節度使倚重，在待遇和人事安排上也較其他僚佐爲優。無形之中，藩鎮軍中以來源地的不同，分爲土著軍和客軍兩派。這兩派的矛盾和鬥爭有時還很激烈。唐後期藩鎮特別是一些西北藩鎮的將校抵制來自外鎮的節度使，這是一個不可忽視的原因。貞元十七年（801），邠寧節度使楊朝晟病重，軍士私議曰：「朝廷命帥，吾納之，即命劉君，吾事之。」明確表示反對從別鎮調派來的節度使，理由就是「若命帥於他軍，彼必以其麾下來，吾屬被斥矣。」〔註129〕其中提到的劉君指寧州刺史劉南金。楊朝晟使劉南金攝行軍司馬知軍事，處理留後事宜，其讓劉南金繼任節度使的態度是很明顯的。相反節度使如果沒有自己的親信力量，一旦發生變亂，其後果不堪設想的。田弘正之被害正是由於此。元和十五年（820）十月，成德節度使王承宗去世，唐穆宗調魏博節度使田弘正爲成德節度使。「弘正以新與鎮人戰伐，有父兄之怨，乃以魏兵二千爲衛從。……仍表請留魏兵爲紀綱之僕，以持眾心，其糧賜請給於有司。時度支使崔倰不知大體，固阻其請，凡四上表不報。明年七月，歸卒於魏州，是月二十八日夜軍亂，弘正並家屬、參佐、將吏等三百餘口並遇害。」〔註130〕當田弘正有二千親兵在身邊時，「左右有備不能間」，〔註131〕亂兵不敢輕舉妄動，但一旦這些親兵被遣回魏博，軍亂就發生了。雖然田弘正手下的二千親信兵士被遣返回魏博，但從被殺的參佐、將吏三百餘口來看，隨從田弘正入成德的將校不在少數。這從《白居易集》卷四八《魏博軍將呂晃等從弘正到鎮州，各加御史

〔註127〕《冊府元龜》卷四二二《將帥部·推誠》。
〔註128〕《樊川文集》卷一一《上李司徒相公論用兵書》。
〔註129〕《通鑒》卷二三六貞元十七年五月條。
〔註130〕《舊唐書》卷一四一《田弘正傳》。
〔註131〕《舊唐書》卷一四二《王廷湊傳》。

大夫、賓客等制》中可以得到直接證明。呂晃等四十一位隨同田弘正至成德
的軍將得到獎賞，被授予御史大夫和太子賓客等。另據《元稹集》卷四八《李
歸仙兼鎮州右司馬制》勅：

> 成德軍節度銜前馬步都知兵馬使、檢校右散騎常侍、使持節澶州刺史
> 兼御史大夫、充本州防禦使李歸仙：去歲成德換帥之際，人皆效忠。
> 惟爾職在轅門，位兼符竹，功實居最，議當甄升。而弘正以牧長親人，
> 遙領非便，司武故事，兼可理戎。並仍帖秩之榮，式遂上臺之請。可
> 檢校右散騎常侍兼鎮州右司馬替元闕兼御史大夫，餘如故。

澶州爲魏博巡屬，李歸仙爲成德大將，爲何遙領澶州刺史？頗使人不解。文
中云「成德換帥之際」，又提到田弘正，大概指長慶初田弘正由魏博調任成德
之時。蓋李歸仙原爲魏博澶州刺史，田弘正改任成德節度使，李歸仙也隨同
赴任，並被署任爲成德軍節度銜前馬步都知兵馬使。其原來的官職澶州刺史
也自然被解除。這祇是本人一個猜測，姑繫於此，以待他證。

　　會昌三年（843 年），唐廷針對「比來節將移改，隨從將校過多」〔註132〕
的情況，從數目上加以限定：「節度使移鎮，軍將至隨身不得六十人，觀察使四
十人，經略都護等三十人。宜委監察軍使，及知留後判官具名聞奏。如違此數，
知留後判官，量加懲罰，監軍使別有處分。」〔註133〕這一規定，一方面使武職
僚佐隨藩帥移鎮制度化；另一方面，又是對僚佐隨藩帥移鎮的部分限定。〔註134〕

3、藩鎮分合與武職僚佐的遷轉流動

　　唐代藩鎮自形成之日起，其轄境便處於變動不居的狀態。有的爲藩鎮間
爭奪的結果，也有的則是中央主動進行的調整。唐代宗大曆三年（768），由
於吐蕃連年入寇，威脅京師，爲加強戰略前沿邠州的軍事防禦力量，以邠寧
節度使馬璘徙鎮涇州，改以郭子儀的朔方軍移鎮邠州。史稱「郭子儀自河中
遷于邠州，其精兵皆自隨，餘兵使裨將將之，分守河中、靈州」。〔註135〕這樣
朔方軍被一分爲三，精兵主力駐於邠州，其餘分駐河中和靈州。與之相適應，
朔方軍武職僚佐也大部由河中遷於邠州。還比如，武寧鎮治於徐州，領徐、
濠、宿等州，地處運河航線的咽喉，戰略位置十分重要。但自王智興爲節度

〔註132〕《唐會要》卷七九《諸使雜錄下》。
〔註133〕《唐會要》卷七九《諸使雜錄下》。
〔註134〕劉琴麗：《唐代武官選任制度初探》，頁 175。
〔註135〕《通鑑》卷二二四大曆四年五月條。

使後，牙兵驕橫難制，時常發生變亂。咸通三年（862）七月，又發生軍亂，節度使溫璋被逐。這次兵亂迫使朝廷下定決心，對武寧進行了大力整飭。首先，調浙東觀察使王式爲武寧節度使，對徐州牙兵進行了殘酷的屠殺。再則，爲了消滅亂源，防止叛軍勢力死灰復燃，降徐州節度使爲團練使，隸屬於兗海節度，另置宿泗都團練使。這樣武寧鎮一分爲二。鎮際轄境的調整變化，自然會帶來武職僚佐隸屬關係的改變。據同年八月的《降徐州爲團練敕》：

> 除當州諸縣鎮外，別更留兵二千人，隸屬兗海節度使收管。……其兵馬除留在徐州外，仍令王式與玄質，量其多少，分配宿州團練使及泗州兵馬留後濠州渦口城使下。如人數猶多，即分隸屬淮南、浙西、天平、兗海、淄青等道，逐便收管，各給本分衣糧，其家一任相隨。〔註136〕

一般來說，由於藩鎮的分合，武職僚佐主要是在原鎮範圍內遷轉流動，地域間的跨度不會很大。在這點上與前兩種方式有所不同。而武寧鎮這次分割行動，比較特殊，原來的軍卒和武職僚佐除隸屬於分割後形成的徐州團練使、宿泗都團練使和濠州渦口城使外，還將一部分割歸淮南、浙西、天平、淄青等鎮。這些武寧武職僚佐被分割到許多藩鎮，再也難以凝結成一股勢力。將強藩叛鎮分而治之，是唐王朝常用的伎倆。元和末年削平淄青李師道叛亂後，淄青被肢解爲三鎮：鄆、曹、濮爲一道，淄、青、齊、登、萊爲一道，兗、海、沂、密爲一道，分設節度、觀察使。唐廷也試圖將河朔的魏博、成德分而治之，但幾次都沒有成功。

（二）藩鎮辟署制度與武職僚佐遷轉流動

唐前期除授武官的權力歸於兵部。《唐六典・尚書兵部》稱，兵部尚書「掌天下軍衛武官選授之政令。」隨著使職的盛行，特別是安史之亂後，尚書各省之職權普遍被剝奪、分割與轉移。兵部所掌軍政權爲神策中尉及諸道藩鎮所攘奪。地方軍將的任用權歸於藩鎮節度使。我們知道藩鎮使府武職僚佐爲差遣使職，不是國家正式職官，其遷轉與朝廷銓選是兩回事。

武職僚佐的遷轉流動與辟署制度關係很密切。藩鎮使府的辟署制度由行軍體制下的辟署制發展而來。〔註137〕武職僚佐的軍職由節度使署任，在辟署

〔註136〕《唐大詔令集》卷九九。此處標點與原書略有不同，引文標點根據本人理解。
〔註137〕孫繼民：《唐代行軍統帥僚屬制度及其對藩鎮形成的影響》，《河北學刊》1992年第6期，頁96。

時也需要下聘書具重禮。比如幽州節度使劉濟在聘請周瑗入幕時「以繒帛數輩厚致公焉」，授散兵馬使。〔註138〕所帶官職則需要上奏朝廷，由朝廷任命。在程式上與文職僚佐幾乎沒有什麼兩樣。也是先辟署，後奏請，即府主先授予幕職，再上奏朝廷請求授予官位。當然偶而也有例外。元和十二年（817）討伐淮西中，文城柵都將吳秀琳降唐後，官拜試秘書監兼御史中丞，封濮陽郡王。敕令於唐隨節度使李愬軍前效用，令李愬署以重職。〔註139〕這次是朝廷先授予吳秀琳官職，再由節度使李愬任以軍職。吳秀琳的身份特殊，是淮西降將，曾率軍屢創唐軍。雖然他投降了李愬，李愬卻無權任用，必須奏報朝廷，得到赦免後才能辟署任用。唐制規定，文職僚佐必須是「皆奏請有出身人及六品以下正員官為之。」〔註140〕要求有出身和現任六品以下正員官，或者為前資官。「有出身」是唐政府關於幕府僚佐辟署的最低標準的要求。〔註141〕當然實際上，藩鎮往往突破這一限制，辟署白身入幕的也不鮮見。而且這一規定多是針對文職僚佐而言的，對武職僚佐並無專門規定。與文職僚佐的辟署相比，武職僚佐的辟署對象相對較為靈活，沒有嚴格的身份限制。〔註142〕因此節帥對武職僚佐的署任具有更大的用人權，而武職僚佐在入朝、留鎮或是離鎮改投他鎮上具有更大的自由空間。

在辟署制度下，武職僚佐的命運與府主緊緊聯繫在一起。「雖遇天子不能致富貴」，「遇藩翰大臣則足以敘材用」。〔註143〕這其中道理也很簡單，由於藩鎮使府實行的為辟署制，不管文職還是武職僚佐都由府主署任，而非朝廷任命。在節帥易嬗後，新任節度使重新組織自己的僚佐班子。他們自然樂於任用自己的姻舊故識。這些人情況他很瞭解，也容易作到人盡其才。另外這些人是自己的親信，指揮駕馭起來也得心應手。因此節度使易嬗之際，也是節度使府人事變動十分劇烈的時候。「如使有遷代，則幕僚亦隨而罷。」〔註144〕府主罷任、去世，其所辟的僚佐原則上也當隨之而罷職。這種情況造成武職僚佐在不被後繼節帥

〔註138〕《唐代墓誌彙編續集》大中 056《唐故平州刺史盧龍節度留後周府君墓誌銘》，頁1009。
〔註139〕《全唐文》卷六○《封吳秀琳濮陽郡王詔》。
〔註140〕《冊府元龜》卷七一六《幕府部·總序》。
〔註141〕石雲濤：《唐代幕府制度研究》，頁254。
〔註142〕劉琴麗：《唐代武官選任制度初探》，頁161～163。
〔註143〕《唐文粹》卷八八劉蛻《與京西幕府書》。又見《全唐文》卷七八九。
〔註144〕錢大昕著，陳文和等校點：《廿二史考異》卷五八《職官志》，南京：鳳凰出版社，2008年。

所留時，或隨原府主改適他鎮，或尋找其他新的出路。李良，爲上黨節度使（即澤潞節度使）程千里辟爲從事，特薦授左武衛中郎將，知節度衛（疑當爲衙）事。不久程千里去世，李良亦罷去。後又爲淮西節度使李忠臣補爲十將。〔註145〕嚴震，爲西川節度使嚴武手下押衙，「嚴武以宗姓之故，軍府之事多以委之。」嚴武卒，乃罷歸。〔註146〕樂昇進，貞元中爲河陽節度使祁連王所辟，補署同十將。元和五年（810），孟公繼任節度，樂氏留任，且遷爲衙前將，後又隨孟公遷鎮昭義。「後節度追赴闕庭，公罷府職，南歸花邑。」〔註147〕文中的祁連王指李長榮，他被封爲祁連郡王，從貞元七年（791）到十五年擔任河陽節度使。孟公指孟元陽。碑志在孟元陽爲河陽節度使時間上所載有誤，實際上永貞元年（805）九月就被任命爲河陽節度使，而非元和五年。在李長榮和孟元陽之間，尙有李元淳、衡濟、元韶等人擔任河陽節度使。在這區間樂昇進的情況不詳，碑志也沒有記載，蓋由於李長榮的調離而罷職，後孟元陽爲節度使，又重新起用了他。

當然，如果武職僚佐與府主私交很深，其去向往往視府主爲指歸。前面我們已經談到武職僚佐隨府主入朝的情況，事實上，隨府主轉鎮在唐後期似乎更爲常見。劉逸，其先彭城人，爲成德大將。「長慶初，以鎮冀不軌，醜跡彰聞，元戎太原王公乃脫彼凶妖，束身詣闕。公乃親爲侍從，共拔海壖，殊節即成，眾望斯洽。」文中的太原王公指王承元。王承元以後歷任義成、鳳翔、平盧節度使，劉逸都跟隨赴任。〔註148〕卒於寶曆二年（826）的鄭仲連，「右僕射孟公董戎三城，署公都虞候，轉河清鎮遏兵馬使。洎孟公移鎮澤潞，公又隨之，充節度押衙兼府城都虞候。」〔註149〕令狐梅的例子也很典型。令狐梅，敦煌人，元和十二年（817）伯舅薛平爲義成節度使，以他爲節度押衙。十四年，隨薛平移鎮義成，仍爲節度押衙。長慶三年（823），應李德裕之請爲浙西節度左押衙。以後除短期入朝爲官外，他長期追隨李德裕，歷義成、西川、鎮海諸鎮。由於

〔註145〕《唐代墓誌彙編》貞元 101《唐故興元元從雲麾將軍右神威軍將軍知軍事兼御史中丞上柱國順政郡王食邑三千戶實封五十戶贈夔州都督李公墓誌銘並序》，頁 1910。

〔註146〕《舊唐書》卷一一七《嚴震傳》。

〔註147〕《唐代墓誌彙編》大和 001《唐故河陽軍節度衙前將朝散大夫試殿中監樂府君墓誌銘並序》，頁 2095。

〔註148〕《唐代墓誌彙編》大和 070《唐故平盧軍討擊副使銀青光祿大夫檢校太子賓客□□□彭城郡開國男食邑三百戶劉府君墓誌銘並序》，頁 2147。

〔註149〕《唐代墓誌彙編》寶曆 019，頁 2092～2093；《全唐文補遺》第 4 輯，頁 114。

李德裕被貶宜春，令狐梅留在鎮海。及李德裕爲淮南節度使，又追隨而去。李德裕入朝爲相，令狐梅也隨之入朝爲右衛將軍。大中八年去世。〔註150〕

　　當然新任節度使初來乍到，對當地的情況一般並不很熟悉，不可能另起爐竈，摒棄全部舊有僚佐。在任用其姻舊親信的同時，一般都留任一些精明幹練對本鎮不可或缺的人物。卜璀長期任職於山南東道，至其去世，擔任軍職近三十年，經歷了十一任節度使（自于頔至牛元翼）〔註151〕唐廷出於維護地方穩定計，對節度使易嬗之際的人事任免也有所限制，防止藩鎮使府僚佐的過大變動。大和三年（829）詔令中說：

> 方鎮刺史在京除官所須收補隨從人數，有司即爲節限，他時替罷，仍
> 令隨使停解；其方鎮交代之時，及知留後官，不得輒有補署。〔註152〕

特別在人心浮動，局勢不穩的情況下，爲穩定局勢考慮，相當多的僚佐都被挽留。元和中高崇文征討劉闢，「入成都日，有若閒暇，命節級將吏，凡軍府事無鉅細，一取韋皋故事。一應爲闢脅從者，但自首並不問。」〔註153〕節度使韋皋以來的僚佐班子基本保持不動。後唐天成元年（926）八月十一日敕：

> 諸道開置幕府，皆有舊規，奏薦官僚，亦著前式，苟或驟索，難正
> 澆訛。從前諸道奏請判官，若遇移鎮，便合隨去，若無除授，亦隨
> 府罷。近年流例，有異從來，使府雖遇除移，判官元守舊職。今後
> 若朝廷除授者，即不係使府除移。如是自請充職者，便須隨去，如
> 遇府罷，其職亦罷。〔註154〕

這裡所說的「近年流例」當是唐末以來形成的慣例。判官在唐代有泛稱和專稱之別，泛稱的判官本來是對協同長官處理公務的某類佐官的通稱，後來使府僚佐亦通稱判官。〔註155〕專稱判官則指與節度副使、行軍司馬等相應的文職僚佐。上文中的所謂「判官」是廣義的概念，自然也包括武職僚佐在內。這反映唐末以來使府除移，僚佐仍守舊職的情況已經很普遍。後唐明宗天成年間試圖恢復舊制，但也針對現實情況作了一些變通。朝廷除授的使府僚佐，在節度使

〔註150〕《全唐文補遺》第 6 輯《唐故棣州刺史兼侍御史敦煌公令狐公（梅）墓誌銘》，頁 168。

〔註151〕《唐代墓誌彙編》長慶 015《唐朝散大夫檢校太子詹事襄州節度押衙兼管內諸州營田都知兵馬使及車坊使卜府君墓誌銘並序》，頁 2069。

〔註152〕《唐大詔令集》卷七一《大和三年南郊赦》。

〔註153〕《唐語林校證》卷一《政事上》。

〔註154〕《五代會要》卷二五《幕府》。又見於《舊五代史》卷三七。

〔註155〕石雲濤：《唐代幕府制度研究》，頁 53。

易代之際，不隨府除移；反之，如果是節度使自己辟署的，則必須罷職。

　　藩鎮僚佐來源除親隨元從和原鎮的僚佐外，各地藩鎮爲重府望，擴充實力，大多不遺餘力的招徠各地人才，「今四方諸侯，皆重賞以募士」。〔註156〕這造成了武職僚佐的流動範圍進一步擴大。唐人符載云：「今四方諸侯裂王土，荷天爵，開蓮花之府者，凡五十餘鎮焉。以禮義相推，以賓佐相高。長城巨防，懸在一士。苟人非髦彥，延納失所，雖地方千里，財富百倍（一作萬），有識君子，咸舉手而指之。」〔註157〕文中的「蓮花之府」指幕府。〔註158〕史書中藩鎮使府積極招徠各地人才的例子是很多的。李晟，隴右臨洮人，善騎射，勇敢絕倫，本爲河西將，鳳翔節度使高昇聞其名，召補列將。澤潞節度使李抱眞，「嘗欲招致天下賢儁，聞人之善，必令持貨幣數千里邀致之。」〔註159〕王虔休，汝州梁人，本於鄉里爲將，李抱眞聞其名，厚以財帛招之，累授兵馬使押衙。術者李琢能言禍福，劉從諫以重幣邀，辟署大將。

　　眾所週知，河朔三鎮建立後，唐中央仍未放棄收復的努力，在圍繞節度使是朝廷任命還是本鎮父子世襲問題上，中央與三鎮進行了長期的鬥爭。建中之亂就是成德節度使李寶臣死後，唐德宗不允許其子李惟岳繼任而引起的。朝廷對三鎮充滿敵意，三鎮政治環境十分惡劣。除北部爲少數民族地區，東部是浩瀚的大海外，其他兩面爲忠於中央的藩鎮所包圍，強鄰環伺。因此爲了自保，以三鎮爲代表的驕藩叛鎮對人才更是充滿渴望，甚至嘯引亡叛，以作爲其割據叛亂的資本。由於這些方鎮基本上爲王命所不及，朝廷對其控制很弱。一些朝廷的叛臣罪臣，其他藩鎮根本不敢收容，而這些驕藩叛鎮則敢將其收羅於麾下，爲其所用。元誼本爲澤潞別將攝洺州刺史，在叛亂失敗後逃奔魏博。其女還嫁給了節度使田季安。河北三鎮和淮西、淄青等鎮能以一隅之地與中央相抗衡，除合縱連衡結成政治同盟，軍事、經濟力量強大等諸多原因外，人才資源的充足也是一個重要條件。史書對此多有記載。

　　淮西節度使吳少陽「招四方亡命，以實其軍。」〔註160〕

〔註156〕《通鑑》卷二六三唐天復二年三月。
〔註157〕《文苑英華》卷七二六《送崔副使歸洪州幕府序》。
〔註158〕這典故來源於南齊時的王儉。王儉於高帝時爲衛將軍，領朝政，一時所辟皆才名之士，時人以入儉府爲入蓮花池，言如紅蓮綠水，交相輝映。後世因稱幕府爲蓮幕。
〔註159〕《舊唐書》卷一三二《李抱眞傳》。
〔註160〕《新唐書》卷二一四《吳少陽傳》。

淄青鎮「自（李）正己以來，雖外奉王命，而嘯引亡叛，有得罪于朝者厚納之。」〔註161〕

成德節度使李寶臣「益招來亡命，雄冠山東。」〔註162〕

王武俊爲成德節度使時「弘覆燾之心，撫騎士如子，招綏有禮，賞罰必中。」楊孝直就是遠慕風教，而投事王武俊麾下的。〔註163〕

魏博節度使田悅，史書上稱「今田悅之徒，並是庸瑣，繁刑暴賦，惟恤軍戎，衣冠士人，遇如奴虜」。〔註164〕這句話其實是有問題的。它出自中央官員之口，帶有個人主觀偏見，並不符合歷史實際。另據田悅本傳，說他「招致賢才，開館宇，禮天下士。」〔註165〕三鎮節度使多出自異族或胡化的漢人，文化修養相對較差，在某個時期內對其轄區橫征暴斂是可能的。由於唐後期藩鎮統治的支柱是由破產農民和流氓無產者組成的職業軍人，爲了贏得他們的支持，維護本鎮的穩定，除了貪婪荒淫、酷虐強橫的極個別節度使外，大部分節帥都以安定軍心爲首要任務，往往不惜錢財，厚待軍人。兩書的記載雖在田悅對待士大夫文士態度上有所不同，但在他重視軍備，優禮武職僚佐上則是一致的。周墀，會昌六年（846）爲鄭滑節度使，「老將某項領不如教約，公鞭背降爲下卒，聲北入魏，皆曰：『周尚書文儒，能治百姓，仁愛兵士，而復敢爾，是豈可犯。』」〔註166〕老將某在被貶謫後，口口聲聲稱要投奔魏博鎮。

各鎮之間對人才的爭奪有時是很激烈的。某人同時收到幾份聘書，爲幾個藩鎮爭相辟署的情況並不罕見。史用誠「貞元初，藝成絕倫，縱遊郡國，名藩重鎮，爭致邀迓，乃不屑就，其道益光。」〔註167〕李珙，出身於山東士族，澤潞節度使李抱眞以之爲衙門將。但李珙嗜酒任氣，不爲李抱眞所重。由於得不到重用，李珙鬱鬱不得志，打算離開澤潞，改適他鎮。澤潞都將王虔休勸告李抱眞挽留李珙，指出「李珙，奇士也，若不能用，不如殺之，無爲他

〔註161〕《新唐書》卷二一三《李師道傳》。

〔註162〕《新唐書》卷二一一《李寶臣傳》。

〔註163〕《唐代墓誌彙編》寶曆 017《唐故鳳翔節度押衙兼知排衙右二將銀青光祿大夫兼太子賓客弘農楊公墓誌銘並序》，頁2091。

〔註164〕《全唐文》卷四七七杜佑《省官議》。

〔註165〕《新唐書》卷二一○《田悅傳》。

〔註166〕《樊川文集》卷七《唐故東川節度使檢校右僕射兼御史大夫贈司徒周公墓誌銘》。墓誌中未明言周公之名諱，考之吳廷燮《唐方鎮年表》知爲周墀，他於會昌六年至大中元年爲義成（即鄭滑）節度使。

〔註167〕《全唐文》卷七四七奚敬元《唐左羽林軍大將軍史公神道碑》。

人所得。」〔註168〕使府僚佐是當時很活躍的一個群體,除入仕中央一途外,全國有四五十個藩鎮可以選擇,合則留,不合則去,可供選擇的餘地很大,很有點春秋戰國時代諸士的味道。李珙不爲節度使李抱眞所重用,便可選擇離開。曾任鄜坊節度押衙的李匡扶也「遊宦五都,遍參行烈,戎□重遇,靡不優顧。」〔註169〕他們遷轉流動有時是在罷任後,有時則在任中。不待任滿,如果別鎮以高官重金招納,他們同樣可以選擇離開,而沒有什麼制度上的限制。因此,這些武職僚佐在藩鎮間遷轉流動時往往伴隨著官職和職級的陞遷,這也是加速這個群體流動的動力機制。

吳少陽,滄州清池人,初效力於魏博鎮,與同在魏博的吳少誠的父親吳翔關係莫逆。後來吳少誠爲淮西節度使,「乃厚以金帛取少陽至,則名以堂弟,署爲軍職,累奏官爵。」〔註170〕

伊愼爲江西節度使路嗣恭手下牙將。大曆中,伊愼跟隨淮西節度使李希烈討伐梁崇義。伊愼摧鋒陷敵,屢立戰功。「江漢既平,希烈愛愼之材,數遺善馬,意欲縻之,愼以計遁,歸命本道。」〔註171〕

嚴武爲西川節度使,十分賞識崔寧的才能,薦其爲利州刺史。當時利州屬東川,不是西川巡屬。及嚴武再爲西川節度使,途經利州,很想將崔寧收於麾下。崔寧感嚴武知遇之恩,再加上爲節度使張獻誠所忌,也很願意舍東川而就西川。嚴武爲防止張獻誠從中阻撓,首先送給張獻誠大量奇錦珍貝,價值百金,此後才下聘書相召。在張獻誠同意放行的情況下,崔寧即日稱疾,棄官之劍南。嚴武奏爲漢州刺史。〔註172〕崔寧即在東川任期還沒有滿的情況下,棄東川而就西川。

柳延宗爲西川節度押衙兼殿中侍御史,「宣武軍節度使安公仰其材器,靡授節度押衙轉侍御史。上表乞官,用精行止。」〔註173〕殿中侍御史從七品下,侍御史從六品下。劉延宗從西川轉到宣武,職級沒變,還是節度押衙,但憲銜卻升了一品。文中的宣武節度使安公不知何人。據吳廷燮《唐方鎮年表》

〔註168〕《舊唐書》卷一六一《李珙傳》。

〔註169〕《唐代墓誌彙編》殘志 011《前鄜坊節度使押衙銀青光祿大夫檢校太子賓客上柱國李府君之墓誌》,頁 2545。

〔註170〕《舊唐書》卷一四五《吳少誠附少陽傳》。

〔註171〕《舊唐書》卷一五一《伊愼傳》。

〔註172〕《冊府元龜》卷四二二《將帥部·任能》。

〔註173〕《唐代墓誌彙編》廣明 004《唐宣武軍節度押衙兼侍御史河東柳府公墓誌》,頁 2502。

卷二「宣武」條所列，唐後期宣武鎮並無姓安的節度使。郁賢皓先生在《唐刺史考》中認爲此墓誌補充了《唐方鎮年表》的漏載，並考證安某在任時間約爲乾符六年至廣明元年。〔註174〕

　　唐廷對武職僚佐在藩鎮間的遷轉流動，前後政策曾有所變化。除對入朝限制較多外，對任職期滿，轉仕他鎮的行爲，自始至終都是允許的。「又應諸方鎮，或因移易，停罷其使。隨從元從軍將，只合本道量才驅使。不情願住者，一任東西。不合更來朝廷，別求僥倖。勅旨，依奏。」〔註175〕它所限制的主要是在任職其間，在節帥不知情的情況下貪於利祿改事新鎮的行爲。《唐大詔令集》卷一〇七《禁諸道將校逃亡制》：

> 如聞諸節度及團練使下官健，多有逃入諸軍。去其所從，犯我明禁。
> 在於國令，固合懲姦，眷其戎勳，尚容改過。自今以後，切宜禁止。
> 應有此色，諸軍不得輒容，差人遞還，各付所統。

此詔書又見於《全唐文》卷四一〇，乃常袞所擬。此詔書時間不詳。池田溫先生主編的《唐代詔敕目錄》將此詔書繫於唐代宗大曆年間。唐人慣以「軍興」指安史之亂。從「軍興以來，十有四載」一句可以進一步推定頒於安史之亂後十四年，即大曆四年左右。另同卷《禁諸道將士逃入諸軍制》與此內容相似。

> 或有見利而動，不顧所從，棄軍畔官，改事新將……如聞諸節度及
> 團練使下官健，多有逃入諸軍。亡而不追，浸以成弊……自今已後，
> 切宜禁絕。應有此色，諸軍不得輒容，差人遞還，各付所統。

不難想像當時諸道將校逃亡，改事新鎮的現象十分嚴重，以致「浸以成弊」，唐代宗在不長的時間裏發佈了兩道類似的詔書。詔書用辭也異乎尋常的嚴厲，對這種行爲進行了嚴厲的譴責，「況貳於統部，撓我師律，棄恩不義，犯教不忠，何名節之頓虧，亦功勞之可惜。」當然這些詔書的效果是值得懷疑的，可能不過一紙具文，根本不可能得到貫徹執行。由於屢禁不止，唐廷也不得不加以默認。以後再也看不到類似的詔書，估計唐廷已經放棄了干涉的努力。

　　辟署制度下使府僚佐（包括文武僚佐）的活躍，是與唐後期的社會環境分不開的。當時天下裂於方鎮，在當時人看來這種局面就是春秋戰國時代的復活。諸節度使（包括觀察使、防禦使等）在唐人文集中廣泛的被稱之爲諸侯。藩鎮之間以及藩鎮與中央之間的矛盾鬥爭爲他們縱橫捭闔提供了廣闊的

〔註174〕郁賢皓：《唐刺史考全編》卷五五「汴州」。
〔註175〕《唐會要》卷七九《諸使下‧諸使雜錄下》。

舞臺。當天下一統，海內為一，中央集權重新加強時這個群體便又銷聲匿迹，退出了歷史舞臺。

（三）軍亂、戰爭、貶斥等原因引起的武職僚佐的遷轉流動

唐後期，為了對付跋扈和叛亂藩鎮，除了利用神策等禁軍之外，在大部分情況下，唐王朝是糾集諸順地藩鎮進行討伐，即所謂以方鎮制方鎮。另外，諸鎮之間為了爭奪土地和人口，也常發生戰爭，大噬小，強吞弱。在戰爭中一些武職僚佐，或因為被俘，或為形勢所迫改投敵鎮，造成諸鎮間武職僚佐的遷轉流動。另外藩鎮內部的動亂，也是造成武職僚佐改投他鎮的重要原因。

貞元十年（794）六月，昭義軍節度使李抱真卒，詔以步軍都虞候王延貴（即王虔休）權知昭義軍事，充昭義節度留後。行軍司馬、權知洺州事元誼不服，據洺州叛，陰結魏博田緒。王延貴遣大將李廷芝討之，戰長橋，斬級數百，次雞澤，又破之。十二年春正月元誼、李文通率洺州兵五千、民五萬家東奔田緒。〔註176〕直至元和年間，仍有澤潞潰散健兒，陸續經由魏博，卻投邢州者。〔註177〕

貞元十年七月，宣武軍亂，叛軍攻節度留後李萬榮，不勝，劫運財、民貲，殺掠數千人而潰。韓惟清奔鄭州，張彥琳走東都自歸。殘餘之眾奔宋州，劉逸淮撫之。〔註178〕

元和十四年（819）正月，在討伐淄青李師道中，淄青偽署海州陽縣令兼鎮遏兵馬使梁洞，以縣降於楚州刺史李總。〔註179〕

開成二年（837）九月，河陽軍士驅逐節度使李泳，相煽為亂。新任節度使李執方將為首的七十餘人斬首，「餘黨分隸外鎮」，才使事態得以平息。〔註180〕

李承約，少習武事，弱冠為幽州牙門校，遷山後八軍巡檢使。屬劉守光因殺父兄，名儒宿將經事父兄者，多無辜被戮。李承約自以握兵在外，心不自安。乃以所部二千歸於河東李克用，補匡霸都指揮使、檢校右僕射兼領貝州刺史。〔註181〕

在順地藩鎮間，武職僚佐還有因受貶斥而至外鎮者。劉悟為劉全晾之姪，

〔註176〕《舊唐書》卷一三《德宗紀》及《新唐書》卷一四七《王虔休傳》。
〔註177〕《白居易集》卷四二《請罷兵第三狀‧請罷恒州兵馬事宜》。
〔註178〕《新唐書》卷二一四《李萬榮傳》。
〔註179〕《冊府元龜》卷一六五《帝王部‧招懷》。
〔註180〕《通鑒》卷二五五。
〔註181〕《舊五代史》卷九○《李承約傳》。

劉全諒節度宣武，署劉悟爲牙將，後以罪奔潞州，王虔休復署爲將。《唐語林》卷一記載：

> 盧元公鈞鎮北都，推官李璋幕中飲酒醉，決主酒軍職衙前虞候。明日，元公出赴行香，其徒百八十人橫街見公，論無小推巡決得衙前虞候例。元公命收禁責狀。至衙，命李推官所決者更決配外鎮，其餘虞候各罰金。內外不測。

《通鑑》卷二四九對此事亦有記載，但文字頗有舛異，云李璋爲掌書記，橫訴鬧事者爲牙將百餘人。盧鈞爲河東節度使，爲處罰不聽命的衙前虞候（或曰牙將），將爲首者決配外鎮。「外鎮」多是指北方、西北遠惡和南方瘴癘之地。當然，這是一種很嚴厲的處罰，有些類似於流放的色彩了。

二、武職僚佐選擇藩鎮的原則

前面我們對武職僚佐遷轉流動的兩種主要方式進行了探討。第一種是由唐王朝軍事防禦調整而造成的地區間的遷轉流動。在這種情況下，武職僚佐個人選擇的餘地很小，起決定作用的是國家和節度使的意志。此節探討武職僚佐選擇藩鎮的原則主要是針對第二類，即在辟署制度下的武職僚佐遷轉流動所遵循的原則。

首先，對「盛府」的青睞。戴偉華指出，文人出於仕進和生計的考慮對方鎮的選擇首先是盛府的選擇。所謂的「盛府」主要指府主賢、賓客精、聲勢大。[註182]這是因爲使府文士，「翔集翰飛，蓋視其府之輕重耳」。[註183]所處之使府直接關係到文士之前途。唐代藩鎮大致有三種類型，即節度使、觀察使和防禦使。其中節度使地位最高，觀察使次之，防禦使最次。即使同是節度使府，地位實際上也是有差別的，也有大鎮和小鎮的區別。牛僧孺罷相後被外放爲武昌節度使，在赴任途中經過襄陽時，山南東道節度使柳公綽具戎服，於郵舍候之。柳公綽的手下對此舉很有意見，「自以漢上地高於鄂，禮太過。」[註184]牛僧孺爲武昌軍節度使，與柳公綽同爲節度使，而在當時人眼中卻認爲，「漢上地高於鄂」，即山南東道地位高於武昌軍。山南東道與淮南、西川等鎮等常常是宰相迴翔之地，來罷宰相，去登宰相，其地位是一般方鎮無法比擬的。王鍔由

[註182]《唐代使府與文學研究》，南寧：廣西師範大學出版社，1998年，頁24～25。
[註183]《全唐文》卷四九二權德輿《送李十弟侍御赴嶺南序》。
[註184]《舊唐書》卷一六五《柳公綽傳》。

嶺南節度使，歷刑部尚書，始任淮南行軍司馬。淮南鎮地位之隆可見一斑，其高於嶺南鎮是顯而易見的。在藩鎮的選擇上，無論文職僚佐還是武職僚佐，仕宦前途往往是首先考慮的因素。盛府的節度使具有深厚的政治背景和龐大的人際關係網，手下僚佐自然也有較多的被舉薦和陞遷的機會。「雄藩大府極易於翰飛朝廷。」一般人自然將這些方鎮作爲趨鶩的目標。韋皋爲西川節度使，「延接賓客，遠近慕義遊蜀者甚多。」〔註185〕當然入這些使府也不是輕而易舉的，存在著很激烈的競爭。據史籍記載：

> 大中皇帝多微行坊曲間。……一日，到天街中，道旁見一人，狀若軍
> 將，坐槐樹下石上。見上來，遽起，鞠躬而立。上詰之，云：「姓趙，
> 淮南人也。」問之，云：「聞杜悰相公出鎮淮南，欲往謁耳。」上問：
> 「舊識耶？」對曰：「非舊識，始往投誠。」上曰：「公聞杜公何如人
> 也？」對曰：「杜是累朝元老，聖上英明，復委用之，非偶然也。」
> 上悅之，詰曰：「懷中何有？」乃一牘，述行止也。上留之，戒曰：「但
> 留邸中伺候，杜公必來奉召。」翌日，上以狀授邠公，乃批云：「授
> 淮南別勅押衙。」終身獲厚祿焉。其人感遇，人皆稱之。〔註186〕

杜悰曾先後兩次爲淮南節度使，第一次在會昌二年（842），四年便入朝爲相。第二次在大中六年（852），由西川節度使轉任淮南節度使。文中記載的當是此次。「相公」是唐人對宰相的習稱，當時杜悰並非朝中宰相，而是西川節度使。但他帶同平章事銜，是所謂的使相。故文中稱杜悰相公。趙某與杜悰非親非故，完全是慕名而往。他從長安擬千里迢迢遠往投奔，看中的正是杜悰累朝元老的身份。從上下文揣度，趙某對能否被杜悰收留似乎很擔心。故唐宣宗才親自出面，指定杜悰授予趙某押衙一職。此材料雖來自筆記小說，眞實性或有疑問，但其中蘊含的資訊卻是不容忽視的。

其次，就近原則，即於本地藩鎮任職。

自漢代以來開始實行「三互法」，其中很重要的一條就是限制地方官在本貫任職。這措施在唐代仍被強調和貫徹。即使在安史之亂後，唐廷也在努力限制當地人任州縣官。永泰元年（765）七月詔：「不許百姓任本貫州縣官及本貫隣縣官。京兆、河南府不在此限。〔註187〕即使在唐末這項原則仍在堅持，

〔註185〕裴鉶：《傳奇》「許棲巖」條，轉引自《太平廣記》卷四七。
〔註186〕《中朝故事》，轉引自《東觀奏記》附錄三，北京：中華書局，1997年。
〔註187〕《冊府元龜》卷六三○《銓選部‧條制二》。

乾符二年（875），又重申此制：

> 刺史縣令，如是本州百姓及商人等，准元勅不令任當處官，不繫高
> 下，蓋以事體不可。兼又十室九親，多有憎愛，一切阻礙，公事難
> 行；近年此色至多，各仰本道遞相檢察，當日勒停；百姓商人，亦
> 不合爲本縣鎮將，若有違越，必舉典刑。裨補除任，實在獎勞，奏
> 請繁多，則爲過濫。〔註188〕

州縣長吏作爲親民官，限制本地人於當地任職，主要出於防止任人唯親、徇私舞弊現象的發生。而使府僚佐則沒有這些限制。學界許多人都注意到了藩鎮僚佐任職的本地化現象。石雲濤指出，開元、天寶時期邊鎮幕府就近辟署當地州府郡縣官吏、軍府軍將及各種人才，這在當時已經十分普遍。〔註189〕唐後期這種現象更爲普遍。

王虔休，汝州梁人，少涉獵書籍，名聞鄉里，尤好武藝。大曆中，汝州刺史李深用之爲將。〔註190〕

劉玄佐，滑州匡城人，因犯法，乃亡命從軍。大曆中爲永平軍衙將。永平軍治於滑州，劉玄佐所從軍，從上下文來看，當爲永平軍。〔註191〕

李神福，洺州人，「唐末四境交募勁兵，因隸上黨軍籍。」〔註192〕所謂上黨，即澤潞鎮，澤潞治於潞州，又稱上黨。因以上黨爲澤潞之代稱。

軍將任職的本地化在河朔最爲突出。王壽南先生已經指出「自安史之亂以後，成德、魏博、幽州三鎮藩帥多爲外族或本地人。」〔註193〕根據本書末附表一「唐後期藩鎮僚武職佐辟署遷轉統計總表」，表中所列唐後期武職僚佐202人，其中有遷鎮經歷（不包括因升任節度使等而遷鎮，及入朝爲官）的共56人，占27.7%。其中初仕於割據型方鎮（包括幽州、魏博、成德、義武、橫海、淮西、淄青）的共70人，有遷鎮經歷的有僅5人，所占比例僅爲7.14%，遠較「順地」39%的比例爲低。可見河朔地區不僅節度使，而且一般軍將也流動性較弱，主要於當地任職。魏博節度使羅弘信，魏州貴鄉人，曾祖、祖、父皆爲本州軍校。據楊孝直墓誌，「近年家于燕垂，因職業在斯。曾祖模，祖

〔註188〕《唐大詔令集》卷七二《乾符二年南郊赦》。
〔註189〕石雲濤：《唐代幕府制度研究》第3章《唐開元、天寶時期邊鎮幕府》，頁134。
〔註190〕《舊唐書》卷一三二《王虔休傳》。
〔註191〕《舊唐書》卷一四五《劉玄佐傳》。
〔註192〕《九國志》卷一《李神福》。
〔註193〕王壽南：《唐代藩鎮與中央關係之研究》，頁332。

翰，皆委身盧龍軍，名居列將。」從其父楊達開始，至其子三代改仕成德軍。
楊孝直於王武俊初任成德節度使時（建中三年）即任職成德，歷經王武俊、
王士真、王承宗三任節度使，至元和十四年（819），方隨王承元離鎮，前後
在成德軍中達三十八年之久。〔註194〕應當指出的是，軍將在入仕之初，因地
理之便多仕於本州本鎮，但其後的遷轉則不受地域的限制。前面所舉的王虔
休後又仕於昭義，最後官至節度使。還比如，嚴籌，本滑州粗城縣人，從職
之初為滑州討擊使，後迭轉數鎮，依次為宣州討擊使、楚州衙前兵馬使、定
州衙前兵馬使、荊南同節度副使等等。〔註195〕關於這方面後面有詳細論述，
在此不再贅述。

其次，姻舊原則

自漢代以來，在官員任用上有迴避制度，即對任用親屬姻舊有所限制。
唐朝也不例外。但由於使府僚佐不屬於國家正式職官，對他們的任用限制要
少得多。而且在儒家學說占統治地位的中國古代社會裏，向來重視血緣關係，
重視親情，在迴避制度的同時，也存在用人不避親的傳統。正如我們前面提
到的，唐後期政治權力下移，藩鎮節度使（包括觀察使、防禦使等）擁有廣
泛的用人權，在僚佐的任用上有辟署和奏請的權力。辟署制說到底，是一種以
私人關係為紐帶聘用僚屬的選官制度。辟主和被署者之間關係的確立必然要
以瞭解、熟悉、相知為前提，其來源必然是以親戚和故舊為特徵。當然，唐
王朝在法令條文上對任用親屬密戚擔任幕職也有所限制，「密親佐幕，有虧典
法」。元和二年（807）正月，鄂岳等州觀察使呂元膺奏請妹婿京兆府咸陽尉
馬縫為試大理評事，充當州觀察支度使，便為憲司所劾。雖然唐憲宗赦免呂
元膺之罪，但朝議對此很有微辭。〔註196〕事實上，在現實生活中，使府任用
密戚姻舊是十分普遍的。唐王朝的規定衹是具文，根本得不到貫徹執行。從
僚佐方面來講，選擇親故舊識的幕府，一方面增加能入幕的可能性，另一方
面在入幕後，利於以後的陞遷。因此，私交舊誼和姻親等因素是武職僚佐選
擇幕府的重要因素。梁慎，有勇力，以弧矢為事。原任於哥舒翰幕府，「公嘗
善岐國公魯炅，炅方守襄鄧，乃往從之。表遷右羽林中郎將。」〔註197〕劉玄

〔註194〕《唐代墓誌彙編》大和 090《唐故山南東道節度押衙光祿大夫檢校太子賓客
前行鄧州長史兼侍御史弘農縣開國男楊公墓誌銘》，頁 2160。
〔註195〕《唐代墓誌彙編》咸通 022《唐故嚴公墓誌銘》，頁 2395。
〔註196〕《唐會要》卷七八《諸使中・諸使雜錄上》。
〔註197〕《全唐文》卷五二一梁肅《冠軍大將軍檢校左衛將軍開國男安定梁公墓誌銘

佐爲汴宋節度使，「時鄉里姻舊，以地近多歸之，司徒（指劉玄佐）不欲私擢居將校之列，又難置於賤卒，盡署爲將判官。此職列假緋衫銀魚，外視榮之，實處在散冗。其類漸眾。久之，有獻啓訴於公者，乃署他職。」〔註198〕劉玄佐，本名洽，滑州匡城人，位至三公（指檢校司徒）。鄉里姻舊投靠他時，他雖然很爲難，但還是爲他們安排了職位。後來有人又嫌職務低微，劉玄佐又爲他們安排了新的職位。據文末附表一「唐後期武職僚佐辟署統計總表」，在總共202位武職僚佐中，與府主有一定關係的達34人，幾占總數的18.3%。

再次，在地區上對邊鎮的偏重。

前面幾種原則可以說是文職、武職僚佐共同具有的。但在地區的選擇上，兩者則往往有所不同。文士往往選擇安定富庶的地區，「於時宦遊之士，率以東南爲善地。」〔註199〕長江流域及其南方地區成了文士入幕的最佳選擇地點。像西川、淮南、浙東、浙西、宣歙、江西等鎮都對文士很有吸引力。〔註200〕這些地區，在唐代爲財賦豐贍但兵力寡弱的地區，山川秀美、生活安逸、待遇優厚，無疑是修身養性，怡養天年的絕佳處所。而邊鎮等荒遠去處，環境惡劣，俸料微薄，一般選人多不願意去。當然唐初特別是唐玄宗時期，懷才不遇的文士從軍入邊地幕府的事例也是很多的。高適、王昌齡、王維等著名文人不過是較有代表性的幾個人而已。當時社會上洋溢著建功立業、昂揚向上的氣氛，被稱之爲「盛唐氣象」。嚴酷的戰爭環境、獨特的邊塞風光和豐富的軍旅生活成爲這些入塞文人創作的源泉，培育了一大批邊塞詩人，邊塞詩成爲盛唐詩苑的一支奇葩。唐後期世風爲之一變，文士大多不願於邊鎮任職。柳正封，河東人，爲易定節度使柳濟之孫。「公生於定陵之鄉，長於京兆之域。」以吏部常選授陳州宛丘縣尉。在秩滿後，靈武節度使辟署其爲靈州節度押衙兼太子賓客。太子賓客爲檢校官，正三品。柳正封卻「三載不就，託故汝州」。他捨棄靈州幕府的職位而就汝州的原因不詳。恐怕與靈州地處邊塞，僻處一隅，而汝州位於都畿有很大的關係。他在汝州仕宦並不如意，不過爲一縣尉，甚至淪落到妻孥無依的境地。〔註201〕即使這樣，他也寧願擔任內地下僚，也不願任職邊塞。這樣的例子

並序》。

〔註198〕《唐語林校證》卷四《豪爽》。

〔註199〕王禹偁：《小畜集》卷三〇《建谿處士贈大理評事柳府君墓碣銘》，《四部叢刊》本。

〔註200〕參見戴偉華：《唐代使府與文學研究》，頁25～28。

〔註201〕《唐代墓誌彙編》開成031《唐故陳州宛丘縣尉河東柳府君墓誌》，頁2190。

恐怕並非個別。在唐後期官闕十分緊張的情況下，邊遠地區存在較多的員闕，朝廷對願意去這些地區任職的選人有較大的優惠。〔註 202〕太和元年（827）的一份詔書中更直接指出：

> 河北諸道滄景德棣之類，經破傷之後，及靈夏、邠寧、麟（廊）坊、涇原、振武、豐州全無俸料，有出身人及正員官，悉不肯去，吏部從前多不注擬。〔註 203〕

大中五年（851）十月中書門下奏：

> 其河東、潞府、邠寧、涇原、靈武、振武、廊坊、滄德、易定、夏州、三川等道，或道路懸遠，或俸料單微。每年選人，多不肯受。」
> 〔註 204〕

類似的詔書屢見於史乘，反映即使在種種優惠政策下，一般選人仍不願到邊鎮任職。甚至到五代時這種情況仍未改變。晉少帝天福八年（943）五月敕：

> 河東管內及廊、延、涇、邠、秦、隴、鳳等州管內闕員不少，選人以家私不便，多不伏官，宜令所司不拘超折注擬。〔註 205〕

與文士視這些地區爲畏途相反，唐後期武職僚佐則集中於這些地區。邊鎮特別是西北邊疆屯有重兵，戰事頻繁，爲希望借助軍功建功立業的人提供了廣闊的活動舞臺。由於唐立國於西北，國都長安的地理位置使得它處在吐蕃鐵騎的直接威脅之下。西北邊疆的局勢直接關係到長安的安危。因此這裡爲唐廷重點經營的地區，各地將帥之翹楚也被抽調到這裡，以加強這裡的防禦力量，「猛將精兵，皆聚於西北。」李愬爲李晟之子，將門之後，在元和年間討伐淮西吳元濟中立下奇功。唐憲宗有意收復隴右故地，元和十三年（818）五月，任命李愬爲鳳翔隴右節度使。李光顏，原爲忠武都知兵馬使，在討伐淮西中獨當一面，史稱「忠武一軍，破賊第一」〔註 206〕，以功拜義成節度使。元和十四年（819），吐蕃入寇，移授邠寧節度使。劉沔爲忠武牙將，隨李光顏入朝，唐憲宗留宿衛，歷三將軍。後出爲鹽州刺史、天德軍防禦使，在西北累立戰功。一些河北軍將在入朝後往往也被任以西北禦邊之任。田布爲魏博節度使田弘正之子，長慶元

〔註 202〕《全唐文》卷七八武宗皇帝《加尊號後郊天赦文》。

〔註 203〕《冊府元龜》卷六三一《銓選部・條制三》。又見於《唐會要》卷七四《吏曹條例》，文字略有差異。

〔註 204〕《唐會要》卷七九《諸使雜錄下》。

〔註 205〕《冊府元龜》卷六三四《銓選部・條制六》。

〔註 206〕《舊唐書》卷一六一《劉沔傳》。

年（821）移鎮涇原。其弟田牟會昌初爲豐州刺史、天德軍使。諸子皆以邊上立功，累更藩鎮。劉澭爲幽州節度使劉濟異母弟，入朝後德宗寵遇之，特授秦州刺史，以普潤縣爲治所。「其軍蕃戎畏之，不敢爲寇。」〔註207〕石雄，本爲徐州牙將，因被節度使王智興所忌，被貶壁州刺史。大和中，河西黨項擾亂，選求武士，乃召還，隸振武劉沔軍爲裨將。〔註208〕

隨著節度使制度的確立，軍人成爲職業軍人。各個藩鎮武職僚佐任職都出現了長期化乃至家族化的傾向。這在西北邊地藩鎮表現尤其突出。王承裕，太原祁人，「始自筮仕，至於宦達，前後遷拜，皆在邊陲，統攝職務，莫匪軍政。」〔註209〕劉昌爲京西北行營節度使，在西北達十五年。〔註210〕郝玭，貞元中爲臨涇鎮將，「在邊（指涇原）三十年。」〔註211〕至於家族化的問題，將在下章詳細論述。

王智興爲武寧節度使，曾賦詩：「三十年前老健兒，剛被郎中遣作詩。江南花柳從君詠，塞北煙塵獨我知。」〔註212〕王智興出身行伍，原爲徐州衙卒，故他以「老健兒」自況。他爲徐將二十餘年，以軍功累至武寧、忠武、宣武等鎮節度使。從他的仕途來看，並沒有任職塞北的經歷。因此，所謂的「塞北」祇是泛指邊疆而已。從詩的上下文來看，王智興雖然自認爲吟詩作賦非其所長，卻頗以熟諳邊疆形勢自矜。在他看來，所謂的「健兒」與文士是有區別的。文士流連江南，對江南風物人情十分熟悉，吟詩作賦是其所長；健兒戎馬倥傯，則長於北疆戰事。

文末附表一「唐後期武職僚佐辟署統計總表」中共收錄 202 人，除幾人情況不詳外，在初辟使府中，河朔型方鎮數量最大，共 70 人，邊疆型方鎮與中原型方鎮大概持平，分別爲 43 人和 52 人。而東南型方鎮最少，只有 8 人。東南型方鎮與其他三種方鎮相比數量十分懸殊。這充分反映了武職僚佐在藩鎮選擇上並不鍾情於東南地區的藩鎮。當然這些資料可能並非十分準確，但反映大致趨向應該是不成問題的。高崇文的例子或許能幫助我們更好的理解

〔註207〕《舊唐書》卷一四三《劉怦附澭傳》。

〔註208〕《舊唐書》卷一六一《石雄傳》。

〔註209〕《唐代墓誌彙編》天寶 179《唐故榆林郡都督府長史太原王府君墓誌銘並序》，頁 1656。

〔註210〕《舊唐書》卷一五二《劉昌傳》。

〔註211〕《舊唐書》卷一五二《郝玭傳》。

〔註212〕《全唐詩》卷三一四《徐州使院賦》。

這一點。高崇文，幽州人（或云渤海人），長期任職於西北，累至長武城使。元和中以討伐西川劉闢之功，被任命爲西川節度使。西川爲宰相迴翔之地，唐廷對此鎮節度使的人選極爲愼重，不肯輕易授人。高崇文被委以此職，足見朝廷對他的重視。但高崇文不識字，在任上很不習慣，「厭大府案牘諮稟之繁，且以優富之地，無所陳力，乞居塞上以扞邊戍，懇疏累上。」〔註213〕因此被任命爲邠寧節度使，又重新回到了西北戰場。

三、武職僚佐在藩鎮間的遷轉

武職僚佐在藩鎮間的遷轉分三種情況

（一）順地藩鎮與驕藩間的武職僚佐遷轉

安史之亂後，以河朔三鎮爲代表的割據型藩鎮與順地藩鎮之間，除了戰爭期間的特殊狀態下，其他大部分時間裏，各階層的流動是十分頻繁的。幽州鎮涿州房山雲居寺爲北方地區一個著名的佛教中心。來到這裡寫經、造像、朝聖、巡禮的僧俗人士，以河朔人士居多，除此之外，還有來自其他地區，例如扶風、太原，甚至南方一些地區。〔註214〕即使在幽州朱克融與中央兵戎相見的時候，仍有煉丹道士往來於薊門與襄陽之間。〔註215〕澤潞鎮，又稱昭義鎮，有邢、磁、洺三州位於山東，與成德接壤，是唐王朝用來防遏河朔的重鎮。自李抱眞以來，在歷次討伐河朔叛亂中都發揮了重要作用。職此之故，澤潞鎮與河朔，特別是與其毗鄰的成德積怨很深。這不可避免的會影響到兩鎮之間民間的往來。「成德一軍，自六十年來，世與昭義爲敵，訪聞無事之日，村落隣里，不相往來。」〔註216〕其實杜牧的說法是很成問題的。他根本沒有在河朔和澤潞生活的經歷。這種說法並非來源於他親身所見所聞，祇是來自道聽途說。即使是杜牧在文中也採取了一種很謹愼的態度，使用了「訪聞」的措詞，這表明他對此的眞實性也是有所保留的。因此，這條材料的可信度並不很高。當然在戰爭等特殊時期內，藩鎮間禁止人員來往也是可能的。碑刻材料中這樣的記載有一些：

〔註213〕《舊唐書》卷一五一《高崇文傳》。
〔註214〕詳見《房山石經題記彙編》，北京：書目文獻出版社，1987年，頁58、90、11、91、102。
〔註215〕《舊唐書》卷一六五《柳公綽傳》。
〔註216〕《樊川文集》卷一一《上李司徒相公論用兵書》。另《新唐書》卷一六六《杜佑附牧傳》也記載，「成德軍世與昭義爲敵。」

　　《唐代墓誌彙編》大和049《崔氏墓誌銘》：「從建中初，鎮冀之間，自爲一秦，頗禁衣冠，不出境界，謂其棄我而欲歸還。」〔註217〕

　　《元稹集》卷五二《沂國公魏博德政碑》稱，元和六年（811）田興（後改名田弘正）爲節度使前的魏博，「士吏工賈，限其往來」。

　　鎮冀，史書多稱恒冀，指成德鎮。成德鎮治於恒州，轄境屢有變化，但長期轄恒、冀、深、趙四州。元和十五年（820），爲避唐穆宗李恒之諱，恒州改名鎮州。建中年間，還無鎮州的稱謂，仍稱恒州。建中元年（780），節度使李寶臣去世，其子李惟岳擅自繼襲。唐德宗徵發諸道兵討伐。碑文中的「頗禁衣冠，不出境界」，就是在這樣的背景下發生的。《沂國公魏博德政碑》反映的史實也有探討的必要。眾所週知，德政碑之類的文字多溢美不實之詞。田興本爲魏博都知兵馬使，以篡奪的方式，奪得節度使之位。他以魏博歸順中央，改變了「河朔故事」，唐王朝給予了他極高的禮遇，建德政碑不過是其中一個側面而已。在此背景下，德政碑的作者元稹立意是很清楚的，借攻擊田興前任，以達到否定河朔割據統治，肯定田興嬗代合法性的目的。在河朔割據時期，我們在前面已經提到，唐朝野內外在正統觀念支配下大多對河朔地區抱有仇視和偏見。史籍中醜化歪曲河朔三鎮統治的記載很多，並不止這一例。〔註218〕因此以上的記載或爲一時的措施，或由於正統文人的扭曲，並非河朔社會的實態。事實上，以河朔爲代表的驕藩和順地藩鎮間並沒有人們想像的鴻溝。〔註219〕順地藩鎮人士遊宦河朔，河朔人士於順地藩鎮任職的例子並不鮮見。兩個地區間武職僚佐的流動是經常的。據附錄一「唐後期武職僚佐辟署統計總表」，在割據型藩鎮與順地藩鎮遷轉的有13例，（不包括入朝和任至節度使的），占總數202人的6.4%。現在舉幾個例子，庶幾對此有一個更清晰的認識。

〔註217〕《唐代墓誌彙編》大和 049《唐故冀州阜城縣令兼□□□史賜緋魚袋滎陽鄭府君夫人博陵崔氏合祔墓誌銘並序》，頁2130。

〔註218〕類似例子還有《全唐文》卷六六穆宗皇帝《南郊改元德音》：「河北諸道管內，自艱難以來，久無刑法，各隨所在，徵斂不時，色目至多，都無藝極。」《全唐文》卷六一五庾承宣《魏博節度使田布碑》稱「魏之風俗，久悖聲教，魏之將士素染很戾。」《全唐文》卷六五七白居易《河北榷鹽使檢校刑部郎中裴宏泰可權知貝州刺史依前榷鹽使制》云「河北列城，久乏良吏。」

〔註219〕長期以來，學界過多的強調了河朔地區官僚地方化的傾向。例如方積六先生即認爲，河朔三鎮的節度使、刺史、縣令、軍將及其僚佐，都來自河北地區。見氏著《論唐代河朔三鎮的長期割據》，《中國史研究》1984年第1期，頁41。

張遵，陝之平陸人，少以門蔭授解褐官，他因探望伯舅的緣故到了鎮州。正趕上節度使王武俊大宴賓客。王武俊對張遵一見如故，當日便授押衙。明日又使兼內院兵馬使。」〔註220〕

吳少誠，幽州潞縣人，父爲魏博節度都虞候。少誠以父勳，釋褐王府戶曹。後至荊南，節度使庾准署爲衙門將。後又爲淮西將。〔註221〕

論博言，本吐蕃宰相論欽陵之裔孫。「太和初，由咸鎬抵關東，太保李公一見欣然，署幽州節度散兵馬使，奏銀青光祿大夫、檢校太子賓客、兼監察御史。」後官至幽州節度左都押衙。〔註222〕文中的「咸鎬」代指關中地區，「太保李公」指幽州節度使李載義。李載義，寶曆二年（826）爲節度使。太和四年（830），奚人寇邊，李載義率兵抵禦，虜其名王，因功加太保。

張漸，徐方人，先後任東都留守防禦將、武寧軍衙前將，後「去職遊宦，筮仕於燕。燕帥司空劉公授幽州同經略副使。」〔註223〕文中的燕帥劉公，從時間上推斷存在兩種可能，或爲劉濟，或爲劉總。但劉濟官至中書令，未至三公，死後才贈太師。而劉總爲劉濟之次子，累至檢校司空。這與碑文記載相合。故張漸爲劉總所辟署，時間在元和五年之後。

楊孝直，出身於一個河朔將門之家。曾祖模、祖翰，爲幽州軍將，亡父達，爲成德軍節度征馬野牧使兼中軍都兵馬使。孝直曾任深州刺史和冀州刺史，元和末，追隨節度使王承元入朝，又隨承元任職於義成鎮。〔註224〕

另外，父子兄弟於不同類別藩鎮任職的例子不勝枚舉：

劉逸，父元宗爲義武兵馬使。劉逸爲成德大將，後又轉仕於義成、鳳翔、平盧諸鎮。〔註225〕

周釗，曾任大同軍使（屬河東）和幽州的平州刺史、盧龍軍留後。其子贊

〔註220〕《唐代墓誌彙編續集》大和 032《（上泐）邕州本管經略招（下泐）邕州刺史兼御史中丞贈左散騎常侍張公墓誌（下泐）故夫人南陽郡君河南豆盧氏墓誌同敘》，頁905。

〔註221〕《舊唐書》卷一四五《吳少誠傳》。

〔註222〕《全唐文補遺》第 7 輯《有唐幽州盧龍節度左都衙銀青光祿大夫檢校國子祭酒攝檀州刺史充威武軍使兼御史中丞上柱國晉昌論公墓誌銘並序》，頁141。

〔註223〕《唐代墓誌彙編續集》會昌 024《唐故仗內教坊第一部供奉賜紫金魚袋清河張府君墓誌銘並序》，頁961。

〔註224〕《唐代墓誌彙編》大和 090《唐故山南東道節度押衙光祿大夫檢校太子賓客前行鄧州長史兼侍御史弘農縣開國男楊公墓誌銘》，頁2160。

〔註225〕《唐代墓誌彙編》大和 070《唐故平盧軍討擊副使銀青光祿大夫檢校太子賓客□□□彭城郡開國男食邑三百戶劉府君墓誌銘並序》，頁2147。

則任邢、洺二州刺史（屬澤潞），贊子平，爲幽府參軍、薊州錄事參軍。〔註226〕

契苾通，爲唐初名將契苾何力五世孫，累遷至振武節度使，大中八年（854）去世。其子公應爲河東節度押衙，公瑜爲靈武節度押衙，公武爲滄州節度押衙，公約爲邠寧節度押衙，公綬爲河中衙前兵馬使。〔註227〕

由於河北三鎮爲代表的驕藩叛鎮節度使不由中央任命，主要由世襲和軍將擁立，朝廷祇是事後加以承認罷了。因此除了某個特殊時期外，如元和末長慶初，節度使難以實行在順地和三鎮間的調動遷轉。與此相適應，這兩個地區間的武職僚佐隨節度使移鎮遷轉流動的數目微乎其微。除了以上我們提到的應辟和投靠姻親舊識等途徑外，其他的方式還有在戰爭中被俘投降而轉仕他鎮。例如，建中三年（782）正月，魏博田悅手下大將任履虛，僞以衛州降，唐廷授以衛州刺史兼御史中丞、河陽節度行軍司馬。〔註228〕元和末，討伐淄青李師道，「田弘正之度河也，禽其將夏侯澄等四十七人，有詔悉赦之，給繒絮，還隸魏博、義成軍。」〔註229〕在這次戰鬥中淄青將夏侯澄等四十七人被俘，被分配於魏博和義成二鎮。前揭材料中已經提到的董重質和李祐都本爲淮西吳元濟手下大將，後投降李愬，後又隨李愬赴任於武寧鎮。

（二）順地藩鎮之間的武職僚佐遷轉

《妒神頌》位於河東道之承天軍（今山西娘子關），立於大曆十一年（776）五月。文中承天軍使黨昇的銜名爲：承天軍使、節度副使、前永平軍節度右廂兵馬使、銀青光祿大夫、試鴻臚卿、同山南東道節度經略副使、上柱國。文中稱黨公「近歸本道」，從其官銜來看，當曾歷永平軍、山南東道，現又轉至河東。〔註230〕永平、山南東道和河東都是唐王朝牢牢控制之下的所謂「順地」。由於順地藩鎮間軍將僚佐遷轉的例子很多，不待贅舉。據文末所附錄「唐後期武職

〔註226〕《唐代墓誌彙編續集》開成 014《故幽州盧龍節度都押衙銀青光祿大夫檢校太子賓客使持節檀州諸軍事檀州刺史兼殿中侍御史充威武軍團練等使汝南周府君墓誌銘》，頁 933。

〔註227〕《唐代墓誌彙編續集》大中 044《唐故銀青光祿大夫檢校左散騎常侍兼安北都護御史大夫充振武麟勝等軍□□度觀察處置蕃落兼權□度支河東振武營田等使上柱國□海縣開國侯食邑五百戶契苾府君墓誌銘並序》，頁 1000。

〔註228〕《冊府元龜》卷一六五《帝王部・招懷》。

〔註229〕《新唐書》卷二一三《李師道傳》。《舊唐書》卷一二四《李師道傳》略同。據《通鑑》卷二四〇元和十三年條云：「魏博、義成軍送所獲李師道都知兵馬使夏侯澄等四十七人，上皆釋弗誅，各付所獲行營驅使」，與新、舊《唐書》略異。

〔註230〕陸增祥：《八瓊室金石補正》卷六四，北京：文物出版社，1985 年。

僚佐辟署統計總表」，唐後期武職僚佐在順地之間遷轉的共 39 例，（其中在遷轉經歷中若包含割據型方鎮則不計算在內），其數量爲順地與驕藩之間遷轉的三倍。這說明順地之間的遷轉是武職僚佐藩鎮間遷轉的最主要方式。

武職僚佐在順地藩鎮間的遷轉可分爲兩種類型。一種是朝廷出於戰略防禦和控制藩鎮等目的而對藩鎮軍將所作的調動調整。例如史用誠，本爲山南東道馬軍兵馬使，「時屬邊事重難，非公莫可，詔統麾下，鎮防朔方。」〔註231〕這種調動是朝廷站在全局的高度，出於戰略安排，並非出自軍將自身的意願，有時甚至同他們的意願背道而馳。這種遷轉規模一般較大，涉及面較廣。唐後期兵士已經地著化，成爲完全意義上的地方軍隊。他們一般不願出境作戰和移鎮。爲了鼓勵出境作戰，建中年間朝廷創立了食出界糧制度。如果朝廷要征調藩鎮兵馬出征或防秋，便要由度支供給衣糧，待遇十分優厚。故史稱「每出境者，加給酒肉，本道之糧又留給妻子，凡境（？）一人兼三人之糧。」〔註232〕由於這些軍士（當然也包括軍將）在當地久有產業，親黨膠固，在移鎮時，更是阻力重重。如果移往條件惡劣的地區，或節度使撫綏失宜，在移鎮時還往往激起軍亂。

大曆中爲充實西北防禦力量，抵禦吐蕃的入侵，在宰相元載的籌劃下，郭子儀的朔方軍自河中遷鎮邠州。「時軍士久處河中，各有生業，不樂遷徙，多匿名姓，自邠逃還。」嚴郢爲判官掌河中留務，將爲首的逃亡軍將斬首示眾，人心方定。〔註233〕這次移鎮賴嚴郢措施得當，再加上仰仗郭子儀崇高的威望，才沒有激起大亂。

建中元年（780），朔方軍再次因移防發生軍亂。建中元年二月，唐德宗命涇州兵築城原州，涇州將士十分憤怒：「吾屬爲國家西門之屏，十餘年矣。始居邠州，甫營耕桑，有地著之安。徙屯涇州，披荊榛，立軍府；坐席未暖，又投之塞外。吾屬何罪而至此乎！」〔註234〕

大曆五年（770），鳳翔節度使李抱玉奉命自鳳翔移鎮鳌坐，「鳳翔將士以移鎮忿怨，縱兵大略鳳翔坊市，因燒草積。居人擾駭，數日方定。」〔註235〕

〔註231〕《全唐文》卷七四七裴敬元《唐左羽林軍大將軍史公神道碑》。
〔註232〕《冊府元龜》卷四八四《邦計部・經費》。又見於《新唐書・食貨志二》和《通鑒》卷二二八建中四年六月條。
〔註233〕《冊府元龜》卷七二一《幕府部・謀畫二》。
〔註234〕《通鑒》卷二二六建中元年二月條。
〔註235〕《冊府元龜》卷四四五《將帥部・軍不整》。

韓全義，貞元十三年（797）為神策行營節度使、長武城使，代韓潭為夏綏銀宥節度使，詔以長武兵赴鎮。「全義貪而無勇，短於撫御。制未下，軍中知之，相與謀曰：『夏州沙磧之地，無耕墾生業。盛夏移徙，吾所不能。』是夜，戍卒鼓譟為亂，全義踰城而免，殺其親將王栖巖、趙虔曜等。賴都虞候高崇文誅其亂首而止之，全義方獲赴鎮。」〔註236〕

另一種是在辟署制度下，武職僚佐在順地藩鎮間的自由流動。這很大程度上是藩鎮和軍將雙向選擇的結果。當然，節度使辟署軍將，如果是重要的軍職（如都知兵馬使等）和為軍將奏請檢校官、憲銜，必須上報朝廷批准。

武職僚佐在順地藩鎮間的遷轉流動，第一種類型自不必說，就是第二種類型的遷轉，也很大程度上要受到朝廷意志的制約，奏報朝廷並不僅僅祇是流於形式。這是武職僚佐在順地與驕藩之間改轉的區別所在。有時即使為某藩鎮所辟署，署以了軍職，但朝廷可以干預，行使否決權。元和四年（809），唐憲宗徵集諸道兵馬討伐成德王承宗，以吐突承璀為招撫處置使，實際上為諸軍統帥。澤潞節度使盧從史雖出軍，卻暗中與王承宗相勾結。吐突承璀與澤潞都知兵馬使烏重胤設計捉拿盧從史。李珙為澤潞大將，起初並不知情，打算挺身相救。但當聽說是奉朝旨行事時，便採取了觀望的態度，盧從史才得以就擒。烏重胤對李珙心存感激，當被任命為河陽節度使時，欲將李珙置於麾下。「然朝廷以與從史厚善，竟出為北邊一校。」雖然烏重胤立下大功，深得朝廷賞識，被委以重任，但在辟署李珙的問題上，朝廷卻毫不讓步。元和十年（815）在討伐淮西吳元濟時，烏重胤獨當一面，抗擊著淮西的主力。他又懇請朝廷以李珙為諸道行營都虞候。這次朝廷才網開一面「詔特從之。」〔註237〕呂諲，上元初被任命為荊南節度使。諲初為隴右判官，及赴任又奏數十人為押衙、兵馬使自隨。〔註238〕呂諲原任職於隴右幕府，素諳諸將，當被任命為荊南節度使，希望從原隴右軍將中選拔一批人隨同赴任。這也必須得到朝廷的首肯。

（三）三鎮等驕藩之間的武職僚佐遷轉

河朔三鎮封壤相接，在地理上連成一片，遞為唇齒，都為典型的割據型方鎮。與其他藩鎮相比較，三鎮之間的關係更為密切，人員流動也更為頻繁。杜

〔註236〕《舊唐書》卷一六二《韓全義傳》。
〔註237〕《舊唐書》卷一六一《李珙傳》。
〔註238〕《冊府元龜》卷四二二《將帥部・任能》。

牧筆下的范陽盧秀才「自天寶後，三代或仕燕，或仕趙。」〔註239〕馬紓，扶風平陵人。從曾祖以來歷仕幽州鎮。馬紓則爲魏博大將。〔註240〕李全忠，范陽人，廣明中爲棣州（屬成德）司馬，秩滿還鄉里，事幽州節度使李可舉爲牙將。〔註241〕另外三鎮節度使還往往以親屬擔任其他鎮重要僚佐，以示坦誠相待，彼此無猜。例如李惟誠是成德節度使李惟岳的異母兄，其妹嫁給了李納。李寶臣「又令（惟誠）入仕於鄆州，爲李納營田副使。歷兗、淄、濟、淮四州刺史，竟客死東平。」〔註242〕魏博節度使田緒之兄田朝，仕於淄青爲齊州刺史。

　　以上我們對武職僚佐在中央與藩鎮以及藩鎮間的遷轉流動作了一番探討。可以得出以下結論。安史之亂後，藩鎮武職僚佐出現了任職地方化的傾向，但對此不能絕對化。他們在中央與各藩鎮之間的流動是很頻繁的，即使在順地藩鎮與河朔割據型藩鎮間也不例外。這也是與唐後期社會流動加劇的社會特徵相一致的。另外，由於唐代藩鎮分爲多種類型，與中央的關係也千差萬別，就是順地藩鎮，中央對他們的控制強弱也有所不同。因此武職僚佐的遷轉流動呈現出很明顯的區域差別。這充分反映了唐後期社會的多樣性和複雜性。在辟署造成的武職僚佐自發流動外，另外一種方式是朝廷防禦調防而造成的軍將遷轉流動。即使在辟署制度下的遷轉流動，也不應忽視朝廷的干預調控。在這雙重動力機制下，西北系統的軍將任職於中原藩鎮、東南藩鎮，中原藩鎮任職於西北系統的情況都是存在的。〔註243〕唐代武職僚佐的遷轉流動是中央化和地域化的統一。

第三節　復合型藩鎮內部的武職僚佐遷轉——以幽州鎮爲中心

　　唐代藩鎮結構一般可以分爲兩種，一種爲單一型藩鎮，一種爲復合型藩鎮。

〔註239〕《樊川文集》卷九《唐故范陽盧秀才墓誌》。
〔註240〕《唐代墓誌彙編》會昌 030《唐故銀青光祿大夫使持節蔚州諸軍事行蔚州刺史兼御史中丞馬公墓誌銘並序》，頁 2231。
〔註241〕《舊唐書》卷一八〇《李可舉傳》。
〔註242〕《舊唐書》卷一四二《李寶臣附李惟誠傳》。
〔註243〕曲環本爲西北邊將，充邠、隴行營節度使，後爲陳許節度使。劉昌，原爲宣武大將，貞元三年（787），隨宣武節度使劉玄佐朝京師，自此劉昌被任命爲京西北行營節度使，以後長期任職於西北。路嗣恭，京兆三原人，曾爲郭子儀朔方節度留後，後出爲江西觀察使、嶺南節度使。衛伯玉，原爲安西將，累歷四鎮、北庭行營節度使、神策大將軍，後又任荊南節度使。

單一型藩鎮占絕大多數，復合型藩鎮數量較少，多是一些轄州較多的藩鎮。這些藩鎮由於地域遼闊，爲了便於管理，往往按軍事需要或地理形勢，劃分爲若干小的軍區，即在節度使下設立若干個都團練使或經略使。唐玄宗開元二十一年（733）置嶺南五府經略使。至德元載（756），升爲節度使，治於廣州，領廣管諸州，另外還兼領桂、邕、容、安南四管。諸管雖受嶺南節度使的管轄，但各自置有經略使，相對嶺南節度使大府而言，爲小府，在其轄內有一定獨立性，類同於藩鎮。〔註244〕淮南節度使，在山陽、壽春各置團練使，淮南節度使「居中統制二處。」〔註245〕在復合型藩鎮中，嚴格來講，情況也有所不同。淮南、嶺南鎮這種類型可以稱之爲「一元數府體制」。〔註246〕幽州鎮的情況很特殊，幽州節度使例兼盧龍節度使，可以稱之爲「二元體制」。現以幽州鎮爲例，對復合型藩鎮內部的武職僚佐遷轉情況進行探討。

　　幽州鎮是河朔三鎮之一，其前身是開元時期的幽州節度使。安祿山即以此爲基地發動了安史之亂。安史之亂接近尾聲，僞署幽州節度使李懷仙降唐，唐即故地任命李懷仙爲節度使。幽州鎮自此開始建立。它位於河朔三鎮的最北端，轄域遼闊，縱橫二千餘里，處於中原文化與邊地文化，農耕文化與游牧文化的結合部，「自唐中世以來自爲一域」。〔註247〕獨特的地理位置和自然條件對其組織結構造成了很大的影響。史書言「幽、薊一方，環封千里，延袤廣漠，專制實難」，〔註248〕幽州鎮自第一任節度使李懷仙之後，歷任節度使均兼盧龍節度使，「持薊門之麾斾，兼遼陽之鉦鼓」，〔註249〕存在著幽州、盧

〔註244〕參見《全唐文》卷五五六韓愈《送鄭尚書序》、《金石續編》卷一○韓愈《南海廣利王廟碑》及《柳宗元集》卷二六《嶺南節度使饗軍堂記》。

〔註245〕《樊川文集》卷一○《淮南監軍使院廳壁記》。另據《新唐書》卷六八云貞元十六年（800），「置舒、廬、滁、和四州都團練使，隸淮南節度使。」

〔註246〕關於唐中後期藩鎮的結構，學界已經有所研討。余蔚認爲，唐代的地方行政組織分二或三級，即州（中央直屬）──縣；或道（方鎮）──州──縣。在中晚唐行政層級還存在著道（節鎮）──防禦、都團練──州──縣的四級地方行政組織。見《唐至宋節度、觀察、防禦、團練、刺史體系的演變》，《中華文史論叢》第71輯，頁151。另外賴青壽指出，「方鎮有三個層級，依次可定義爲道級方鎮、次道級方鎮和州級方鎮。」稱此制度爲「典型的複式層級」。見復旦大學1999年博士論文《唐後期方鎮建置研究》，頁12。

〔註247〕《通鑑》卷二七○貞明三年八月條胡注。

〔註248〕《白居易集》卷五二《京兆尹盧士玫除檢校左散騎常侍兼〔御史〕中丞、瀛漠二州觀察等使制》。

〔註249〕《唐大詔令集》卷五二楊炎《王縉兼幽州節度使制》。另見《全唐文》卷四二一《王縉兼幽州節度使制》。其中《唐大詔令集》中「蘇門」當依《全唐文》

龍兩套使府僚佐系統。本人姑且名之爲「二元體制」。〔註250〕

　　唐代節度使一人兼領數鎮的例子並不少見。唐初，邊帥不久任，不遙領，不兼統。開元以後，唐玄宗熱衷邊功，「有呑四夷之志」，〔註251〕由於戰爭規模的擴大及曠日持久，爲了各鎮之間加強協調，迅速有效地調集軍隊，徵集軍資器仗，開始以邊帥兼統數鎮。「蓋嘉運、王忠嗣專制數道，始兼統矣」。〔註252〕之後又有王君㚟、張守珪、哥舒翰、高仙芝、安祿山等人。特別是王忠嗣「佩四將印，控制萬里，勁兵重鎮，皆歸掌握，自國初已來，未之有也」。〔註253〕安史之亂後亦不乏其人，李抱玉即曾兼陳鄭、澤潞、鳳翔等三道節度使。不過，蓋嘉運、王忠嗣、李抱玉諸人的兼領數鎮都具有間斷性、短期性的特點。以王忠嗣爲例，他在開元二十八年（740）充任河東節度使，二十九年兼朔方節度使，其月又罷領朔方。天寶四載（745）又兼河西、隴右節度使，其年四月又罷領朔方、河東。再以受唐玄宗恩眷最隆的安祿山爲例，安祿山天寶元年（742）擔任平盧節度使，三載（744）才兼范陽節度使，六載（747）才兼領河東。以上諸人的兼領，短則數月，長亦不過十幾年，或兼或罷，往往因人而異，在很大程度上取決於皇帝個人的喜怒和當時戰爭局勢的發展情況，並未形成一道節度使兼領某一鎮的慣例。

　　幽州節度使兼盧龍節度使的情形則與以上有所不同，可以歸納爲兩點：一、具有制度上的保證。幽州節度使全稱爲「幽州盧龍節度支度營田觀察，押奚、契丹兩蕃經略盧龍軍等使兼幽州大都督府長史」。〔註254〕它兼盧龍節度使已成爲慣例。二、幽州節度使兼盧龍節度使有同時性、連續性的特點。幽州節度使自拜任之始即兼盧龍節度使，當幽州節度使本人被殺、被逐或自請卸任後，盧龍節度使的職位亦同時被解除，無一例外。

一、二元體制的歷史淵源

　　二元體制萌芽於唐初，但其歷史可追溯更遠。東漢時設置平州，平州與

　　　　爲「薊門」。

〔註250〕參見拙文：《唐代幽州鎮組織體制探微》，《中國史研究》2002年第2期，頁
　　　　73，在此文中稱此體制爲「一元二府」體制。

〔註251〕《通鑑》卷二一六天寶六載十二月條。

〔註252〕《通鑑》卷二一六天寶六載十二月條。

〔註253〕《舊唐書》卷一○三《王忠嗣傳》。

〔註254〕吳廷燮：《唐方鎮年表》卷四。

幽州開始分治。東漢末，公孫度自稱平州牧，割據遼西，但不久公孫氏政權便被曹魏消滅，平州重又合於幽州。晉武帝泰始十年（274）閏正月，以幽州地域太廣，又分幽州東部昌黎、遼東、玄菟、帶方、樂浪五郡置平州。幽、平分置的狀況一直延續到唐代。唐東北邊境有奚、契丹、室韋、靺鞨諸族。為了有效地控制此地區，武德元年（618），唐建立伊始，便設立了幽州、營州二總管府。在建置上，幽州為大總管府，統幽、易、平、營、檀、北燕、燕、遼等八州之地。營州則為總管府，領遼、燕二州，隸屬於幽州大總管府。武后長安二年（702 年），突厥入寇并州。唐廷以雍州長史薛季昶充山東防禦軍大使，節度滄、瀛、幽、易、恆、定等州諸軍，「以幽州刺史張仁愿專知幽、平、媯、檀防禦，仍與季昶相知，以拒突厥」。〔註255〕四年（704），夏官尚書唐休璟檢校幽、營二州都督兼安東都護（治平州）。此時張仁愿、唐休璟實際上以幽州刺史（或幽州都督）的身份成為幽州、營兩個戰區的最高長官。幽州、營州在地域上的結合，表明二元體制已初見端倪。

平、營地區與奚、契丹毗鄰，為幽州屏障，「盧龍之險在營、平二州界」。〔註256〕平營安則幽州安，平營失則幽州危。唐末契丹攻陷二州，從此以後「幽、薊之人歲苦寇鈔。自涿州至幽州百里，人迹斷絕」。〔註257〕因此，唐在此屯集重兵。開元二年（714 年）置營平鎮守，七年又置平盧節度使，治營州，轄平盧軍（在營州）、盧龍軍（在平州）、榆關守捉、安東都護等。幽州與平盧互為犄角，為戰略聯防區。為了便於調度、協作，幽州節度使往往兼平盧節度使，薛楚玉、張守珪、安祿山等即是其例。另外，幽州節度使還往往以幽州節度副使或裨將知平盧軍事。開元十四年（726），高欽德即以寧遠將軍兼幽州副節度知平盧軍事。〔註258〕二十九年（741），唐廷明確規定，幽州節度副使領平盧節度副使。〔註259〕幽州節度使成為兩鎮最高長官。

應該說，唐玄宗在幽州、平盧二鎮態度上是十分矛盾的。本來設置方鎮的目的是為防禦游牧民族入侵，分置，難以協作、調度；合之，又恐權重難制。唐玄宗在分合之間搖擺，或分置或合之，以致二鎮離析併合情況十分複

〔註255〕《通鑑》卷二〇七武后長安二年四月條。
〔註256〕《通鑑》卷二八〇天福元年十一月條胡注。
〔註257〕《新五代史》卷七二《四夷附錄一》。
〔註258〕《全唐文補遺》第 1 輯，徐察《唐右武衛將軍高府君（欽德）墓誌銘並序》，西安：三秦出版社，1994 年，頁 192。
〔註259〕《新唐書》卷六六《方鎮表三》。

雜。這在開元時代表現尤爲突出。開元七年（719）設平盧節度使，以張敬忠
爲節度使，不久即以幽州節度使兼平盧節度使。天寶元年（742），平盧又獨
立設鎮，以安祿山爲節度使，同時以裴寬爲范陽（幽州）節度使。但天寶三
載（744）後安祿山又兼有二鎮。唐玄宗對安祿山深信不疑，安祿山所受之寵
遇，自唐初以來的將帥都難以望其項背。正因爲如此，安祿山兼二鎮達十餘
年才成爲可能。總體來看，從開元七年（719）至天寶十四載（755）三十多
年中，平盧雖或併入幽州，但正如唐長孺先生所言「以有節度之時爲多」。〔註
260〕安史之亂後這種情況發生了變化。

　　天寶十四載（755），安史之亂爆發。平盧本爲安祿山發迹之地，他以平
盧節度副使呂知誨擔任留守。時平盧內部分爲勤王和叛亂兩派，雙方鬥爭十
分激烈。勤王派劉客奴（後改名劉正臣）、王玄志等人殺死呂知誨，唐廷遂
任命劉客奴爲平盧節度使。以後王玄志、侯希逸相繼繼任節度。平盧在叛軍
進攻下，處境十分艱難，「救援既絕，又爲奚所侵」。〔註261〕上元二年（761）
十二月，節度使侯希逸悉其軍二萬餘人，浮海退往青州，至此平盧淪陷。次
年正月，唐廷以侯希逸爲平盧、青、淄等六州節度使，青州節度使遂有平盧
之號。這就說明在「平盧陷」的條件下，唐廷已撤消了原有的平盧鎮。儘管
如此，平盧稱號仍沿用了一段時間。朱泚之父朱懷珪爲李懷仙手下裨將，「寶
應中，李懷仙歸順，奏（朱懷珪）爲薊州刺史、平盧軍留後、柳城軍使」。
〔註262〕按，李懷仙降唐在寶應二年（763）正月（即廣德元年正月），則朱
懷珪之任命當在此之後。因此在唐廷宣佈撤消遼西平盧鎮之後，遼西由於歷
史慣性仍保留平盧稱號至少達一年之久。由此出現了遼西、山東兩個平盧並
立的局面。廣德元年（763）閏正月，唐廷「仍故地」以李懷仙爲幽州、盧
龍節度使。胡三省曰「改范陽節度使爲幽州節度使。時平盧已陷，又兼盧龍
節度使」，〔註263〕盧龍最終取代了平盧。李懷仙是見於史書的第一任盧龍節
度使。吳廷燮《唐方鎮年表》卷四言，至德以後幽州兼盧龍。這種說法並不
確切。雖然早在上元二年（761）末，李懷仙已控制了平、營地區，但直至
廣德元年唐廷才任命其爲盧龍節度使，使其統治合法化。因此，幽州兼盧龍

〔註260〕唐長孺：《唐書兵志箋正》卷二，北京：科學出版社，1957年，頁37。
〔註261〕《通鑑》卷二二二上元二年十二月條。
〔註262〕《舊唐書》卷二〇〇下《朱泚傳》。
〔註263〕《通鑑》卷二二二廣德元年閏正月條。

的時間應該確切始於廣德元年正月。

　　總之，二元體制萌芽於唐初，直接源自於開天之世。由於防務上的要求，幽州（或稱范陽）節度使往往兼平盧節度使。但此時中央集權力量仍很強大，有時兩鎮又分治，各置節度使。安史之亂後，河朔割據，終唐之世未爲唐有。幽州節度使與盧龍節度使遂在割據條件下合而不可復分，二元體制最終定型。

二、二元體制下武職僚佐的遷轉情況

　　盧龍本爲平州屬縣，東漢時稱爲肥如縣，隸於遼西郡。唐武德元年（618）以後成爲平州治所，並於武德二年（619）改稱盧龍縣。天寶二載（743）於北平郡（即平州）置盧龍軍，並於廣德元年（763）升爲節度使。值得注意的是，盧龍軍在唐代並非一個，在桂州（屬嶺南道）亦置有盧龍軍。唐末高宗敏即曾任桂州盧龍軍散兵馬使。〔註264〕事實上，唐代一軍兩地的例子並不鮮見。僅以幽州鎮爲例，檀州置有威武軍，而據《舊唐書》卷一二二《曲環傳》，劍南道亦有威武軍。安史之亂後，瀛州置有永寧軍，〔註265〕而成德鎮轄內深州下博縣亦有一永寧軍，貞元十年（794）置。〔註266〕同一軍號在兩州分置，而且有時兩州又相距不遠，此現象正是唐代藩鎮割據在軍制上的反映。

　　盧龍節度使是平盧淪陷後的產物，雖爲承繼平盧節度使而設，二鎮有一定聯繫，但卻是性質截然不同的節鎮。史書追言前事，往往以盧龍指代平盧。「上元辛丑歲，叛臣劉展，竊地弄兵。命田神功統盧龍勁卒，涉淮浮江，梟懸魁逆」。〔註267〕史書中有時亦沿用舊稱，以平盧指代盧龍。比如「初，回紇以女妻奚王，大曆末，奚亂，殺王，女逃歸，道平盧；滔以錦繡張道，待其至，請爲婚，女悅，許焉」。〔註268〕但盧龍不同於遼西之平盧，更不同於安史

〔註264〕《全唐文補遺》第2輯，焦濱《唐故靈台司辰官高公妻潁川陳氏夫人墓誌銘並序》，頁79。從史書來考察，此桂州之盧龍軍很可能是幽州盧龍軍在桂州防戍的行營。唐末由於南詔屢次侵擾，唐王朝常常徵調諸鎮的軍隊進行防戍。例如，據《舊唐書》卷一九上《懿宗紀》，咸通五年（864）五月的制文曰：「宜令徐泗團練使選揀招募官健三千人，赴邕管防戍。」其中「武寧兵七百戍桂州」。（《新唐書》卷一四八《康日知附承訓傳》）其中就有武寧軍防戍桂州。故桂州之盧龍軍也當是此例。
〔註265〕《房山石經題記彙編》，頁240、243。
〔註266〕《新唐書》卷三九《地理志三》。
〔註267〕陳鴻墀：《全唐文紀事》卷八《紀功》，上海：上海古籍出版社，1987年。
〔註268〕《新唐書》卷二一二《朱滔傳》。

之亂後的平盧（或稱淄青鎮），不能將三者混爲一談。〔註269〕

應該明確，史籍中盧龍節度使有廣義、狹義之分，二元體制中「盧龍」爲狹義概念。唐代「節度之有軍名者稱其軍名，無者但稱其地」。〔註270〕由於幽州鎮軍號爲盧龍軍，〔註271〕故幽州節度使（又稱幽州、盧龍節度使）有時亦稱盧龍節度使。試舉數例：

《通鑒》卷二二二廣德元年（763）正月條云「李懷仙仍故地爲幽州、盧龍節度使」。而同書永泰元年五月條則言李懷仙爲盧龍節度使。

《通鑒》卷二二四大曆八年（773）八月條記載「幽州節度使朱泚遣弟滔將五千精騎詣涇州防秋」。而同書大曆十年（775）九月條則又稱朱泚爲盧龍節度使。

《舊唐書》卷一七下《文宗紀下》，太和五年（831）正月條記載「幽州軍亂，逐其帥李載義，立後院副兵馬使楊志誠爲留後」，幽州軍帥即幽州節度使。而同書二月條則稱李載義爲盧龍軍節度使。

不僅幽州節度使和盧龍節度使可以互稱，而且史籍中還多以盧龍指代幽州鎮。

《冊府元龜》卷六九一《牧守部‧智略》，「先是（指大曆九年），朱泚自范陽入朝，以甲士隨。因爲鳳翔節度，故隴州有盧龍之卒五百人」。而《冊府元龜》卷六八六《牧守部‧忠二》則言「范陽戍卒五百人」。

《通鑒》卷二二七建中三年（782）三月條云：「上遣中使發盧龍、恆冀、易定兵萬人詣魏州討田悅」。

《白居易集》卷五一《贈劉總太尉冊文》記載元和十四年（819），劉總歸命中央，「捧幽都四封之圖，挈盧龍三軍之籍：盡獻闕下，高謝人間」。

《新唐書》卷二一二《張仲武傳》記載會昌中，張仲武爲幽州節度使，兼東面招撫回鶻使，「表請立石以紀聖功，帝詔德裕爲銘，揭碑盧龍，以告後世」。

《新唐書》卷二一二《劉仁恭傳》，天祐三年（906），「全忠自將攻滄州，壁長蘆。仁恭悉發男子十五以上爲兵，……盧龍閭里爲空」。

〔註269〕《北京通史》第二卷，北京：中國書店，1994年，頁102，言「安祿山執掌幽州（范陽）、盧龍兩大節鎮」，此將平盧與盧龍混爲一談。翁俊雄《唐代後期政區與人口》（北京：首都師大出版社，1999年）頁22，言「盧龍統青、密、登、萊四州」，此又將盧龍與安史之亂後的平盧混淆。

〔註270〕王鳴盛：《十七史商榷》卷七八《四十七使》，北京：中國書店，1987年。

〔註271〕《通鑒》卷二八三齊王天福八年十二月條胡注。

　　由以上例子可以看出，盧龍概念使用十分混亂，或稱幽州，或稱幽州盧龍，或稱盧龍，名異而實同。這極易與遼西地區的盧龍節度使造成混淆，爲了加以區別，幽州節度使（或稱幽州盧龍節度使）可稱爲廣義的盧龍節度使。遼西地區繼平盧而設的節鎮可稱爲狹義的盧龍節度使。史籍中之盧龍多爲廣義的概念，而本文所探討的二元體制中盧龍則爲狹義。

　　幽州鎮衙署在幽州西南部。雖然幽州節度使例兼盧龍節度使，但幽州節度使與盧龍節度使卻各有自己獨立使衙，表現爲一種共城但不同治的特點。顧頡剛、史念海二先生在《中國疆域沿革史》一書中言「幽州節度使治幽州，盧龍節度使治幽州」。〔註 272〕王永興先生進一步推測，幽州節度和平盧節度（應爲盧龍節度）是兩個官府，「幽州節度使府可能設在幽州牙城的南部，可以稱爲南衙；盧龍節度使府位於幽州牙城之北，可以稱之爲北衙」。〔註 273〕南衙、北衙各有一套使府僚佐系統。據《房山石經題記彙編》記載，南衙僚佐有南衙兵馬使（頁 227）、南衙將判官（頁 258）、幽州衙前討擊使（頁 16）、幽州衙前散將（頁 57）等等。北衙有盧龍節度驅使官（頁 178）、盧龍節度巡官（頁 288）、盧龍節度要籍（頁 178）、北衙將判官（頁 237）、北衙右口口將下百仁將（頁 67）等等。〔註 274〕「百仁將」，一般作百人將，顧名思義，當爲統領百名士卒的軍將，地位在隊頭之上。兩《唐書》、《通鑑》等傳統史籍都沒有記載，但在碑志及文書中卻時有出現。例如 S.5448《歸義軍節度押衙兼右二將頭渾子盈邈眞贊》稱：「念茲公幹，給賜節度押衙，兼百人將務。」當然使府僚佐遠不止這些，以上只不過爲龐大使府系統中一小部分而已。兩個使府僚佐構成及員數可能並無大異。《新唐書》卷四九下《百官志四下》對節度使僚佐記載十分詳細：

> 行軍司馬、副使、判官、支使、掌書記、推官、巡官、衙推各一人，同節度使副使十人，館驛巡官四人，府院法直官、要籍、逐要親事各一人，隨軍四人。節度使封郡王，則有奏記一人；兼觀察使，又

〔註 272〕顧頡剛、史念海：《中國疆域沿革史》，北京：商務印書館，1999 年，頁 140。
〔註 273〕王永興：《關於唐代後期方鎮官制新史料考察》，《紀念陳寅恪先生誕辰百年學術論文集》，北京：北京大學出版社，1989 年，頁 271。
〔註 274〕唐代南衙、北衙還有另外一種含義，也是較爲通行的含義。唐時三省等中央官署在皇城內，與位於長安城北的皇帝和宦官所居的宮城相對，故稱南衙或南司。而宦官所居內侍省則稱北衙或北司。另外史籍中也多處提到藩鎮使府的南衙。例如《新五代史》卷二五《符存審附彥饒傳》也提到節度使府之南衙，《唐代墓誌彙編》開元 478 提到靈州之南衙，時間是永隆元年。

有判官、支使、推官、巡官、衙推各一人；又兼安撫使，則有副使、
判官各一人；兼支度、營田、招討、經略使，則有副使、判官各一
人；支度使復有遣運判官、巡官各一人。

《房山石經題記彙編》中記載兩個使府中均有「將判官」一職，而《新唐書·
百官志》對此並無記載。據《唐語林》卷四，劉玄佐任宣武節度使時，「鄉里
姻舊，以地近多歸之，司徒（指劉玄佐）不欲私擢居將校之列，又難置於賤
卒，盡署爲將判官」。由此可以看出，不僅幽州鎮，其他方鎮亦有此職。其地
位在將校之下，但又遠在一般士卒及廝役之上。將判官通常身著緋衫，佩帶
銀魚袋，「外視榮之，實處在散冗」。〔註275〕並沒有什麼實權。

由於史籍中對盧龍使府記載較少，加之幽州、盧龍概念使用上的混亂、
模糊，長期以來，人們對兩個使府間僚佐的遷轉、黜陟等都不甚了然。現在
加以介紹，庶幾能補史書之缺。有一個問題需要說明，方鎮使府有文武兩套
僚佐系統，由於武職僚佐現存材料較少，對於研究個案方鎮更是如此。憑藉
這些有限的材料，試圖勾勒他們遷轉流動的面貌，難度較大。因此，本文在
下面論述中，也適當的使用了文職僚佐遷轉的材料。

1994年在北京市海澱區八里莊唐墓中，發現一方碑志。墓主王公淑，其曾
祖王亮曾任幽州節度衙前都虞侯，祖父王連曾任盧龍節度要籍，王公淑則歷任
幽州節度要籍、盧龍節度巡官、幽州節度判官、盧龍留後等。〔註276〕在一篇碑
志中，幽州、盧龍反覆對舉出現，則此處的盧龍並非幽州之異稱，而是爲狹義
的盧龍概念。幽州鎮作爲一個復合型方鎮，其使府僚佐的遷轉、黜陟與單一型
方鎮相比有一定程度上的特殊性。幽州節度使以兼盧龍節度使的特殊身份，擁
有對盧龍使府官員的調配、陟降的權力。以王公淑爲例，他以白身被「元戎」
（即幽州節度使）辟爲幽州節度要籍。由於嫻於邊務，政績不凡，先被任命爲
盧龍節度巡官，後又改任幽州節度判官。另據《論博言墓誌》，論博言爲吐蕃宰
相論欽陵之裔孫。他大和初由咸鎬抵關東，被幽州節度使李載義署爲幽州節度
散兵馬使。其後又「自盧龍節度押衙，遷幽州節度押衙」。〔註277〕盧龍節度使

〔註275〕《唐語林校證》卷四《豪爽》。

〔註276〕北京市海澱區文物管理處：《北京市海澱區八里莊唐墓》附錄，《文物》1995
年第11期，頁52。

〔註277〕《全唐文補遺》第7輯，張建章《有唐幽州盧龍節度左都衙銀青光祿大夫檢
校國子祭酒攝檀州刺史充威武軍使兼御史中丞上柱國晉昌論公（博言）墓誌
銘並序》，頁141

府官員可改任於幽州使府，同樣幽州使府官員亦可任職於盧龍，表現爲相當程度的流動性，此其特點一。第二，一人可兼職於兩個使府，表現爲一身兩任性。大和九年（835），周元長在節度使史元忠幕下任兩節度都押衙。〔註278〕元和中，鄧文義任幽州、盧龍兩節度家令；〔註279〕第三，兩個使府官員在地域上具有間跨性。嚴格說來，盧龍節度使轄營、平二州，幽州節度使轄幽、薊、涿、瀛、莫、檀、媯等州。但在藩鎮割據條件下，幽州鎮內兩道地域界限已十分模糊，趨於消泯。長慶中，節度使劉總歸命於中央，建議三分幽州鎮，以幽、涿、營三州爲一道，以平、薊、媯、檀四州爲一道，瀛、莫二州爲一道。此分割方案便完全打破了兩節度使地域界限。咸通中，節度使張允伸之弟張允皐曾以薊州刺史兼薊、檀、平三州馬步都橫巡使，〔註280〕張允皐巡察區域不僅包括幽州節度使轄境，還包括盧龍節度使轄區一部分。

　　幽州節度使與盧龍節度使形式上爲相對獨立的兩道，但自幽州鎮肇始，幽州、盧龍已處於不對等地位，在二元的框架下實際運作中卻有趨於一元的態勢。在唐廷詔敕及唐人作品中往往將幽州和盧龍視爲一體，統以盧龍稱之。幽州、盧龍概念使用上的混亂正是其反映。幽州鎮中雖然有兩套使府僚佐，但官員在陞遷、黜陟中表現出來的流動性、一身兩任性和地域上的間跨性等特點，顯現出兩道界限已趨於消泯。在一個節度使、一個監軍使的統一領導下，兩道事實上已混而爲一，形成了二元一體的格局。至於其形成原因，筆者認爲既有歷史的因素，也有經濟方面的原因。

　　前面我們提到，盧龍脫胎於平盧，幽州與平盧的關係對二元體制的產生發揮了直接影響。開天時代平盧已有成爲范陽（幽州）附庸的趨向。開元二十一年（733）間前後，烏知義任平盧節度使，而其身份不過爲幽州節度使屬下一員「副將」或「裨將」。〔註281〕開元二十四年（736），史窣幹（即史思明）誘騙奚人良將瑣高入平盧，獻給軍使裴休子。裴休子全部坑殺瑣高的從兵，對瑣高卻不敢擅自處置，執瑣高送幽州。〔註282〕平盧對幽州政治軍事方面的附庸，經濟

〔註278〕《唐代墓誌彙編續集》開成 014《故幽州盧龍節度都押衙銀青光祿大夫檢校太子賓客使持節檀州諸軍事檀州刺史兼殿中侍御史充戚武軍團練等使汝南周府君墓誌銘》，頁 933。
〔註279〕《房山石經題記彙編》，頁 158。
〔註280〕《房山石經題記彙編》，頁 274。
〔註281〕《舊唐書》卷一○三《郭知運附英傑傳》，言烏知義爲幽州節度使薛楚玉的「裨將」，而《舊唐書》卷一九九下《契丹傳》則言烏知義爲薛楚玉「副將」。
〔註282〕《通鑑》卷二一四開元二十四年三月條。

上對幽州的依賴也是一個不可忽視的原因。平盧地區人口稀少，生產落後，加之處於戰爭前沿，長期以來軍糧民食即不能自給，需要中央調撥供應。「平盧鎮之兵力如果沒有來自鎮外的大量補給，就無法維持下去」。〔註283〕唐爲此設置了海運使，以江淮、青齊等地的粟米絹帛以供「幽、平之軍。」除此之外，幽州亦是供輸渠道之一。據《唐六典》記載，從幽州運至平州的腳直「上水，十六文，下，六文。餘水，上，十五文；下，五文。」〔註284〕唐初，已開闢了從幽州到平州的航運專線。貞觀十八年（649），唐太宗伐高麗，以幽州爲供輸基地，任命韋挺爲饋運使。韋挺買米造船，運米而進，六百餘艘船自幽州下桑乾河（今永定河故道，涼水河、鳳河一線），東沿曹操所鑿河渠和遼西新河，至盧思臺（今山海關西南部卸糧臺，唐時屬平州）。〔註285〕開天之世之航線大概即循此故道。平州馬城縣有一海陽城，開元二十八年（740）設置，其目的即是「以通水運」。〔註286〕安史之亂後，河朔割據，形同化外，幽州鎮外援斷絕，軍資糧秣不得不由本鎮籌劃解決。在此情況下，平、營二州只有全部仰賴於幽州，其依賴性較開天時代更甚。幽州鎮設立了「船舫使」負責漕運事宜。大中八年，董唐元即擔任船舫使一職。當時漕運規模巨大，事務殷繁，「舳艫往返萬斛者千艘」。〔註287〕唐末，榆關八防禦軍且耕且戰，利用荒田隙地進行屯墾，「田租皆供軍糧，不入於薊」，但繒續軍衣仍須幽州供應。〔註288〕因此，終唐之世，平、營地區在經濟上對幽州有很強依賴關係。安史之亂後，幽州進而控制了盧龍的經濟命脈。盧龍使府設在幽州，而不在平州，除了軍事安全考慮外，平州無力保證和供應使府僚佐龐大開支當亦爲一個主要原因。

小　結

　　本章分地域和藩鎮類型對唐後期武職僚佐的遷轉情況進行了探討。一般

〔註283〕日野開三郎著，唐華全摘譯：《安史之亂與唐朝東北政策的後撤》，《河北師院學報》1990年第4期，頁96。
〔註284〕《大唐六典》卷三《尚書戶部・度支郎中》。
〔註285〕《舊唐書》卷七七《韋挺傳》。
〔註286〕《新唐書》卷三九《地理志三》。
〔註287〕《全唐文補遺》第3輯，許勝《唐故盧龍節度衙前兵馬使兼知船舫事銀青光祿大夫檢校太子賓客兼監察御史上柱國隴西董府君（唐元）墓誌銘並序》，頁238。
〔註288〕《通鑑》卷二六九均王貞明三年二月條。

而言，順地藩鎮武職僚佐與中央間的流動是雙向的、互動的。而以河朔三鎮
爲代表的割據型藩鎮武職僚佐入朝多爲非正常途徑。但朝野內外對河朔社會
的歧視並沒有影響河朔三鎮武職僚佐入朝後的仕途發展。除某個特殊階段
外，禁軍軍將一般不能到河朔三鎮任職。因此，武職僚佐在河朔三鎮與朝廷
間的流動大多是單向的。藩鎮間的遷轉流動分爲多種類型，例如藩鎮軍隊調
防、藩鎮分合、節度使更迭引起的遷轉流動和辟署制度引起的遷轉流動等等。
武職僚佐在藩鎮間的遷轉流動，也呈現出地域性差異。除了跨地域鎮際間的
流動外，還有一種形式，或許爲最主要形式，即本鎮間的遷轉流動。本書以
幽州鎮爲例，探討了復合型藩鎮內部武職僚佐的遷轉流動。指出由於幽州節
度使例兼盧龍節度使，幽州鎮雖然有幽州和盧龍兩套使府僚佐，但官員在陞
遷、黜陟中表現出來的流動性、一身兩任性和地域上的間跨性等特點，顯現
出兩道界限已趨於消泯。在一個節度使、一個監軍使的統一領導下，兩道事
實上已混而爲一，形成了二元一體的格局。

第五章　唐代行營體制下的地方武官

　　以上諸章我們對唐代州郡地方武官和藩鎮地方武官進行了探討，它們屬於常態性職官，具有相對的穩定性。除此之外，還有一種地方武官不容忽視，那就是戰時狀態下的地方武官。在行軍轉爲鎮軍，特別是安史之亂後，隨之藩鎮局面的形成，行軍逐漸爲行營所代替，在行營體制下也有一套武官系統。與行軍制度相比，唐後期行營在兵員構成、組建方式、指揮系統方面，都有自己獨特的內容。從行軍到行營的轉變，基本上反映了唐代以徵兵制爲主和以募兵制爲主的不同歷史時期的出征制度，以及中央和地方關係的微妙變化」。〔註1〕

　　唐代行營，從性質上大致可分爲兩種：一種是神策行營，一種是藩鎮行營。作爲中央禁軍的神策軍，其行營大致可以分爲三類：第一種是神策征伐行營；第二種是神策左右行營」。由於鳳翔節度使和夏綏節度使，往往帶神策行營之名，分別稱爲「右神策行營節度使」和「左神策行營節度使」。第三種是神策遙隸行營。〔註2〕第一、二類屬於中央禁軍自不待言，就是第三類神策遙隸行營，由於神策軍稟賜優厚，西北邊鎮諸將多請遙隸神策，雖然仍駐防地方，但由於隸屬神策軍，歸神策中尉管轄，也不再屬於地方武官。以下我們主要對藩鎮行營的地方武官進行一些探討。

第一節　從行軍到行營的轉變

　　唐前期府兵，又稱衛士，他們的主要任務是上番宿衛，若遇征行則臨時

〔註1〕　張國剛：《唐代藩鎮行營制度》，《唐代政治制度研究論集》，頁175、180。
〔註2〕　何永成：《唐代神策軍研究——兼論神策軍與中晚唐政局》，臺灣：商務印書館，1990年，頁48～49。

組成行軍。「行軍」一詞，在北周隋唐間具有特殊的含義，專指軍隊出征制度。
〔註3〕即所謂「行軍之號，本繫出師」。〔註4〕朝廷臨時委派行軍元帥、行軍大
總管、行軍總管等官統率軍隊。有時行軍總管或行軍元帥的職號前，冠以出
征的戰區地名或作戰方嚮之名，稱爲某某道行軍總管或某某道行軍元帥。行
軍兵員包括府兵、禁軍、兵募、蕃兵等諸色征行人，戰事結束，則兵散於府，
將還於朝。唐前期的軍事制度（節度使兵形成之前）以平時體制與戰時體制
相分離爲特徵。其中所謂的「戰時體制」即指行軍體制，「平時體制」即指府
兵制和鎮戍制等。正如史籍所說的「行軍即稱總管，本道即稱都督」。〔註5〕

　　行軍作爲出征制度和野戰軍組織形式使用於唐初至武周時期，此後除偶
爾設置外已基本廢棄不用。〔註6〕唐高宗儀鳳年間由於吐蕃、突厥、契丹爲代
表的少數民族勢力迅速崛起，改變了雙方之間的力量對比，唐王朝逐漸由以
前的攻勢轉變爲守勢戰略。〔註7〕爲了守衛漫長的邊境線，抵禦北方少數民族
的進攻，唐王朝開始在邊境屯集重兵，臨時征行的行軍被定期番代的鎮軍所
取代。這些鎮軍既是常備軍又是野戰軍。當然行軍轉爲鎮軍是一個較長的過
程，並非一蹴而就。

　　爲了統一邊防指揮，在景雲年間開始出現了節度使。這些節度使，統轄轄
區內的軍、鎮、守捉、鎮、戍等機構，又往往兼任經略、支度、營田、轉運、
監牧等使，後又兼采訪使，集軍、政、財、人事等權於一身。節度使制度的確
立，是唐代邊防格局的一大變化，完全取代了唐前期分散單弱的傳統鎮戍制。
唐玄宗天寶年間，全國共設十個節度使，諸節度使有固定的治所，亦有大致固
定的防禦範圍。大致而言，安西、北庭、河西節度使以備西北；朔方、河東、
范陽節度使以備北邊；平盧節度使以備東北；隴右、劍南、河西節度使，以備
西南；嶺南五府經略使以備南邊。若發生戰事，諸節度管內諸軍或聯合隣鎮足
以防禦來侵之敵。這些節度使爲常任，與以前的行軍大總管截然不同。

　　在節度使制度建立後，邊兵的成分和性質也漸漸發生了變化。以開元二
十五年（737）詔令爲標誌，定期番代的兵募、衛士，變爲長駐邊境、來自招

〔註3〕　孫繼民：《唐代行軍制度研究》，頁6。
〔註4〕　《唐會要》卷七九《諸使雜錄下》。
〔註5〕　《唐會要》卷七八《節度使》。
〔註6〕　孫繼民：《唐代行軍制度研究》，頁20。
〔註7〕　唐長孺：《唐代軍事制度之演變》，《武漢大學社會科學季刊》九卷四期，1948
　　　　年。

募的健兒；由兵農合一的的徵兵，轉向兵農分離的職業雇傭軍。隨著鎮軍的出現，特別是節度使制度的建立，唐前期的行軍逐漸爲行營所代替。

一、唐代行營出現時間考辯

　　行營，據《漢語大詞典》其意有三：（1）出征時的軍營，亦指軍事長官的駐地辦事處。例如，北周庾信《詠畫屏風詩》云：「淺草開長坼，行營繞細廚。」唐人劉長卿《寄李侍郎中丞行營五十韻》云：「吳山依重鎮，江月帶行營。」唐高宗龍朔元年（661）正月，唐於河南、河北和淮南六十七州，募兵四萬四千餘人，「詣平壤、鏤方行營」，以鴻臚卿蕭嗣業爲夫餘道行軍總管，率回紇等諸部兵詣平壤。〔註8〕（2）移營，指行軍，作動詞講。例如《新五代史·周太祖紀》：「威（郭威）居軍中，延見賓客，褒衣博帶，及臨陣行營，幅巾短後，與士卒無異。」（3）營求。而新版《辭海》除了第二個含義釋爲巡視軍營外，其他二意略同。無論是《漢語大詞典》，還是《辭海》均沒有提到唐後期行營所具有的特殊含義。張國剛先生指出，以軍壘稱「營」，古已有之。所謂「行營」，顧名思義就是離開本部被派出執行軍事任務的「營」。節度使體制下，「營」又是軍事單位的名稱，唐後期藩鎮在本境內駐屯的兵馬，亦稱屯營，出境作戰的軍隊則稱行營。〔註9〕因此，行營的出現是在節度使制度確立後，是軍隊屯駐化，防區固定化背景下的產物。如果沒有固定防區，也就沒有所謂出境、不出境的問題。唐代節度使行營確切始於何時，難以稽考，但至晚天寶六載（747），高仙芝討伐小勃律時已經出現。

　　小勃律位於今克什米爾西北部，原爲唐朝屬國，扼守著吐蕃通往安西四鎮的咽喉，戰略地位極爲重要。在唐與吐蕃爭奪西域的鬥爭中，對小勃律的爭奪首當其衝。吐蕃贊普爲了拉攏小勃律，把公主嫁給小勃律王蘇失利之爲妻，小勃律國遂叛唐歸附於吐蕃。吐蕃進而控制了西域各國，西北二十餘國皆臣於吐蕃。唐爲了奪回這戰略要地，幾任安西節度使田仁琬、蓋嘉運、夫蒙靈詧數次派兵討伐，但因地勢險要，加之吐蕃增援，皆無功而返。天寶六載（747），制以安西副都護、都知兵馬使，充四鎮節度副使高仙芝爲行營節度使，將萬騎討之。〔註10〕

〔註8〕　《通鑑》卷二○○高宗龍朔元年正月條。
〔註9〕　張國剛：《唐代藩鎮行營制度》，《唐代政治制度研究論集》，頁175。
〔註10〕　《通鑑》卷二一五天寶六載十二月條。關於高仙芝討伐小勃律的時間，《通鑑》

　　唐玄宗時期，「天子有吞四夷之志」，〔註11〕與吐蕃、契丹、奚、南詔等戰爭頻繁，但當時諸節度使身擁重兵，對付諸少數民族進攻雖然不足，防禦尚有餘，往往以一鎮之力便可奏功，而且唐玄宗為了便於諸鎮之間的協防，統一事權，往往使一個節度使兼有數鎮，例如范陽節度使安祿山長期兼平盧節度使，後又兼河東節度使。在西北地區，河西節度使往往兼隴右節度使，王忠嗣更是曾兼有朔方、河東、河西、隴右四鎮。在一個節度使的控制下，也就不存在什麼出境不出境的問題了。因此天寶年間藩鎮行營雖然開始出現，但並未得到充分發展，行營大量出現並形成制度還是在唐後期，其契機便是安史之亂。

　　天寶十四載（755）十二月，為了對付安史叛軍，挽救岌岌可危的局勢，唐玄宗下詔令諸邊軍勤王：「其河西、隴右、朔方，除先發蕃漢將士，及守軍郡城堡之外，自餘馬步軍將兵健等，一切並赴行營，各委節度使統領，仍限今月二十日齊到」。〔註12〕《新唐書》卷二一六稱：「安祿山亂，哥舒翰悉河、隴兵東守潼關，而諸將各以所鎮兵討難，始號行營。」〔註13〕《通鑒》卷二二三亦言：「及安祿山反，邊兵精銳者皆徵發入援，謂之行營」。〔註14〕

二、行營與行軍的區別和聯繫

　　唐前期作為平時體制的府兵制、鎮戍制、禁兵制與作為戰時體制的行軍是相分離的，而唐後期的行營則不同。我們知道，唐代創設節度使是為了加強邊境防禦，以應付異族入侵，本身即為一種戰時體制，可以隨時出征。但另一方面，由於長期屯駐，節度使制度這種戰時體制又開始向平時體制轉化，其兵源構成、官員設置、組織系統越來越趨向常態化，具有了平時體制的一些特點。因此，藩鎮節度使制度兼具平時體制和戰時體制的雙重特點，而且隨著時間的推移，平時體制的色彩愈益增強。正是由於藩鎮節度使制度的雙重性格，使建立在節度使制度母體上的行營，一方面直接承用了藩鎮的組織系統和職官設置，一般不用另起爐竈，重新編組，但另一方面又根據戰爭的

和《新唐書》卷一三五《高仙芝傳》均言為天寶六載，《舊唐書》卷一○四《高仙芝傳》未提及時間。《舊唐書》卷一○九《李嗣業傳》云在天寶七載，誤。另外，《通鑒》和《舊唐書·高仙芝傳》也均提到了高仙芝為行營節度使。
〔註11〕《通鑒》卷二一六天寶六載十二月條。
〔註12〕宋敏求：《唐大詔令集》卷一一九《親征安祿山詔》。
〔註13〕《新唐書》卷二一六《吐蕃傳》。
〔註14〕《通鑒》卷二二三廣德元年七月條。

需要，進行了一些改造，使其更能應付戰時的環境。

唐後期行營的組建方式一般有兩種：一種是某部的直接調遣。如元和初討西川劉闢，直接征調屯駐長武城的神策軍。〔註 15〕會昌年間，討伐澤潞叛亂中，河東節度使李石征調橫水戍卒一千五百人增援榆社，全體駐軍開赴前線。〔註 16〕另一種是抽兵的方式，以此種更爲常見。主要是抽調藩鎮軍隊，有時也有神策等禁軍。孫繼民先生指出，唐前期行軍中，參加征行的府兵不僅打破了平時的衛府系統，甚至都不按照原來隊、旅、團的建制形式抽調，也打破了平時軍府的內部編制系統。〔註 17〕唐後期藩鎮行營的抽兵與此有些類似。一般每支行營兵的規模不會過多，大都控制在一千五百到三千人上下。〔註 18〕崔致遠《桂苑筆耕集》卷五《奏論抽發兵士狀》記載：「當道先准詔旨，抽廬、壽、滁、和等州兵馬共二萬人，仍委監軍使押領赴軍前者。臣當時已各帖諸州令排比點檢，次又得進奏院狀報，近奉詔旨，更於諸州催促兵士者」。廬、壽、滁、和等州屬於淮南道。即使對一鎮來說也不抽於一州。

但與行軍中所抽部隊不成編制不同的是，行營中所抽部隊，由藩鎮軍將或節度使直接統率，雖然人數不會很多，但一般也在千人以上，具有一定的獨立作戰能力，他們在行營中仍保持著原來的編制，與其他行營軍隊彼此獨立，互不統屬。這些雖然便於朝廷控制，有效地防止了動亂，但同時也造成諸行營軍對在戰鬥中彼此觀望、難以協調、指揮不靈的問題。唐後期幾乎每次大規模征伐，都有朝臣提到這個問題。例如長慶初河朔再叛，唐征諸道兵討伐，長慶二年（822）正月，中書舍人白居易上言，以爲：「自幽、鎮逆命，朝廷徵諸道兵，計十七八萬，四面攻圍，已踰半年，王師無功，賊勢猶盛。弓高既陷，糧道不通，下博、深州，飢窮日急。蓋由節將太眾，其心不齊，莫肯率先，遞相顧望。」會昌中討伐澤潞劉稹時，李德裕亦上奏云：「訪聞諸道客軍，皆自有都頭，常相顧望，不肯效命。請依河朔軍法，委彥佐、劉沔每三二千人分爲一團；如有應急使用處，便點一團令去，一切成敗，責在都頭。」〔註 19〕

唐前期行軍因戰爭的需要而編成，因戰爭需要而出征，一般戰爭結束即

〔註 15〕 《新唐書》卷一七○《高崇文傳》。

〔註 16〕 《舊唐書》卷一七二《李石傳》。

〔註 17〕 孫繼民：《唐代行軍制度研究》，頁 14。

〔註 18〕 張國剛：《唐代藩鎮行營制度》，《唐代政治制度研究論集》，第 192 頁。

〔註 19〕 李德裕著，傅璇琮、周建國校箋：《李德裕文集校箋》卷一五《論彥佐劉沔下諸道客軍狀》，石家莊：河北教育出版社，2000 年，頁 284。

解散，是直接進行戰爭的軍事組織，具有戰時性和臨時性特點。〔註20〕唐後期藩鎮行營作爲一種戰時體制，也有類似特點，但比較而言情形較爲複雜。藩鎮組建行營的目的主要有二：一是爲了出征，爲出征而建的戰時行營，戰罷即散，存在時間一般較短。此與行軍是頗爲相似的。另一是爲了戌防，出於防戌的需要而組建的行營，可稱之爲屯駐行營。例如唐文宗大和中，柳公綽領河東，「奏陘北沙陀素爲九姓、六州所畏，請委執宜治雲、朔塞下廢府十一，料部人三千禦北邊，號代北行營，授執宜陰山府都督、代北行營招撫使，隸河東節度」。〔註21〕這類行營存在時間相對較長，其中又以防秋、防冬制度最爲典型。例如，唐末徐州行營兵戌守桂州達六年之久，唐廷還要求再增加一年，最後激起了兵亂。

需要指出的是，在唐後期乃至五代史籍中仍然有行軍的稱呼。例如，後梁開平元年（907）二月，朱全忠遣其大將亳州刺史李思安爲北路行軍都統，率軍進攻幽州。後周太祖顯德元年（954）正月，北漢主聞太祖郭威晏駕，甚喜，謀大舉入寇，遣使請兵於契丹。二月，契丹遣其武定節度使、政事令楊袞將萬餘騎如晉陽。北漢主自將兵三萬，以義成節度使白從暉爲行軍都部署，武寧節度使張元徽爲前鋒都指揮使，與契丹自團柏南趨潞州。〔註22〕此行軍乃是沿用舊稱，實際上爲行營。

唐前期府兵制下，折衝府分置於諸州而名隸十二衛及東宮諸率府，雖然駐扎地方州縣，但性質上爲中央軍隊。因此行軍中府兵、兵募等是中央軍隊。而在行營中，主要是藩鎮地方軍隊。行軍到行營的嬗變，反映了唐代軍隊出征格局中，經歷了從中央禁軍到藩鎮軍的變化，從一個側面反映了中央集權衰落，地方勢力崛起的現實。行軍和行營雖然只有一字之差，但實際蘊含了豐富的歷史內涵。宋代雖然繼承了唐後期行營的名稱，但軍隊主體卻變爲了禁軍，名同而實異。

第二節　藩鎮行營的統帥

行營統帥是指行營的最高指揮官，行營軍將是指行營統帥以下各級指揮

〔註20〕孫繼民：《唐代行軍制度研究》，頁7。
〔註21〕《新唐書》卷二一八《沙陀傳》。
〔註22〕《通鑒》卷二九一。

官，統帥和軍將共同構成了行營的指揮系統。唐後期行營統帥名號眾多，張
國剛先生指出，大體有行營節度使、行營招討使、行營元帥、行營都統、行
營都都統等。其中以行營元帥、諸道行營兵馬元帥最為尊崇，其次為都統、
都都統，招討使較之略低。例如乾寧二年（895）八月，以李克用為邠寧四面
行營都招討使（其下屬有東北面招討使、西面招討使），不久改為邠寧四面行
營都統，以示崇重。行營節度使一般只限於指揮本道或本軍兵馬，地位較低。
除了行營節度使出自當道當軍外，其他例由中央指派朝廷臺省官擔任，也有
任命某一道藩鎮節度使兼任的。〔註23〕其實，行營都都統是由行營都統派生
出來的，史籍中也多簡稱為都統，因此不構成一個單獨的統帥類別。除此之
外，還有都指揮使等。本文擬在張先生的基礎上再加探討。

一、行營節度使

　　唐睿宗景雲元年（710），以幽州鎮守經略節度大使薛訥為左武衛大將軍
兼幽州都督，景雲二年（711），又以賀拔延嗣為涼州都督充河西節度使，節度
使之名至此正式確立。但行營節度使的出現相對較晚。安史之亂起，河隴兵
馬赴難中原，出現了四鎮北庭行營節度使的名號。《通鑒》卷二二〇肅宗乾元
元年三月條云：「鎮西、北庭行營節度使李嗣業屯河內」。胡三省注曰：「行營
節度使始此」。其實胡三省的看法並不正確。前面我們已經提到，天寶六載
（747），高仙芝為行營節度使討伐小勃律。當時高仙芝為安西副都護、都知
兵馬使、四鎮節度使副使，率一萬唐軍跋涉萬里進行遠征。為了提高其身份，
設置了行營節度使。這為現有史籍中行營節度使的最早記載。

　　行營節度使為某藩鎮行營的最高指揮官，有時節度使親自率軍奔赴行
營，以節度使的身份統領部眾，沒有任以行營職名，但他是實際上的行營統
帥。例如，乾元元年（758）九月相州之戰中，朔方郭子儀、淮西魯炅、興平
李奐、滑濮許叔冀、鎮西‧北庭李嗣業、鄭蔡季廣琛、河南崔光遠、河東李
光弼、關內‧澤潞王思禮九節度使所率部眾，實際上都為各鎮行營，而且都
是以節度使的身份統率行營的。還比如，元和五年（810），唐憲宗糾集諸道
討伐成德王承宗。幽州節度使劉濟親自出征，以長子緄為副大使，掌幽州留
務。以次子瀛州刺史劉總為行營都知兵馬使，使屯饒陽。〔註24〕

〔註23〕張國剛：《唐代藩鎮行營制度》，《唐代政治制度研究論集》，頁 183、184、192。
〔註24〕《通鑒》卷二三八元和五年七月條。

　　唐後期，行營節度使根據層級大概可分兩類：一類是某鎮行營節度使。其人本為某藩鎮軍將，其中尤以節度副使、都知兵馬使等居多，帶兵出境作戰，為了提高其權威和威懾力，任命其為行營節度使，地位低於一般的藩鎮節度使。這是出現較早，也是較普遍的一種。前面提到的高仙芝、李嗣業等所任行營節度使均屬此類。還比如唐代宗廣德元年七月（763），以僕固懷恩為朔方行營節度使。〔註25〕其時朔方節度使仍為郭子儀，直至同年十二月僕固懷恩才被任命為河北副元帥、單于鎮北大都護、朔方節度使。貞元三年（787），宣武節度使劉玄佐入京朝覲，唐德宗任命宣武大將劉昌率眾八千北出五原防秋，劉昌即被任命為宣武行營節度使。〔註26〕

　　在某鎮行營節度使中，鎮西北庭行營節度使比較特殊。鎮西，即安西，至德二載（757）改名為鎮西。〔註27〕安史之亂中，兩京失陷，安西大將李嗣業率軍赴靈武，唐肅宗任其為鎮西北庭行營節度使。後吐蕃攻陷河隴，北庭、安西與內地隔絕不通，貞元六年（790）五月北庭最終陷於吐蕃，這支勤王行營部隊最終與本鎮斷絕了關係，失去了回歸的可能。雖然帶有行營二字，但與為戰時而設，戰罷即廢的一般行營節度使不同，鎮西北庭行營節度使長期設置，成為常設職官，自李嗣業開始，荔非元禮、孫志直、馬璘、段秀實、姚令言等數人均擔任過此職，其身份不是一般藩鎮軍將，實際上與一般節度使無異，也開府置文武僚佐。故史籍中也通常省稱為鎮西北庭節度使。

　　另一類為戰區行營節度使，地位高於某鎮行營節度使。唐後期由於戰爭規模巨大、曠日持久，行營軍隊往往不止來自一鎮，征調十幾鎮的也不罕見。為了統率數鎮行營軍隊，也往往設置行營節度使。但為了與某鎮行營節度使相區別，此行營節度使一般冠以駐防或作戰區域的地名。例如，建中四年（783）涇原之變發生後，唐德宗西幸奉天。鹽州刺史戴休顏倍道兼程，以所部蕃漢三千人赴難。後車駕再幸梁、洋，戴休顏留守奉天。及李懷光叛據咸陽，使誘休顏，休顏集三軍斬其使，嬰城自守。其月，拜檢校工部尚書、奉天行營

〔註25〕《通鑑》卷二二三廣德元年七月條。
〔註26〕《舊唐書》卷一五二《劉昌傳》云劉昌尋以本官授京西北行營節度使。歲餘，授涇州刺史，充四鎮、北庭行營，兼涇原節度支度營田等使。而據《通鑑》卷二三三貞元四年正月條，以宣武行營節度使劉昌為涇原節度使。所謂的「京西北行營節度使」即宣武行營節度使。一云「京西北行營節度使」，一云「宣武行營節度使」，是從不同角度來說的。從劉昌駐防區域來說即京西北行營節度使，從來源地而言即是宣武行營節度使。
〔註27〕《通鑑》卷二二四大曆二年十二月條記載，大曆二年復以鎮西為安西。

節度使。〔註28〕戴休顏成爲屯駐在奉天諸行營軍隊的最高指揮官。長慶年間，河朔復叛，王廷湊殺成德節度使田弘正，並包圍親唐的成德舊將牛元翼於深州。爲解深州之圍，唐廷徵忠武、橫海、河東等諸道兵，以左領軍大將軍杜叔良爲深州諸道行營節度使。後杜叔良兵敗，十二月，又以鳳翔節度使李光顏爲忠武節度使、兼深州行營節度使，代杜叔良。

　　有時行營節度使前冠以某鎮名，看似某鎮行營節度使，實際爲諸道行營節度使。例如，唐文宗太和三年（829）十一月，南詔入寇西川，嶲州、戎州、邛州先後失陷，並陷成都外郭。詔發東川、興元、荊南諸道兵以救西川，十二月又發鄂岳、襄鄧、陳許等兵繼之。「以右領軍大將軍董重質爲神策諸道、西川行營節度使」，〔註29〕董重質所任之西川行營節度使，是唐廷爲了挽救西川的嚴重局勢，爲統率聚集在西川的諸道行營兵馬所設立的，所統率的並非西川一鎮之兵。因此對典籍中行營節度使的含義也應具體情況具體分析，不可一概視之。

　　另外，史籍中有時對行營節度使的概念使用並不是很嚴格，需要加以甄別。例如，咸通十年（869）九月在平定龐勳之亂後，下制：「其四面行營節度使，既成茂勳，宜加酬獎，並取別敕處分。」〔註30〕這裡提到了「四面行營節度使」，但據《通鑑》卷二五一咸通九年十一月詔：「詔以右金吾大將軍康承訓爲義成節度使、徐州行營都招討使，神武大將軍王晏權爲徐州北面行營招討使，羽林將軍戴可師爲徐州南面行營招討使，大發諸道兵以隸三帥。」《舊唐書》卷一九《懿宗紀》將唐廷任命康承訓、王晏權繫於咸通十年正月，與《通鑑》時間不同，另外稱戴可師爲曹州行營招討使，但也云以康承訓爲徐泗行營都招討使，王晏權爲徐州北路行營招討等使。以此來看，這裡詔書所謂的「行營節度使」實際當指行營招討使。

二、行營元帥

　　《舊唐書》卷四四《職官志》稱元帥，「舊無其名。安、史之亂，肅宗討賊，以廣平王爲天下兵馬元帥，又以大臣郭子儀、李光弼隨其方面副之，號爲副元帥。及代宗即位，又以雍王爲之。自後不置。昭宗又以輝王爲之也。」《舊唐書》認爲元帥出現在唐安史之亂期間並不正確。孫繼民先生指出，其

〔註28〕《舊唐書》卷一四四《戴休顏傳》。
〔註29〕《通鑑》卷二四四太和三年十二月條。
〔註30〕《舊唐書》卷一九上《懿宗紀》。

實行軍元帥在北周、隋時期已經出現。具體到唐代而言，隋末唐初的兼併戰爭中就有行軍元帥稱號。〔註31〕唐代行軍元帥，主要由親王擔任，《舊唐書》卷四三《職官志》云：「凡親王總戎，曰元帥。」「其元帥之號，自武德已來，唯王始拜。」〔註32〕孫繼民先生將其概況為「親王專任制」，並指出「親王專任制」是唐代行軍命帥任將制度的一項重要內容和一個鮮明特點。唐初親王實授其職，後逐漸蛻變為親王虛號遙領。〔註33〕臣下擔任副元帥，負責實際事務。天寶十五載（756）正月，哥舒翰除諸道兵馬元帥，史稱元帥「始臣下為之。」〔註34〕但據《舊唐書》卷一四六《蕭昕傳》：「及安祿山反，昕舉贊善大夫來瑱堪任將帥，思明之亂，瑱功居多。累遷憲部員外郎，為副元帥哥舒翰掌書記。」以此言之，哥舒翰所任諸道兵馬元帥實際上亦為副元帥。〔註35〕唐代副元帥省稱元帥的例子很多，在此不贅。

安史之亂後，隨著行軍為行營所代替，典籍中的元帥一般是指行營元帥。它根據級別可分為兩類：

一類是天下兵馬元帥，為全國最高軍事長官，例以親王為之。安史之亂期間，潼關失陷後，唐玄宗倉皇出逃，天寶十五載（756）七月，唐玄宗西幸至普安郡（即劍州）發佈詔令，以太子李亨為天下兵馬大元帥，領朔方、河東、河北、平盧節度都使，收復長安、洛陽。〔註36〕但此時李亨已經在靈武即位，所署任的天下兵馬大元帥之職當然形同具文，李亨根本不可能蒞任。真正意義上的兵馬元帥是其後的廣平王俶。同年九月，唐肅宗以其子廣平王俶為天下兵馬元帥，以郭子儀為副，統大軍東征，諸將皆以屬焉。〔註37〕乾元二年（759）七月，由於張良娣的暗中策劃，唐肅宗改命其次子趙王係為天下兵馬元帥，以削廣平王之權。同時以李光弼代郭子儀為朔方節度使，為天下兵馬副元帥，仍知諸節度行營。寶應元年（762）四月，李輔國等發動政變，殺死張良娣，李係也被殺，唐代宗於肅宗靈前即位。十月，任命其子雍王适為天下兵馬元帥，會諸道節度使及回紇於陝州，進討史朝義。加朔方節度使僕固懷恩同平章事兼絳州

〔註31〕孫繼民：《唐代行軍制度研究》，頁136。
〔註32〕《唐會要》卷七八《諸使中·元帥》。
〔註33〕孫繼民：《唐代行軍制度研究》，頁139。
〔註34〕《唐會要》卷七八《諸使中·元帥》。
〔註35〕石雲濤：《唐代幕府制度研究》，頁176。
〔註36〕《通鑒》卷二一八至德元載七月條。
〔註37〕《通鑒》卷二一八至德元載九月條。

刺史，領諸軍節度行營以副适。大曆八年（773），罷天下兵馬元帥。〔註38〕唐末又加以恢復。唐昭宗爲重振皇室權威，重用宗室勢力，以與強藩相抗衡。除了任命親王統軍外，還提高其地位，恢復天下兵馬元帥是其中一個方面。天復三年（903）二月，以輝王祚爲諸道兵馬元帥。其年十二月十三日勅：「國史所書元帥之任，並以天下爲名。乃自近年，設爲諸道，宜卻復爲天下兵馬元帥。」但時已屆唐末，重新以宗王擔任天下兵馬元帥，凌駕於諸藩鎮之上，也難以改變強藩跋扈不庭的局面，也根本不能挽救唐亡的命運。

　　第二類是諸道兵馬元帥，爲地區性的兵馬元帥，「或專一面之權，或總諸道之師」，〔註39〕亦以親王宗室擔任，爲名譽上的軍事統帥，而以臣子擔任副元帥，負責具體軍政事務，是實際上的軍事統帥。這一類元帥設置最爲普遍，影響也最大。根據兩《唐書》和《通鑑》，唐後期歷任兵馬副元帥，詳見下表。

姓　名	時　間	職　名	出　處	備　註
郭子儀	乾元二年（759）三月	東都畿、山南東道、河南諸道行營元帥	《舊唐書》卷120	所謂的「元帥」，實際上爲副元帥
	上元三年二月	朔方、河中、北庭、潞、儀、澤、沁等州節度委營兼興平、定國副元帥	《舊唐書》卷120	上元三年四月罷副元帥。
	廣德二年（764）	十月爲關內副元帥，十一月又兼關內河東副元帥	《舊唐書》卷120	大曆十四年（779）德宗即位始罷郭子儀關內、河東副元帥之任。
李光弼	上元二年（761）五月	河南、淮南、山南東道、荊南等副元帥，	《舊唐書》卷110	《通鑑》卷222
僕固懷恩	寶應元年（762）十一月	河北副元帥	《通鑑》卷222	廣德二年六月解任
李抱玉	廣德元年（763）	河西隴右山南西道副元帥	《舊唐書》卷132	
王縉	廣德二年（764）八月	河南副元帥	《通鑑》卷224	大曆四年解任
杜鴻漸	大曆元年（766）二月	山南西道·劍南東·西川副元帥	《通鑑》卷224	

〔註38〕《新唐書》卷四九下《百官志四》。
〔註39〕孫逢吉：《職官分紀》卷四六《元帥》，北京：中華書局，1988年。

李懷光	建中四年（783）	河中副元帥	《通鑑》卷230	《通鑑》只言興元元年（784）二月罷李懷光副元帥，但未記載始授時間，以情理推測當在建中四年解奉天之圍後
渾瑊	興元元年（784）三月	朔方、邠寧、振武、永平、奉天行營兵馬副元帥	《通鑑》卷230	另見《舊唐書》卷134
	興元元年（784）七月	河中同陝虢節度及管內諸軍行營兵馬副元帥	《舊唐書》卷134	
	貞元四年（788）七月	邠寧副元帥	《通鑑》卷233	另見《舊唐書》卷134
李晟	興元元年（784）	鄜坊、京畿、渭北、商華副元帥	《通鑑》卷230	
馬燧	興元元年（784）七月	晉絳慈隰節度並管內諸軍行營副元帥	《舊唐書》卷134	

　　這些地區性副元帥，是戰區方面軍的最高軍事長官，可以統帥某一戰區全體作戰部隊，包括諸節度行營的軍隊。例如，上元二年（761）五月李光弼為河南副元帥，都統河南、淮南東西、山南東、荊南、江南西、浙江東西八道行營節度使，出陣臨淮。〔註40〕李光弼坐鎮臨淮，可以指揮和調度上述八個藩鎮派到河南戰場的軍隊。上表10人中，只有王縉是以宰相的身份擔任副元帥。其他9人都是節度使或曾擔任過節度使，這說明副元帥主要是由地方藩鎮實力派擔任的。而且在9人中，只有杜鴻漸是進士出身，屬於文士，其他都是純粹的武將。所有這一切都是與副元帥主要領導出征作戰，具有強烈的軍事性有關。

　　上述諸人中，郭子儀和渾瑊都曾3次擔任副元帥，如此算來唐後期共有14人次曾擔任副元帥。從時間上看，絕大多數集中於安史之亂和唐德宗平叛期間，達12人次，比例高達87.5%。而在唐德宗（不含德宗）以後副元帥不再授人，行營統帥代之以都統和招討使。〔註41〕這可能與副元帥位高權重，

〔註40〕《通鑑》卷二二二上元二年六月條。而《唐會要》卷七八《元帥》則稱其為「河南、淮南、淮西、山南東道、荊南五節度行營元帥」。

〔註41〕《新唐書》卷四九《百官志四》云：「會昌中，置靈、夏六道元帥」。此「靈、夏六道元帥」即屬於諸道兵馬元帥一類。以唐代制度，此元帥當以宗室親王

極易對皇權造成威脅有關。廣德初，吐蕃入寇京畿，唐代宗詔徵天下兵勤王，期盼身爲河南副元帥的李光弼馳援，但李光弼因不滿權宦程元振，擁兵自重，故意遷延不至。吐蕃退軍後，乃除李光弼爲東都留守，解除其兵權，以察其去就。李光弼欲收江淮租賦以自給，根本不服從調遣，唐廷也無可奈何。特別是河北副元帥僕固懷恩的叛亂，招引回紇和吐蕃屢屢入寇，造成京師失陷，唐代宗倉皇出逃，更是不能不使唐朝統治者心有餘悸。大曆二年（767），唐廷以安史亂平，下詔停諸道副元帥。但由於吐蕃屢屢進犯，推進到邠寧、涇原一線，長安也在吐蕃鐵騎的直接威脅之下。在此情況下，唐代宗不得不又恢復了副元帥之任，主要以郭子儀負責西北防務。隨著邠寧、鄜坊、涇原等鎮的先後設立，以及防秋的制度化，唐王朝西北防線逐漸鞏固，唐德宗即位伊始，中興名將、功蓋天下的郭子儀就被罷免了副元帥。建中三年（782），淮西節度使李希烈叛亂，攻陷汴州，汴宋節度使李勉出奔宋州，江淮漕運阻斷，朝廷大震。建中四年（783）九月，唐德宗又恢復戰亂時期以宗王爲元帥的舊事，以舒王謨爲揚州大都督，持節充荊襄、江西、沔鄂等道節度諸軍行營兵馬都元帥，仍賜名誼，改封晉王，討伐李希烈，淮西四面諸方鎮兵及神策行營皆受其節制。同年，涇原之亂，唐德宗倉皇出奔奉天，朱泚攻圍奉天，形勢岌岌可危，全賴李懷光、渾瑊、李晟等人的馳援，奉天才免於被叛軍攻破，後又依靠渾瑊和李晟等人收復了長安，唐王朝才從滅亡的崖頭被拯救過來。爲了獎賞這些再造唐室的功臣，唐德宗又恢復了副元帥。但與郭子儀時期的副元帥相比，轄區大爲縮小，被一分爲三，分隸與李晟、馬燧、渾瑊三人，反映出唐德宗對副元帥既利用，又限制的矛盾心態。

　　元帥和副元帥均開府，各有一套龐大的文武僚佐系統，建中四年（783）以舒王謨爲揚州大都督，持節充荊襄、江西、沔鄂等道節度諸軍行營兵馬都元帥，史稱「大開幕府，文武僚屬之盛，前後出師，未有其比」。〔註42〕儘管由於任職者地位身份不同，其文武僚佐規模、人數有所差異，但基本構成應該是相同的。

　　《新唐書》卷四九下《百官志》云，天下兵馬元帥、副元帥之下有行軍

　　　爲之，另置有以臣子擔任的副元帥。但據兩《唐書·武宗紀》、兩《唐書·黨項傳》和《通鑑》諸書，均沒有提到置靈夏六道元帥之事。姑係於此，待考。即使此材料不誤，僅此一例，也不影響我們的結論。

〔註42〕《舊唐書》卷一四五《李希烈傳》。

長史、行軍司馬、行軍左司馬、行軍右司馬、掌書記、行軍參謀、前軍兵馬使、中軍兵馬使、後軍兵馬使、中軍都虞候，各一人。

關於行軍長史、行軍左・右司馬的記載可以得到史籍印證。唐肅宗於靈武即位後，擢李輔國爲太子家令，判元帥府行軍司馬事，同時李泌亦爲行軍司馬。〔註43〕蓋一爲左司馬，一爲右司馬。建中四年（783），舒王謨（後改名誼）爲荊襄等道行營都元帥，以兵部侍郎蕭復爲元帥府統軍長史、潭州觀察使孔巢父充行軍左司馬、山南東道節度行軍司馬樊澤爲行軍右司馬，自餘將佐皆選中外之望。〔註44〕這裡也提到了行軍左、右司馬。「統軍長史」，即行軍長史，由於蕭復之父名衡，「衡」、「行」兩字古代讀音相同，爲避其父名諱，以示對蕭復的尊重，唐德宗臨時將行軍長史改爲了統軍長史。《新唐書・百官志》在列元帥僚佐時，將行軍司馬與行軍左・右司馬並列，並云各一人，很容易給人造成誤解，使人認爲既設行軍司馬，又設行軍左司馬和行軍右司馬。事實上行軍司馬與行軍左、右司馬並不是同時設置的。如果設置了行軍左、右司馬，一般不再設置行軍司馬，反之亦然。到底是設行軍左、右司馬，還是行軍司馬，主要取決於擔任元帥的宗王的身份地位和戰事的需要。寶應元年（762）十月，唐代宗以其子李适爲天下兵馬元帥，其中給事中李進爲行軍司馬，〔註45〕而沒有提到行軍左、右司馬。

元帥幕府文職僚佐除了上面提到的行軍長史、行軍司馬（或行軍左、右司馬）、掌書記、行軍參謀外，還有一個重要的僚佐——判官。寶應元年（762）十月，李适爲天下兵馬元帥，以中書舍人韋少華爲判官。李光弼爲河南副元帥，史稱：「李太尉光弼鎭徐方，北扼賊衝，兼總諸道兵馬，征討之務，則自處置。倉儲府庫，軍州差補，一切並委判官張傪。」〔註46〕李懷光爲河中副元帥，以高郢爲判官。〔註47〕武職僚佐主要有兵馬使和都虞候等，但其設置並不盡如《新唐書・職官志》所記載的那樣，分爲前軍、中軍和後軍，有時

〔註43〕《舊唐書》卷一三〇《李泌傳》；《新唐書》卷一三九《李泌傳》。而《通鑒》卷二一八至德元載六月條云以李泌爲元帥府行軍長史，與《舊唐書》和《新唐書》有異。

〔註44〕《舊唐書》卷一五〇《舒王誼傳》。而《通鑒》卷二二八建中四年九月條記載稍異，云以戶部尚書蕭復爲長史，右庶子孔巢父爲左司馬，諫議大夫樊澤爲右司馬。

〔註45〕《通鑒》卷二二二寶應元年十月條。

〔註46〕封演撰，趙貞信校注：《封氏聞見記》卷九《任使》，北京：中華書局，2005年。

〔註47〕《通鑒》卷二三一興元元年七月條。

也分爲左右廂，人數也比較靈活，遠不止一人。寶應元年（762）十月，李适天下兵馬元帥幕府中，以兼御史中丞藥子昂、魏琚爲左右廂兵馬使。唐代宗廣德年間，朔方節度副使辛京杲曾任關內河東副元帥左廂兵馬使。〔註48〕「關內河東副元帥」即郭子儀。興元元年（784），李晟在收復長安的戰鬥中，提到了副元帥兵馬使吳詵、牙前將李演和史萬頃、牙前兵馬使王佖等人。〔註49〕他們都是副元帥李晟幕府諸將。

三、行營都統

都統一職最早出現在前秦時期，東晉孝武帝太元八年（383）五月，苻堅大舉進攻東晉，下詔悉發諸州公私馬，良家子至者三萬餘騎。「其秦州主簿金城趙盛之爲建威將軍、少年都統。」〔註50〕在此胡三省注曰：「都統官名，起於此」。〔註51〕孝武帝太元十八年正月（393），權千成爲秦所逼，請降於金城王乾歸，乾歸以爲東秦州刺史、休官大都統、顯親公。十九年正月，呂光拜烏孤冠軍大將軍、河西鮮卑大都統。〔註52〕《魏書》卷一一三《官氏志》記載：「太祖登國元年（386）……置都統長，又置幢將及外朝大人官。其都統長，領殿內之兵，直王宮；幢將員六人，主三郎衛士直宿禁中者。」北齊門下省統主衣局，都統、子統各二人。從以上可以看出，顯然都統是十六國北朝時期出現的官職，南朝諸政權不曾設置，唐代之都統即源於此。

唐代之都統出現的時間，史籍記載亦有差異。大致而言，主要有兩種說法，一種爲天寶末年說，以《新唐書》卷四九《職官志》爲代表：「天寶末，置天下兵馬元帥，都統朔方、河東、河北、平盧節度使。招討、都統之名始於此。」據兩《唐書》，李亨充天下兵馬元帥，都統朔方、河東、河北、平盧等節度兵馬的時間是在天寶十五載（756）七月。因此所謂的「天寶末」，確切一點來說實際是天寶十五載。另一種是乾元年間說。《唐會要》卷七八《諸使中・都統》記載：「乾元元年（758）十二月，戶部尚書李峘，除都統淮南江東江西節度宣慰觀察處置等使，都統之號始於此。」《舊唐書》卷四四《職

〔註48〕《全唐文》卷四六代宗《封辛京杲晉昌郡王制》。
〔註49〕《通鑑》卷二三一興元元年五月條。
〔註50〕《晉書》卷一一四《苻堅載記下》。
〔註51〕《通鑑》卷一○五晉孝武帝太元八年七月條。
〔註52〕《通鑑》卷一○八晉孝武帝太元十九年正月條。《文獻通考》卷五九《職官考》則曰晉孝武帝太元十九年有河西大都統。

官志》和《通典》卷三二《職官十四》亦均言乾元中置。就是記載都統始於天寶末的《新唐書》，在卷八〇《李峘傳》中亦記載，「乾元元年，持節都統江淮節度宣慰觀察使。都統之號，自峘始。」〔註53〕因此，天寶末和乾元年間兩種說法都有材料支撐，看似都有一定的道理。馬端臨對此作了折衷，區分了「都統之名」和「都統之官」兩個概念，認為：「唐天寶末，置為天下兵馬元帥，都統朔方、河東北、平盧節度使，都統之名始於此。乾元元年，戶部尚書李桓除都統淮南、江東西節度使，宣慰、觀察、處置等使，都統之官始於此。」文中「李桓」當為李峘之誤。馬端臨的分析有一定道理，但也存在一些問題。前面已經提到，都統之名可追溯於十六國時期，就是在唐初亦有都統之名，例如，唐高宗顯慶五年（660）八月十三日，左衛大將軍蘇定方討平百濟，虜其王義慈及太子崇，以其地置熊津、馬韓、東明、金漣、德安等五都督，各統州縣，立其酋長為都督、刺史、縣令。並「命左衛郎將王文度為都統，總兵以鎮之。」〔註54〕這是現有典籍中，唐代都統的首次出現，而並非始於天寶末。無論是十六國北朝，還是唐初之都統，都已經是正式官名。唐後期的都統是有特定含義的，都統，「謂都統諸軍，唐中世以後，專征之任。」〔註55〕總諸道兵馬，「或領三道，或領五道，皆古方岳牧伯之任也」。〔註56〕以這個概念來衡量，唐高宗時鎮守百濟的王文度並非後世意義上的都統。天寶十五載（756），李亨充天下兵馬元帥，都統朔方、河東、河北、平盧等節度兵馬，但尚未以都統入銜，也非嚴格意義上都統，至多只能算是都統的萌芽。綜上論述，乾元元年（758）十二月，應是唐代都統正式設置時間，首任都統是李峘。〔註57〕

　　《唐會要》列有都統九人：李峘、李若幽、李勉、高崇文、白敏中、韓宏（弘）、王鐸、高駢、張濬。但尚有遺漏，今依據兩《唐書》、《通鑑》，結合《唐會要》，加以統計，列表如下。

〔註53〕《新唐書》卷八〇《鬱林王恪附趙國公峘傳》。
〔註54〕《唐會要》卷九五《百濟傳》。
〔註55〕《通鑑》卷二三八元和四年十月條。
〔註56〕《通典》卷三二《職官十四》。
〔註57〕石雲濤認為唐後期的都統與李峘之都統性質有別。李峘之都統乃總統諸道諸使，其任務是鎮守一方，為諸道之上一大行政區的長官。唐後期都統則是在諸道行營之上設一最高軍事指揮，是總統諸行營兵，是完全意義上的臨時性軍事長官。見《唐代幕府制度研究》，頁200。可備一說。

姓　名	時　間	授任前官職	官　職	出　處	備　註
李峘	乾元元年十二月	戶部尚書	都統淮南江東江西節度宣慰觀察處置等使	《唐會要》卷 78	《通鑑》卷 220 乾元元年十二月條只言李峘爲浙江東道節度使兼淮南節度使，但卷 221 和卷 222 均言爲江淮都統。
郭子儀	上元元年九月	邠寧、鄜坊節度使	諸道兵馬都統	《舊唐書》卷 120	
劉展	上元元年	宋州刺史、淮西節度副使	都統淮南東、江南西、浙西三道節度使	《通鑑》卷 221	
李若幽	上元二年八月	殿中監	朔方、鎮西、北庭、興平、陳鄭等九節度行營兵馬及河中節度都統處置使	《唐會要》卷 78	後賜名李國貞
崔圓	上元二年	淮南節度使	江淮都統	《通鑑》卷 222	兩《唐書》均未言崔圓爲都統，據《通鑑》卷 222，上元二年十月時，已爲江淮都統，但未言何時授。
王縉	廣德二年八月	黃門侍郎同中書門下平章事	持節都統河南、淮西、淮南、山南東道節度行營事	《舊唐書》卷 11	
李勉	建中元年十二月（或云建中二年正月）	汴州節度使	河南汴州宋滑亳河陽等道都統使	《唐會要》卷 78；《新唐書》卷 7	
劉玄佐	興元元年	汴宋節度使	本管及陳州諸軍行營都統	《舊唐書》卷 145；《通鑑》卷 231	本名劉洽

高崇文	元和二年十二月	西川節度使	邠寧節度、京西諸軍都統	《通鑑》卷237	《唐會要》卷78云高崇文元和四年九月充南京都統。按，至德二載十二月唐廷以蜀郡為南京。
韓弘	元和四年九月	宣武軍節度	淮西諸軍行營兵馬都統	《唐會要》卷78	《唐會要》卷78作韓宏
	元和十年九月	宣武節度使	淮西諸軍都統	《舊唐書》卷156；《通鑑》卷239	《舊唐書·韓弘傳》未言為都統時間，據《通鑑》在元和四年九月
白敏中	大中五年三月	特進守司空兼門下侍郎平章事	招討黨項行營都統	《通鑑》卷249；《唐會要》卷78	
高駢	乾符六年十月	鎮海軍節度使	諸道行營兵馬都統	《舊唐書》卷19	
崔安潛	乾符三年十二月	陳許節度使	諸道行營兵馬都統	《新唐書》卷225；《通鑑》卷252	
鄭畋	中和元年（883）三月	鳳翔節度使	京城四面諸軍行營都統	《通鑑》卷254	
王鐸	乾符五年二月	宰相	荊南節度使、諸道行營兵馬都統	《舊唐書》卷19下；《唐會要》卷78	
	中和二年七月	宰相	京城四面諸道行營兵馬都統	《舊唐書》卷19；《唐會要》卷78	
張濬	大順元年五月	中書侍郎平章事	太原四面行營兵馬都統	《舊唐書》卷20	
朱溫	文德元年二月	宣武節度使	蔡州四面行營都統	《舊五代史》卷1	
李克用	乾寧二年八月	河東節度使	邠寧四面行營都統	《舊唐書》卷20	

說明：唐末都統之下又有諸方面都統，以東西南北等方面稱之。例如中和年間，黃巢
攻陷長安，為收復京師，唐廷以王鐸為都統，以河中節度使王重榮為京城北面

都統，義武軍節度使王處存爲京城東面都統，鄜延節度使李孝昌爲京城西面都統，朔方軍節度使拓跋思恭爲京城南面都統。這些方面都統不計在內。

上表中共列唐後期都統 18 人，其中韓弘和王鐸先後兩次擔任都統，如此算來，共有 20 人次擔任都統。安史之亂和黃巢起義是唐代規模最大、持續時間最長的變亂，綿延八年之久，都攻佔了京師長安，使唐王朝命懸一線。從時間分佈上看，都統以這兩個時期設置最多，共 11 人次，占了總數的 55%。另外，建中之亂時以及元和年間討伐淮西叛鎮大規模用兵時也曾設置。從任職者身份來看，包括朝官、節度使等，其中節度使最多，共 13 次；朝官共 7 人次，其中宰相 5 人次，一般朝官 2 人次。爲了直觀起見，都統任職者身份列表如下：

任職者身份	人　次	所占比例
節度使	13	65%
宰　相	5	25%
一般朝官	2	10%

從上表來看，雖然藩鎮節度使任職者佔據了大多數，但朝官所占比例也不容小覷，幾近 35%，與行營副元帥幾乎是清一色的藩鎮節度使形成了鮮明對照。這說明都統和副元帥雖然同爲行營最高長官，但在職能和與朝廷關係上還是有所差別的。副元帥作爲元帥的副貳，是眞正意義上的軍事統帥，他們一般都統率部隊親臨前線。而都統主要代表了朝廷的意志，以朝廷代言人的身份掌控各行營，雖然也親自出征，並非遙授、虛領，但許多人並不直接親臨前線，主要是起組織、協調和督導作用。

唐德宗貞元二年（786）九月，所定的文武百官朝謁班序中，都統排在副元帥之後，節度使之前，[註 58] 反映都統地位介於副元帥和節度使之間。中和元年（883）三月，以鄭畋爲京城四面諸軍行營都統，所賜鄭畋詔曰：「凡蕃、漢將士赴難有功者，並聽以墨敕除官」。[註 59] 高駢爲都統時也有墨敕除官權。但這是唐廷在非常時期對鄭畋、高駢等人的特別授權，並不是制度常態。也就是說，不是每個都統都有此權力，大部分都統都沒有墨敕之權。雖然都統總行營諸道兵馬，「主兵則都統當權」，[註 60] 但這祇是理論上的，現

〔註 58〕《唐會要》卷二五《文武百官朝謁班序》。
〔註 59〕《通鑒》卷二五四中和元年三月條。
〔註 60〕《舊唐書》卷一八二《高駢傳》。

實中都統的權力受到好多因素的制約，對其實際權力不能估計過高。對於以朝臣（包括宰相）擔任的都統，雖然他們代表朝廷，但由於手中沒有屬於自己的軍隊，在唐後期中央權威淪落不振的背景下，對諸道藩鎮行營的控制是很有限的。即使以某鎮節度使擔任的都統，雖然手中掌握有屬於自己的軍隊，相比朝官都統具有威懾力，但由於都統不賜旌節，〔註61〕「旌以專賞，節以專殺」，〔註62〕沒有專賞和專殺之權，對其他藩鎮行營節度使、軍將的控制也是有限的。

都統幕府的文武僚佐與元帥幕府並無二致，也有副都統作為副貳，其下有行軍長史、行軍司馬（或者行軍左、右司馬）、判官、掌書記、兵馬使、都虞侯等。

副都統。《新唐書》卷四九下《百官志四下》云，興元元年（784）置副都統。但考諸史籍，其記載並不準確，上元元年（760）九月，以郭子儀為諸道兵馬都統，管崇嗣副之。〔註63〕此時已有副都統。這說明至晚在上元元年已經出現了副都統。其他副都統的例子還有，中和二年（882）七月，復以宰相王鐸為京城四面諸道行營兵馬都統，以崔安潛副之。由於都統為臨時差遣性的使職，兵罷則省，故有時稱為都統使，其副都統也相應稱為都統副使。例如，李峘為都統時，李藏用為其副使。〔註64〕李勉失守汴州，興元元年（784）以劉洽為汴滑宋亳都統副使，知都統事，李勉悉以其眾授之。〔註65〕

行軍司馬。行軍司馬有時設一人，有時則分設左、右兩司馬。興元元年（784），十一月，詔以都統司馬寶鼎薛玨為汴州刺史。〔註66〕這裡所謂的「都統」指，宋滑河陽都統。《舊唐書》卷一九《僖宗紀》載，乾符五年（878）二月，王鐸為諸道兵馬都統，以名將李晟之曾孫李係為統府左司馬兼潭州刺史，充湖南都團練觀察使。〔註67〕從李係為都統府左司馬來看，也應有右司馬。

掌書記。《全唐文》卷四〇九崔祐甫《故常州刺史獨孤公神道碑》云：「俄

〔註61〕《新唐書》卷四九下《百官志四下》

〔註62〕《舊唐書》卷四三《職官志三》。

〔註63〕《舊唐書》卷一二〇《郭子儀傳》。管崇嗣為副都統，又見於《新唐書》卷一三七《郭子儀傳》，時間在上元初。

〔註64〕《通鑒》卷二二一上元元年十二月條。

〔註65〕《通鑒》卷二二九興元元年正月條。

〔註66〕《通鑒》卷二三一興元元年七月條。

〔註67〕《通鑒》卷二五三乾符六年四月言王鐸奏李係為行營副都統兼湖南觀察使，與《舊唐書》有異。

屬中原兵亂，避地於越，丁太夫人憂，毀瘠過禮。既外除，江淮都督使、戶部尙書李峘奏爲掌書記，授左金吾衛兵曹參軍，軍旅之事，非其所好，未幾返初服」。

　　判官。蕭昕在潼關失陷後，間道入蜀，遷司門郎中。「尋兼安陸長史，爲河南等道都統判官」。〔註68〕盧嗣業，進士登第，累辟使府。廣明初，以長安尉直昭文館、左拾遺、右補闕。王鐸徵兵收兩京，辟爲都統判官、檢校禮部郎中。〔註69〕

　　武職僚佐有都知兵馬使、兵馬使、押衙、都虞候等。例如在討伐淮西戰役中，韓全義爲行營都統，裴度爲宣慰處置使，其幕府中有都知兵馬使李文悅、左廂都押衙兼都虞候高承簡。〔註70〕

四、行營招討使

　　關於招討使，《舊唐書》卷四四《職官志三》「招討使」條注云：「貞元末置。自後，隨用兵權置，兵罷則停」。《新唐書》卷四九下《百官志四下》則云：「元帥、都統、招討使，掌征伐，兵罷則省。」其下注文云：「天寶末，置天下兵馬元帥，都統朔方、河東、河北、平盧節度使。招討、都統之名，始於此」。一云貞元末置，一云天寶末置，其實兩說均不正確，業師寧志新先生指出，招討使早在唐中宗朝就已經正式出現了，如薛季昶任桂州都督、嶺南招討使，即爲明證。其出現最遲不會晚於武則天長安三年（703）。〔註71〕若以時間劃分，招討使，在唐前期爲行軍招討使，後期則爲行營招討使。

　　唐肅宗幸靈武，授顏眞卿工部尙書、兼御史大夫、河北採訪招討使。至德元載（756），敕加賀蘭進明爲河北招討使，以房琯加持節招討西京兼防禦蒲潼兩關兵馬節度等使。建中二年（781）六月，山南東道節度使梁崇義叛亂，唐廷任命淮西節度使李希烈爲漢南、漢北兵馬招討使，督諸道兵討伐，均爲行營招討使較早的例子。

　　唐代行營招討使分爲三個層級，一爲諸鎭（道）招討使，或稱都招討使，類似於都統；二爲鎭（道）級招討使；三爲州級招討使。

〔註68〕《舊唐書》卷一四六《蕭昕傳》。
〔註69〕《舊唐書》卷一六三《盧簡辭傳》。
〔註70〕韓愈：《華嶽題名》，韓愈撰，馬其昶校注：《韓昌黎文集校注》，上海：上海古籍出版社，1986年。
〔註71〕寧志新：《兩唐書職官志「招討使」考》，《歷史研究》1996年第2期，頁169。

1、諸鎮（道）都招討使

諸鎮（道）都招討使，即指揮和率領若干鎮（道）行營兵馬的招討使，史籍中多稱之爲都招討使，地位也在一般招討使之上。例如，元和二年（807）十月，浙西李錡反，以淮南節度使王鍔爲諸道行營招討使，徵宣武、武寧、武昌、淮南、宣歙、江西、浙東等諸道兵以討之。唐末在諸道都招討使以下，往往設置東、西、南、北等諸面招討使。咸通九年（868）龐勳之亂中，唐廷以右金吾大將軍康承訓爲義成節度使、徐州行營都招討使，神武大將軍王晏權爲徐州北面行營招討使，羽林將軍戴可師爲徐州南面行營招討使，並大發諸道兵以隸之。〔註72〕廣明元年（880）四月，以李琢充蔚朔等州諸道行營都招討使，東北面行營李孝昌、李元禮、諸葛爽、王重盈、朱玫等兵馬及忻、代州土團，並取李琢處分。〔註73〕乾寧二年（895），詔削奪王行瑜官爵，以李克用爲邠寧四面行營都招討使，寶大節度使李思孝爲北面招討使，定難節度使李思諫爲東面招討使，彰義節度使張鐇爲西面招討使，全力進剿王行瑜。

諸鎮（道）都招討使職權、地位相當於都統，祇是名號不同而已，故往往又稱之爲都統。〔註74〕元和四年（809）十月，制削奪成德王承宗官爵，以左神策中尉吐突承璀爲左‧右神策、河中、河陽、浙西、宣歙等道行營兵馬使、招討處置等使。翰林學士白居易上奏，以爲：「今神策軍既不置行營節度使，則承璀乃制將也；又充諸軍招討處置使，則承璀乃都統也。〔註75〕即認爲吐突承璀所擔任的諸軍招討處置使，實際即都統之任。《舊唐書》卷二○《昭宗紀》記載，大順元年（890）五月，爲討伐河東節度使李克用，以宰相張濬爲都招討使，但同書同條材料又言張濬爲太原四面行營兵馬都統。

2、鎮（道）級招討使

鎮（道）級招討使，即諸道都招討使之下藩鎮一級的招討使，多由節度使充任。唐武宗會昌三年（843），討伐澤潞劉稹之亂時以成德節度使王元逵爲北面招討澤潞使，魏博節度使何弘敬爲東面招討澤潞使、徐泗節度使李彥佐爲澤潞西南面招討使、陳許節度使王宰爲澤潞南面招討使。咸通九年（868），在鎮壓龐勳起義中，以王晏權爲徐泗濠宿等州觀察使、充徐州北面行營招討等使，

〔註72〕《通鑑》卷二五一咸通九年十一月條。
〔註73〕《舊唐書》卷一九下《僖宗紀》。
〔註74〕寧志新：《兩唐書職官志「招討使」考》，《歷史研究》1996年第3期，頁170。
〔註75〕《通鑑》卷二三八元和四年十月條。

羽林將軍戴可師爲徐州南面行營招討等使。這些方面招討使即鎮級招討使。有時鎮級招討使由節度使委派部將充任。例如中和二年（882），西川阡能叛亂，西川節度使陳敬瑄以押牙高仁厚爲都招討指揮使，前往鎮壓。同年，韓季昇、屈行從起兵斷峽州路，陳敬瑄又派押衙莊夢蝶爲峽路招討指揮使，率軍討伐。〔註76〕高仁厚和莊夢蝶所任的招討使，即爲鎮級招討使。

鎮級招討使，作爲一個方面軍統帥，有時史籍亦稱爲行營節度使，兩者有時可以互稱。例如，據《通鑑》卷二四七會昌三年（843）五月條記載，討伐澤潞，以武寧節度使李彥佐爲晉絳行營諸軍節度招討使。而同書七月條，又稱李彥佐爲晉絳行營節度使。由於李彥佐從徐州出兵後，行動遲緩，又請休兵於絳州，兼請益兵。李德裕十分惱怒，因請以天德防禦使石雄爲彥佐之副，俟至軍中，即令代之。同年九月，石雄代李彥佐爲晉絳行營節度使。這裡的「行營節度使」實即行營招討使。

3、州級招討使

唐末由於州郡軍事力量的增強，州級招討使開始出現，多由刺史兼任。例如咸通十年（869）正月，在鎮壓龐勛起義時，唐軍行營中有楚州刺史、本州行營招討使高羅銳，濠州刺史、本州行營招討使秦匡謨，宿州刺史、赴廬州行營招討使李璠。〔註77〕高羅銳、秦匡謨、李璠所任即爲州級招討使。楚州、濠州、宿州，均屬淮南道，唐後期爲淮南節度使的巡屬。

《新唐書》卷四九《百官志》云節度使兼招討使，則有副使、判官各一人。而對單獨的招討使僚佐記載不詳，從史籍來看，主要有副使、判官、行軍司馬、都知兵馬使、都虞候等。

招討副使。建中三年（782），河東節度使馬燧和昭義節度使李抱眞連兵進攻魏博田悅，馬燧爲魏博招討使。四月，以昭義節度副使、磁州刺史盧玄卿爲洺州刺史兼魏博招討副使。〔註78〕馬燧與李抱眞原來嫌隙很深，在大敵當前的形勢下，暫時捐棄前嫌，馬燧奏以洺州隸屬李抱眞，又請以盧玄卿爲刺史，充招討副使。貞元十六年（800）二月，以左神策行營、銀夏節度等使韓全義爲蔡州行營招討使，陳許節度使上官涗副之。

行軍司馬。唐昭宗文德元年（888），唐廷徵西川節度使陳敬瑄爲龍武統

〔註76〕《通鑑》卷二五五中和三年二月條。
〔註77〕《舊唐書》卷一九上《懿宗紀》。
〔註78〕《通鑑》卷二二七建中三年四月條。

軍。陳敬瑄在田令孜的授意下，不受詔命，治兵完城以拒之。十二月，唐廷以韋昭度為行營招討使討伐陳敬瑄，以東川節度使顧彥朗為行軍司馬。〔註79〕

　　都虞候、都知兵馬使。咸通十年（869）正月，以神武大將軍王晏權充武寧軍節度使兼徐州北路行營招討等使，以將軍朱克誠充北路招討都虞候；以右神策大將軍、知軍使康承訓充徐泗行營都招討使，以將軍李邵為徐州南路行營招討都虞候；以將軍史忠用為潁州行營都知兵馬使；將軍馬瀺為徐州行營都知兵馬使；將軍董濤充廬州行營都知兵馬使；〔註80〕中和年間，高駢以李敏之充節度衙前兵馬使，兼充西南招討都知兵馬使。〔註81〕

　　以上我們對唐後期行營節度使、行營元帥、行營都統、行營招討使等進行了一些探討，它們都是各級行營的統帥。其中以行營都統、行營招討使最為常見。唐後期官職濫授，檢校官、憲銜等授予門檻越來越低，甚至一些吏卒都可以加三公等名號，都統和招討使也難逃此命運。由於都統、招討使人數的增多，為示區別，以至有了都都統、都招討使等名號。〔註82〕五代時更是發展到了極致，在諸招討使中竟然有了第一、二、三、四等招討使。例如後梁貞明二年（916）十月，蜀將王宗綰攻取寶雞。李繼岌以李茂貞猜忌多疑，內不自安，遂率軍二萬降蜀。蜀主王建以李繼岌為西北面行營第四招討攻岐。貞明三年（917）七月，王建以王宗侃為東北面都招討，桑弘志為西北面第一招討，王宗宏為東北面第二招討，以武信節度使劉知俊為西北面都招討攻岐。〔註83〕由於地位淪落，漸漸不為世人所重，需要新的官職代之而起，正是在此基礎上都指揮使、都部署出現，並逐漸取代了招討使的地位。都指揮使在晚唐時即已經出現，並成為統兵大將。如唐僖宗中和四年（884）「以陳敬瑄為西川、東川、山南西道都指揮、招討、安撫、處置等使」率兵以討楊師立。〔註84〕這是以都指揮使兼招討使為

〔註79〕《通鑒》卷二五七文德元年十二月條。

〔註80〕《舊唐書》卷一九上《懿宗紀》。

〔註81〕崔致遠撰，党銀平校注：《桂苑筆耕集校注》卷一四《宿松縣令李敏之充招討都知兵馬使》，北京：中華書局，2007年。

〔註82〕關於都都統，宰相王鐸見諸道無心討賊，發憤請行，唐僖宗命王鐸兼中書令充諸道行營都都統。盧光濟《王渙墓誌》記載，王渙於僖宗中和二年（882）至四年入王鐸幕府，「王公以相印總戎，鎮臨白馬，仍於統制有都都統之號。」

〔註83〕《通鑒》卷二七〇後梁貞明三年十一月條。《十國春秋》卷三六《前蜀高祖紀下》亦云：「（天漢元年十一月），劉知俊既為都招討使，諸將皆舊功臣，多不用知俊命，故伐岐無功」。

〔註84〕《通鑒》卷二五五唐僖宗中和四年二月條。

統帥的例子。五代任命統兵主帥時，凡資深者多稱招討使，資淺者爲都指揮使。〔註85〕總的來看，五代時期以都指揮使爲統兵大將比較普遍，招討使逐漸減少，都統則不再出現。〔註86〕在五代時期出現了都部署這一名號，大體而言，都部署早在後梁、後唐時期已經出現，後晉、後漢以來用作統兵大將的名號逐漸增多，至宋代遂成爲常用的統帥名號。〔註87〕

　　唐後期以來行營統帥的另一個問題便是設置疊床架屋。某些行營統帥往往兼任數職，既是都統，又是副元帥的例子並不鮮見。例如，廣德二年（764）七月李光弼死，八月以王縉代李光弼都統河南、淮西、山南東道諸行營。〔註88〕以此言之他爲都統，但他同時又兼河南副元帥，直至大曆四年（769）六月，才辭去副元帥、都統、行營使。〔註89〕元和十二年（817）討伐淮西時，韓弘已爲諸道行營都統，但由於戰事長年膠著，四年不克，唐憲宗詔令宰相裴度兼彰義軍節度使，「仍充淮西宣慰招討處置使」。裴度認爲韓弘已爲淮西行營都統，不欲更爲招討，請只稱宣慰處置使。「雖辭招討名，實行元帥事，以郾城爲治所」。〔註90〕實際上在都統之上又新設了一個統帥。

　　另外，需要指出的是，唐後期諸支行營都設有監軍，另在其上設有行營都監。例如元和十五年（820）十月，以右軍中尉梁守謙爲左·右神策、京西·北行營都監。〔註91〕乾寧二年（895），爲討伐王行瑜以河中都監袁季貞充邠寧四面行營兵馬都監押。〔註92〕這些監軍例以宦官充當，權力極大，常常插手軍事行動，干預統帥的決策，成爲行營指揮系統中另一股重要力量。

第三節　藩鎮行營的軍將

　　軍將是行營指揮系統的另一個組成部分，是行營軍事行動的主要執行者。在諸史籍中，多言其在原鎮的職名，在行營中的官職而多缺載。根據行營的規模，它們也可分爲兩類，一某鎮行營軍將，一爲諸道行營軍將。上節對行營元

〔註85〕杜文玉：《晚唐五代都指揮使考》，《學術界》1995年第1期，頁37。
〔註86〕杜文玉：《五代十國制度研究》，北京：人民出版社，2006年，頁433。
〔註87〕杜文玉：《五代十國制度研究》，頁434。
〔註88〕《通鑑》卷二二三廣德二年八月條。
〔註89〕《通鑑》卷二二四大曆四年六月條。
〔註90〕《通鑑》卷二四○元和十二年八月條。
〔註91〕《通鑑》卷二四一元和十五年十月條。
〔註92〕《舊唐書》卷二○《昭宗紀》。

帥、都統、招討使的僚佐系統已經有所介紹，現主要就其軍將再作探討。

一、藩鎮行營軍將的設置

從史籍零星的記載來看，行營軍將的職名與藩鎮武職僚佐幾乎沒有什麼差別，也有都知兵馬使（都將）、兵馬使、都虞候、押衙等。

1. 某鎮的行營軍將

元和五年（810），唐憲宗糾集諸道討伐成德王承宗。幽州節度使劉濟統領行營，親自出征，以長子緄爲副大使，掌幽州留務。以次子瀛州刺史劉總爲行營都知兵馬使，使屯饒陽。〔註93〕李良爲淮西節度使李忠臣手下十將，由於吐蕃犯邊，徵戍關右，擢授淮西行營兵馬使，拜右金吾衛大將軍，兼太常卿，移屯普潤。〔註94〕《白居易集》卷五二提到了義武軍行營兵馬使高從政等五人，河東節度行營兵馬使傅義等二十四人。〔註95〕劉總、李良、高從政、傅義等人都屬於各自藩鎮行營的軍將。

2. 諸道行營軍將

諸道行營軍將，指行營統帥的武職僚佐，它們或來自禁軍，或來自某鎮。雖然在身份上可能隸於某鎮節度使，但所指揮的行營軍隊並不限於本鎮。例如，權秀爲左神策軍先鋒突將兵馬使，在討伐李希烈叛亂時，擔任宣武節度、神策同華行營右廂兵馬使。〔註96〕張嘉寶爲河東軍將，歷職天成、岢嵐、右三靜邊、右衛等軍使，建中之亂爆發後，隨河東節度使馬燧進入河北平叛，先後任河北行營右廂兵馬使和易定行營兵馬使。當時馬燧以河東節度使兼魏博招討使，崇其風烈，「奏授河東、昭義、河陽三節度都知兵馬使。」〔註97〕在魏州的唐軍行營包括昭義、河東、河陽諸軍。張嘉寶在進入行營之初，所任的河北行營右廂兵馬使和易定行營兵馬使都隸屬於河東節度使馬燧，後由

〔註93〕《通鑑》卷二三八元和五年七月條。
〔註94〕《唐代墓誌彙編》貞元101《大唐故李府君墓誌銘》頁1909。
〔註95〕《白居易集》卷五二《義武軍行營兵馬使高從政等五人、河東節度行營兵馬使傅義等二十四人並破賊，可御史大夫、中丞、侍御史制》。
〔註96〕《全唐文補遺》第2輯《唐故左神策軍先鋒突將兵馬使開府儀同三司試太子賓客兼御史中丞洋川郡王權君（秀）墓誌銘》，頁31。
〔註97〕《唐代墓誌彙編續集》貞元003《□□河東節度經略副使九州都知團練兵馬使開府儀同三司試太子詹事兼御史中丞建康郡王張公墓誌銘》，頁736，另見《全唐文補遺》第7輯，頁400。

於戰功，升任為河東、昭義、河陽三節度都知兵馬使，除了統率本鎮河東行營軍外，昭義、河陽鎮的行營軍也在其指揮之列。

唐後期是地方武官劇烈變化的時期，押衙、兵馬使等統兵官逐漸階官化，〔註98〕地位淪落。產生了以指揮使、都頭為代表的一批新的統兵官。

指揮使產生於唐末，掌領兵征討，也分許多層級，《玉海‧兵制四》載，「當唐末，方鎮之兵凡一軍有指揮使一人，而合一州之諸軍又有馬步軍都指揮使一人，蓋其卒伍之長也」。軍有指揮使，州有指揮使，諸方鎮亦各有都指揮使。對都指揮使而言，亦分許多層級。杜文玉先生指出，從軍事體制上，都指揮使大體分為四個層次：州鎮的都指揮使、方鎮的都指揮使、中央禁軍系統的都指揮使和作為行軍統帥的都指揮使。每個層次內的都指揮使又有地位高下和職權輕重之別。〔註99〕

唐末藩鎮行營中已經出現指揮使、都指揮使等，為藩鎮行營主要統兵官。光啟三年（887）四月，「高駢聞秦宗權將寇淮南，遣左廂都知兵馬使畢師鐸將百騎屯高郵」後畢師鐸欲誅呂用之，自稱行營使「以漢章為行營副使，（張）神劍為都指揮使」。〔註100〕《桂苑筆耕集》卷一四《安再榮充行營都指揮使》，此文約撰於中和年間，其中提到淮南節度使高駢以安再榮充「行營都指揮使，赴壽州西面備禦，討逐黃巢徒黨者」。唐昭宗文德元年（888），以韋昭度兼中書令，充西川節度使，兼西川招撫制置等使，徵陳敬瑄為龍武統軍。陳敬瑄、田令孜聞韋昭度將至，治兵完城以拒之。十二月，唐廷以韋昭度為行營招討使，割邛、蜀、黎、雅州，置永平軍，以王建為節度使，治邛州，充行營諸軍都指揮使。〔註101〕前揭材料中的張神劍、安再榮、王建等人均為行營軍將。

關於都知兵馬使與都指揮使的關係，張國剛先生指出，晚唐都知兵馬使之名已不多見，疑即為都指揮使所代替。〔註102〕杜文玉先生則認為，都知兵馬使與都指揮使並非先後替代關係，都知兵馬使到宋初才絕迹。在關於都知兵馬使存在的長期性以及與指揮使共存這一點上，杜先生的觀點似乎更近

〔註98〕關於押衙，學者成果甚多，主要有渡邊孝《唐五代藩鎮的押衙》（上、下），（《社會文化史學》1991年第28卷和1993年30卷）、劉安志《唐五代押牙（衙）考略》（《魏晉南北朝隋唐史資料》第16輯）。另外嚴耕望、張國剛等先生均提到了押衙、兵馬使的階官化傾向。
〔註99〕杜文玉：《晚唐五代都指揮使考》，《學術界》1995年第1期。
〔註100〕《通鑑》卷二五七光啟三年四月條。
〔註101〕《通鑑》卷二五七文德元年十二月條。
〔註102〕張國剛：《唐代官制》，西安：三秦出版社，1987年，頁131。

於事實。但在論述兩者的區別時，杜先生認爲都知兵馬使多在節鎮設置，而都指揮使的情況複雜的多，從中央到地方的各級軍職多有設置。杜先生也有偏頗之嫌，而忽視了禁軍中都知兵馬使大量存在的事實。因此在存在的範圍和層級方面，都知兵馬使和指揮使的差異並不明顯。這在前面我們已經有所探討。唐後期兵馬使逐漸階官化，出現了散兵馬使、同兵馬使等，授予漸濫，甚至營田、作坊、樂營等機構都出現了兵馬使。由於濫授，必然導致地位淪落，漸漸不爲世人所重，勢必需要一個新的職名代之而起，作爲新的統兵官，這就是指揮使。但指揮使出現後，兵馬使並沒有立刻消失，兩者共存了相當長的時期，但兵馬使趨以式微，逐漸爲指揮使所代替的趨勢是不可逆轉的。

唐代藩鎮軍隊分爲左、右廂，在廂一級編制下有軍一級編制。在唐末軍隊中已有「都」這一級的編制，都設都頭。〔註 103〕都頭，在唐後期有泛稱和專稱兩種含義。當作泛稱時，都頭或稱都將，各級統兵將領（如兵馬使）均可稱之，非正式官稱。〔註 104〕例如，會昌年間討伐澤潞時，李德裕上奏稱，「訪聞諸道客軍，皆自有都頭，常相顧望，不肯效命。請依河朔軍法，委彥佐、劉沔每三二千人分爲一團；如有應急使用處，便點一團令去，一切成敗，責在都頭。如此則人必齊心，將皆懼法，臨機赴敵，不敢因循。」〔註 105〕文中的「都頭」當是泛指各鎮的統兵官，是都知兵馬使之類的俗稱。而本文以下所探討的爲專稱概念，爲軍隊中一級編制之長官，屬於正式官職。

唐代作爲軍隊中一級編制的「都」，不知始於何時。關於「都」的最著名

〔註103〕據敦煌文書，唐末五代的敦煌寺院中也有都頭，有學者推測該都頭是都僧統（或都教授）司的倉庫出納官，而分佈於各司、各寺的都師名義上爲其下屬，實際上是主管各寺、司僧徒生活、倉庫的一般僧官。見田德新《敦煌寺院中的「都頭」》，《敦煌學輯刊》1996 年第 2 期。鄭炳林、馮培紅《晚唐五代宋初歸義軍政權中都頭一職考辨》（鄭炳林主編《敦煌歸義軍史專題研究》，蘭州大學出版社，1997 年）一文認爲與中原地區相比較，歸義軍的都頭較爲特殊，外遣內任的軍將、文像、使頭皆冠都頭之名。晚唐五代的都頭實際是一個表示與節度使親從關係的官稱名稱，是一種加官。他所具體執行的差遣則是其所知任的官職。到宋代都頭才成爲正式的軍將官職。

〔註104〕日本學者伊藤宏明《關於唐五代都將的記錄（上）》（《研究論集》名古屋大學文學系，1992 年）對「都將」的用例作了縝密的探索，闡明了「都將」往往是一般名稱，而不是軍職名稱。唐末以前把都知兵馬使和兵馬使稱爲都將，唐末以後把都指揮使和指揮使稱爲都將。

〔註105〕李德裕著，傅璇琮校箋：《李德裕文集校箋》卷一五《論彥佐劉沔下諸道客軍狀》，頁 284。

的例子，莫過於唐末田令孜的神策五十四都。《新唐書》卷五〇《兵志》載：「及僖宗幸蜀，田令孜募神策新軍爲五十四都，離爲十軍，令孜自爲左右神策十軍兼十二衛觀軍容使，以左右神策大將軍爲左右神策諸都指揮使，諸都又領以都將，亦曰都頭。」又據《通鑑》載，五十四都，每都千人，諸都各有名號，如勇勝、扈駕、扈蹕、天威、耀德、捧日、登封、宣威等。還比如，《桂苑筆耕集》卷一四《安再榮管臨淮都》一文，作於中和初年，其中提到以安再榮差管臨淮都。中和三年（883）四月收復長安，天下行營兵馬都監楊復光上章告捷書中，列舉了收復長安的諸有功之臣，其中有躡雲都將丁行存、高周彝等。〔註106〕

因此，唐末都頭已經成爲正式官稱，成爲軍隊中一級編制的統兵官。都頭在唐代行營中的上下隸屬關係不詳，由於五代制度大多淵源於唐，我們可以從五代都的情形作一推測。五代時軍以下爲指揮，指揮是最基本的一級軍隊編制，每一指揮五百人，統兵軍官便是指揮使。在指揮以下是都。當時多以都爲軍名，如錢鏐有武勇都、三城都，朱全忠有廳子都、落雁都，楊行密有黑雲都、銀槍都等。考慮到唐末已經出現了指揮這一級編制，出現了指揮使，很可能唐末都也是在指揮之下，都頭隸屬於指揮使。

《宋史》卷一八七《兵志》記載：「每指揮有指揮使、副指揮使，每都有軍使（原注：步軍謂之都頭）、副兵馬使（原注：步軍謂之副都頭）。」北宋在指揮之下設都的編制，乃是襲用五代舊制。都一級統兵官，馬軍是軍使和副兵馬使，步軍是都頭和副都頭。在副兵馬使（副都頭）之下，還有十將、將虞候、承局和押官等官。〔註107〕宋代百人爲都，〔註108〕比唐末五代一都千人之制大爲減少，反映都頭的地位已經大爲淪落。

二、行營軍將與本鎮的關係及其遷轉

唐後期行營軍將職名，雖然與藩鎮武職僚佐並無大的差別，但對某鎮而言，在組成行營遣將出征時，往往根據戰時需要，委以新職。也就是說，某人在行營中的軍職與他在藩鎮時的軍職，可能相同也可能不相同。由於行營軍職是戰時署任，戰罷即解，具有臨時性特點，與在藩鎮中的軍職屬於兩套

〔註106〕《舊唐書》卷一九《僖宗紀》。
〔註107〕《宋史》卷一八九《兵志三》。
〔註108〕《續資治通鑑長編》卷四七，北京：中華書局，2004 年。

不同系統。但他在行營中的表現，是朝廷和節度使考覈的重要依據，也會影響到他在藩鎮中官職的陞遷。《全唐文》卷六二憲宗《平吳元濟德音》略云：「其收蔡州擒吳元濟節度及諸大將等，宜從別勅處分。諸立功將士等，委韓弘、裴度、行營諸道節度使速條流等第聞奏。」卷九一昭宗《平楊守亮等勅》亦詔令，「應立功大將節級等，各委本道節度使定其功狀，具名銜聞奏，當議處分。」以下試以張周抗墓誌略加以說明。

張周抗爲澤潞兵馬使，這是他在本鎮時的軍職。由於「□門作叛」，澤潞節度使率軍征討，以張周抗爲步軍軍使，充行營馬步左廂兵馬使。「馬步左廂兵馬使」是他在行營中的軍職。軍還，因功遷右衙馬軍使，右衙馬軍使是由於戰功，在澤潞本鎮升任的新軍職。一年後，吐蕃入侵，唐廷徵遣澤潞節度使派軍防秋，張周抗又隨行營出征，授行營都虞候，咸通丙戌歲（即咸通七年，866）告終於戍所，享年五十一歲。〔註109〕

元和十年（815）正月，唐憲宗詔令鄂岳觀察使柳公綽以兵五千授與安州刺史李聽，使討淮西吳元濟。按，鄂岳觀察使置於永泰元年（765），治於鄂州，領岳、蘄、黃三州。元和元年（806），升鄂岳觀察使爲武昌軍節度使，增領安、黃二州，五年罷武昌軍節度使，置鄂岳都團練使。〔註110〕安州，爲鄂岳屬州，李聽不過是柳公綽一屬吏。令柳公綽難以接受的是，朝廷此舉無疑是輕視自己不知兵事，激憤之下奏請自行，許之。柳公綽雖然取得了行營統帥的職位，保住了顏面，但自己也深知不諳軍事，在這方面與李聽差距甚遠，因此在軍事方面不得不倚重李聽。因此一至安州，便以鄂岳都知兵馬使、先鋒行營兵馬都虞侯二牒授之，選卒六千以屬聽。戒其部校曰：「行營之事，一決都將。」「聽感恩畏威，如出麾下。」〔註111〕《舊唐書》卷一六五《柳公綽傳》記載與此稍異。云：

> 公綽自鄂濟湞江，直抵安州，李聽以廉使之禮事之。公綽謂之曰：「公所以屬鞬負弩者，豈非爲兵事耶？若去戎容，被公服，兩郡守耳，何所統攝乎？以公名家曉兵，若吾不足以指麾，則當赴闕。不然，吾且署職名，以兵法從事矣。」聽曰：「唯公所命。」即署聽爲鄂岳都知

〔註109〕《唐代墓誌彙編》廣明 003《唐故昭義軍節度右衛（衙）馬軍使靈威行營都虞候……南陽張府君盧江郡何氏夫人祔葬墓誌銘并序》，頁 2500。
〔註110〕《新唐書》卷六八《方鎮表五》。
〔註111〕《通鑒》卷二三九元和十年二月條。

兵馬使、中軍先鋒、行營兵馬都虞候，三牒授之。乃選卒六千屬聽，
戒其部校曰：「行營之事，一決都將。」聽感恩畏威，如出麾下。

儘管二書記載略有差異，一曰二牒，一云三牒，但劉公綽所署李聽的職名中，嚴格區分了藩鎮職名和行營職名。「鄂岳都知兵馬使」為藩鎮職名，以此李聽與柳公綽建立了嚴格的上下級統屬關係，柳公綽為節帥，李聽不過是柳手下一都將而已。「先鋒行營兵馬都虞候」（或曰中軍先鋒、行營兵馬都虞候）則是行營職名。都虞候，「職在刺奸，威屬整旅，齊軍令之進退，明師律之否臧」，〔註112〕主要管治安軍法之事，雖然為使府重職，但地位低於都知兵馬使，行營都知兵馬使才是真正的行營統兵官。在行營兵馬使存在的情況下，行營都虞候是無權越俎指揮行營軍隊的。柳公綽不任命李聽為行營都知兵馬使，而任以行營都虞候，是很耐人尋味的。很顯然柳公綽對李聽是心存猜忌的，他隨行營出征，親自統屬軍隊，根本不想把指揮權交給李聽，雖然李聽以行營都虞候實際擔負行營之責，但從名義上行營統帥指揮官是柳公綽，有了戰功也是柳公綽的功勞。

行營軍將雖然出征在外，包括在外防戍，從隸屬關係上講仍屬於本藩鎮。傅孟恭，本為宣歙道防秋軍將，由於戍防銀州，被任以了銀州刺史充本州押蕃落及監牧副使等職，後又任以威州刺史。但仍保留了宣歙道兵馬使知防秋事的職名。〔註113〕銀州為夏綏銀節度使的屬州，威州亦為西北邊州，本安樂州。至德後沒吐蕃。大中三年（849）收復，更名。光啓三年（887）徙治涼州鎮為行州。傅孟恭雖然迭經遷徙，但仍保持了原來的藩鎮身份，也保留了他日後回歸本鎮宣歙的可能。對於他來說，無論是擔任銀州刺史，還是擔任威州刺史，都是暫時的，都是他身為宣歙鎮防秋兵馬使的身份使然，日後他仍然還要回到宣歙本鎮。還比如張伓，建中初，以澤潞將鎮臨洺。田悅累攻不下，圍解，以功遷泗州刺史，在州十餘年，但仍保留澤潞行營的名號，〔註114〕顯示了與原鎮澤潞仍有割不斷的關係。直至他死後，其子張重政「仍委淮南節度使與要職事任使」，才開始與澤潞脫離關係。

以上種種說明唐後期，行營武官隨著戰事結束，大多散歸本道，但也有

〔註112〕《全唐文》卷四一三常袞《授張自勉開府儀同三司制》。
〔註113〕杜牧：《樊川文集》卷一八《傅孟恭除威州刺史宣敕加祭酒兼侍御史依前宣歙道兵馬使知防秋事等制》。
〔註114〕張伓死後，詔書稱其子重政為「前昭義軍泗州行營衙前兵馬使」。見《舊唐書》卷一八七《張伓傳》。

些由於各種原因，脫離原鎮，改於當地藩鎮就地任職。例如，西川行營都將任從海從征五年，在大軍撤回本道後，「從海等且在當府，願隨行營者」，仍然留在淮南未歸，以至西川停止發放其衣糧。〔註 115〕劉昌，本汴州將也，詔以汴兵八千戍涇原，爲行營節度使。貞元四年（788）正月，被任命爲涇原節度使，與本鎮徹底脫離了關係。〔註 116〕還有的由地方藩鎮系統轉入神策禁軍系統。例如貞元三年（787）十月，吐蕃數千騎侵擾長武城，當時的陳許行營將領韓全義，曾帥眾禦之。貞元四年七月，被任命爲長武城行營節度使，成爲了神策軍的外鎮。〔註 117〕

小　結

唐代出征體制經歷了從唐前期的行軍到唐後期行營的轉變。行營是鎮軍體制，特別是節度使制度確立後的產物，至晚在天寶時期已經出現。在行營體制下也有一套武官系統。行營統帥和行營軍將構成了行營的指揮系統。

唐後期行營統帥主要有行營節度使、元帥（副元帥）、都統、招討使、都指揮使等。其中行營節度使出現最早，高仙芝是史籍明確記載的第一位行營節度使。行營元帥、諸道行營兵馬元帥地位最爲尊崇，其次爲都統、招討使，都指揮使更次之。元帥例由親王擔任，而以臣下擔任副元帥，負責具體事務，是實際的行營統帥，絕大部分由藩鎮節度使兼任，唐德宗以後（除了唐末昭宗時）不再授人。都統作爲正式官稱，乾元元年開始出現，雖然節度使任職者佔據了大多數，但朝官所占比例也不容小覷。招討使和都指揮使則清一色由藩鎮節度使、軍將充任。

行營軍將的職名與藩鎮武職僚佐幾乎沒有什麼差別，也有都知兵馬使（都將）、兵馬使、都虞候、押衙等。但在組成行營遣將出征時，往往根據戰時需要，委以新職。由於行營軍職是戰時署任，戰罷即省，具有臨時性特點，與藩鎮中的軍職是兩套不同系統。

〔註 115〕《桂苑筆耕集》卷五《奏請天征軍任從海衣糧狀》。
〔註 116〕《通鑑》卷二三三貞元四年正月條。
〔註 117〕《通鑑》卷二三三貞元四年七月條。

第六章　唐代地方武官的世襲問題
——以將門爲中心的考察

　　唐代武官的選任方式有軍功、門蔭、武舉、辟署等方式。在不同時期，各種方式的主次也有所不同。一般來說，唐玄宗以前主要有門蔭、軍功、科舉。安史之亂後，辟召則成爲主要方式之一。學者對此已經多有研究。〔註1〕在影響武官入仕的諸多因素中，家庭因素學界現在還較少有人注意。本文擬以將門爲中心，對唐代地方武官的世襲問題進行初步探討。

　　繼世爲將的現象在各個朝代都不鮮見。早在戰國時就有了「將門必有將，相門必有相」的說法。〔註2〕將門現象的長盛不衰，深層次的原因就存在於中國古代官僚機制的本身。陳峰先生認爲自秦以降，文官在選任上呈現出日益制度化的趨勢，而武官在選舉和培養上卻基本缺乏制度化，除了秦漢開國時的軍功爵及唐宋短暫的武舉制外，大致上缺乏完整的選舉制度。因此，在選拔、任用武將的過程中，人爲因素（特別是世襲制殘餘）的影響更大。武將的陞遷傳統上側重於實效性的軍功以及論資排輩，而較少考慮系統的文化素質及道德標準。於是，長期以來武將後備隊伍的培養，遂主要依賴軍隊內部，特別是武將家族來完成。這便形成將門出將的傳統。〔註3〕陳先生的論斷是很深刻的。這個分析也適用於唐代。唐代在二百多年的歷史中湧現了眾多的將門。科舉制度雖然創立於隋，但興盛於唐。安史之亂後形成了藩鎮林立的局面。這些歷史特點，使唐代將門具有了一些與前代不同的特色。即使對唐朝

〔註1〕　參見陳志學：《試論唐代武官的入仕途徑》，《中華文化論壇》2002年第3期，以及劉琴麗《唐代武官選任制度初探》，社會科學文獻出版社，2006年。

〔註2〕　《史記》卷七五《孟嘗君傳》。

〔註3〕　參見陳峰：《北宋「將門」現象探析》，《中國史研究》2004年第3期。

自身而言，在不同歷史時期也呈現出不同的特點。

　　李唐是上承魏晉以來民族大融合的成果而建立起來的空前統一的中央王朝。由於自身即摻雜胡族的血統，唐王朝民族政策比較開明，對少數民族成員往往也能平等相待。自唐初以來，即廣泛使用蕃將。蕃兵蕃將是唐朝軍隊的重要組成部分。陳寅恪先生較早注意到唐代的蕃將問題。許多學者都注意到蕃將中將門眾多，這構成了唐代將門的一個重要特點。〔註4〕由於學者對蕃將將門論述已詳，本文不擬再浪費筆墨。陳寅恪先生標舉「地域－家族」的研究方法，並強調種族及文化實為李唐一代史事關鍵之所在。〔註5〕本文循此思路，對唐代地方將門的地域性及興衰嬗變試作探討。

第一節　科舉制度背景下的將門

　　李唐承隋末動亂之緒，討滅群雄，重新統一了全國。唐高祖李淵先世為武川軍人集團，祖父李虎為西魏八大柱國之一，父李昞為安州總管、柱國大將軍，李淵本人也精通武藝，其子李世民更是文武兼備。唐初統治集團中雖然也有山東士族、江南士族，但占統治地位的還是關隴士族集團。此集團中的成員大多出身胡族或為胡化漢人，祖尚弓馬騎射，嫻習攻戰。直到貞觀時期，刺史仍然多是武夫勳人。〔註6〕一些文儒大臣即使位極人臣，也往往不安於位，有很深的危機感。岑文本，出自書生，貞觀時官至中書令，位極人臣。得到任命後，他不僅沒有得意炫耀，相反面帶憂色，自認為「非勳非舊，濫荷寵榮，責重位高，所以憂懼。」〔註7〕當時社會上彌漫著尚武的風氣，軍功

〔註4〕　陳寅恪先生對蕃將的研究，主要有論文《論唐代蕃將與府兵》（《金明館叢稿初編》，上海：上海古籍出版社，1980年）。相關專著主要有：臺灣學者章羣《唐代蕃將研究》及其《續編》（臺北：聯經出版社，1986年、1990年）和馬馳《唐代蕃將》（西安：三秦出版社，1990年）。其中章羣《唐代蕃將研究》一書，專門設有《客將與蕃將世家》一節，指出著名的蕃將世家有烏氏、契苾、渾氏等。特別是烏氏自烏察至烏漢弘一輩，歷六世，自唐初至元和五年，凡二百年。而且河朔三鎮節度使特別是成德節度使多為蕃將。對蕃將中將門問題論述尤詳。

〔註5〕　陳寅恪：《隋唐制度淵源略論稿》頁17，云「蓋自漢代學校制度廢弛，博士傳授之風氣止息以後，學術中心移於家族，而家族復限於地域，故魏、晉、南北朝之學術、宗教與家族、地域兩點不可分離。」另參看氏著《唐代政治史述論稿》頁1。

〔註6〕　《舊唐書》卷七四《馬周傳》。

〔註7〕　《舊唐書》卷七○《岑文本傳》。

是一條便捷的入仕途徑，且往往陞遷迅速。竇威的例子很有代表性。

> 威家世勳貴，諸昆弟並尚武藝，而威耽玩文史，介然自守，諸兄晒
> 之，謂為「書癡」。……時諸兄並以軍功致仕通顯，交結豪貴，賓客
> 盈門，而威職掌閒散。諸兄更謂威曰：『昔孔丘積學成聖，猶狼狽當
> 時，栖遲若此，汝效此道，復欲何求？名位不達，固其宜矣。』威
> 笑而不答。〔註8〕

這反映尚武是很普遍的，相反耽好文史，就顯得很另類。唐廷對軍功也採取
了尊崇褒獎的政策，軍功盛者往往入朝為相。因此，唐前期是出將入相現象
很盛行的時期，湧現了諸多將門，例如竇氏、薛氏等，這也是各封建王朝初
期的普遍現象。

文官政治為社會發展的常態，隨著大亂夷平，社會趨以安定，文人政治
取代武人政治是不可避免的。從貞觀時期開始，唐政府便開始重用東南儒士
文人。〔註9〕唐代社會的一個重要特點是科舉制度的發展。科舉制度雖然創立
於隋，但當時影響並不大，人們致身通顯之途徑大多並不由此。其興盛開始
於唐，特別是武則天秉政時期。「及武后柄政，大崇文章之選，破格用人，于
是進士之科為全國干進者競趨之鵠的。」〔註10〕科舉制度為庶族子弟入仕開
闢了道路，使一大批庶族士子依靠科舉躋身於統治階層中，打破了世族權貴
壟斷政權的局面，使政權更具廣泛性和開放性。杜牧指出「國朝自房梁公（指
房玄齡）已降，有大功，立大節，率多科第人也。」〔註11〕科舉考試分為常
舉和制舉。制舉由皇帝臨時下詔舉行，時間不固定，考試內容隨意性也很強。
當時在社會上影響最大的還是常舉。常舉是常年按制度舉行的科目，主要包
括秀才、進士、明經、明法、明書和明算等六科。但最主要的是進士、明經
兩科。進士科，尤被視為士林華選，及第者當時人稱之為「登龍門」，解褐多
拜清緊，十數年間便擬迹廟堂。其考試內容雖然屢有變化，但主要以詩賦為
主。有唐一代，進士科錄取的人數很少，每年不過七八人，多者也不過二十

〔註8〕 《舊唐書》卷六一《竇威傳》。
〔註9〕 《通鑑》卷一九二武德九年九月條胡三省注云：「唐太宗以武定禍亂，出入行
　　　間，與之俱者，皆西北驍武之士。至天下既定，精選弘文館學生，日夕與之
　　　議論商榷者，皆東南儒生也。」例如虞世南、褚亮、姚思廉、歐陽詢、蕭德
　　　言等都是江南人士。
〔註10〕 陳寅恪：《唐代政治史述論稿》，頁18。
〔註11〕 《樊川文集》卷一二《上宣州高大夫書》。

幾人。正由於進士錄取很難，被取中的無疑都是當時的社會精英。進士科成為唐後期高級官員的主要來源。嚴格來說，科舉也包括武舉。武舉創立於武則天時期，以後時置時廢，應舉人也很少，在社會上的影響十分有限，根本不為時人所重。科舉制度尤其是進士科對社會風尚的引導作用是不容低估的。許多學者注意到唐高宗之世到武周時代是社會風尚的轉折時期，並將其與科舉制度的發展聯繫起來。當時尚武之風轉衰，文事漸盛，唐玄宗時期達到了極致。〔註12〕這種狀況嚴重影響到內地武官的仕途。他們大多既沒有深厚的文學修養，不能改從文選，又因處於內地，不能象邊疆將士那樣獲取戰功，仕途壅滯，長期得不到陞遷。〔註13〕武官對人們的吸引力大為降低，社會地位也一落千丈。「折衝將又積歲不得遷，士人皆恥為之。」〔註14〕史籍中對玄宗時期世風的類似記載是很多的。

「開元以後，四海晏清，士無賢不肖，恥不以文章達。」〔註15〕

「天寶中，海內事干進者注意文詞。」〔註16〕

「天寶末，天子以中原太平，修文教，廢武備，銷鋒鏑，以弱天下豪傑。於是挾軍器者有辟，蓄圖讖者有誅，習弓矢者有罪。不肖子弟為武官者，父兄擯之不齒。」〔註17〕

《全唐文》卷五〇〇權德輿《故尚書工部員外郎贈禮部尚書王公神道碑銘並序》：「自開元、天寶間，萬方砥平，仕進者以文講業，無他蹊徑。」

《文苑英華》卷九二七獨孤及《故朝議大夫高平郡別駕權公神道碑》：「開元天寶之際……天下無兵二十餘載，縉紳之徒，用文章為耕耘。登高不能賦者，童子大笑。」

《文苑英華》卷九四三穆員《刑部郎中李府君墓誌》：「當時（天寶中）海內無事，縉紳之徒以能賦為賢及門為貴。」

〔註12〕 任士英：《唐代尚武之風與追求功名觀念的變遷》，鄭學檬、冷敏主編《唐文化研究論文集》上海：上海人民出版社，1994年，頁288。

〔註13〕 當然也有例外，例如唐元武將功臣集團由於參與政變立功的特殊背景，格外受到玄宗優待，並有較多的超遷機會。參見蒙曼：《開天政局中的唐元功臣集團》，《文史》2001年第4輯，頁100。

〔註14〕 《新唐書》卷五〇《兵志》。《通鑑》卷二一六天寶八載五月條：「是後府兵徒有官吏而已。其折衝、果毅，又歷年不遷，士大夫亦恥為之。」

〔註15〕 《通典》卷一五《選舉典三·歷代制下》。

〔註16〕 《舊唐書》卷一一一《高適傳》。

〔註17〕 《唐會要》卷七二《軍雜錄》。

　　這些材料都爲治唐史者所熟悉。由於科舉觀念日益深入人心，士子文人大部分趨向此途，加之武官地位日益淪落，不少將門子弟舍武從文，改換門庭。例如哥舒翰，爲唐代著名蕃將。他出身於突騎施中的哥舒部落，父道元，爲安西都護將軍、赤水軍使。哥舒翰天寶中累至河西隴右節度使，其子哥舒曜也官至左龍武大將軍，東都畿、汝節度使。哥舒翰三代爲將，但到了孫輩便改變了門風。哥舒曜子七人，俱以儒聞。其中峘，茂才高第，嶧、嶼、岊皆明經擢第。〔註18〕王虔休，有材武，大曆中爲本州裨將，後應澤潞節度使之辟召爲兵馬使，累至澤潞節度使。但他之後，其子麗成等十人，並補太學生。〔註19〕這些現象是客觀存在的，但對此不能估計過高。科舉制度在唐得到發展，如果以此爲根據，便想當然的得出科舉制度下將門趨以萎縮的結論，是不符合歷史事實的。從總體上看，將門不僅沒有萎縮，相反還得到了進一步的發展。以下試以唐玄宗朝爲例，對此加以探討。

　　有一個很有趣的現象，唐玄宗時期是唐代尚文的極致時期，另一方面也是武功極盛的時期。史籍中往往極力渲染唐玄宗時期的四海清晏及富庶。開元天寶年間成爲唐人乃至後人津津樂道、豔羨不已的盛世。安史之亂後，唐由盛轉衰，天下裂於方鎮，撫今追昔，在文人筆下開元天寶時期的太平景象更是有所放大。他們往往有意或無意的忽略了這樣一個事實：唐玄宗時期邊疆戰事十分頻繁，比前朝來說無論從數量上講，還是規模上講，都有過之而不及。史稱唐玄宗「有吞四夷之志」，當時在西北和東北邊戰事頻繁，爲武將施展才能提供了用武之地。「上方銳意武功，寵厚邊將」〔註20〕《太平廣記》卷二四〇「用蕃將」條引《譚賓錄》記載：

　　　　唐玄宗初即位，用郭元振、薛訥，又八年而用張嘉貞、張說，五年而
　　　　杜暹進，又三年蕭嵩進，又十二年而李適之進，咸以大將直登三事。

「三事」，三公之位，古代常用來指代宰相。事實上，《譚賓錄》所言與事實有所出入，張說數次爲相，第三次爲相在開元九年（721），而非八年。他在唐睿宗朝已至宰相。唐玄宗即位後，張說被太平公主黨羽蕭至忠、崔湜排擠，罷知政事。及唐玄宗誅太平公主一黨，又入朝爲相。張說之爲相，並非由於戰功，而是由於他在唐玄宗還是儲君時已爲其親信死黨。在宰相姚崇的排擠

〔註18〕　《新唐書》卷一三五《哥舒翰傳》。
〔註19〕　《新唐書》卷一四七《王虔休傳》。
〔註20〕　《文苑英華》卷九四四梁肅《侍御史攝御史中丞贈尚書戶部侍郎李公墓誌》。

下，張說又出爲相州刺史，歷任幽州都督、檢校并州大都督府長史，兼天兵軍大使等職。開元九年拜兵部尙書、同中書門下三品，才又入朝爲相。《譚賓錄》所云張說事迹雖與正史不盡相合，但張說確實是出將入相，迭處文武。唐玄宗好大喜功，致力於開疆拓土。邊疆將領戰功卓著，往往得到重用和賞識。在這種氛圍下，宰相這時甚至成了賞功之官。開元時期，張守珪征討奚和契丹兩蕃屢立戰功，扭轉了東北邊疆的頹勢局面，「上美張守珪之功，欲以爲相。」張九齡極力勸止，唐玄宗對此還憤憤不平。〔註21〕安祿山爲唐玄宗所賞識，除了善揣人主之心，工於權謀外，其顯赫的軍功也是不可忽視的方面。唐玄宗幾次欲以安祿山爲相，但都因安祿山目不識丁，恐爲四夷所笑而被臣下所阻止。安祿山入朝爲相沒有成功，但爲了安撫他，天寶九載（750）封其爲東平郡王，開了節度使封王的先例。唐玄宗一朝，邊鎭節度使由於軍功顯赫，入朝爲相的屢見於史乘。《譚賓錄》所載的幾個人並非全部，還有王晙、牛仙客等人。據統計，唐玄宗朝先後任宰相者 32 人，出將入相者 11 人，竟占總數的 32%。唐初盛行的出將入相現象至此到達頂峰。〔註22〕這時期名將輩出，是將門發展一個很有特色階段。現依據《新唐書》和《舊唐書》對唐玄宗時期的名將加以考察，製成下表：

姓　名	籍　貫	父祖情況	兄弟子孫情況	材料出處	備　註
論弓仁	吐蕃	父爲論欽陵	其孫論惟貞開元末爲左武衛將軍	《新》卷 110	
薛訥	絳州龍門人	父爲薛仁貴	弟楚玉開元中爲范陽節度使，楚玉子嵩爲相衛節度使	《新》卷 111	訥起家城門郎，遷藍田令，武后時已爲幽州都督、并州長史
王晙	滄州景城人，後徙洛陽	祖爲岷州刺史，父爲長安尉	不詳	《新》卷 111 《舊》卷 93	明經擢第，歷任淸苑尉，殿中侍御史
杜暹	濮州濮陽人	父爲監察御史、天官員外郎	族子杜鴻漸進士及第，歷河西節度使、荊南節度使等	《新》卷 126	明經擢第
郭虔瓘	齊州歷城人	不詳	不詳	《新》卷 133	開元初錄軍閥，累遷右驍衛將軍，蓋出身行伍

〔註21〕《通鑑》卷二一四開元二十三年正月條。
〔註22〕參見拙文：《論唐代的「出將入相」》，《河北學刊》2001 年第 1 期。

郭知運	瓜州晉昌人	不詳	子英傑、英乂，英傑左衛將軍、幽州副總管，英乂以武勇有名河隴間，官至劍南節度使	《新》卷133	以格鬥功累補秦州三度府果毅，蓋也以軍功起家
王君㚟	瓜州常樂人	不詳	不詳	《新》卷133	
張守珪	陝州河北人	不詳	弟守琦，左驍衛將軍；守瑜，金吾將軍。守珪子獻誠、守瑜子獻恭、守琦子獻甫，三人皆爲興元節度使	《新》卷133，《舊》卷103	張守珪立功北庭，後又爲幽州節度使，此後成爲著名的將門
王忠嗣	華州鄭人	父海賓，豐安軍使	不詳	《新》卷133	
牛仙客	涇州鶉觚人	不詳	不詳	《新》卷133	初爲縣小吏
哥舒翰	突騎施	父爲安西都護將軍、赤水軍使	子哥舒曜，八歲爲尚輦奉御，累授東都畿、汝節度使	《新》卷135	其後哥舒曜子七人，俱以儒聞。
高仙芝	高麗人	父爲四鎮將校	不詳	《新》卷135	
封常清	蒲州猗氏人	不詳	不詳	《新》卷135	
安祿山	營州柳城雜種胡	不詳	子慶宗爲太僕卿，慶緒爲鴻臚卿，都知兵馬使	《新》卷225	
史思明	營州雜胡	不詳	子朝義爲叛軍先鋒，後殺父自立	《新》卷225	

說明：

1、一人經歷數朝，其主要事迹在唐玄宗朝，則收錄在內，反之則不收。例如郭元振雖然開元初去世，但主要事迹在武后時期，故不收入。薛訥在武后時已官位顯達，號爲名將，唐玄宗時也戰功顯赫，故予以收錄。

2、唐玄宗時期不少人位兼文武，出將入相，例如杜暹等，予以酌情收入。

在上表中共14人，出身將門的並不多，只有5人，即論弓仁、薛訥、王忠嗣、哥舒翰、高仙芝。其他9人中，除王晙和杜暹父祖出身文職外，其他均父祖情況不詳，蓋出身寒微，沒有擔任官職。唐玄宗即位時，唐建國已經

五十多年，開國元勳早已凋零殆盡。唐高宗武則天時期成長起來的一批戰將，子孫也鮮有出類拔萃者。唐玄宗時期的名將多出身行伍，憑藉軍功，一步步位居高位。這些人是在唐玄宗時期激烈的邊疆戰鬥中湧現出來的代表。上表中一個應注意的現象是，不少人起初並非職業軍人，甚至有的還科舉及第，位居清望官。王晙，明經擢第，歷任清苑尉、殿中侍御史。杜暹也明經擢第，擔任過大理評事和監察御史。薛訥爲唐初名將薛仁貴之子，但他開始擔任的也並非武職，起家城門郎，遷藍田令。他們都舍文就武，成長爲一代名將。這些例子並非個別，還比如張孝嵩，進士及第，而慷慨好兵，歷安西副都護、太原尹。〔註23〕前面講到唐玄宗時期社會上崇文風氣已近極致，在此社會大背景下，出現此背離社會風尙的現象，只能到當時的政治形勢中去尋找。

唐高宗武則天時期，西北邊的吐蕃興起，大力東進，與唐爲爭奪西域的控制權發生了激烈的衝突。北方的突厥以及依附突厥的奚和契丹，也時時騷擾唐的邊境。唐的邊疆局勢頓時緊張起來。這是在此背景下，唐開始積極調整戰略部署，兵制也從府兵制爲主逐步變爲募兵制。唐玄宗時期突厥已經衰落，邊疆對唐構成威脅的主要是吐蕃和東北邊的奚和契丹即所謂兩蕃。「隴山之西，幽陵之北，爰有戎夷，世爲殘賊」〔註24〕即是針對吐蕃和奚、契丹而言的。在兩線中西北是最主要的。唐玄宗時期的精兵猛將也主要集中在此一線。除了安祿山和史思明外，其他都是在西北邊疆立下功勳，揚名天下的。張守珪和薛訥先在西北建功，又被調往東北前線。在這種環境中成長出一批新的將門，如杜氏、張氏、郭氏、哥舒氏、安氏。尤以張氏最爲典型。張守珪，陝州河北人，出身行伍，初以戰功授平樂府別將，在西北防禦吐蕃中屢立戰功，官至鄯州都督、隴右節度使。開元二十一年（733）後調任幽州長史，營州都督、河北節度副大使。開元二十七年（739）去世。張守珪兄弟子侄，也都擔任武職，延及數世之久。弟守琦，左驍衛將軍；守瑜，金吾將軍。守珪子獻誠、守瑜子獻恭、守琦子獻甫，三人皆爲興元節度使。獻恭子煦，官至夏州節度使。〔註25〕史書中談武官仕途淹滯主要是針對內地武官而言的。而對戰事密集的西北和東北邊疆來說，卻遠非如此。一方面唐將精兵猛將主要集中於此，另一方面這些地區如巨大的磁石吸引了眾多的有建功立業雄心的人士。

〔註23〕《新唐書》卷一三三《郭虔瓘附孝嵩傳》。
〔註24〕《舊唐書》卷一〇三贊曰。
〔註25〕《舊唐書》卷一〇三《張守珪傳》；《新唐書》卷一三三《張守珪傳》。

誠然，科舉制度在唐高宗武則天以後得到了很大的發展，在社會上的影響日益擴大。但總的來看，科舉並不是主要的入仕途徑。大量的官員還是通過軍功、門蔭、流外入流等其他方式進入仕途。另外，唐代科舉制度的不成熟性，到頭來爲權貴所把持，寒門俊造往往十棄六七。這種情況在唐玄宗時期就已經很嚴重。王冷然致書宰相張說：「僕竊謂今之得舉者，不以親，則以勢；不以賄，則以交……其不得舉者，無媒無黨，有行有才，處卑位之間，仄陋之下，吞聲飲氣。」〔註 26〕《通典》卷一七《選舉五》中記載了洋州刺史趙匡的一段話：

> 舉人大率二十人中方收一人，故沒齒而不登科者甚眾，其事難，其路隘也如此。而雜色之流，廣通其路也。此一彼十，此百彼千，揆其秩序，無所差降，故受官多底下之人，修業抱後時之歎！

因此除正史記載外，墓誌中此時期投筆從戎的例子也很多。〔註 27〕很大原因就在於科舉一途的狹窄。朱忠亮，舉明經不中，往事昭義節度使薛嵩爲裨將，累至涇原四鎮節度使。〔註 28〕張重棹的例子很有代表性。他「幼而修文，長而博覽，知薄宦以難進，遂奮身以從武，累歷戎要，權政必聞。」官至晉州諸事押衙。〔註 29〕這雖是安史之亂後的例子，唐後期尚且如此，在崇文已近頂峰的唐玄宗時期，情況當有過之而無不及。以軍功入仕，不限門第資歷，甚至對文化修養也沒有什麼要求。即使目不識丁，也不妨礙成爲名將。只要身體壯健，長於騎射，作戰驍勇、富有韜略等就能在軍中脫穎而出，而且陞遷較爲迅捷。除了依資改授的常例，又有因功、量才和根據需要的不次拔擢。哥舒翰年四十，方仗劍河西從軍，不數年官至河西、隴右節度使。封常清，外祖教之讀書，多所該究，「然孤貧，年過三十，未有名。」後從軍不數年便官至伊西節度使。〔註 30〕崔寧，儒家子，原爲符離令，既罷，久不調，遂客遊劍南，從軍爲步卒，事鮮于仲通。後官至劍南節度使。〔註 31〕文官陞遷的

〔註 26〕　《唐摭言》卷六《公薦》。

〔註 27〕　根據《唐代墓誌彙編》唐玄宗時期明確提到投筆從戎的例子有：開元 317、392、528 以及天寶 104、106、117、127、170、257、267 等

〔註 28〕　《新唐書》卷一七〇《朱忠亮傳》。

〔註 29〕　《唐代墓誌彙編》大中 082《前忠武軍節度押衙兼馬軍左廂都兵馬使子城都虞候銀青光祿大夫檢校太子詹事兼監察御史上柱國平原華公妻清河張夫人墓誌銘並序》，頁 2311。

〔註 30〕　《新唐書》卷一三五《封常清傳》。

〔註 31〕　《舊唐書》卷一一七《崔寧傳》。《新唐書》卷一四四本傳云：「本貝州安平人，

制度化實行較早。裴光庭開元中主吏部選事，不論才智，循資用人，稱爲「循資格」。即使科舉中第，釋褐所授官也多爲九品，高者也不過八品，許多人往往數年遷轉也不離一尉，沉淪於下僚。一般文臣陞遷的緩慢（當然才能突出，或遇特殊機緣的除外）也是造成大批文士舍文就武的原因之一。張萬福，魏州元城人，自其曾祖至其父皆舉明經，官止縣令州佐。他「以父祖業儒皆不達，不喜爲書生，學騎射。年十七八，從軍遼東有功，爲將而還。」〔註32〕正因爲從軍敍功的迅捷，一些軍將在出征時往往攜帶其親戚子姪。《通鑑》卷二○○龍朔二年二月條稱浿江道行軍大總管任雅相爲將，「未嘗奏親戚故吏從軍，皆移所司補授，謂人曰：『官無大小，皆國家公器，豈可苟便其私！』由是軍中賞罰皆平，人服其公。」可見奏請親戚故吏是當時的通行做法。一些權貴往往使其子弟託名入軍，以求僥倖。這在當時十分盛行，以致唐玄宗還爲此專門發佈詔令加以禁止。天寶十一載（752）十二月詔：

> 古者士農異處，軍國殊容，所以國學上庠，以教冑子；撰車表貉，
> 用訓戎師。豈有家襲弓裘，身參卒伍？斯乃假名取進，其理昭然。
> 皆因主將有私，遂乃公行囑託。已往之過，朕亦不言，將來自新，
> 必期革弊。自今已後，朝要並監軍中使子弟，一切不得將行。先在
> 軍者，亦即勒還。破敵敍功，事歸案實。〔註33〕

另外，從上表來看，唐玄宗時期諸名將之後代，投身科舉的並不多。其實直至唐末仍然如此，科舉制度對將門的影響並不十分劇烈。〔註34〕唐後期對武官子弟參加科舉採取鼓勵照顧政策。太和元年（827）二月勅：

> 自今已後，天下勳臣節將子弟，有能修詞尚學，應進士明經，及通
> 史學者，委有司務加獎引。〔註35〕

後徙衛州。世儒家。」

〔註32〕《舊唐書》卷一五二《張萬福傳》。《新唐書》卷一七○《張萬福傳》略同，惟言從王斛斯以別校征遼東。按，王斛斯開元二十年七月爲幽州節度使，天寶元年十月又以裴寬爲節度使。王斛斯任節度使不過短短一年時間。張萬福從征也當在這時期內，即開元末天寶初。

〔註33〕《冊府元龜》卷六三《帝王部·發號令二》。又見於《全唐文》卷三三元宗皇帝《禁戰功虛冒詔》。

〔註34〕另外可以參看孫國棟：《唐宋之際社會門第之消融——唐宋之際社會轉變研究之一》（《唐宋史論叢》，香港：龍門書店，1980 年），頁 245 所列表格。表中顯示唐肅宗至昭宣帝，軍校子弟應貢舉的無一人。孫國棟的統計毫無疑問有所遺漏，但其反映的趨向卻是正確的。

〔註35〕《唐會要》卷七六《貢舉中·緣舉雜錄》。

開成元年（836）又下詔：

> 勳臣子弟，有能修詞務學，應進士明經及通諸科者，委有司先加獎
> 引。〔註36〕

此政策的意圖很明顯，就是引導將門子弟投身到科舉一途上來，擴大將門子弟入仕途徑，是對將門優寵的反映。但這也從另一個方面說明勳臣子弟應科舉的並不多，及第的比例並不高。趙多梅指出，晚唐五代文武官員子弟的入仕方式開始發生顯著分化。文官子弟傾向於從科舉考試進入仕途，而藩鎮武官子弟則大多子承父業。〔註37〕武官一般文學修養較差，其子弟缺乏經學文學士族家庭那樣的家庭熏陶。改變家風，趨向科舉通常也是在數代之後。郭子儀爲唐中興名將，子孫亦多以功名顯。其子郭晞善騎射，從征伐有功。晞子鋼，入朔方節度使杜希全幕府，走的都是以武晉身的道路。到了晞孫承嘏時，情況才發生了變化。承嘏通五經，元和中進士及第，累遷至邢部侍郎。〔註38〕哥舒曜爲哥舒翰之子，唐德宗時爲左龍武大將軍，「子七人，俱以儒聞。峘，茂才高第，有節概。嶧、嵫、岮皆明經擢第。」〔註39〕也是到了第三代，才開始文儒化。

　　唐代雖然廢除了魏晉以來的門閥制度，取消了士族官位世襲的特權。但官僚貴族在政治上的特權通過門蔭制度仍得到一定的保留。唐代門蔭特權持有者的主體是皇親國戚及當朝權貴。與前代相比，唐代門蔭特權的享有者範圍不斷擴大。從一品到九品官，無論職事品，還是散品、勳、爵等都可以蔭子孫，其子孫享有較平民優先的入仕機會。將門子弟作爲權貴的子孫，多以門蔭入仕。〔註40〕唐代的門蔭制度授官有嚴格的規定，除皇親國戚外，一品子正七品上，二品子正七品下，三品子從七品上，從三品子從七品下，正四品子正八品上，從四品子正八品下，正五品子從八品上，從五品及國公子從八品下。三品以上

〔註36〕《唐大詔令集》卷五《改元開成赦》。
〔註37〕趙東梅：《北宋武選官及其選任制度研究》，北京大學歷史系博士論文，1998年，頁122。
〔註38〕《新唐書》卷一三七《郭子儀附承嘏傳》。
〔註39〕《新唐書》卷一三五《哥舒翰附哥舒曜傳》。
〔註40〕這樣的例子很多，高仙芝父親舍雞，爲四鎮將校，高仙芝年二十餘，從至安西，以父功補遊擊將軍。薛嵩，絳州萬泉人。祖仁貴，高宗朝名將；父楚玉，爲范陽、平盧節度使。「嵩少以門蔭，落拓不事家產，有膂力，善騎射，不知書。自天下兵起，束身戎伍，委質逆徒。」朱泚，以蔭籍爲李懷仙部將。孫德昭，鹽州五原縣人，世爲州校。德昭籍父蔭，累職爲右神策軍都指揮使。王重榮父縱，咸通中有邊功，重榮以父蔭補軍校。

蔭曾孫，五品以上蔭孫，孫降子一等，曾孫降孫一等。除用蔭結品達散品四品以上者，可直接參加銓選外，絕大部分中高級官僚子弟必須通過入學、充任衛官、齋郎、挽郎等若干年後，參加本司的簡試，合格者才能參加吏部或兵部的銓選，獲取正員官。當然偶爾有直接授予正員官的。李愬爲名將李晟庶子，以父蔭起家，授太常寺協律郎。李聽，七歲時也以父蔭授太常寺協律郎。太常寺協律郎爲正員官，正八品上。門蔭所授官品階一般多爲七至八品，而明經、進士及第釋褐官一般不過九品。高級官僚子弟憑藉門蔭所獲取的官位比科舉及第釋褐官還高。這或許是將門子弟多從門蔭出身，而不願投身科舉的原因之一。儘管當時科舉制度蓬勃發展，被世人視爲仕宦之正途，士林之華選。憑資蔭晉身，已不爲世人所重。但將門子弟還是多取門蔭途徑入仕。這與唐後期文官子弟多舍門蔭而就科舉表現出較大的差異。〔註41〕

在門蔭外，還有臨時授官之制，往往授予一些勳臣、功臣的子孫。這往往取決於皇帝一時的喜怒，隨意性較強，品階也相對較高，多爲正員官。例如天寶八載（749），高仙芝入朝，加特進，兼左金吾衛大將軍同正員，仍與一子五品官。哥舒曜，爲河西、隴右節度使哥舒翰之子，年八歲便蒙唐玄宗召見，授尚輦奉御（從五品上）。天寶十三載（754），封常清入朝，攝御史大夫，仍與一子五品官。安史之亂後，臨時授官更爲普遍，官階也往往較高。李晟爲唐德宗時名將，「晟立大勳，諸子猶無官，宰相奏陳，德宗即日召愿（即李愿，李晟之子）拜銀青光祿大夫、太子賓客、上柱國。」銀青光祿大夫爲從三品，太子賓客則爲正三品的職事官。李晟去世後，其子同日拜官者九人。〔註42〕在時人看來，立有大勳之人，諸子無官，是不正常的。

當然，門蔭出身官和褒獎性質的臨時授官，大多爲文職。前面提到的李愬和李聽兄弟所授的太常寺協律郎都爲文職。劉全諒，以父劉客奴之勳授別駕、長史。吳少誠之父爲魏博節度都虞候，少誠以父勳釋褐王府戶曹。由於唐代文武的界限並不明晰，由文入武的例子屢見不鮮。這在將門子弟更爲普遍。李愬後爲隨唐鄧、山南東道、魏博等道節度使；李聽，後隨吐突承璀討

〔註41〕張翃，祖爲刺史，父爲兵部郎中，張翃童年以門蔭補齋郎，立志不就，後以國子明經上第，官至刺史。見《唐代墓誌彙編》建中 001《唐故郴州刺史贈持節都督洪州諸軍事洪州刺史張府君墓誌銘並序》。還比如李懷遠，有宗人欲以高蔭相假，被他拒絕，他退而歎曰：「因人之勢，高士不爲，假蔭求官，豈吾本志？」後應科舉及第，官至宰相。見《冊府元龜》卷七八一《總錄部・節操》。

〔註42〕《舊唐書》卷一三三《李晟傳》。

王承宗，爲神策行營兵馬使，也累至河東、義成等節度使。哥舒曜，雖然釋褐文職，安史之亂中爲東都鎮守兵馬使，唐德宗立，召爲左龍武大將軍。安慶緒初爲鴻臚卿，但不久又爲其父安祿山帳下都知兵馬使。劉全諒雖釋褐別駕、長史，但建中初爲宋亳節度使劉玄佐帳下牙將。吳少誠後至荊南，節度使庾准奇之，留爲衙門將，後更爲淮西節度使。

總之，唐代科舉制度尚處於發展時期，錄取人數很少，標準較高，將門子弟由於特殊的家世背景，難以以此晉身，他們多靠門蔭入仕。雖然將門子弟釋褐官多爲文職，但在以後的遷轉中又多改從武職。因此在科舉制度的背景下，將門所受衝擊並沒有一般人想像得那麼大。不僅沒有萎縮，相反還有發展的趨勢。

第二節　節度使制度與唐代將門

唐玄宗時期節度使制度的興起，軍隊也由中央軍隊變爲地方軍隊，地域主義初現端倪。隨著軍隊性質的改變，將門改變了前期集中於禁軍的局面，地方將門開始大量湧現。安史之亂後，節度使制度推及到內地。各鎮軍隊中父子相襲十分普遍。藩鎮體制促進了唐後期地方將門的興盛。

一、親屬隨軍制度與將門

唐初沿襲西魏以來的府兵制。但在府兵制下征鎮軍隊的主體是兵募，而不是府兵。府兵最主要的任務是上番宿衛。〔註43〕南衙諸衛軍就主要是由這些番上的府兵組成。當然由於路途遙遠，許多地方的府兵實際上並不上番，而是採取納資的形式。除南衙外，唐初組建了另一支武裝力量擔任宿衛皇宮、保衛天子的任務，即北衙禁軍。自武德以來，這些禁軍就父子相襲，成爲職業兵。〔註44〕蒙曼根據大量的墓誌材料指出，唐代前期北衙禁軍建立了內部

〔註43〕張國剛先生根據敦煌吐魯番文書，發現府兵兵士大量在州鎮服役，並不番上宿衛。由此他推測，唐代也許有主要承擔中央宿衛和只在地方服役的兩種性質的府兵。參見氏著《唐代府兵淵源與番役》，見《唐代政治制度研究論集》，頁12。

〔註44〕唐初之元從禁軍三萬餘人，據《新唐書》卷五〇《兵志》，高祖以渭北白渠旁民棄腴田分給之。「後老不任事，以其子弟代，謂之父子軍。」唐玄宗以萬騎平韋氏，改萬騎爲左右龍武軍，「皆用唐元功臣子弟，制若宿衛兵。」見《新唐書》卷五〇《兵志》。唐元實爲唐隆，由於唐玄宗名李隆基，爲避諱，改稱唐元。唐隆元年李隆基與太平公主等誅殺了韋后等人，擁立相王李旦爲帝。

遷轉機制，其內容有二：禁軍將領的專職化，他們不再向其他軍事系統發展；
其次，北衙禁軍特別是龍武軍將領都從本軍內選拔。〔註45〕唐前期將門主要
集中於禁軍中。唐玄宗時期隨著節度使制度的建立，這種局面開始發生變化。

　　從唐高宗武則天以來，由於邊疆戰事頻繁，規模日益擴大，戰爭也變得
曠日持久起來。在這種情況下，定期番代的府兵、兵募，服役時間越來越長，
由一年延長爲三年甚至更長，期滿還不被放歸的事件時有發生。爲了解決士
兵與其家口分居兩地，往來更番之累，更爲了保證軍隊的戰鬥力，唐王朝開
始允許甚至鼓勵士兵家口隨至其駐守處，並給予田地屋宅。《唐六典》卷五《兵
部郎中》記載開元二十五年（737）五月敕：

> 天下無虞，宜與人休息，自今已後，諸軍鎮量閑劇、利害，置兵防
> 健兒，於諸色征行人內及客戶中招募，取丁壯情願充健兒長住邊軍
> 者，每年加常例給賜，兼給永年優復；其家口情願同去者，聽至軍
> 州，各給田地、屋宅。

以此爲標誌，從制度上鎮兵完全變成了終身的職業兵健兒，即鎮兵全部職業
化了。其實，在此之前軍將親屬隨軍已經很普遍。不過當時與開元二十五年
的鼓勵政策相反，而是採取一定的限制。《唐會要》卷六一《館驛》載武后大
足元年（701）五月六日敕云：

> 諸軍節度大使，聽將家口八人，副大使六人。萬人已上鎮軍大使四
> 人，副使三人；五千人已上大使三人，副使二人，並給傳乘。

士兵的終身化、職業化及其家口隨軍，使他們形成了一個相對獨立的社會群
體，與唐初期府兵制度下亦農亦兵，兵農合一的府兵截然不同。「天寶以後，
屯兵七十餘年，皆成父子之軍，不習農桑之業。」〔註46〕不僅官健本人終
身爲兵，而且由於全家隨軍，脫離農耕，子孫也只能把從軍視爲出路，從而
出現父終子繼、世襲爲兵的現象。程務挺，洺州平恩人。父名振，號爲名將。
務挺少隨父征討，以勇力聞，遷右領軍衛中郎將。〔註47〕渾瑊，「年十一，
隨父釋之防秋。……其年立跳盪功。後二年收石堡城，收龍駒島，皆有奇數。」
〔註48〕按《新唐書》卷四六《百官志一》敘戰功云：「矢石未交，陷堅突眾，

〔註45〕 蒙曼：《唐代前期北衙禁軍制度研究》，北京：中央民族大學出版社，2005年，
　　　　頁121。
〔註46〕 《唐大詔令集》卷六五《敘用勳舊武臣德音》。
〔註47〕 《舊唐書》卷八三《程務挺傳》。
〔註48〕 《國史補》卷上《張公戲渾瑊》，轉引自《唐語林校證》卷四《豪爽》。

敵因而敗者，曰跳盪。」收復石堡城在天寶八載（749），當時河西隴右節度使哥舒翰在付出了慘重的代價後，才從吐蕃手中收復了石堡城。渾瑊隨父從軍當在天寶初。「防秋」爲安史之亂後的制度。所謂「隨父釋之防秋」蓋用後來的制度解釋以前，嚴格說來並不準確。但渾瑊少隨父從軍河西當無疑問。

安史之亂後，藩鎭軍隊親屬隨軍更是普遍。元結任職於山南東道來瑱幕府，即針對「父母隨子在軍者」的現象，建議將士父母，宜給以衣食。爲來瑱所採納。〔註49〕甚至大軍遠征，也往往攜帶家屬隨行。建中四年（783），淮西節度使李希烈叛亂，圍攻襄城，形勢十分危急。爲解襄城之圍，唐德宗令涇原節度使姚令言率本鎭兵五萬赴援。「涇師離鎭，多攜子弟而來。」〔註50〕還比如，昭義大將李萬江，子弟姻婭隸軍者四十八人。〔註51〕元和時，高崇文征討西川劉闢，「下劍門，長子曰暉，不當矢石，將斬之以勵。」〔註52〕從這個例子可以看出高崇文之子也隨軍效力。楊朝晟與其父懷賓「父子同軍，皆爲開府賓客、御史中丞，榮於軍中。」〔註53〕唐代文獻材料中屢屢提到了藩鎭軍隊父子相襲的問題，最著名的莫過於魏博牙軍和徐州銀刀都。〔註54〕其實不僅牙軍如此，父子相襲是唐後期藩鎭的一般軍隊的普遍情況。〔註55〕《桂苑筆耕集》卷一四《蘇聿補衙前虞候》云：「牒奉處分……前件官早從吏役，久習武才，父也暮年，既思休退；子之壯氣，可代勤勞……事須補充衙前虞候。」《桂苑筆耕集》爲崔致遠在淮南節度使高駢幕府時所撰表奏書啓的別集。文中的蘇聿爲淮南節度使帳下，當其父親年老致仕時，便由蘇聿頂替，爲衙前虞候之職。

另外，唐政府規定死於王事的軍士，其父兄子弟可以優先遞補。長慶二年（822）唐廷規定：

> 官健有死王事者，三周年不得停本分衣糧；如有父兄子弟，試其武

〔註49〕《新唐書》卷一四三《元結傳》。
〔註50〕《舊唐書》卷一二七《姚令言傳》。
〔註51〕《新唐書》卷二一四《劉從諫傳》。
〔註52〕《唐語林校證》卷一《政事上》。
〔註53〕《舊唐書》卷一二二《楊朝晟傳》。
〔註54〕魏博牙兵自第一任節度使田承嗣以來皆「招募軍中子弟置之部下」，「父子相襲，親黨膠固」。《唐語林》卷二《政事下》稱：「徐州將士自王智興後，驕橫難制。其銀刀都父子相承，每日三百人守衛，皆露刃坐於兩廊夾幕下，稍不如意，相顧笑議於飲食間，一夫號呼，眾卒相和。節度多懦怯，聞亂則後門逃去。」
〔註55〕孟彥弘：《論唐代軍隊的地方化》，《中國社會科學院歷史研究所學刊》第1集，頁285。

藝，堪在軍中承名請衣糧者，先須收補。〔註56〕

其實遠在長慶之前，已經在軍中加以施行，以後不過法律化而已。此項原則以後反復被強調。

會昌四年（844）九月十八日詔：「其行營將士陣歿者，先已有敕，便令子弟填替，如無子弟，三年不停衣糧。」

咸通十年（869）十月詔：「應陣歿將士，有父兄子弟願從軍者，便令本道填替。」

大中五年（851）四月詔：「自用兵已來，諸道應徵發之處，所有將健，或沒於鋒刃，或存被瘡痍，雖經褒贈，及曾優卹，委本道更加存撫。或因廢疾，不任在公者，終身不停衣糧。如情願迴與子孫兄弟甥姪者，便與補替。」

光啓三年（887）七月詔：「應自兵興已來，所在都頭大將，身歿王事，未曾經贈官者，仰本道各與分析聞奏，量功勞優與贈官；如有子孫，仰本道各與補職，務令存濟。」〔註57〕

直到五代時期這樣的原則仍在重申。後梁開平三年（909）八月制：「諸郡如有陣歿將士，仰逐都安存家屬，如有弟兄兒姪，便給與衣糧充役。」〔註58〕

二、朝廷和藩鎮在地方武官任用上很重視將門背景

將門子弟，家習弓裘，在家庭環境中耳濡目染，特別是由於隨軍得到了實際戰爭鍛煉，也容易脫穎而出。唐代許多名將出身將門並非偶然。郭英乂，隴右節度使、左羽林軍將軍知運之季子。少以父業，習知武藝，策名河隴間。李景略在上奏中也不無自豪的稱：「臣家世爲將，揚聲朔野，弧矢之事，少嘗習焉。」〔註59〕唐王朝很重視將門背景，在官員使用上，往往優先考慮，對勳臣子孫頗多照顧。這個政策自始至終都沒有變化。魏元忠上書就指出，「當今朝廷用人，類取將門子弟，亦有死事之家而蒙抽擢者。」〔註60〕高級將領子弟，因特殊的背景條件，易爲君主和當政者所瞭解和關照，爲將之途相對

〔註56〕 《唐大詔令集》卷六五《敘用勳舊武臣德音》。此詔又見於《全唐文》卷六七《優卹將士德音》，文字有出入。

〔註57〕 參見《唐大詔令集》卷一二五《平潞州德音》；卷一二五《平徐州制》；卷一三○《平党項德音》；卷八六《光啓三年七月德音》。

〔註58〕 《舊五代史》卷四《太祖紀四》。

〔註59〕 《全唐文》卷五四○令狐楚《爲羽林李景略將軍進射雁歌表》。

〔註60〕 《舊唐書》卷九二《魏元忠傳》。

平坦，陞遷也較迅捷。薛訥，唐初名將薛仁貴之子，初爲藍田令。突厥入寇河北，武則天以訥將門，使攝左武威衛將軍、安東道經略。尋拜幽州都督，兼安東都護；轉并州大都督府長史，兼檢校左衛大將軍。薛訥也不負所望，久當邊鎮之任，累有戰功，號爲名將。〔註61〕郭英乂「以軍功累遷諸衛員外將軍。至德初，肅宗興師朔野，英乂以將門子特見任用」，遷隴右節度使、兼御史中丞。收復兩京後，徵還闕下，掌禁兵。〔註62〕元和五年（810）七月，幽州節度使劉濟去世，九月以其子瀛州刺史劉總爲節度使。劉總，幽州昌平人，其祖父劉怦，少爲范陽裨將，累至雄武軍使、涿州刺史、幽州節度使。元和七年（812），以薛訥之子薛平爲鄭滑節度使（即義成節度使）。在任命劉總和薛平爲節度使的詔書中都專門強調了他們出身將門的背景。〔註63〕當然從將門子弟選官也並非直接任用，有時也採用考試的手段。《全唐文》卷二二二保留了張說所擬就的《兵部試將門子弟策問三道》，其策問內容主要是關於將領的道德政事、作爲良將的條件及具體的戰略戰術等。

　　唐代不僅將帥往往從將門選拔，而且藩鎮軍將的選用也很重視將門的背景。楊孝直，曾祖模、祖翰，皆委身盧龍軍，名居列將，考達，成德軍節度征馬野牧使兼中軍都兵馬使。「公既生於將門，幼習武略，故王令公武俊臨鎮之歲，從事戎旃，獲居將校。」〔註64〕王汎墓誌說的更爲直白，其父庭，冠軍大將軍、守左金吾衛大將軍，「身參上將，任重雄藩。」王汎爲其次子，「是以元戎以地望而取公，以將門而拔公，既假之以金紫，又寵之以品秩，襲先父之職官，所以贊副我也。」貞元十八年（802）卒於博陵（即定州）。〔註65〕從時間上推斷，文中的所謂「元戎」當指義武節度使張茂昭。王宰，武寧節度使王智興之子，爲石雄手下裨將，石雄以轅門子弟善禮之。〔註66〕

〔註61〕 《舊唐書》卷九三《薛訥傳》。另見《通鑒》卷二○六聖曆元年九月條。《新唐書》卷一一一《薛仁貴附訥傳》則言：「武后以訥世將，詔攝左威衛將軍、安東道經略使。」

〔註62〕 《舊唐書》卷一一七《郭英乂傳》。

〔註63〕 《白居易集》卷五六《與劉總詔》：「卿業繼將門，才兼武略，累臨軍郡，悉著良能。襲以弓裘，宜加旌鉞。」同書卷五五《除薛平鄭滑節度制》云，「秉吏道之刀尺，襲將門之弓裘：可以爲三軍之帥，可以理千乘之賦」。

〔註64〕 《唐代墓誌彙編》大和090《唐故山南東道節度押衙光祿大夫檢校太子賓客前行鄧州長史兼侍御史弘農縣開國男楊公墓誌銘》，頁2160。

〔註65〕 《唐代墓誌彙編》貞元118《唐故雲麾將軍王公墓誌銘並序》，頁1924。

〔註66〕 《舊唐書》卷一六一《石雄附王宰傳》。

又如前引史孝章神道碑：「元和中，太尉愬爲魏帥，下令掄材於轅門，取大將家翹秀者爲子弟軍，列于諸校之上。」《舊唐書》卷一八一《史憲誠附孝章傳》則云「元和中，李愬爲魏帥，取大將子弟列于軍籍。」

　　節度使確立後，隨著地方軍隊的建立，藩鎮軍隊中湧現了大量的將門。但唐後期，禁軍父子相襲的傳統仍得以保留。至德二載（767），置左右神武軍，以元從、扈從官子弟充之，不足則取它色。出土墓誌來看，充分證明了這一點。唐後期，神策軍一支獨秀，成爲最主要的北衙禁軍。神策軍仍保持了前期禁軍繼世爲將的傳統。唐末天復元年（901），宰相崔胤、陸扆謀奪宦官兵權，轉歸宰相掌握。唐昭宗猶豫不絕，召禁軍大將李繼昭、李繼誨、李彥弼謀之，皆曰：「臣等累世在軍中，未聞書生爲軍主；若屬南司，必多所變更，不若歸之北司爲便。」〔註67〕還比如王處存，京兆萬年縣人。世隸神策軍。〔註68〕高駢，幽州人。祖父高崇文爲憲宗時名將，父承明，神策虞候。駢家世仕禁軍，累歷神策都虞候。〔註69〕但總的來看，由於唐後期藩鎮問題成爲國家政治的核心內容，藩鎮將門已經取代禁軍將門，而處於主體地位。劉琴麗對建中元年以後，曾擔任過方鎮使府武職僚佐者進行了統計，在所搜集到的 165 位武職僚佐中，軍將子弟佔據多數。〔註70〕唐代藩鎮內軍將之間互相聯姻的現象相當普遍，而這又對將門的形成和穩定具有一定的支持作用。

三、將門選將的利弊得失

　　在中國古代歷史上將門選將的傳統之所以長期得以保持，反映有其合理、積極的一面。首先，將門子弟受家庭環境熏陶，在謀略和武藝方面多有過人之處。這正是名將往往出自將門的原因；再則，將門子弟爲朝廷和節度使所熟悉瞭解，也容易做到人盡其才，比起在全國範圍內海選、徵集，較有保證；再則，這也是安撫武臣，維護統治階層團結的一方面。但是將門選將的弊端也是很突出的。

　　首先，從將門這個小圈子里選將，範圍較小，容易造成近親繁殖，不利於良才的脫穎而出。

〔註67〕　《通鑒》卷二六二昭宗天復元年正月條。
〔註68〕　《舊唐書》卷一八二《王處存傳》。
〔註69〕　《舊唐書》卷一八二《高駢傳》。
〔註70〕　劉琴麗：《唐代武官選任制度初探》，頁 176～177。

　　再則，從將門子弟自身來看，他們入仕過分依賴門蔭，在缺乏競爭和鍛鍊的環境中逐漸喪失了統兵作戰的能力。唐後期將門興盛，這祇是對總體而言。對單個將門而言，則通常二世或三世則衰，一般將門大多只能延續二代或三代。至於薛仁貴的薛氏，從薛仁貴開始，經薛訥、薛楚玉到薛嵩再到薛平、薛昌朝，歷經數世，官位顯達，時間長達近二百年，延及大半個唐朝。這樣的例子祇是個別。河朔將門的長期繁盛則是在特殊的割據背景下產生的特殊現象。其他地區缺乏這樣的土壤。因此唐代的將門呈現出新老反覆交替的特點。將門數世後，其子弟大多養尊處優，缺乏戰爭的實際鍛鍊，不能不極大地退化擔任武將的能力。自唐初以來，就有一些有識之士對朝廷倚重將門的做法頗有微辭。儀鳳中（676～679）魏元忠上書言：

　　　當今朝廷用人，類取將門子弟，亦有死事之家而蒙抽擢者。此等本
　　　非幹略見知，雖竭力盡誠，亦不免於傾敗，若之何使當閫外之任哉？
　　〔註71〕
史書中這樣的例子是很多的。李愻爲唐德宗時名將李晟之子，官拜右龍武大將軍。史稱其「無他材能，以功勳家累官至庫使。沉湎於聲色，恣爲奢侈，積至累千萬。至是以子貸回鶻錢一萬一千四百貫不償，爲回鶻所訴，貶宣州別駕。」〔註72〕李係，爲李晟之孫。唐末黃巢起義軍揮戈北上，諸道行營都統王鐸爲阻止義軍北上，以李係「其家世將才，奏用爲都統都押衙，兼湘南團練使。」〔註73〕但最後李係一敗塗地，在當時成爲笑柄。渾鐬，爲渾瑊第三子，開成初，宰相擬壽州刺史，唐文宗曰：「鐬，勳臣子弟，豈可委以牧民。」〔註74〕反映皇帝對勳臣子弟難以委以重任也是有所瞭解的。

　　正是因爲利弊互見，所以將門選將的方式一方面在歷史上長期存在，一方面也只能成爲武官選拔方式的補充，難以取得主體地位。

〔註71〕《舊唐書》卷九二《魏元忠傳》。《新唐書》卷一二二《魏元忠傳》則云：「大
　　　　將臨戎，以智爲本。今之用人，類將家子，或死事孤兒，進非幹略，雖竭力
　　　　盡誠，不免於傾敗，若之何用之？且建功者，言其所濟，不言所來；言其所
　　　　能，不言所藉。」
〔註72〕《冊府元龜》卷六二八《環衛部・遷黜》云爲李甚，誤。
〔註73〕《舊唐書》卷一六四《王播附鐸傳》。
〔註74〕《舊唐書》卷一三四《渾瑊附鐬傳》。

第三節　唐代將門分佈的區域性

班固云：「秦漢已來，山東出相，山西出將。」〔註75〕那時所謂山東、山西，是以今河南西部的崤山來區分的。崤山爲函谷關的所在地，因之又以函谷關來區分東西。所以當時諺語也說：「關西出將，關東出相。」關隴、并代等地處於農耕文化與游牧文化的結合部，歷來爲民族鬥爭的前沿。這些地區民族混雜，民風剽悍勇武，多猛將勁卒，是將門分佈比較集中的地區。史籍對這些地區社會風尚多有記述，例如「金方之氣，凝爲將星」。〔註76〕「秦、雍之郊，俗稱勁勇；汾、晉之壤，人擅驍雄。」〔註77〕以上不過籠統而言，甚至有的說法不過沿用舊籍。具體到唐代將門分佈的情況，仍有待於具體的考察。

隋朝結束了南北朝長期對峙和分裂，重新統一了全國。唐王朝繼承了隋朝的天下一統的局面，疆域之遼闊遠邁於前代。政治上的大一統，使各地的文化經濟交流空前頻繁，聯繫也大爲加強。〔註78〕但所有這一切都沒有改變自然地理的風貌，也沒有消除經濟文化發展不平衡的狀況。各道各州之間仍存在著較明顯的地域差別。其實這種差別，現在的社會仍然存在，更遑論唐代？貞觀元年（626），因山川形便，分天下爲十道，即關內、河南、河東、河北、山南、隴右、淮南、江南、劍南、嶺南。開元二十一年（733），又分山南、江南爲東西道，增置黔中道及京畿、都畿道，至此唐初的十道，變成了十五道。今爲了簡明起見，仍採取十道的區劃。根據文末附表三「唐後期將門統計表」，製成下表：

〔註75〕　《漢書》卷六九「贊曰」。

〔註76〕　《白居易集》卷五四《除軍使邠寧節度使制》。

〔註77〕　《唐大詔令集》卷一〇二《求猛士詔》（儀鳳二年十二月）。

〔註78〕　葛劍雄認爲隋唐時期，中國境內有突厥、回紇、吐蕃、南詔、渤海等好幾個與中原王朝並存的政權。安史之亂後，唐朝再也沒有眞正統一過。以他所確定的第二標準統一時間來計算，唐朝的統一時間實際只有西元 630 至 755 這一段時間。參見氏著《統一與分裂》第 2 章，北京：三聯書店，1994 年。

（單位：人）

關內	河南	河東	河北	山南	隴右	淮南	江南	劍南	嶺南
17	13	2	26	2	7	2	0	0	0

說明：

1、材料來源於《新唐書》和《舊唐書》。

2、在唐史籍中，人物籍貫記載較為混亂，或為郡望或為新貫，或為祖籍。如果史書中沒有明確說明，不再加以細分。對於在籍貫中明確說明原籍和新貫，如果分屬不同道，則分別計入。

　　從上表可以看出，與前代相比，唐代將門分佈地域有了很大的變化，既有幾個比較傳統的地區如關內、隴右。還出現了幾個新的將門地域即河北、河南。

一、河　北

　　河北特別是其中的中南部，一直是中國經濟文化最發達的地區之一，被稱為「諸夏之冠冕」。〔註79〕但隨著西晉末年永嘉之亂後的民族大遷徙，大量的少數民族徙居河朔，改變了當地的民族構成，民風開始發生巨大變化。延及唐初，這裡尚武成風。「關東出相，關西出將」的通則漸次失去其立論的根據。《隋書‧地理志》論關東諸州風俗，多稱道其人「好儒學」，「重禮文」，「依於經術」，僅於冀州篇中提到「自古言勇俠者，皆推幽、并」。史念海先生認為《隋書‧地理志》的說法其實祇是祖述前代的舊說，並非實際演變的寫照，因而也就難於據以推究一代的風氣。〔註80〕另外，河北本是門閥士族集中的地區，有全國著名的崔氏、盧氏、李氏等高門大族。這些大族在安史之亂前幾乎都遷出河朔，向長安、洛陽等地集中，留在本地的都是些小房小支。〔註81〕一大批文化精英的流失，使河朔地區文化逐漸喪失了在全國執牛耳的地位。

　　為了統治邊疆和安撫歸附的少數民族，唐王朝創立了羈縻府州制度。河北的羈縻府州主要有燕、順等十七個，集中於幽州和營州。安史之亂中，這

〔註79〕王夫之：《讀通鑑論》卷二六《穆宗》，北京：中華書局，1985 年。

〔註80〕史念海：《唐代前期關東地區尚武風氣的溯源》，《唐代歷史地理研究》，北京：中國社會科學出版社，1998 年，頁 488、489。

〔註81〕毛漢光：《從士族籍貫遷徙看唐代士族之中央化》，《中國中古社會史論》，上海：上海書店出版社，2002 年。

些羈縻州縣的部眾爲安祿山、史思明叛軍所利用，成爲其軍隊的重要組成部分。戰爭結束後，他們中的幸存者大部分沒有返回原籍，而是散居於河朔各地。另一方面，地方豪族從南北朝以來逐漸發展，成爲一支控制地方，乃至影響政局的重要力量。隋末唐初的「山東豪傑」投身於農民大起義的洪流，是一支不可忽視的勢力，爲各割據政權和各派勢力積極爭取。唐建立後，「山東豪傑」或被消滅，或爲唐政權所吸納，隨著唐太宗的即位而退出歷史的舞臺。安史之亂後，河朔三鎮形成割據的局面。在割據型藩鎮統治下，節度使父死子繼，兄終弟及。他們往往任命自己的兄弟子侄等親屬爲屬州刺史、軍將，特別是擔任中軍兵馬使、牙內兵馬使等要職掌握牙軍。節度使和大將之間亦往往以婚姻爲紐帶相維繫。例如，李寶臣以女妻大將王武俊之子王士眞。田季安之妻爲大將元誼之女。他們還豢養軍將爲養子，形成了擬血緣關係。借助血緣、擬制血緣和婚姻關係，節度使試圖和軍將間建立比較穩固的關係，以擴大其統治基礎，增強凝聚力。因此三鎮表現出很強的家族統治色彩。此前以文化、門風爲特徵的山東士族現在被一些以政治軍事爲後盾的地方職業軍人家族所取代。三鎮節度使家族中比較著名的有幽州的朱氏、劉氏，魏博的田氏、羅氏，成德的王氏等。其中以王氏家族最爲典型。他們借助血緣（包括擬制血緣）和地緣因素，在當地形成了盤根錯節的關係網。

現依據史籍把三鎮比較著名的的節度使家族情況列表如下。

（一）成德鎮節度使家族

家族 ＼ 類別	節度使	在鎮時間	家族統治時間
王氏（契丹怒皆部）	王武俊	20 年	4 世凡 40 餘年
	王士眞	8 年	
	王承宗	12 年	
	王承元	數月	
王氏（回紇阿布思部）	王廷湊	13 年	6 世凡 100 年
	王元逵	20 年	
	王紹鼎	3 年	
	王紹懿	10 年	
	王景崇	17 年	
	王鎔	37 年	

（二）魏博鎮節度使家族

家族＼類別	節度使	在鎮時間	家族統治時間
田氏	田承嗣	16 年	7 世凡 59 年
	田悅	4 年	
	田緒	13 年	
	田季安	17 年	
	田懷諫	數月	
	田弘正	9 年	
	田布	數月	
何氏	何進滔	12 年	3 世凡 42 年
	何重順（何弘敬）	27 年	
	何全皞	3 年	
韓氏	韓君雄	5 年	2 世凡 12 年
	韓簡	7 年	
羅氏	羅弘信	11 年	3 世凡 24 年
	羅紹威	10 年	
	羅周翰	3 年	

（三）幽州鎮節度使家族

家族＼類別	節度使	在鎮時間	家族統治時間
朱氏	朱泚	2 年	3 世凡 18 年
	朱滔	11 年	
	朱克融	5 年	
劉氏	劉怦	3 個月	3 世凡 26 年
	劉濟	25 年	
	劉總	11 年	
張氏	張仲武	8 年	2 世凡 8 年
	張直方	9 個月	
李氏	李茂勳	10 個月	2 世凡 9 年
	李可舉	9 年	
李氏	李全忠	2 個月	3 世凡 10 年
	李匡威	8 年	
	李匡籌	2 年	
劉氏	劉仁恭	11 年	2 世凡 18 年
	劉守光	7 年	

　　河朔三鎮的節度使多爲本地人。羅弘信，魏州貴鄉人。曾祖秀，祖珍，父讓，皆爲本州軍校。弘信少從戎役，歷事節度使韓簡、樂彥禎。〔註82〕幽州節度使張允伸，世仕幽州軍門，曾祖秀爲檀州刺史。祖巖，爲納降軍使。當然有的節度使原籍可能並非河朔，但移居河朔已歷數代，在成爲節度使前幾代爲將，已經擁有了很大的勢力和基礎。〔註83〕史憲誠，其先奚人也，內徙靈武，遂爲建康人。但從史憲誠祖父開始，三世爲魏博將。〔註84〕王廷湊，本回紇阿布思之族。曾祖五哥之，爲李寶臣帳下大將，驍果善鬥，王武俊收爲養子，故冒姓王，世爲裨將。故王廷湊雖非成德本地人，但自曾祖以來已經數世爲成德大將，幾乎與土著無異。〔註85〕這些人之所以能在眾將中脫穎而出，成爲節度使並延續數世，除了本人的才能外，長達數世的經營，已經在當地形成穩固的地方勢力，也是至爲重要的原因。相反如果沒有根基，即使風雲際會被擁立爲節度使，也難逃被逐甚至被殺的命運。幽州鎮在會昌元年（841）局勢動蕩不寧，節度使幾次易人。大將陳行泰殺節度使史元忠，權主留後。俄而行泰又爲次將張絳所殺，不久張絳又被殺。幽州軍吏吳仲舒一語道破其中就裏，「絳與行泰皆是遊客，主軍人心不附。」〔註86〕即陳、張二人都不是本地人，故難以服眾。

　　不僅三鎮節度使如此，其手下軍將也大多父子相襲，世代爲將。據《全唐文》卷八○五吳畦《唐贈左散騎常侍汝南韓公神道碑》，碑主韓國昌的祖父爲魏博節度押衙兼臨清鎮遏都知兵馬使，父爲押衙充都知兵馬使，次子爲魏博節度押衙兼部從，三子爲魏博節度押衙兼刀斧將。高霞寓，其先東海郡人，後代居燕。其祖行仙，靜邊軍使；考栖巖，寧武軍使；高霞寓爲薊州馬步都虞候；嗣子元位，幽州衙前將。〔註87〕靜邊軍，在雲州，屬河東鎮。寧武軍在嬀州，屬幽州鎮。高氏從栖巖到元位三代任職於幽州。楊孝直，「近年家于燕垂，因職業在斯。曾祖模、祖翰，皆委身盧龍軍，名居列將，或勳致杜國，或官榮憲司。考達，成德軍節度征馬野牧使兼中軍都兵馬使。」「公

〔註82〕《舊唐書》卷一八一《羅弘信傳》。

〔註83〕方積六先生已經指出，河朔三鎮節度使都爲世居河朔的人士所壟斷。見氏著《論唐代河朔三鎮的長期割據》，《中國史研究》1984年第1期，頁40。

〔註84〕《新唐書》卷二一○《史憲誠傳》。

〔註85〕《新唐書》卷二一一《王廷湊傳》。

〔註86〕《舊唐書》卷一八○《張仲武傳》。

〔註87〕《唐代墓誌彙編》大和066《唐故幽州節度押衙金紫光祿大夫檢校太子賓客攝嬀檀義州刺史□□□□□等使兼御史中丞東海郡高公玄堂銘並序》，頁2143。

既生於將門，幼習武略，故王令公武俊臨鎮之歲，從事戎旃，獲居將校……故得河朔知名，時人方之張飛、關羽」。嗣子瞻，先後任滑州、鳳翔節度押衙，次邈，鎮州衙前兵馬使。〔註88〕

　　儘管前代河朔由於胡族的遷入，已經出現一定程度的胡化。但總的來看，河朔北部與中南部仍呈現出較大的差異。幽燕地區處於民族鬥爭的前沿，是農耕文化和游牧文化的交彙點，歷來就是精兵猛將屯集之地，百姓「語言習尚，無非攻守戰鬥之事。」〔註89〕即使婦孺也往往嫻習弓矢，是將門輩出的地區。中南部則重視文教，武風不是很盛。安史之亂後在藩鎮割據的特定歷史條件下，河朔南北逐漸趨以混同，社會習尚的差距逐漸縮小。無論北部還是中南部都成爲將門繁盛之地。

二、河　南

　　據上面所列「唐後期將門分佈表」，河南道將門數量僅次於河北道和關內道，位居第三，在數目上高於傳統將門所在地隴右和河東。河南地區將門的崛起，反映了唐後期將門分佈的地域變化。

　　河南道古屬豫州，「豫」之言舒也，言稟平和之氣，性理安舒也。據《隋書·地理志》對河南道諸州社會風尚的論述，洛陽其俗尚商賈，機巧成俗；滎陽、梁郡，好尚稼穡，重於禮文。譙郡、濟陰、襄城、潁川、汝南、淮陽、汝陰，其風頗同。東郡、東平、濟北、武陽、平原等郡，多好儒學，性質直懷義。雖然諸州風尚不同，但都與尚武沒有任何關係。《隋書》修於唐初，蓋唐初風尚猶然如此。河南道社會風尚的變化在安史之亂後。

　　河南道有兩個著名的叛鎮淄青和淮西。淄青轄域遼闊，長期統治青、鄆等十二州。它是安史之亂中原駐守東北邊境的平盧軍渡海南下所建立的方鎮。平盧軍南下的軍事行動，同時是一次大規模的移民。除兵士外，其家屬也一起隨軍南下。魏博節度使田悅即是隨著母親和作爲戍卒的繼父在這次軍事行動中到達了淄青地區。〔註90〕田悅的繼父祇是一個身份卑微的士卒，還攜帶家屬南下，可以想見這次親屬隨軍是普遍的。孫慧慶先生估計這次平盧軍南下，將士和家

〔註88〕　《唐代墓誌彙編》大和090《唐故山南東道節度押衙光祿大夫檢校太子賓客前
　　　　　行鄧州長史兼侍御史弘農縣開國男楊公墓誌銘》，頁2160。
〔註89〕　《樊川文集》卷九《唐故范陽盧秀才墓誌》。
〔註90〕　《新唐書》卷二一〇《田承嗣附田悅傳》云田悅：「蚤孤，母更嫁平盧戍卒，
　　　　　悅隨母轉側淄、青間。」

屬加在一起，總數在十萬人左右。〔註91〕十萬左右的河朔移民流向今山東地區，無疑會對當地的居民構成、社會習尚產生一定的影響。永泰元年（765），節度使侯希逸被部將李正己驅逐，唐廷遂任命李正己爲淄青節度使。從李正己開始，淄青建立起割據統治。它與河朔三鎮連結姻婭，互爲表裏。鄒魯地區本爲孔孟禮儀之鄉，從李正己到李師道，傳襲四世，垂五十年，經過長期的割據統治，社會風俗也在發生變化。「軍州民吏，久染污俗，率多獷戾。」〔註92〕劉禹錫也有詩記述這種變化，「魯人皆解帶弓箭，齊人不復聞簫韶。」〔註93〕淮西的情況與淄青十分相似。淮西鎮也爲平盧軍的餘部所建。它始置於至德元年（756），第一任節度使爲原平盧將李忠臣。李忠臣因荒於酒色，重用凶虐的妹婿張惠光父子而被逐，軍人改立部將李希烈爲帥。從此淮西也走向了割據的道路。從李希烈到吳元濟於元和中被討平，割據時間達三十餘年。史稱淮西人民在李希烈、吳氏父子的苛暴統治下，「數十年之後，長者衰喪，而壯者安於毒暴而恬於搏噬」，〔註94〕對割據統治習以爲常。儘管淮西地處中原，「其風俗獷戾，過於夷貊」，與河朔地區並無二致。胡三省對唐後期汝潁間社會風尚的巨大變化，很有感慨，他說，「考之《漢志》，汝南戶口爲百郡之最，古人謂汝、潁多奇士，至唐而獷戾乃爾，習俗之移人也。」〔註95〕

安史之亂的爆發，原因很多，邊疆宿重兵而中原內地軍備廢弛，無疑是很重要的原因。由於內外均衡的居面被打破，以致變亂猝起，中原內地竟無可資利用之兵。亂後，唐王朝吸取了教訓，於中原內地屯集重兵，遍設藩鎮。這些藩鎮一般由戰爭期間臨時所置軍鎮分合變化而來。除前面講到的淮西和淄青二叛鎮外，還有河陽、忠武、武寧、宣武等鎮。河陽、忠武、武寧、宣武等鎮屬中原型方鎮，是唐控制運河航線，拱衛東都，防遏河朔的重鎮。由於這些特點，它們兵力較強，跋扈叛亂也偶有發生。武寧的驕悍難制是眾所週知的。忠武軍自節度使李光顏後，成爲天下聞名的精銳，開始在諸鎮中脫穎而出。「許師（忠武節度使治於許，故稱許軍）勁悍，常爲諸軍鋒，故數立勳。」〔註96〕由於忠

〔註91〕 孫慧慶：《唐代平盧節度使南遷之後瑣議》，《北方文物》1992年第4期。

〔註92〕 《舊唐書》卷一六二《王遂傳》。

〔註93〕 《全唐詩》卷三五六《平齊行》。

〔註94〕 《舊唐書》卷一四五《吳少誠附元濟傳》。

〔註95〕 《通鑒》卷二四○元和十二年十一月條及胡注。

〔註96〕 《新唐書》卷一七一《李光進附光顏傳》。《樊川文集》卷八《唐故岐陽公主墓誌銘》也云：「許軍強雄，且撐劇寇，自始多用武臣，治各出己，部曲家人，疵政弛法，習爲循常，有司用比邊障遠地，擲置不問，民亦甘心。」《樊川文

武軍以黃布裹頭，稱爲黃頭軍。這種服飾成爲各鎭效法的榜樣。容管和西川都曾仿傚忠武的服飾，也稱爲黃頭軍，甚至軍士也於陳許等地招募。〔註97〕眾多雄藩大鎭的建立，使這裡民風強悍，名將輩出，成爲唐後期將門集中之地。王智興，懷州溫縣人。曾祖靖，左武衛將軍。祖瓛，右金吾衛將軍。父緙，太子詹事。智興少驍銳，爲徐州牙卒，事刺史李洧。累歷滕、豐、沛、狄四鎭將。「自是二十餘年爲徐將」。元和中討吳元濟，累官至侍御史、本軍都押衙。十三年討李師道，以功遷御史中丞。賊平，授沂州刺史。長慶初，河朔復亂，征兵進討。唐穆宗素知智興善將，遷檢校左散騎常侍、兼御史大夫，充武寧節度副使、河北行營都知兵馬使。王智興後累歷武寧、河中、宣武等鎭節度使。有子九人。子，晏平，幼從父征伐，以討李同捷功授檢校右散騎常侍、朔方靈鹽節度使。晏宰，大中後歷上黨、太原節度使。晏皐仕至左威衛將軍。〔註98〕

　　王沛，許州人，年十八，有勇決。許州節度使上官說奇其才，以女妻之，署爲牙門將。後累至兗海、忠武節度使。子王逢，從父征伐有功，爲忠武都知兵馬使。大和中，入宿衛，歷諸衛將軍，累遷至忠武節度使。〔註99〕韓建，許州長社人。父叔豐，世爲牙校。〔註100〕趙犨，陳州宛丘人，世爲忠武軍牙將，累至節度使。其弟趙昶在趙犨去世後繼爲節度。犨子玥也善騎射，在昶卒後繼爲節度使。趙氏一家三節度，相繼二十餘年。〔註101〕宣武鎭同樣以悍將勁卒著名於世。〔註102〕劉玄佐、鄧惟恭、李萬榮都爲滑州匡城人。唐末這裡處於四戰之地，更成爲兵亂的多發地。黃巢、王仙芝起義就在這裡爆發。朱溫、時溥、秦宗權、朱瑄、朱瑾等集團都產生於此。在他們周圍聚集了一大批當地的武將精英。可以說特殊的地理位置和政治形勢改變了這裡的社會風尚，使這裡成爲將門的淵藪。

集》卷一四《唐故銀青光祿大夫檢校禮部尚書御史大夫充浙江西道都團練觀察處置等使上柱國清河郡開國公食邑二千戶贈吏部尚書崔公行狀》中，穆宗也云「許昌天下精兵處也。」

〔註97〕 參見《通鑑》卷二四九大中十二年七月條。《通鑑》卷二五三乾符六年四月條和《新唐書》卷二〇八《宦者下・田令孜傳》。

〔註98〕 《舊唐書》卷一五六《王智興傳》。

〔註99〕 《舊唐書》卷一六一《王沛傳》。

〔註100〕 《舊五代史》卷一五《韓建傳》。

〔註101〕 《新唐書》卷一八九《趙犨傳》。

〔註102〕 《柳河東集》卷二二《送楊凝郎中使還汴宋詩後序》云：「談者謂大梁（指宣武鎭）多悍將勁卒，亟就滑亂，而未嘗底寧。」

　　唐後期將門分佈的一個特點是河東將門的衰落。在上表中，河東道僅有兩例，與淮南、山南道相同，遠遠落後於河北、關內、河南乃至隴右道。這種變化主要源於安史之亂後河東戰略地位的下降。河東道在唐後期主要有河東、河中、澤潞等鎮。河東節度使治於太原，開元年間建鎮的目的主要是為了防禦突厥。當時河東處於突厥鐵騎的直接威脅之下，處於戰爭的前沿。而安史之亂後，突厥早已部落離析，對唐已構不成威脅。代之而起的回鶻在大部分時間裏與唐和平共處，很少內侵。因此河東地區雖然仍為邊鎮，但戰事很少。唐的防禦重點是西邊的吐蕃。隨著防禦重點的轉移，河東、河中、澤潞諸鎮都遠離戰爭前沿，處於二線。大曆中，吐蕃連歲入寇，西線戰事吃緊，郭子儀率朔方軍主力駐於河中，被認為是深居腹中無事之地。在宰相元載的建議下，大曆三年（768），朔方軍移鎮邠州。「軍之精甲，悉聚邠府，其他子弟，分居蒲（即河中）、靈，各置守將以專其令。蒲之餘卒，稍遷于邠。十年之間，無遺甲矣。」〔註103〕河中地位之淪落可以想見。唐末五代時，李克用勢力在河東興起，成為當時唯一能與河南朱溫集團相抗衡的勢力。在其周圍麇集了一大批武人，被稱之為代北武人集團。此時河東將門情況又為之一變。例如蓋寓，蔚州人。祖祚，父慶，世為州之牙將。李克用起兵雲中，蓋寓與康君立等推戴佐佑之。及李克用節制雁門，署職為都押牙，領嵐州刺史。洎移鎮太原，改左都押牙。〔註104〕張憲，晉陽人，世以軍功為牙校。〔註105〕

　　唐後期將門分佈的另一個特點是出現了分散化，乃至遍地開花的現象，各鎮都有不同程度的存在。據上表格，唐代將門分佈上，除關內、河北、河南道外，河東道、淮南道、山南道各有兩例，嶺南道和江南道、劍南道沒有。其實由於正史記載的闕略，以上表格所反映的不過是一個大略趨向而已。唐後期全國被分割為幾十個藩鎮，軍隊成為名副其實的地方軍隊。在入仕本地化的大背景下，各個方鎮不同程度都出現了武職僚佐世代仕於本鎮的現象。開成四年（839）十一月，安南都護馬植奏：「當管經略押衙兼都知兵馬使杜存誠，管善良四鄉，請給發印一面。前件四鄉是獠戶，杜存誠祖父以來，相承管轄。」〔註106〕杜存誠三代世襲此職。前面引用的《韋君靖建永昌寨記》，

〔註103〕《通鑑》卷二二四大曆三年十二月條《考異》引《邠志》。
〔註104〕《舊五代史》卷五五《蓋寓傳》。
〔註105〕《舊五代史》卷六九《張憲傳》。
〔註106〕《唐會要》卷七三《安南都護府》。

韋君靖爲使持節都督昌州諸軍事，守昌州刺史充昌、普、渝、合四州都指揮使靜南軍使。軍中節級將校同宗兄弟占了很大的比重。碑下題名有一百六十餘人，韋氏就有二十二人。例如，先鋒兵馬使充來鳳義軍遏使韋君芝、節度總管□□□各義軍鎮遏將韋君球、節度押衙充靜南軍先鋒都知兵馬使兼三州捕盜使韋君政、節度押衙充四州指揮都虞候進雲寨都團練義勇鎮遏使韋君遷。還比如據《金石續編》卷十二《王彥回墓誌》，王彥回爲唐末明州人，歷職郡署，累至明州軍事押衙，長子廷規爲軍事驅使官兼衙前十將，次子廷軌充衙前虞候。明州屬江南東道。

小　結

　　唐代的將門具有鮮明的時代特點，在科舉制度發展的背景下，將門子弟多從門蔭入仕，將門的根基並沒有被動搖。因此總的來看，將門並沒有像一般人想像的那樣出現萎縮。唐初將門主要集中於禁軍中，隨著唐玄宗時期節度使制度的確立，地方藩鎮中湧現了大量將門。由於將門選將的利弊兩重性，一方面造成這種作法長期得以存在，另一方面使得它只能在唐代武官選拔上處於補充地位。安史之亂後，藩鎮推及到內地，在將門的地域分佈上，關內道、隴右等地區仍是將門比較集中的地區，河東道卻趨以衰落。河北（包括中南部）、河南等成爲新的將門集中地。其他各道也有不同程度的存在。將門出現了在集中基礎上的分散化傾向。

第七章　唐代地方武官制度與唐宋歷史變革

　　唐初實行居內馭外，舉中央以臨四方的方針，鎮、戍等地方武官系統很弱小，在國家防禦體系中也不占沒有什麼地位。征戰任務主要是由臨時組建的行軍來承擔的。唐高宗、武則天以後，隨著吐蕃、突厥、契丹、奚等少數民族勢力的崛起，邊疆形勢的惡化，唐廷開始加強地方武裝力量，大規模設立軍鎮等防禦機構，並完成了從行軍到鎮軍的轉變。唐玄宗時期節度使制度最終確立，形成了以節度使為代表的地方武官系統，軍使、鎮將等由原來隸屬都督、都護轉而隸屬節度使。精兵猛將集中於邊地，而內地兵備廢弛，禁軍也有名無實。外重內輕，內外格局的嚴重失衡，最終導致了安史之亂的爆發。安史之亂後，由於中央集權的削弱，以藩鎮節度使為代表的地方武官系統進一步膨脹，權力也在增強，干預行政甚至凌駕於行政長官之上。而中央成立了以神策軍為代表的禁軍，以圖與藩鎮地方力量相對抗。同時積極限制、削奪地方藩鎮的權力，例如擴大支郡的獨立性，減少對藩鎮的依附性。中央與地方的矛盾貫穿了整個唐後期的歷史。地方武官權力的盈縮正是中央與地方矛盾關係的集中反映。唐代地方武官制度的巨大變化，是唐宋之際制度巨變的一個縮影，對後世特別是五代和宋初政治制度產生了直接的影響。

第一節　唐後期地方武官制度的中央化

　　唐後期在中央集權削弱，地方分權發展的背景之下，中央禁軍官制受到

藩鎮官制的強烈影響，藩鎮官職在中央禁軍中得以推廣。另外，地方武官也需帶檢校官、憲銜等中央官銜。這兩方面相互交織，並行不悖，彰顯了唐後期社會的複雜性和過渡性。

唐後期地方武官以使職化爲顯著特點，不僅藩鎮使府，而且支郡和鎮戍系統武官都趨以使職化，也有都知兵馬使、都指揮使、都押衙、都虞候等武官，與藩鎮使府幾乎沒有什麼兩樣。這也是與唐代官制中使職差遣發展的總趨勢相一致的。這些軍事使職大部分爲五代所繼承，宋初也繼續沿用，並正式規定了品級。例如，三衙殿前都指揮使爲從二品，副都指揮使爲正四品，侍衛馬、步兩司的都指揮使和副都指揮使爲正五品，三衙的都虞候爲從五品。〔註 1〕眾所週知，使職屬於編制之外，是對原有品官體系的補充。它們一般沒有品級和員額，多是按需而設，具有很大的靈活性。有些使職事罷即廢，有些卻長期保留了下來。軍事使職的品級化，表明它們被納入了正式的武官體系之中，與原有的品官體系已經融爲一體。當然，唐代一些地方武官名稱，宋代雖然加以繼承，繼續使用，但職能、地位和作用卻發生了很大變化。比如節度使，在唐朝爲地方最高軍政長官，集軍、政、財、人事等權於一身，賜有旌節，有專殺專賞之權，位尊權重，是地地道道的封疆大吏。到了宋代則演變爲一種榮銜，並無實際權力，完全不可與唐代同日而語，幾乎判如天壤。

唐後期由於中央集權衰落，藩鎮力量崛起，「地方化」成爲學界對唐後期政治、經濟等方面概括的主流話語，例如孟彥弘先生提出了唐後期軍隊的地方化問題，認爲「軍隊地方化」經歷了地著傾向、地著和地方化三個階段。這一轉變，開端於節度使兵制的形成，完成於兩稅三分的確立。〔註 2〕張國剛先生指出，安史之亂後出現了軍費開支地方化，而建中時期的兩稅法改革把這種權宜之法固定化、制度化了。〔註 3〕吳光華先生認爲，成德、魏博地域主義的形成是在安史之亂後，幽州地域主義，在安史亂前即已形成，具體來說，

〔註 1〕 五代時藩鎮幕職官已經開始出現品級。據《舊五代史》卷一四七《刑法志》，後周顯德五年七月新定《刑統》：「今後定罪，諸道行軍司馬、節度副使、副留守，准從五品官例；諸道兩使判官、防禦團練副使，准從六品官例；節度掌書記、團判官、兩蕃營田等使判官，准從七品官例；諸道推巡及軍事判官，准從八品官例。」宋代對軍事使職品級規定，淵源有自。

〔註 2〕 孟彥弘：《論唐代軍隊的地方化》，《中國社會科學院歷史研究所學刊》第 1 集，北京：社會科學文獻出版社，2001 年。

〔註 3〕 張國剛：《唐代藩鎮類型及其動亂特點》，《歷史研究》1983 年第 4 期。

是在安祿山爲節度使後。〔註4〕「地域主義」即地方化。也有的學者使用了「地方獨立化」的概念，認爲「地方獨立化」是唐代中期以後出現的最爲突出的地方問題。〔註5〕無論是「地方化」、「地域主義」，抑或「地方獨立化」都是主要從地方與中央的剝離著眼的，但如果我們換個角度，從地方藩鎮官制對中央官制的影響來看，我們會得出另一種認識。

　　就一般規律而言，國家官制的推行是從中央到地方，是自上而下的。唐後期中央禁軍武官制度卻大量吸納利用了地方藩鎮的軍職，受到了地方武官制度的巨大影響，呈現出一個相反的路徑。這種現象可以稱之爲「地方武官制度的中央化」。之所以出現這些特點，是與安史之亂後，中央集權削弱，藩鎮地方勢力坐大的局面分不開的。這在神策軍身上表現得最爲突出。

　　《新唐書》卷五〇《兵志》云：「所謂天子禁軍者，南、北衙兵也。南衙，諸衛兵是也；北衙者，禁軍也」。唐德宗以後，隨著羽林、龍武、神武等北衙禁軍的逐漸式微，神策軍成爲最重要的天子禁軍。它除了設有統軍、大將軍、將軍這些名譽軍職外，實際統軍的軍將與藩鎮無異，也有行營節度使、副使、都知兵馬使（都指揮使）、都押衙、都虞候等。神策軍本爲西北邊軍，安史之亂中由於平亂進入內地，在唐代宗時期因爲勤王有功，成爲了中央禁軍。由於深爲天子倚重，待遇優厚、地位顯赫，不少西北邊軍詭名遙隸神策軍，成爲神策軍的外鎮。因此，神策軍自始至終都與藩鎮關係十分密切。神策軍外鎮作爲野戰部隊，其軍將設置與藩鎮相同自不待言，就是朝中主要擔任宿衛職責的衛戍部隊，也照樣採用了藩鎮兵馬使、都虞候、指揮使等職名。例如，劉希暹，出自戎伍，甚有膂力，形貌充偉，以騎射聞，得入神策軍，典領禁兵。當時魚朝恩專掌神策軍，劉希暹屢陳武略，又善候魚朝恩意旨，甚得朝恩寵信，累遷太僕卿，充神策軍都虞候，與神策兵馬使王駕鶴同掌軍務。〔註6〕興元元年（784），唐德宗以竇文場監神策軍左廂兵馬使，王希遷監右廂兵馬使。唐末時，孫德昭，鹽州五原人，世爲州校，藉父蔭，累職爲右神策軍都指揮使。後以助唐昭宗復辟，爲檢校太保、靜海軍節度使，而留京師。〔註7〕黃巢起義軍攻入長安時，

〔註4〕　吳光葦：《唐代幽州地域主義的形成》，《晚唐的社會與文化》，臺灣：學生書局，1990年。

〔註5〕　朱德軍：《唐代中後期「地方獨立化」問題初探》，《陝西師範大學學報》2009年第2期。

〔註6〕　《冊府元龜》卷六二八《環衛部·奸佞門》。

〔註7〕　《舊五代史》卷一五《孫德昭傳》。

唐僖宗逃往西蜀，神策軍潰散。權宦田令孜另行招募神策新軍五十四都，分為十軍，諸軍以都指揮使為領兵主官。

　　唐後期左右羽林、龍武、神武軍號稱北衙六軍。除此之外，北衙禁軍還有英武軍、神威軍、寶應軍等等，祇是由於存在時間短暫，影響較小罷了。這些北衙禁軍也相當程度上受到了藩鎮武官制度的影響，逐漸使職化，也設有軍使、兵馬使、都虞候、都指揮使、押衙、十將等軍職。

　　安史之亂爆發後，唐玄宗倉皇幸蜀。在成都時發生了蜀郡兵士郭千仞謀亂的事件。《舊唐書》卷一一二《李峘傳》云，「上皇（即唐玄宗）御玄英樓詔諭，不從，〔李〕峘與六軍兵馬使陳玄禮等平之」。當時李峘為劍南節度使。《通鑑》卷二一九亦載此事，將其時間繫於至德二載（757）七月。此為筆者所見史籍中對北衙禁軍兵馬使的最早記載。寶應二年（763）十二月，唐代宗詔殿前兵馬使王士遷、李忠亮、張士岌各杖一百，流天德軍。〔註8〕這裡也提到了殿前兵馬使。顯然，肅代年間唐代北衙禁軍系統即已開始使職化，出現了兵馬使等職名。〔註9〕另據《唐代墓誌彙編》大和092《魏叔元墓誌銘》，墓主魏叔元曾任東都留守、北衙右屯營軍押衙。同書咸通046《魏儔墓誌銘》墓主魏儔，其祖仲連，曾任右屯營軍押衙，魏儔本人也任東都北衙右羽林軍副使。《舊唐書》卷一二二《路嗣恭傳》記載，劉希暹曾任北軍都虞候。劉昇朝，安史之亂中為唐廷殿下射生，大曆十四年（780），「上分御苑之師，鎮守畿甸，特授十將，鎮雲陽縣」。〔註10〕從「御苑之師」來看，也當為北衙禁軍。

　　安史之亂期間，在干戈擾攘之際，為了加強皇帝權力，應付風雲變幻的戰亂形勢，提高應對能力，唐肅宗一方面極力擴充禁軍，另外禁軍制度也仿傚藩鎮職官制度，醞釀著新一輪的變革，主要表現就是使職化。至德二年（757），以羽林軍減耗，寇難未息，乃別置神武軍，地位、官員設置上一同於羽林軍。據《唐代墓誌彙編》大中023《唐故鉅鹿魏公墓誌銘記》，墓主魏仲連，唐宣宗

〔註8〕　《冊府元龜》卷一五三《帝王部・明罰二》。

〔註9〕　張國剛先生提到從唐高宗創立羽林軍起到唐後期，羽林軍皆有軍使這一現
　　　　象，主要依據了《全唐文》卷一一高宗《免岐王珍為庶人制》。其中提到，「其
　　　　同謀（中略）右羽林軍使劉從諫（中略）等九人，特宜處斬。」按：《全唐文》
　　　　題曰高宗有誤。這個「上元」不是高宗李治的年號，而是肅宗的年號。此詔
　　　　又見《唐大詔令集》卷三九《嗣岐王珍免為庶人制》，標明其時間為上元二年
　　　　（761）四月。

〔註10〕　《唐代墓誌彙編》貞元080《唐故元從定難功臣金紫光祿大夫行左金吾衛大將
　　　　軍兼試殿中監上柱國彭城縣開國侯劉府君墓誌銘》，頁1893。

大中二年（848）去世，生前曾任右龍武軍宿衛、守右屯營軍押衙。唐肅宗在置左右神武軍的同時，又擇善射者千人爲殿前射生手，分左、右廂，號曰英武軍，元和二年（807）四月廢。英武軍爲簡拔善於騎射的射手組成，一度也爲北軍精銳。王難得從郭子儀攻相州，累封琅邪郡公，爲英武軍使。〔註 11〕孫惟貞爲李光弼手下大將，擢左領軍衛大將軍，爲英武軍使。〔註 12〕據《唐代墓誌彙編》貞元 086《蘇日榮墓誌銘》記載，墓主蘇日榮曾任英武軍右廂兵馬使。

唐憲宗元和三年（808），廢左右神威軍，合而爲一，改名曰天威軍。八年，又廢天威軍，以其兵騎分隸左右神策軍。〔註 13〕天威軍設置不過短短五年時間，其職官設置也深受藩鎮官職的影響。《唐代墓誌彙編》大和 088《唐故奉天定難功臣遊擊將軍天威軍正將杜公夫人隴西李氏墓誌銘》記載，墓主李氏丈夫杜公曾任天威軍正將。

五代十國是唐後期藩鎮割據的進一步發展，由於各政權多是唐末藩鎮轉化而來，一旦節度使當了皇帝，「藩鎮的政權形式變成了中央政權的模式」。〔註 14〕這些藩鎮賴以生存之本的軍隊也隨之升格爲禁軍。

五代的禁軍主要有六軍、侍衛親軍和殿前軍等系統。六軍乃沿襲唐代北衙六軍的舊制。後梁太祖朱溫於開平元年（907）四月和開平二年（908）十二月兩次整頓禁軍，健全了六軍建制，並將長直、夾馬、突將、內衛等藩鎮軍充實到了六軍中；其親軍龍驤軍、天興軍、神捷軍、廣勝軍等兵員也是由藩鎮軍改編而成。〔註 15〕六軍，仿唐制設有統軍，但同時六軍又分爲左右兩廂，其統兵長官同於藩鎮，稱都指揮使，位在統軍之下。左右兩廂指揮使下轄諸軍，各有都指揮使爲統兵將校。除都指揮使外，另有都押衙、都虞候等職。〔註 16〕六軍雖然在五代時期長置不廢，但已經淪落不顯，先後被侍衛親

〔註 11〕《新唐書》卷一四七《王難得傳》。亦見於《舊唐書》卷一八三《王子顏傳》。
〔註 12〕《新唐書》卷一一〇《孫惟貞傳》。
〔註 13〕《新唐書》卷五〇《兵志》和《舊唐書》卷一五上《憲宗紀》。《新唐書》卷二〇七《竇文場傳》記載唐德宗自建中之亂和李懷光之叛後，忌宿將難制，詔宦官竇文場、霍仙鳴分掌禁軍，廢天威軍入左右神策，誤。
〔註 14〕朱瑞熙：《中國政治制度通史》（宋代卷），頁 587。
〔註 15〕《五代會要》卷一二《京城諸軍》。
〔註 16〕《舊五代史》卷九《梁末帝紀》記載，梁末帝貞明三年四月，以六軍押牙充左天武軍使劉彥珪爲澶州刺史。張廷蘊，初仕後唐爲左右羽林都虞候。同光中，潞州李繼儔叛，張廷蘊從明宗爲前鋒討之。軍還，改左右羽林都指揮使。見《舊五代史》卷九四《張廷蘊傳》以及《冊府元龜》卷三六〇《將帥部·立功十三》。

軍和殿前軍所取代。宋人葉夢得說：

> 都指揮使本爲方鎮軍校之名，自梁起宣武軍，乃以其鎮兵，因仍舊
> 號，置在京馬步軍都指揮使而自將之。蓋於唐六軍諸衛之外，別爲
> 私兵。至後唐明宗，遂改爲侍衛親軍，以康義誠爲馬步軍都指揮使。
> 秦王從榮以河南尹爲大元帥，典六軍，此侍衛司所從始也。〔註17〕

六軍之外的所謂「私兵」即指上面提到的龍驤軍、天興軍、神捷軍、廣勝軍
等親軍。後唐明宗時正式出現了侍衛親軍的名稱。侍衛親軍和殿前軍這兩支
新興禁軍的高級統兵官都爲都指揮使、都虞候等，其下也有兵馬使、十將、
副將等等。

　　十國的禁軍制度比較複雜，有的仿傚唐朝的北衙制度，如南唐設置左右
羽林軍大將軍，吳設左右龍武大將軍，前蜀設判六軍等。但這些不過爲軀殼
而已，執掌實權的仍爲都指揮使、都押衙等軍職。有的政權則直接採用方鎮
的牙兵侍衛制度，如吳設左右牙都指揮使、左右牙指揮使、拔山都、黑雲都
指揮使，前蜀設左右都押衙，後蜀設牙內馬步都指揮使、牙內都指揮副使，
楚設牙內都指揮使、親從都指揮使等。鄭學檬先生指出，「十國的北衙親衛軍
帶有方鎮牙兵侍衛制的成分，其設置相當紛雜，看不出有五代北衙親衛軍那
樣的發展線索。」〔註18〕

　　雖然五代和十國在禁軍制度上呈現出一些差別，但在保留和繼承藩鎮官
制一點上則是相同的。五代十國時期，中央禁軍完成了對藩鎮官制的消化吸
收，唐後期開始的地方武官制度中央化進程至此基本完成。

　　唐後期地方武官制度中央化的另外一個表現便是，地方武官帶有檢校
官、憲銜等中央官職。檢校官自國子祭酒至三公，憲銜則自監察御史至御史
大夫。

　　《通鑑》卷二一九肅宗至德元載十月條胡注：「是時兵興，方鎮重任必兼
臺省長官，以至外府僚佐亦帶朝銜。迄于五季，遂爲永制。其帶臺銜，自監
察御史至御史大夫爲憲銜。」石雲濤先生認爲，外府僚佐帶朝銜起於安史之
亂中的說法，與史實不合。在開元天寶時期，節度使僚佐帶朝銜與憲銜已甚
普遍。這個時期邊鎮節帥爲僚佐奏請朝官逐漸形成定例。〔註19〕石先生所論

〔註17〕　葉夢得：《石林燕語》卷六，北京：中華書局，2006 年。
〔註18〕　鄭學檬：《五代十國研究》，上海：上海人民出版社，1991 年，頁 62 頁。
〔註19〕　石雲濤：《唐開元、天寶時期邊鎮僚佐辟署制度》，《唐研究》第 7 卷，第 391、

甚是，將藩鎮檢校官和憲銜制度追溯到了開元天寶時期。但不論從授予的規模，還是從普遍性而言，開元天寶時期都是無法與唐後期相比的。

　　眾所週知，以節度使為代表的地方武官本為差遣職名，本身沒有階品，須帶中央官銜以表明地位之高下和陞遷之經歷，而以「檢校」二字與正任之官相區別。王德權先生認為，「安史亂後幕僚之陞遷，逐漸與中央、地方重要文官緊密結合，並成為中晚唐文官的重要陞遷管道之一。」〔註 20〕唐後期地方武官被授予檢校官、憲銜等，正反映了唐廷力圖將藩鎮納入中央化軌道的努力。按照唐後期的慣例，檢校官以太子賓客（正三品）為兵馬大使、軍使的加官，節度留後或節度副使一般加檢校散騎常侍（正三品下）。檢校尚書是初任節度使的加官。〔註 21〕起始唐廷尚愛惜名器，檢校官和憲官等不輕易假人，其陞遷也要嚴格按照年限、資歷和功績等條件，後在戰亂中開始用以賞功，授予漸濫。下至州郡胥吏軍班校伍，一命便帶銀青光祿大夫。唐末節度使往往才建節鉞，便已授僕射，乃至太保、太傅、太尉等。雖然檢校官、憲銜等漸漸不為世人所重，但其作為聯繫朝廷與藩鎮地方武官之間的橋梁紐帶作用仍未改變。

　　節度、觀察使介於中央派出機構和地方性質機構之間，既非臺省官，又非州縣官。依唐前期的制度法令，他們無法歸入傳統意義上的京官和外官的劃分之中。而在唐中後期，節度觀察使在政權結構中的地位，一方面有著職能上的以處理地方事務為主的現實，另一方面他們通過兼領中央朝官（包括檢校官、憲銜等）而獲得了一種相對意義上的京官身份。這種連接內外兼具雙重身份而又未有嚴格意義的歸屬的現象，正是唐後期政治體制的特殊形態。

第二節　唐後期地方武官制度與唐宋歷史變革

　　唐玄宗時期節度使制度形成後，軍使、守捉使、鎮將等由原來隸屬都督、都護轉而隸屬節度使。精兵猛將集中於邊地，而內地兵備廢弛，禁軍也有名無實。內外力量的失衡，助長了手握三道軍權的范陽節度使安祿山覬覦九鼎

393 頁。
〔註20〕王德權：《中晚唐使府僚佐升遷之研究》，《國立中正大學學報》，1994 年第 5 卷第 1 期，頁 290。
〔註21〕唐長孺：《關於歸義軍節度的幾種資料跋》，沙知、孔祥星編《敦煌吐魯番文書研究》，蘭州：甘肅人民出版社，1983 年。

的野心，最終導致了安史之亂的爆發。安史之亂後以節度使爲代表的地方武官隊伍大爲膨脹，權力與前期相比也大爲增強，往往干預行政甚至凌駕於行政長官之上。不僅節度使、兼防禦使、團練使的支郡刺史具有辟署權，而且不兼使職的支郡刺史也開始擁有了辟署權。唐後期地方武官的面貌爲之一變。方鎮和巡屬支郡自辟僚佐和控制州縣人事的制度，與魏晉南北朝地方軍政機構自辟僚佐的制度有相似之處。這種制度固然有密切上下關係，事權專一，便於應付處理日常軍政事務的優點，但不免架空了中央，坐大了地方。唐後期藩鎮跋扈，叛亂迭起，與此制度未嘗沒有關係。

唐後期地方武官勢力，從總的來看在不斷增強，對中央皇權構成了威脅和挑戰。但唐王朝爲削弱藩鎮地方勢力也採取了一些措施，並取得了一定的成效。例如，中央成立了以神策軍爲代表的禁軍，以圖與藩鎮地方力量相對抗。同時分割藩鎮巡屬，限制藩鎮對支郡的控制，擴大支郡的獨立性。對藩鎮僚佐辟署的權力也開始進行一些限制。唐文宗開成元年（836）詔「天下鎮戎文武帶憲官者，解補進退，並須奏聞。」〔註22〕不僅規定藩鎮文武僚佐選在藩鎮，任在中央，而且重要僚佐的出身條件、資歷、陞遷年限等都作了嚴格的規定。從這裡可以看出，中央與地方的矛盾，集權與分權的鬥爭貫穿了整個唐後期的歷史。地方武官權力的盈縮正是中央與地方矛盾關係的集中反映。

以往史學界片面強調了唐後期藩鎮的跋扈叛亂，而相對忽視了中央壓制削弱藩鎮勢力的種種努力；片面強調了宋代對唐後期五代藩鎮之亂教訓的汲取，而相對忽視了宋王朝對唐後期五代削藩正面經驗的借鑒。唐後期中央與地方關係已經在潛滋暗長的發生著某些變化，只不過當時正處於醞釀階段，並不明顯而已。但藩鎮的基礎開始被動搖卻是不容否認的歷史趨勢。五代時期開始大規模整頓充實禁軍，強大的中央禁軍的建立，特別是侍衛親軍和殿前軍的建立，改變了中央與地方藩鎮力量對比，改變了唐後期以來內輕外重，太阿倒持的局面。五代時期僅五十四年時間，即更八姓、十四帝，平均每四年更換一個皇帝。禁軍地位與作用日趨重要，在政權遞嬗中起著決定作用。聶崇岐先生在《論宋太祖收兵權》一文指出：「洎後唐滅梁，下迄晉、漢，中朝兵力日強，新藩鎮雖因武夫得時，有增無減，驕蹇之氣亦未稍殺，但根柢淺露，難敵廟堂，較之唐代外重內輕情形，已迥乎不同。」「各朝興亡，多視

〔註22〕《唐大詔令集》卷五《改元開成赦》。

禁兵向背。」〔註 23〕宋朝建立後進一步削奪藩鎮權力，強化中央集權，地方的軍、政、財權被分割。五代藩鎮的軍職，如節度使、觀察使、防禦使、團練使、刺史之類，逐漸成爲武將的虛銜，藩鎮制度終於剷除了。地方武官重回到唐初無權力微的狀態。歷史似乎又開始了一個新的輪廻。

小　結

　　唐代地方武官制度前後期發生了巨大變化，主要表現爲使職化，形成了以節度使爲代表的地方武官系統。在唐後期中央集權衰落的背景下，在地方化的同時，地方武官的中央化也是一個趨勢，兩者存在一種互動的關係。正是地方化和中央化的矛盾運動，量變的逐漸積累，經過五代的過渡，到宋才形成了中央集權政治的重新回歸。地方武官的中央化，主要表現在兩個方面：一是中央禁軍官制受到藩鎮官制的強烈影響，藩鎮官職在中央禁軍中得以推廣；二是地方武官也需帶檢校官、憲銜等中央官職。這兩方面相互交織，並行不悖，彰顯了唐後期社會的複雜性和過渡性。唐後期地方武官勢力從總的來看，在不斷增強，但唐王朝爲削弱藩鎮地方勢力也採取了一些措施，如強化禁軍、限制藩鎮辟署權、分割藩鎮巡屬，限制藩鎮對支郡的控制，擴大支郡的獨立性等等，並取得了一定的成效。這些變化是唐宋之際社會巨變的一個縮影，對五代、宋官制以及中央與地方關係等都產生了直接而深遠的影響。

〔註 23〕聶崇岐：《宋史叢考》，北京：中華書局，1980 年，頁 274、268。

附表一　唐後期武職僚佐遷轉統計總表

姓　名	籍　貫	初鎮官職	除關使府	改轉使府	與府主關係	材料出處	卒葬年
辛京杲	蘭州金城	三城使	河東			《新》卷147	乾元二年後
王難得	沂州臨沂	兵馬使	鳳翔	入爲英武軍使		《新》卷147	寶應二年
僕固懷恩	鐵勒族	都知兵馬使	朔方			《舊》卷121	永泰元年
郝廷玉	不詳	不詳	河東	河東——徐州——入朝爲神策將軍		《舊》卷152	大曆八年
張維岳	郡望清河	都知兵馬使	朔方	朔方——入朝爲左羽林將軍知軍事		《唐文拾遺》卷24邵說《張公神道碑》	大曆十年
周璵	其先出汝南，後世爲河中河西人	散兵馬使	幽州			《續集》大中056	大中十年
衛伯玉	不詳	不詳	安西	入爲神策兵馬使		《舊》卷115	大曆十一年
李惟簡	范陽內屬奚人		成德	成德——入朝爲禁軍將、左金吾衛大將軍	李惟岳之弟	《新》卷211	建中元年
梁崇義	長安人	不詳	山南東道			《舊》卷121	建中二年
李正己	高麗人，生於平盧	兵馬使	平盧		節度使侯希逸爲其外兄	《舊》卷124	建中二年

張懷寶	眞定	成德軍大將監知兵馬	成德			《彙編》建中013	建中三年
辛京杲	蘭州金城人	不詳	河東	入爲英武軍使		《新》卷147	建中四年
段秀實	隴州	都虞候	邠寧	邠寧——涇原		《舊》卷128	建中四年
馮河清	京兆	不詳	朔方	朔方——涇原		《舊》卷125	建中四年
賈隱林	京兆華原	永平兵馬使	永平	永平—入朝爲神策統軍		《新》卷192	建中四年左右
石演芬	本西域胡人	朔方邠寧兵馬使	朔方		節度使李懷光養子	《舊》卷187下	興元元年左右
張嘉賓	清河武成		河東	河東、昭義、河陽三節度都知兵馬使，轉九州都知團練兵馬使		《續集》貞元003	貞元元年
蔡雄	信都	幽州盧龍節度押牙	幽州			《續集》貞元074	貞元三年
姚令言	河中	衙前兵馬使	涇原			《舊》卷127	興元元年
張光晟	京兆鳌屋人	兵馬使	河東				興元元年
田悅	平州	中軍兵馬使	魏博		田承嗣從子	《舊》卷141	興元元年
朱泚	幽州昌平	經略副使	幽州			《新》卷225，《舊》卷200	興元元年
陽惠元	平州人	不詳	平盧	平盧——入爲神策京西兵馬使		《舊》卷144	興元元年
李忠臣	平盧人，世家於幽州薊縣	兵馬使	平盧	平盧——陝西與神策		《舊》卷145	興元元年
李懷光	渤海靺鞨人	都虞候	朔方			《舊》卷121	貞元元年
朱滔	幽州昌平	不詳	幽州		朱泚之弟	《舊》卷143	貞元元年

康日知	靈州人	趙州刺史	成德	成德——入朝爲奉誠軍和晉絳節度		《新》卷148	貞元元年
戴休顏	夏州人	部將	朔方	朔方——入朝爲左龍武將軍		《舊》卷144	貞元元年
李希烈	遼西人	不詳	平盧	平盧——淮西		《舊》卷145	貞元二年
李觀	洛陽人	偏將	嶺南	嶺南——義成——入朝爲右龍武將軍		《舊》卷144	貞元三年
劉玄佐	滑州匡城人	衙將	永平			《舊》卷145	貞元三年
程日華	定州安喜	易定節度押牙	易定（義武）			《舊》卷143	貞元四年
舍利石鐵	北方蕃族	先鋒馬軍兵馬副使	河東			《彙編》貞元014	貞元六年
王崇俊	太原	節度都營田使	鄜坊			《彙編》貞元050	貞元八年
張傳弓	上谷郡	衙前將	義武			《彙編》貞元048	母葬於貞元八年
李晟	隴右臨洮人	不詳	河西	河西——鳳翔——涇原——入朝爲神策將		《舊》卷133	貞元九年
樂昇進	南陽郡	同十將	河陽	河陽——昭義——河陽		《彙編》太和001	貞元八年
張敬說	馮翊同川	押衙	東都			《彙編》貞元061	貞元十年
李抱眞	代居河西	不詳	澤潞		李抱玉從弟	《舊》卷132	貞元十年
田緒	平州盧龍人		魏博	魏博——入朝左驍衛將軍出爲夏綏銀節度使	田緒之弟	《新》卷210	貞元十年
杜希全	京兆醴泉人	裨將	朔方			《舊》卷144	貞元十年
張說	隴右天水	不詳	湖南	湖南——河南府		《彙編》永貞003	貞元十年
楊光憲	不詳	先鋒十將同討擊副使	朔方	朔方——入朝爲神威軍使押衙		《續集》貞元033	母卒於貞元十一年

李自良	兗州泗水人	不詳	兗鄆	兗鄆——浙東——河東——入朝爲右龍武大將軍		《舊》卷146	貞元十一年
曲環	陝州安邑	不詳	河西（隴右）	河西（隴右）——襄陽——澤潞邠隴等		《舊》卷122	貞元十二年
田緒	平州	不詳	魏博		田悅從弟	《舊》卷141	貞元十二年
臧昌裔	東莞郡，今爲太原人	節度押衙	淮南	淮南——河東		《彙編》貞元083，《續集》元和058	母卒於貞元十二年
張倜	蒲州河東人	不詳	不詳	某鎮——橫海		《補遺》第6輯	貞元十三年
韓遊瓌	靈州靈武人	不詳	朔方			《舊》卷144，《新》卷156	貞元十四年
邢君牙	瀛州樂壽人	兵馬使	平盧	平盧——神策都虞候		《舊》卷144	貞元十四年
蘇日榮	京兆武功	振武副使	振武	振武——入朝爲右領軍衛大將軍等		《彙編》貞元086	貞元十四年
王虔休	汝州梁人	裨將	汝州	汝州——澤潞		《舊》卷132《新》卷147	貞元十五年
渾瑊	皋蘭州人	不詳	朔方			《舊》卷134	貞元十五年
劉全諒	懷州武陟人	牙將	宋亳		與劉玄佐爲同宗	《舊》卷145	貞元十五年
嚴震	梓州鹽亭人	押衙	西川	西川——東川——山南西道	節度使嚴武宗姓	《舊》卷117	貞元十五年
楊朝晟	夏州朔方	右先鋒兵馬使	朔方	朔方——邠寧		《舊》卷144	貞元十六年
李良	隴西，因官徙關東，今爲汝人	從事	上黨	上黨——淮西——江西——入朝爲殿前射生副兵馬使、右神威將軍		《彙編》貞元101	貞元十六年

靳朝俊	延安郡豐林人	不詳	不詳	某鎮——淄青		《續集》貞元076	貞元十六
李說	隴西	不詳	河陽	河陽——河東		《舊》卷146	貞元十六年
王武俊	契丹人	先鋒兵馬使	成德			《舊》卷142	貞元十七年
鄭玉	滎陽	唐興軍左虞候	幽州鎮			《彙編》貞元128	貞元十八年
劉昌	汴州開封	易州遂城府左果毅	河南	河南—宣武		《舊》卷152	貞元十九年
王栖曜	濮州濮陽人	先鋒遊奕使	亳潁	亳潁——入朝——浙東——浙西		《舊》卷152	貞元十九年
柏良器	魏州	都知兵馬使	浙西	浙西——入朝為左神策將軍		《新》卷136，《全唐文》卷638	貞元十九年
盧翊	范陽	都押衙同節度副使	淮南			《彙編》貞元133	貞元二十年
劉談	易州易城	都知兵馬使押牙	橫海			《彙編》貞元140	貞元二十一年
蕭君	不詳	押衙兼兵馬使	同州	同州——浙江東西——宣歙		《彙編》永貞004，《補遺》第七輯	貞元二十一年
張昇	幽州范陽	節度副將	幽州	幽州——入朝——隴右		《彙編》永貞007	永貞元年前
曹乂	不詳	不詳	不詳	關中某鎮——東都留守府		彙編》元和019	元和二年葬
郭超岸	其先太原，今為汝州	先鋒兵馬使	東都			《續集》元和028	元和三年
王大劍	太原	節度右廂步軍使	山南東道			《彙編》元和034	元和四年
王士眞	契丹人	帳中親將	成德			《舊》卷142	元和四年
吳少誠	幽州潞縣	不詳	魏博	魏博——荊南——淮西		《舊》卷145	元和四年
趙萬敵	不詳	騎將	成德	成德——入朝為龍武將軍、神策先鋒將		《舊》卷15上，參考《冊府元龜》卷120	元和四年後
王士則	契丹人		成德	成德——入朝為神策大將軍——邢州刺史	王士眞之弟，王承宗叔父	《舊》卷142	元和四年後

陳楚	定州	牙將	易定	易定——入朝爲諸衛大將軍	節度使張茂昭之甥	《舊》卷141	元和四年
高崇文	其先渤海人，生於幽州	不詳	平盧	平盧——神策長武城		《舊》卷151	元和四年
嚴礪	梓州鹽亭	牙將	山南西道		宗人（從祖弟）	《舊》卷117，《新》卷144	元和四年
段祐	不詳	牙將	朔方			《舊》卷152	元和五年
盧從史	不詳	大將	澤潞			《舊》卷132	元和五年後
伊慎	兗州	牙將	江西			《舊》卷151	元和六年
秦士寧	不詳	馬軍十將	河陽			《彙編》元和062	元和七年
裴玢	京兆	都虞候	鄜坊			《舊》卷146	元和七年
陳志清	穎川	臨洮軍副將	隴右			《彙編》元和075	元和八年
薛伾	不詳	不詳	朔方			《舊》卷146	元和八年
朱忠亮	汴州濬儀	昭義將	昭義	昭義——定平鎮		《舊》卷151《新》卷170	元和八年
吳少陽	滄州清池人	不詳	魏博	魏博——淮西		《舊》卷145	元和九年
孟元陽	不詳	不詳	陳許			《舊》卷151	元和九年
范希朝	河中虞鄉	虞候	邠寧	邠寧——左神策軍——邠寧		《舊》卷151	元和九年
崔郅	太原人	押衙	幽州			《彙編》元和077	元和九年遷葬
李光進	稽阿跌之族	都知兵馬使	朔方	朔方——河東		《舊》卷161	元和十年
王鍔	太原	團練營將	湖南	湖南——江西——荊南——鴻臚少卿		《舊》卷151	元和十年
石默啜	不詳	易州高陽軍馬軍都知兵馬使	義武			《彙編》元和106	元和十二年
孟維	平昌人	十將	鄭滑			《彙編》元和113	元和十二年

史敬奉	靈武	牙將	朔方			《舊》卷152	元和十四年後
韓公武	潁川	馬步都虞候	宣武		宣武節度使韓弘之子	《舊》卷156	元和十四年後
王承宗	契丹人	都知兵馬使	成德		王士眞長子	《舊》卷142	元和十五年
郝玭	不詳	不詳	涇原			《舊》卷152	元和十五年後
康志達	本會稽人，後徙居長安	衙前兵馬使	幽州	幽州——入朝——幽州		《續集》長慶002	長慶元年
張政文	其先上谷人	永清軍使	義武			《彙編》大中026	長慶元年
卜璀	河東	節度總管充車坊使及知徵馬五屯	山南東道			《彙編》長慶015	長慶二年
韓弘	潁川（或言滑州匡城）	都知兵馬使	宣武			《舊》卷156，《新》卷158	長慶二年
王逆修	代貫磁州	不詳	河東	河東——天德		《補遺》第七輯	長慶三年
牛元翼	趙州人	不詳	成德	成德——入朝爲山南東道節度使		《新》卷148	長慶三年
李質	不詳	牙將	宣武	宣武——入朝爲金吾將軍		《舊》卷156	長慶三年
曹華	宋州楚丘人	牙校	宣武	宣武——河陽		《舊》卷162	長慶三年
程皓	京兆	左廂教練使	江西			《彙編》長慶032	長慶四年
李玭	趙郡	衙門將	澤潞	澤潞——河陽——北邊某鎮	河陽節度使烏重胤爲在澤潞時的舊識	《舊》卷161	長慶四年
韓充	潁川	牙將	河陽	河陽——昭義——宣武——入朝爲右金吾衛將軍	河陽、昭義節度使劉玄佐之甥，宣武節度使韓弘之弟	《舊》卷156	長慶四年

劉悟	懷州武陟人	牙將	宣武	宣武——澤潞——淄青	宣武節度使劉全諒之姪	《舊》卷161，《新》卷214	寶曆元年
何洪	金陵	都團練押衙	福建			《彙編》寶曆016	寶曆二年
楊瞻	原出弘農，今為幽冀盛族	不詳	成德	成德——義成——鳳翔		《彙編》寶曆017	寶曆二年
鄭仲連	榮陽	討擊使	河東	河東——河陽——澤潞	河陽節度元詔之甥	《彙編》寶曆019	寶曆二年
高霞寓	范陽人	不詳	長武城	長武城——入朝為衛將軍		《舊》卷162，《彙編》大和020	寶曆二年
朱克融	幽州昌平	軍校	幽州			《舊》卷180	寶曆二年
李全略	不詳	小將	成德	成德——入朝授代州刺史		《舊》卷143	寶曆二年
傅良弼	清河	樂壽鎮將	成德	成德——入為左神策都知兵馬使		《新》卷148	寶曆後
烏重胤	不詳	牙將	澤潞			《舊》卷161	太和元年
王沛	許州	牙門將	忠武		節度使上官涗之婿	《舊》卷161	太和元年
李光顏	稽阿跌之族	裨將	河東	河東——忠武		《舊》卷161	太和二年
史憲誠	其先奚人，今為靈武建康人	中軍兵馬使	魏博			《新》卷210《舊》卷181	太和三年
李祐	不詳	牙將	淮西	淮西——隨唐鄧		《舊》卷161	大和三年
劉驤	其先彭城人	副將	幽州			《補遺》第7輯	太和三年
史用誠	河南人	不詳	山南東道	山南東道——徐泗——入朝為左羽林將軍		《全唐文》卷747	太和四年

張遵	其先南陽，今爲陝之平陸人	押衙	成德	成德——邢州刺史——入朝爲右龍武將軍——楚州刺史等		《續集》大和032	大和四年
張季戎	其先南陽人	副十將	東都			《彙編》大中056	大中五年
馮審中	家本鉅鹿	不詳	河東			《彙編》大中069	大中六年
高霞寓	其先東海郡人，後居燕	步軍副將	幽州			《彙編》大和066	大和七年
董重質	不詳	牙將	淮西	淮西——武寧——入朝爲左神武將軍	吳少誠之子婿	《舊》卷161	太和八年
王廷湊	本回鶻阿布思之種	衙內兵馬使	成德			《舊》卷142	太和八年
楊志誠	不詳	後院副兵馬使	幽州			《舊》卷180	太和八年
楊弘慶	弘農人	親事正副將	義武			《彙編》大中083	大和八年
張君平	深州饒陽縣人	十將	成德			《彙編》大中081	大和八年
楊孝直	家於燕垂	不詳	成德	成德——義成——山南東道	與山南東道節度使牛元翼爲「舊知」	《彙編》太和090	太和九年
高承簡	其先渤海人，	不詳	忠武	忠武——入爲神策——彰義		《舊》卷151	大和九年
李寰	不詳	博野鎮將	成德	成德——入朝爲右神策都知兵馬使		《新》卷148	大和中
王智興	懷州溫縣人	都押衙	武寧			《舊》卷156	開成元年
馮植	上黨	押衙	陝虢			《彙編》開成004	夫人卒於開成元年
馮□	不詳	都防禦押衙	陝虢			《補遺》第四輯，	開成元年
周元長	汝川	衙前虞候	幽州			《續集》開成014	開成二年

李載義	常山愍王之後	都知兵馬使	幽州			《舊》卷180	開成二年
仇志誠	郡望安南	左射生兵馬使	徐州（武寧）	徐州——入朝爲右龍武軍押衙——振武		《續集》開成022	開成四年
陳士棟	潁川	不詳	不詳	某鎮——入朝爲神策正將		《彙編》開成033	開成四年
何進滔	靈武人	衙內都知兵馬使	魏博			《舊》卷181	開成五年
劉沔	不詳	牙將	忠武	忠武——入朝爲禁軍將軍		《舊》卷161	會昌五年
元昇進	隴州	同十將	隴州			《續集》會昌022	會昌五年
張漸	徐方人	防禦將	東都	東都——武寧——幽州——入朝	爲武寧節度使族人	《續集》會昌024	會昌五年
王時邑	其先太原人，今爲燕人	節度押衙	幽州			《續集》會昌030	會昌五年
宋自昌	其先廣平，今爲兗州	十將	橫海			《彙編》會昌054	會昌六年
張亮	其先上谷人	不詳	河陽			《彙編》大中006	大中元年
石雄	不詳	牙校	武寧	武寧——振武		《舊》卷161	大中元年
張鋒	其先上谷人	不詳	義武			《彙編》大中026	大中二年
李審規	先鄭州原武縣人，後徙居河陰	押衙	振武			《續集》咸通103	大中三年
朱萱	吳郡	兵馬使	忠武			《續集》大中074	大中四年
張仲武	范陽	雄武軍使	幽州			《舊》卷180	大中三年
朱希彩	不詳	兵馬使	幽州			《舊》卷143	大中七年
魏弘章	鉅鹿曲陽人	子弟	東都			《彙編》大中078	大中七年
鄭恭楚	滎陽	使廳副將	天平軍			《續集》大中039	大中七年

契苾通		不詳	單于府	單于府——入朝爲右衛將軍，又出爲振武節度使		《續集》大中044	大中八年
令狐梅	敦煌人	節度押衙	義成	義成——平盧——浙西——入朝爲兵馬使兼押衙——浙西——義成——西川——鎮海——淮南——入朝爲右衛將軍	義成節度使薛平爲其伯舅	《補遺》第六輯	大中八年
王逢	許州	都知兵馬使	忠武	忠武——入朝爲諸衛將軍	節度使王沛之子	《舊》卷161	大中八年後
朱清		衙前兵馬使	河中			《續集》大中029	大中十年
魯美	本自扶風，今爲□南人	不詳	山南東道			《續集》大中060	大中十一年
王元逵	本回鶻阿布思之種	都知兵馬使	成德		王廷湊之子	《舊》卷142	大中十一年
王紹鼎	本回鶻阿布思之種	都知兵馬使	成德		王元逵之子	《舊》卷142	大中十一年
王景胤	本回鶻阿布思之種	中軍兵馬使	成德		王紹鼎之子	《舊》卷142	大中十一年後
宋再初	廣平郡	衙前散職	幽州			《續集》大中070	大中十二年
董唐之	檀州人	兵馬使	幽州			《續集》大中071	大中十二年
張允伸	范陽人	押衙兼馬步都知兵馬使	幽州			《舊》卷180	大中十三年
史憲忠	其先奚人，今爲靈武建康人	牙門將	魏博	魏博——入朝爲隴州刺史、涇原節度使等	史憲誠之弟	《新》卷148	大中時
吳清	渤海郡	節度副將	不詳			《彙編》咸通013	咸通二年

嚴籌	滑州粗城	討擊使	滑州	滑州——宣州——楚州——定州——荊南		《彙編》咸通022	咸通三年
嚴密	天水	團練押衙	壽州（屬淮南）			《彙編》咸通036	咸通四年
張諒	清河	九軍都知兵馬使	秦州（天雄軍）		爲其親舅	《彙編》咸通037	咸通五年
論博言	吐蕃論欽陵之裔孫	散兵馬使	幽州			《補遺》第7輯	咸通六年
張周抗	南陽，後徙居於潞州	兵馬使	昭義			《彙編》廣明003	咸通七年
王紹懿	本回鶻阿布思之種	都知兵馬使	成德		王紹鼎之弟	《舊》卷142	咸通七年
魏虔威	鉅鹿人	散兵馬使	天平	天平——華州		《彙編》咸通074	咸通九年
元郇	本河南郡，近世徙鄉關	不詳	河陽	河陽——澤潞		《續集》咸通079	咸通十年
王公晟	太原	隨使節度押衙	幽州			《彙編》咸通083	咸通十一年
魏項	鉅鹿	同正將	東都			《彙編》咸通086	咸通十一年
唐思禮	魯國人	不詳	河中	河中——宣武		《續集》咸通078	咸通十二年
郭克全	其先太原人	押衙	山南東道			《補遺》第3輯	咸通十三年
閻好問	其先河南人	不詳	幽州	幽州——入朝後爲宿州司馬——幽州	節度使張仲武之甥	《彙編》咸通106	咸通十四年
韓允忠	魏州	裨校	魏博			《舊》卷181	乾符元年
張公素	范陽人	軍校	幽州			《舊》卷180	乾符二年後
安玄朗	其先武威人	□容經略押衙	不詳			《續集》乾符006	乾符二年
王幼虞	河東	節度押衙知進奏	涇原			《續集》乾符008	乾符三年
師弘禮	其先平原人	節度押衙	鄜坊	鄜坊——嶺南——西川		《彙編》廣明001	乾符四年

茹弘慶	燕都人	內衙虞□（候）	幽州			《續集》乾符031	乾符五年
柳延宗	河東人	節度押衙	西川	西川——宣武		《彙編》廣明004	廣明元年
耿宗倚	鉅鹿	盧龍鎮將虞候	幽州			《續集》中和004	廣明二年
敬延祚	平陽人	隨使節度押衙	幽州			《彙編》中和005	中和二年
王景崇	本回鶻阿布思之種	都知兵馬使	成德		王紹鼎之子	《舊》卷142	中和三年
李全忠	范陽	牙將	幽州			《舊》卷180	光啓元年
王重榮	河中	馬步都虞候	河中			《舊》卷182	光啓三年
周寶	平州盧龍人	部將	天平	天平——入朝爲右神策良原鎮使、金吾將軍		《新》卷186	光啓三年
樂彥禎	魏州	馬步軍都虞候	魏博			《舊》卷181	文德元年
時溥	彭城人	牙將	武寧			《舊》卷182	景福二年
羅弘信	魏州貴鄉人	不詳	魏博			《舊》卷181	光化元年
唐彥隨	其先魯國人	不詳	不詳	不詳——浙西		《續集》乾寧004	乾寧三年
朱瑄	宋州人	軍候	平盧			《舊》卷182	乾寧四年
王處直	河中人	後院軍都知兵馬使	河中		節度使王處存之弟	《舊》卷182	天祐四年
朱達	其先河南郡人	軍事押衙	懷州	懷州——山南東道——東都		《彙編》殘志035	不詳

說明：

1、材料來源於《唐代墓誌彙編》及《續集》、《新唐書》及《舊唐書》、《全唐文》及《補遺》，並參考了劉琴麗《唐代武官選任制度研究》附表五《唐代中後期方鎮使府武職僚佐任職表》

2、史籍中武職僚佐如果只出現職名，沒有相關事迹，一般不收。

3、由於一些人生平貫穿安史之亂前後，如果主要事迹在安史之亂前的，不予以收錄，之後的則收錄。主要事迹雖在安史之亂後，但亂前爲軍將，亂後已經升爲節度使的，例如郭子儀、李光弼等也不計在內。由於探討的爲唐後期的軍將僚佐，對於跨越安史之亂的，所謂初鎮，主要指安史之亂後所在鎮別。

4、武職仕至節度使以後的遷轉經歷不計在內。

5、武職僚佐的範圍主要是使府軍將，其巡屬刺史等不包括在內。神策軍在京西北主要有八鎮，由神策中尉指揮，不歸當地節度使管轄。神策軍將也不包括在內。

6、由於黃巢之亂後，天下板蕩，唐王朝基本失去對全國藩鎮的控制，故此後不再考慮。

7、表中所列以卒年爲序，卒年參考了郁賢皓《唐刺史考全編》及吳廷燮《唐方鎮年表》。

8、表中所用縮寫，《舊》指《舊唐書》，《新》指《新唐書》，《彙編》指《唐代墓誌彙編》，《續集》指《唐代墓誌彙編續集》，《補遺》指《全唐文補遺》。

附表二　唐後期武職僚佐入朝擔任
朝官統計表

姓　名	鎮別	入朝後官職	入朝時間	入朝原因	材料出處	備　註
衛伯玉	安西	神策兵馬使	肅宗時	入衛而留京師	《舊》卷 115	
辛京杲	河東	英武軍使	肅宗時	徵召	《新》卷 147	
李忠臣	平盧	陝西神策兩軍節度兵馬使	寶應元年前	徵召	《舊》卷 145	
王難得	鳳翔	英武軍使	寶應二年前	不詳	《新》卷 147	
張維岳	朔方	左羽林將軍知軍事	廣德元年	徵召	《唐文拾遺》卷 24	因僕固懷恩叛,「審於避嫌」而入朝
郝廷玉	徐州	神策將軍	廣德二年	徵召	《舊》卷 152	
閻好問	幽州	不詳	大中三年	隨帥入朝	《彙編》咸通 106	
張昇	幽州	不詳	大曆三年	隨帥入朝	《彙編》永貞 007	
邢君牙	兗鄆	神策都虞候	代宗時	因入衛而留	《舊》卷 144	
李晟	涇原	右神策都將	代宗末	推薦入朝	《舊》卷 133	
李觀	義成	右龍武將軍	大曆末或建中初	徵召	《舊》卷 144	
李惟簡	成德	太子諭德、左金吾大將軍	建中元年	棄帥來奔	《新》卷 211	因兄李惟岳叛,此與《舊唐書》記載不同

賈隱林	永平	神策統軍	建中四年	入衛	《新》卷192	
朱忠亮	昭義	神策定平鎮	建中四年	棄鎮來奔	《舊》卷151 《新》卷170	
戴休顏	朔方	左龍武將軍	興元元年	因入衛而留京師	《舊》卷144 《新》卷156	《新》卷156言為左龍武軍統軍
李良	江西	殿前射生副兵馬使右神威將軍	興元元年	徵召	《彙編》貞元101	
趙萬敵	成德	龍武將軍、神策先鋒使	貞元末元和初	推薦入朝	《舊》卷15上，參考《冊府元龜》卷120	又稱王萬敵
柏良器	浙西	左神策將軍	貞元二年	徵召	《全唐文》卷638	
李自良	河東	右龍武大將軍	貞元三年	隨帥來朝	《舊》卷146	
高崇文	平盧	神策長武使	貞元中	不詳	《舊》卷151	
田緒	成德	左驍衛將軍	貞元十年	不詳	《新》卷210	
范希朝	邠寧	左神策將	德宗時	徵召	《舊》卷151	
王鍔	荊南	鴻臚少卿	貞元中	隨帥來朝	《舊》卷151	
王士則	成德	神策大將軍	元和四年後	棄帥來奔	《舊》卷142	
陳楚	義武	諸衛大將軍	元和四年	隨帥入朝	《舊》卷141	
韓充	宣武	右金吾將軍	元和六年	棄帥來奔	《舊》卷156	
李祐	唐隨	神武將軍	元和十二年	徵召	《舊》卷161	
劉沔	忠武	禁軍將軍	元和十二年	隨帥來朝	《舊》卷161	言其歷三將軍
李全略	成德	不詳	元和十五年	棄鎮來奔	《舊》卷143	
董重質	武寧	左神武將軍	元和十五年	徵召	《舊》卷161	
陳士棟	不詳	右神策正將	元和時	招募	《彙編》開成033	
高霞寓	長武城	諸衛將軍	元和中	徵召	《彙編》大和020	
傅良弼	成德	左神策都知兵馬使	長慶元年	棄鎮來奔	《新》卷148	

李寰	成德	右神策都知兵馬使	長慶元年	棄鎮來奔	《新》卷 148	
康志達	幽州	不詳	長慶元年	推薦入朝	《續集》長慶 002	
朱克融	幽州	不詳	長慶元年	推薦入朝	《舊》卷 180	
李質	宣武	金吾將軍	長慶初	徵召	《舊》卷 156	
張漸	幽州	不詳	長慶初	節帥推薦	《續集》會昌 024	
史用誠	徐泗	左羽林將軍	長慶時	徵召	《全唐文》卷 747	
令狐梅	浙西	右神策兵馬使兼押衙	寶曆元年	徵召	《補遺》第 6 輯	
王逢	忠武	諸衛將軍	大和中	因入衛而留	《舊》卷 161	
仇志誠	武寧	右龍武軍押衙	大和十二年	不詳	《續集》開成 022	
周寶	天平	右神策良原鎮使、金吾將軍	會昌時	徵召	《新》卷 186	
楊光憲	朔方	神威軍使押衙	不詳	不詳	《續集》貞元 033	其母貞元十一年去世
契苾通	單于府	右衛將軍	不詳	不詳	《續集》大中 044	
陽惠元	平盧	神策京西兵馬使	不詳	徵召	《舊》卷 144	
高承簡	忠武	神策某職	不詳	不詳	《舊》卷 151	

說明：

1、表中的鎮別指入朝前所仕的藩鎮。

2、表中《舊》指《舊唐書》，《新》指《新唐書》，《彙編》指《唐代墓誌彙編》，《續集》指《唐代墓誌彙編續集》，《補遺》指《全唐文補遺》。

3、神策軍為唐後期最主要的中央禁軍。由藩鎮軍將轉為神策軍將，以入朝對待。

4、有的武職僚佐入朝後開始所授官職不詳，表中所列為初授或以後陞遷的官職。

附表三　唐後期將門統計表

姓名	籍貫	鎮別	父祖情況	兄弟子侄情況	卒年	材料出處
王思禮	營州城傍高麗人		父虔威，爲朔方將		上元二年	《舊唐書》卷110
來瑱	邠州永壽人		父曜官至安西副都護、持節磧西副大使、四鎮節度使		寶應二年	《舊唐書》卷110
王難得	沂州臨沂人		父思敬，少隸軍，試太子賓客	子子顏，少從父征討，檢校衛尉卿。子顏子用，累至左金吾大將軍	寶應二年	《新唐書》卷147
李光弼	營州柳城人		父楷洛，左羽林將軍同正、朔方節度同副使	子彙，累至涇原節度使；弟光進官至渭北、邠寧節度使	廣德二年	《舊唐書》卷110
僕固懷恩	鐵勒部落	朔方	先世世襲都督	其子玢、瑒都爲朔方大將	永泰元年	《舊唐書》卷121
辛雲京	蘭州金城人，客籍京兆		世爲將家，代掌戎旅	從弟京杲累爲英武軍使、左金吾大將軍；京杲弟旻，太原三城使。雲京曾孫辛讜	大曆三年	《舊唐書》卷110《新唐書》卷147《舊唐書》卷187
薛嵩	絳州萬泉人		祖仁貴，高宗時名將；父楚玉，范陽平盧節度使	其弟薛崿，爲昭義將。其子薛平，爲右衛將軍，在南衙凡三十年	大曆八年	
田神功	冀州人	汴宋		弟田神玉爲汴州節度觀察留後	大曆八年	《舊唐書》卷124

令狐彰	京兆富平人，其先自敦煌內徙			子令狐建，累轉右龍武軍使、左神武大將軍等；令狐運爲東都留守將；令狐通累至左衛大將軍	大曆八年	《舊唐書》卷124《新唐書》卷148
李抱玉	河西			從父弟李抱眞爲澤潞節度使	大曆十二年	《舊唐書》卷132
馬璘	扶風人		祖正合，右威衛將軍		大曆十二年	《舊唐書》卷152
田承嗣	平州人	魏博	世事盧龍軍爲裨校	侄田悅，初爲魏博中軍兵馬使，後爲節度使；子緒主衙軍，後爲節度使；緒子季和爲澶州刺史，季直爲衙將，季安爲節度使。田弘正田承嗣之侄，後爲魏博節度使；弘正子田布、田牟也官至節度使。牟諸子皆以邊上立功，累更藩鎮	大曆十三年	《舊唐書》卷141
郭子儀	華州鄭縣人		父敬之，歷五州刺史	子郭晞，少善騎射，常從父征伐。郭曙爲元帥府都押牙、左金吾大將軍。郭釗爲左金吾大將軍、邠寧節度使	建中二年	《舊唐書》卷120
李正己	高麗人	淄青		子李納，納子李師古，師古弟李師道；正己從父兄洧，爲徐州刺史	建中二年	《舊唐書》卷124
李寶臣	奚人	成德		子李惟岳繼爲節度使；惟簡爲禁軍將、諸衛大將軍	建中二年	《舊唐書》卷142
路嗣恭	京兆三原人	朔方	不詳	其子恕，爲路嗣恭手下大將，累至監門衛大將軍、鄜坊觀察使	建中二年後	《舊唐書》卷122
段秀實	本姑臧人，後爲隴州汧陽人		祖達爲左衛中郎	子伯倫爲右金吾大將軍、福建觀察使；孫嶷歷鄭滑節度使、右金吾大將軍，文楚，雲州防禦使	建中四年	《舊唐書》卷128《新唐書》卷153
符令奇	沂州臨沂人			子符璘，居環衛十三年	建中中	《新唐書》卷193

朱泚	幽州昌平人	幽州	父懷珪爲衙前將	弟滔，繼爲幽州節度使。滔子洄爲幽州大將，洄子克融爲幽州節度使	興元元年	《舊唐書》卷200《舊唐書》卷143
戴休顏	夏州		家世尚武	弟休璿，歷開府儀同三司封東陽郡王；休晏，輔國大將軍	不詳	《新唐書》卷156
李忠臣	平盧人，世家於幽州薊縣		父爲河內府折衝	妹婿張惠光爲淮西衙將	興元元年	《舊唐書》卷145
陽惠元	平州			子晟、冒爲惠元帳下將；少子旻歷邢州、易州刺史	興元元年	《新唐書》卷156
李懷光	渤海靺鞨人，其先徙於幽州	朔方	父爲朔方列將	其子琡、瑗爲軍中大將	貞元元年	《舊唐書》卷121
劉怦	幽州昌平	幽州	父貢，爲廣邊、大斗軍使	子濟爲節度使，源爲涿州刺史，入朝爲左武衛將軍，澭爲瀛州刺史，入朝爲秦州刺史、保義軍節度使。	貞元元年	《舊唐書》卷143
康日知	靈州人		祖植，左武衛大將軍	子志睦累至右神策大將軍、平盧、涇原節度使；承訓，左神武將軍、振武等節度使等。承訓子傳業，終鄜坊節度使	貞元元年	《新唐書》卷148
李叔明（本鮮于氏）	閬州新政人		世爲右族	兄仲通，天寶中爲劍南節度使。叔明子昇，爲禁軍將軍	貞元三年	《新唐書》卷147
程日華	定州安喜人	橫海	父元皓，爲安史大將，官至定州刺史	子懷直繼爲節度，被逐後爲龍武統軍；從父兄懷信逐懷直自爲節度；懷直子執恭（即程權）歷橫海、邠寧節度使	貞元四年	《舊唐書》卷143
張孝忠	奚人		曾祖、祖爲部落酋帥，父開元中以眾歸國	子茂昭繼爲節度使。茂昭子克讓、克恭、克勤官至諸衛大將軍；茂宗爲左金吾衛大將軍、克海節度使；茂和爲諸衛將軍、淮西行營都押衙。陳楚爲茂昭之甥，爲諸衛大將軍、義武、河陽等節度使。陳楚子君奕累至鳳翔節度使	貞元七年	《舊唐書》卷141《新唐書》卷148

李晟	隴右臨洮人		父、祖爲隴右裨將	其子願爲夏綏銀、武寧等節度使；李愬六遷大鎮；李聽凡十領節旄，聽子琢，以家閥擢累義昌、平盧、鎮海節度使；李憲爲嶺南節度使；李憑累歷諸衛大將軍；李慇累官至右龍武大將軍。其甥王佖累至神策將、朔方等節度使	貞元九年	《舊唐書》卷133《新唐書》卷154
李景略	幽州良鄉人		大父楷固，父承悅，檀州刺史、密雲軍使		貞元二十年	《舊唐書》卷152
渾瑊	鐵勒渾部		代爲皋蘭都督。父釋之，爲朔方將	子鎬，官至義武節度使等；鍼，累諸衛將軍	貞元十五年	《舊唐書》卷134
劉全諒	懷州武陟人		父客奴，由征行家於幽州昌平，官至平盧節度使	姪劉悟歷淄青都知兵馬使、義成、澤潞節度使；劉悟子從諫繼爲節度。從諫姪積自領留後	貞元十五年	《舊唐書》卷145
楊朝晟	夏州朔方人	朔方	其父懷賓爲韓遊瓌手下大將		貞元十六年	《舊唐書》卷122
王武俊	契丹人	成德	父路俱，開元中歸國，從居薊	子王士眞繼爲節度；士清爲冀州刺史；士平爲安州刺史、左金吾大將軍；士則爲神策大將軍；士眞子承宗繼爲節度；承元入朝爲義成、鳳翔等節度使	貞元十七年	《舊唐書》卷142
王栖曜	濮州濮陽人			子茂元，元和中爲神策將軍，歷忠武、河陽等節度使	貞元十九年	《舊唐書》卷152
吳少誠	幽州潞縣	淮西	父爲魏博節度都虞候	堂弟吳少陽，淮西大將後爲節度使；其子元濟自爲留後	元和四年	《舊唐書》卷145
高崇文	其先自渤海徙幽州			子承簡，少爲忠武部將，後入爲神策軍，歷兗海、義成等節度使；孫高駢，終淮南節度使	元和四年	《舊唐書》卷151
李光進	河曲部落稽阿跌之族		父良臣，世襲雞田州刺史，隸朔方軍	其弟光顏，歷忠武都知兵馬使、義成、邠寧節度使	元和十年	《舊唐書》卷161

韓弘	潁川人			子公武，爲宣武馬步都虞候，後爲鄜坊節度使等。弟韓充，歷河陽、昭義牙將，入朝爲右金吾將軍，後出爲鄜坊。宣武等節度	長慶元年	《舊唐書》卷156
烏重胤	張掖人		父烏承玼爲平盧先鋒、石嶺軍使。承玼族兄承恩爲平盧先鋒、冀州刺史	子漢弘，左領軍衛將軍	大和元年	《舊唐書》卷161《新唐書》卷136
王沛	許州人			子逢，爲忠武都知兵馬使，累遷忠武節度使	大和元年	《舊唐書》卷161
史憲誠	奚人，今爲靈武建康人	魏博	祖道德，官至上柱國、懷澤郡王；父周洛，魏博兵馬使	子孝章爲右金吾大將軍、鄜坊、邠寧節度使等；弟憲忠少爲魏博牙門將，累歷涇原、振武等節度使	大和三年	《舊唐書》卷181《新唐書》卷148
王智興	懷州溫縣人		曾祖左武衛將軍；祖右武衛將軍	子晏平，幼從父征伐，官至朔方靈鹽節度使；晏宰，歷澤潞、河東節度使；晏皋，左威衛將軍	開成元年	《舊唐書》卷156
李載義	常山愍王（承乾）之後	幽州	代以武力稱，繼爲幽州屬郡守		開成二年	《舊唐書》卷180
何進滔	靈武	魏博	曾祖、祖爲本州軍校。父爲夏州衙前兵馬使	子弘敬、孫全皞繼爲節度	開成五年	《舊唐書》卷181
劉沔	徐州彭城人		父延珍，爲左驍衛大將軍		大中二年	《新唐書》卷171
張仲武	范陽人	幽州	父張光朝爲幽州大將	弟仲至爲涿州刺史、永泰軍使，子直方繼爲節度，被逐入朝後爲諸衛將軍、羽林統軍	大中三年	《舊唐書》卷180《全唐文》卷788
張允伸	范陽人	幽州	曾祖秀爲檀州刺史；祖嚴，爲納降軍使	弟允皋爲幽州大將。子簡會，繼爲節度，被逐入朝。簡壽左領軍衛大將軍。	大中十三年	《舊唐書》卷180
韓允忠	魏州人	魏博	父國昌，歷本州右職	子韓簡，繼爲節度	乾符元年	《舊唐書》卷181

李可舉	回鶻阿布思之族	幽州	父李茂勳，幽州大將，後至節度使		光啓元年	《舊唐書》卷180
李全忠	范陽人	幽州		子李匡威繼爲節度；匡籌，逐匡威自立	光啓二年	《舊唐書》卷180
陳儒	江陵人		世爲牙右職		光啓二年	《新唐書》卷186
周寶	平州盧龍人		祖光濟爲平盧牙將；父懷義爲天德西城防禦使		光啓三年	《新唐書》卷186
樂彥禎	魏州	魏博	父少寂，歷澶、博、貝三州刺史	子從訓爲六州都指揮使兼相州刺史	文德元年	《舊唐書》卷181
王敬武	青州人	平盧		子師範，繼爲平盧節度使；師客爲平盧將	龍紀元年	《新唐書》卷187
趙犨	陳州宛丘人	忠武	世爲忠武軍牙將	弟昶，子珝繼爲節度	龍紀元年	《新唐書》卷189
趙德諲	蔡州人	山南東道		子匡凝，累至山南東道節度使。匡明也至山南東道留後、武信軍節度使	景福元年	《新唐書》卷186
王處存	京兆萬年縣		世隸神策軍，父金吾大將軍，遙領興元節度使	子郜繼爲節度；郜弟鄩，歷嵐、石、沔三州刺史，大同軍防禦使。處存弟處直爲定州後院軍都知兵馬使，後爲節度使。	乾寧二年	《舊唐書》卷182
朱瑄	宋州人			其弟瑾爲兗州節度使	乾寧四年	《舊唐書》卷182
王潮	光州固始人			弟審知繼爲威武軍節度使。審邽爲泉州刺史	乾寧四年	《新唐書》卷190
羅弘信	魏州貴鄉人	魏博	曾祖、祖、父皆爲本州軍校	子威，繼爲節度	光化元年	《舊唐書》卷181
楊行密	盧州合淝人	淮南		子楊渥好騎射，繼爲淮南節度使	天祐二年	《新唐書》卷188

說明：

1、材料來源主要依據《舊唐書》和《新唐書》。

2、將門的標準是兩代以上爲將和同代兄弟並爲將的家族。

參考文獻

一、史　料

1. 白居易著，顧學頡校點：《白居易集》，北京：中華書局，1985 年。
2. 北京圖書館金石組和中國佛教圖書文物館石經組編：《房山石經題記彙編》，北京：書目文獻出版社，1987 年。
3. 長孫無忌撰，劉俊文箋：《唐律疏議箋解》，北京：中華書局，1996 年。
4. 陳尚君：《全唐文補編》，北京：中華書局，2005 年。
5. 崔致遠撰，党銀平校注：《桂苑筆耕集》，北京：中華書局，2007 年。
6. 杜佑撰，王文錦、王永興等點校：《通典》，北京：中華書局，1988 年。
7. 董誥等編《全唐文》，北京：中華書局，1983 年。
8. 杜牧著，陳允吉校點：《樊川文集》，上海：上海古籍出版社，1984 年。
9. 李林甫等撰，陳仲夫點校：《大唐六典》，中華書局，1992 年。
10. 李昉：《文苑英華》，北京：中華書局，1966 年。
11. 李昉：《太平廣記》，北京：中華書局，1986 年。
12. 李德裕撰，傅璇琮等校箋：《李德裕文集校箋》，石家莊：河北教育出版社，2000 年。
13. 李希泌：《唐大詔令集補編》，上海：上海古籍出版社，2003 年。
14. 劉昫：《舊唐書》，北京：中華書局，1975 年。
15. 陸增祥：《八瓊室金石補正》，北京：文物出版社，1985 年。
16. 馬端臨：《文獻通考》，北京：中華書局，1986 年。
17. 歐陽修、宋祁：《新唐書》，北京：中華書局，1975 年。
18. 薛居正：《舊五代史》，北京：中華書局，1976 年。
19. 歐陽修：《新五代史》，北京：中華書局，1974 年。

20. 司馬光：《資治通鑑》，北京：中華書局，1956 年。

21. 宋敏求：《唐大詔令集》，北京：中華書局，2008 年。

22. 吳任臣：《十國春秋》，北京：中華書局，1983 年版

23. 吳廷燮：《唐方鎮年表》，北京：中華書局，2003 年。

24. 王夫之：《讀通鑑論》，北京：中華書局，1975 年。

25. 王欽若：《冊府元龜》，北京：中華書局，1960 年。

26. 王昶：《金石萃編》，北京：中國書店。

27. 王溥：《唐會要》，北京：中華書局，1955 年。

28. 王溥：《五代會要》，上海：上海古籍出版社，1978 年。

29. 王讜撰，周勳初校證：《唐語林校證》，北京：中華書局，1997 年。

30. 吳剛：《全唐文補遺》（1—9 輯），西安：三秦出版社，1994 年——2007 年。

31. 周紹良、趙超：《唐代墓誌彙編》，上海：上海古籍出版社，1992 年。

32. 周紹良、趙超：《唐代墓誌彙編續集》，上海：上海古籍出版社，2001 年。

33. 趙翼著，王樹民校證：《廿二史箚記校證》，北京：中華書局，1984 年。

二、近人論著

1. 白鋼主編，俞鹿年：《中國政治制度通史》（隋唐五代卷），北京：人民出版社，1996 年。

2. 陳峰：《武士的悲哀——北宋崇文抑武現象透析》，西安：陝西人民教育出版社，2000 年。

3. 陳峰：《北宋武將群體與相關問題研究》，北京：中華書局，2004 年。

4. 陳茂同：《中國歷代選官制度》，上海：華東師範大學出版社，1994 年。

5. 中國社科院歷史所和解放軍軍事科學院軍制研究所編：《中國軍事制度史·武官制度卷》，鄭州：大象出版社，1997 年。

6. 陳寅恪：《隋唐制度淵源略論稿》，上海：上海古籍出版社，1982 年。

7. 陳寅恪：《唐代政治史述論稿》，上海：上海古籍出版社，1997 年。

8. 陳志堅：《唐代州郡制度研究》，上海：上海古籍出版社，2005 年。

9. 崔瑞德：《劍橋中國隋唐史》，北京：中國社會科學出版社，1994 年。

10. 陳仲安、王素：《漢唐職官制度研究》，北京：中華書局，1993 年。

11. 陳國燦、劉健明：《全唐文職官叢考》，武漢：武漢大學出版社，1997 年。

12. 岑仲勉：《隋唐史》，北京：中華書局，1982 年。

13. 戴偉華：《唐方鎮文職僚佐考》，天津：天津古籍出版社，1994 年。

14. 杜文玉：《五代十國制度研究》，北京：人民出版社，2006 年。

15. 樊文禮：《唐末五代的代北集團》，北京：中國文聯出版社，2000 年。

16. 馮培紅：《歸義軍軍將考釋》，蘭州大學碩士論文，1997 年。

17. 馮培紅：《敦煌歸義軍職官制度——唐五代藩鎮官制個案研究》，蘭州大學博士論文，2004 年。

18. 高敏：《魏晉南北朝兵制研究》，鄭州：大象出版社，2000 年。

19. 谷霽光：《府兵制度考釋》，上海：上海人民出版社，1978 年。

20. 何永成：《唐代神策軍研究——兼論神策軍與中晚唐政局》，臺灣：商務印書館，1990 年。

21. 何冠環：《北宋武將研究》，香港：中華書局，2008 年。

22. 何燦浩：《唐末政治變化研究》，北京：中國文聯出版社，2001 年。

23. 胡戟：《二十世紀唐研究》，北京：中國社會科學出版社，2002 年。

24. 黃寬重：《南宋地方武力——地方軍與民間自衛武力的探討》，北京：國家圖書館出版社，2009 年。

25. 黃正建：《中晚唐社會與政治研究》，北京：中國社會科學出版社，2006 年。

26. 黃永年：《六至九世紀中國政治史》，上海：上海書店出版社，2004 年。

27. 黎虎：《漢唐外交制度研究》，蘭州：蘭州大學出版社，1998 年。

28. 李鴻賓：《唐朝朔方軍研究——兼論唐廷與西北諸族的關係及其演變》，長春：吉林人民出版社，2000 年。

29. 李鴻賓：《唐朝中央集權與民族關係——以北方區域為線索》，北京：民族出版社，2003 年。

30. 李治安：《唐宋元明清中央與地方關係研究》，天津：南開大學出版社，1996 年。

31. 劉琴麗：《唐代武官選任制度初探》，北京：社會科學文獻出版社，2006 年。

32. 馬馳：《唐代蕃將》，西安：三秦出版社，1990 年。

33. 毛漢光：《中國中古政治史論》，上海：上海書店出版社，2002 年。

34. 毛漢光：《中國中古社會史論》，上海：上海書店出版社，2002 年。

35. 蒙曼：《唐代前期北衙禁軍制度研究》，北京：中央民族大學出版社，2005 年。

36. 苗書梅：《宋代官員選任和管理制度》，開封：河南大學出版社，1996 年。

37. 孟艷紅：《藩鎮與中唐政治》，首都師範大學博士論文，寧可指導。

38. 孟憲實：《唐前期軍鎮研究》，北京大學博士論文，2001 年。

39. 寧欣：《隋唐選官研究》，臺北：文津出版社，1995。

40. 任士英：《唐代玄宗肅宗之際的中樞政局》，北京：社會科學文獻出版社，2003 年。

41. 史念海：《唐代歷史地理研究》，北京：中國社會科學出版社，1998 年。

42. 石雲濤：《唐代幕府制度研究》，北京：中國社會科學出版社，2003。

43. 孫繼民：《唐代行軍制度研究》，臺北：文津出版社，1995 版

44. 唐長孺：《唐書兵志箋正》，北京：科學出版社，1957 年。

45. 唐長孺：《魏晉南北朝隋唐史三論》，武漢：武漢大學出版社，1992 年。

46. 陶新華：《魏晉南朝中央對地方軍政官的管理制度研究》，成都：巴蜀書社，2003 年。

47. 陶懋炳、張其凡、曾育榮：《中國歷史》（五代史卷），北京：人民出版社，2009 年。

48. 唐耕耦、陸宏基編：《敦煌社會經濟文獻真迹釋錄》，北京：全國圖書館文獻縮微複製中心，1990 年。

49. 王壽南：《唐代藩鎮與中央關係之研究》，臺灣：大化書局，1978 年。

50. 汪征魯：《魏晉南北朝選官體制研究》，福州：福建人民出版社，1990 年。

51. 王永興：《唐代前期軍事史略論稿》，北京：崑崙出版社，2003 年。

52. 王永興：《唐代前期西北軍事研究》，北京：中國社會科學出版社，1994 年。

53. 王永興：《唐代後期軍事史略論稿》，北京：北京大學出版社，2006 年。

54. 王勳成：《唐代銓選與文學》，北京：中華書局，2001 年。

55. 王曾瑜：《宋朝兵制初探》，北京：中華書局，1983 年。

56. 吳宗國：《盛唐政治制度研究》，上海：上海辭書出版社，2003 年。

57. 夏炎：《唐代州級官府與地域社會》，天津：天津古籍出版社，2010 年。

58. 許友根：《武舉制度史略》，蘇州：蘇州大學出版社，1997 年。

59. 嚴耕望：《唐史研究叢稿》，香港：新亞研究所，1969 年。

60. 郁賢皓：《唐刺史考全編》，合肥：安徽大學出版社，2000 年。

61. 張國剛：《唐代政治制度研究論集》，臺北：文津出版社，1994 年。

62. 張國剛：《唐代藩鎮研究》，長沙：湖南教育出版社，1987 年。

63. 張國剛：《唐代官制》，西安：三秦出版社，1987 年。

64. 張金龍：《魏晉南北朝禁衛武官制度研究》，北京：中華書局，2004 年。

65. 張兆凱：《漢—唐門蔭制度研究》，長沙：嶽麓書社，1995 年。

66. 張其凡：《五代禁軍初探》，廣州：暨南大學出版社，1993 年。

67. 章羣：《唐代蕃將研究》，臺北：聯經出版事業公司，1990 年。

68. 鄭炳林：《敦煌歸義軍史專題研究》，蘭州：蘭州大學出版社，1997 年。

69. 趙雨樂：《唐宋變革期軍政制度史研究（一）──三班官制之演變》，臺灣文史哲，1992 年。

70. 趙雨樂：《唐宋變革期軍政制度史研究（二）──官僚機構與等級之編成》，臺灣文史哲，1994 年。

71. 周振鶴：《中國地方行政制度史》，上海：上海人民出版社，2005 年。

三、論　文

1. 愛宕元：《唐代的官蔭入仕──以衛官之路爲中心》，劉俊文主編《日本中青年學者論中國史》（六朝隋唐卷），上海：上海古籍出版社，1995 年。

2. 巴新生：《唐代禁軍組織的演變與宦官典禁軍制度》，《天津師專學報》1984 年第 2 期。

3. 陳峰：《北宋武將群體素質考察》，《文史哲》2001 年第 1 期。

4. 陳峰：《都部署與北宋武將地位的變遷》，《安徽師範大學學報》2001 年第 3 期。

5. 陳峰：《論宋朝武將培養選拔體制的缺陷及影響》，《西北大學學報》2004 年第 5 期。

6. 陳峰：《北宋樞密院長貳出身變化與以文馭武方針的影響》，《歷史研究》2001 年第 2 期。

7. 陳峰：《從文不換武現象看北宋社會的崇文抑武風氣》，《中國史研究》2001 年第 2 期。

8. 陳峰：《從狄青的遭遇看北宋中葉武將的境況》，《中州學刊》2000 年第 3 期。

9. 陳峰：《宋初武將精神面貌的轉變》，《河北大學學報》2000 年第 5 期。

10. 陳峰：《北宋皇室與「將門」通婚現象探析》，《文史哲》2004 年第 3 期。

11. 陳寅恪：《論唐代之蕃將與府兵》，《金明館叢稿初編》，上海：上海古籍出版社，1980 年。

12. 陳志學：《試論唐代武官的入仕途徑》，《中華文化論壇》2002 年第 3 期。

13. 陳志學：《唐代武舉試論》，《四川大學學報》1988 年第 4 期。

14. 陳國燦：《吐魯番出土文獻所見唐代軍府》，《魏晉南北朝隋唐史資料》1998 年第 16 輯。

15. 陳國燦：《唐五代瓜沙歸義軍軍鎮的演變》，《敦煌吐魯番文書初探二編》，武漢：武漢大學出版社，1990 年。

16. 杜文玉：《論隋唐時期的行臺省》，《渭南師專學報》1993 年第 2 期。

17. 杜文玉：《晚唐五代都指揮使考》，《學術界》1995 年第 1 期。

15. 方積六:《論唐代河朔三鎮的長期割據》,《中國史研究》1984 年第 1 期。

19. 樊文禮:《從宋初的改革措施看唐末五代的割據統治》,《內蒙古大學學報》1982 年第 2 期。

20. 馮培紅:《敦煌文獻中的職官史料與唐五代藩鎮官制研究》,《敦煌研究》2001 年第 3 期。

21. 馮培紅:《20 世紀敦煌吐魯番官制研究概況》,《中國史研究動態》2001 年第 11 期。

22. 馮培紅:《晚唐五代宋初歸義軍武職軍將研究》,《敦煌歸義軍史專題研究》,蘭州:蘭州大學出版社,1997 年。

23. 高明士:《唐代的武舉與武廟》,《第一屆國際唐代學術會議論文集》,臺北:學生書局,1989 年。

24. 高敏:《十六國時期的軍鎮制度》,《史學月刊》1998 年第 1 期。

25. 高鳳林:《略談唐朝節度使制度》,《山東師範大學學報》1984 年第 6 期。

26. 谷川道雄:《關於河朔三鎮藩帥的繼承》,(臺)《第一屆國際唐代學術研討會議論文集》第 1 輯,1989 年。

27. 郭紹林:《唐代選拔軍事人才的途徑》,《洛陽師範學院學報》2002 年第 3 期。

28. 金宗燮:《五代中央對地方的政策研究——以對州縣政策爲主》,《中國社會歷史評論》第 4 輯。

29. 金瀅坤:《中晚唐銓選制度變化與科舉及第入幕關係》,《人文雜誌》2002 年第 4 期。

30. 菊池英夫:《節度使制度確立以前「軍」制度的展開》,《東洋學報》44 卷 2 號（1961 年）。

31. 菊池英夫:《節度使制度確立以前「軍」制度的展開》(續編),《東洋學報》45 卷 1 號（1962 年）。

32. 何冠環:《宋初三朝武將的量化分析——北宋統治階層的社會流動現象新探》,《食貨月刊》復刊第 16 卷第 3、4 期（1986 年）。

33. 黃正建:《唐代戎服「裲襠」服與地方行政長官的軍事色彩》,《中國史研究》2002 年第 4 期。

34. 黃清連:《忠武軍:唐代藩鎮個案研究》,《中央研究院歷史語言研究所集刊》第 64 本第 1 分,1993 年。

35. 雷淵深:《中國歷代軍事職官制度》,《中國史研究》1993 年第 4 期。

36. 黎虎:《漢唐時期的「軍吏」》,《陰山學刊》2006 年第 6 期。

37. 李方:《唐西州軍政官吏的本地陞遷》,《敦煌吐魯番研究》第 6 卷,北京大學出版社,2002 年。

38. 李軍、張軍剛：《論五代使職官的軍事化》，《陝西師範大學繼續教育學報》2003 年第 2 期。

39. 李昌憲：《試論宋代地方統兵體制的形成及其歷史意義》，《史學月刊》1996 年第 1 期。

40. 李文瀾：《從唐代地方長官選任看中央與地方的政治關係——以山南荊楚爲例》，《魏晉南北朝隋唐史資料》2002 年第 19 輯。

41. 李貴錄：《宋朝「右文抑武」政策下的文臣與武將的關係：以余靖與狄青關係爲例》，《中山大學學報》2002 年第 4 期。

42. 林榮貴：《五代十國的轄區設治與軍事戍防》，《中國邊疆史地研究》1999 年第 4 期。

43. 劉琴麗：《從出土墓誌看唐代的武貢舉.》，《中國史研究》2003 年第 3 期。

44. 劉詩平：《唐代前後期內外官地位的變化——以刺史遷轉途徑爲中心》，《唐研究》第 2 卷，北京大學出版社，1996 年。

45. 劉後濱：《安史之亂與唐代政治體制的演進》，《中國史研究》1999 年第 2 期。

46. 劉後濱：《唐代選官制度的演進》，吳宗國主編《中國古代官僚制度研究》，北京：北京大學出版社，2004 年。

47. 劉安志：《唐五代押牙（衙）考略》，《魏晉南北朝隋唐史資料》1998 年第 16 輯。

48. 劉源：《唐太宗爲何不重用秦府舊將：兼談唐太宗任用武人的政策》，《歷史教學》1996 年第 5 期。

49. 羅香林《藩鎮制度沿革考》，《社會科學季刊》1934 年 2 卷 9 期。

50. 賈志剛：《唐代中後期供軍使、院及相關問題探討》，《魏晉南北朝隋唐史資料》2001 年第 18 輯。

51. 賈志剛：《唐代地方長吏的交接替代》，《鄭州大學學報》2007 年第 3 期。

52. 羅文：《北宋文臣統兵的真相》，漆俠主編《宋史研究論文集》，保定：河北大學出版社 2002 年。

53. 馬俊民：《唐朝刺史軍權考——兼論與藩鎮割據的關係》，《南開大學歷史系建系七十五周年紀念文集》，天津：南開大學出版社，1987 年。

54. 馬馳：《唐幽州境僑治羈縻州與河朔藩鎮割據》，《唐研究》1998 年第 4 卷。

55. 孟彥弘：《論唐代軍隊的地方化》，《中國社會科學院歷史研究所學刊》第 1 集，北京：社科文獻出版社，2001 年。

56. 孟彥弘：《唐前期的兵制與邊防》，《唐研究》1995 年第 1 卷。

57. 蒙曼：《唐玄宗朝北衙禁軍准內廷體制的形成及其影響》，《北大史學》2003

年第 9 期。

58. 蒙曼：《開天政局中的唐元功臣集團》，《文史》2001 年第 4 期

59. 苗書梅：《宋代武官選任制度初探》，《史學月刊》1996 年第 5 期

60. 牟潤孫：《從唐代初期的政治制度論中國文人政治之形成》，《注史齋叢稿》，北京：中華書局，1987 年。

61. 牟發松：《唐代都督府的廢置》，《魏晉南北朝隋唐史資料》1986 年第 8 輯。

62. 潘孝偉：《唐代的武舉》，《安慶師範學院學報》1990 年第 1 期。

63. 寧可：《宋代重文輕武風氣的形成》，《寧可史學論集》，北京：中國社會科學出版社，1999 年。

64. 寧志新：《唐使職若干問題研究》，《歷史研究》1999 年第 2 期。

65. 寧志新：《唐代行軍總管考略》，《河北師院學報》1991 年第 4 期。

66. 寧志新：《兩唐書職官志「招討使」考》，《歷史研究》1996 年第 2 期。

67. 齊陳駿、馮培紅：《晚唐五代歸義軍政權中「十將」及下屬諸職考》，《敦煌歸義軍史專題研究》，蘭州：蘭州大學出版社，1997 年。

68. 齊勇鋒：《後周的軍制改革》，《文史哲》1989 年第 5 期。

69. 齊勇鋒：《五代禁軍初探》，《唐史論叢》1987 年第 3 輯。

70. 齊勇鋒：《說神策軍》，《陝西師範大學學報》1983 年第 2 期。

71. 齊勇鋒：《中晚唐五代兵制探索》，《文獻》1988 年第 3 期。

72. 齊勇鋒：《五代藩鎮兵制和五代宋初的削藩措施》，《河北學刊》1993 年第 4 期。

73. 日野開三郎：《五代鎮將考》，《日本學者研究中國史論著選譯》（五），北京：中華書局，1993 年。

74. 任士英：《唐代尚武之風與追求功名觀念的變遷》，《唐文化研究論文集》，上海：上海人民出版社，1994 年。

75. 榮新江：《唐五代歸義軍武職軍將考》，《敦煌學新論》，蘭州：甘肅教育出版社，2002 年。

76. 沙憲如：《唐代節度使的再探討》，《史學集刊》1994 年第 2 期。

77. 石雲濤：《唐後期方鎮使府僚佐的遷轉》，《魏晉南北朝隋唐史資料》1996 年第 14 輯。

78. 石雲濤：《唐後期有關節鎮僚佐辟署對象的限令》，《唐研究》2001 年第 3 卷。

79. 宋德熹：《唐代後半期門閥與官宦的關係》，淡江大學中文系主編《晚唐的社會與文化》，臺北：學生書局，1990 年。

80. 孫繼民：《唐代的行軍統帥》，《魏晉南北朝隋唐史資料》1991 年第 11 輯。

81. 孫繼民：《唐代軍將的泛稱》，《河北師院學報》1994 年第 4 期。

82. 孫繼民：《行軍在唐代軍事力量體制中的地位》，《河北師院學報》1994 年第 4 期。

83. 孫繼民：《唐代行軍統帥僚屬制度及其對藩鎮形成的影響》，《河北學刊》1992 年第 6 期。

84. 孫繼民：《唐宋兵制變化與唐宋社會變化》，《江漢論壇》2006 年第 3 期。

85. 唐群：《武則天開創武舉時形勢分析》，趙文潤等主編《武則天研究論文集》，太原：山西古籍出版社，1998 年。

86. 唐長孺：《敦煌吐魯番史料中有關伊西、北庭節度使留後問題》，《中國史研究》1982 年第 1 期。

87. 王賽時：《唐代職業軍人的謀生途徑》，《西南師範大學學報》1990 年第 3 期。

88. 王賽時：《論唐藩鎮軍隊的三級構成》，《人文雜誌》1986 年第 4 期。

89. 王賽時：《唐朝軍隊結構的變化與驕兵悍將的形成》，《齊魯學刊》1998 年第 5 期。

90. 王曾瑜：《宋朝的文武區分和文臣統兵》，《中州學刊》1984 年第 2 期。

91. 王智勇：《吳氏世將與南宋政治》，《中國史研究》1996 年第 4 期。

92. 王永興：《關於唐代後期方鎮官制新史料考釋》，《紀念陳寅恪先生誕辰百年學術論文集》，北京：北京大學出版社，1989 年。

93. 汪籛：《玄宗時期之禁軍及其統帥》，《漢唐史論稿》，北京大學出版社，1992 年。

94. 夏炎：《從州級官員設置的變動看唐代中央與地方的關係》，《中國社會歷史評論》2008 年第 9 卷。

95. 嚴耕望：《唐代方鎮使府僚佐考》，《唐史研究叢稿》，香港：新亞研究所，1969 年。

96. 于賡哲：《由武成廟制度變遷看唐代文武分途》，《魏晉南北朝隋唐史資料》2002 年第 19 輯。

97. 余蔚：《唐至宋節度、觀察、防禦、團練、刺史體系的演變》，《中華文史論叢》第 71 輯。

98. 余蔚：《宋代的節度、防禦、團練、刺史州》，《中國歷史地理論叢》2002 年第 1 期。

99. 臧雲浦：《中國歷代武官制度》，《徐州師院學報》1989 年第 3 期。

100. 趙貞：《歸義軍押衙兼知他官略考》，《敦煌研究》2001 年第 2 期。

101. 趙呂甫：《唐代初期的屯防軍制》，《文史哲》1957 年第 4 期。

102. 張國剛：《唐代藩鎮軍隊的統兵體制》，《晉陽學刊》1991 年第 3 期。

103. 張國剛：《唐代藩鎮使府辟署制度》，《社會科學戰線》，1984 年第 1 期。

104. 張國剛：《唐代禁衛軍考略》，《南開學報》，1999 年第 6 期。

105. 張國剛：《唐代藩鎮的軍事體制》，《晉陽學刊》1990 年第 4 期。

106. 張國剛：《唐代藩鎮軍事制度的幾個問題》，《敦煌學與中國史研究論文集》，蘭州：甘肅教育出版社，2001 年。

107. 張國剛：《唐代中央軍事決策與軍隊領導體制論略》，《南開學報》2004 年第 1 期。

108. 張晉藩：《中國古代文官制度綜論》，《中國社會科學》，1989 年第 2 期。

109. 張其凡：《五代後梁禁軍探微》，《安徽師範大學學報》1988 年第 3 期。

110. 張其凡：《五代後唐禁軍考實》，《暨南學報》1991 年第 2 期。

111. 張其凡：《五代晉漢禁軍考略》，《廣州師院學報》1989 年第 3 期。

112. 張達志：《從刺史軍權論中晚唐地方政局的演進》，《史林》2011 年第 1 期。

113. 張達志：《唐代後期藩鎮與州之關係新解》，《學術月刊》2010 年第 1 期。

114. 鄭炳俊：《唐後期的地方行政體系研究》，《東洋史研究》第 51 卷，1992 年。

115. 朱德軍：《唐代中後期「地方獨立化」問題初探》，《陝西師範大學學報》2009 年第 2 期。

116. 祖慧：《宋代胥吏的選任與遷轉》，《杭州大學學報》1997 年第 2 期。

117. 祖慧：《五代時期中央對地方的政策研究》，張國剛主編《中國中古史論集》，天津：天津古籍出版社，2003 年。

後　記

　　2003 年，留給人們的記憶是肆虐的「非典」，也正是在這一年我負笈京門，忝列於黎虎先生門牆。黎門桃李芬芳，能廁身其中，自豪有之，壓力亦有之。先生學識廣博，研究貫通漢唐，十分強調研究的開創性和可持續性。開學之初，我曾擬以「唐宋鄉村社會變遷」為博士論文選題，但遭到了先生的否決。在惶惑和苦惱中，最終選擇了「唐代地方武官研究」這個題目。一方面是興趣使然，是我對唐代河北藩鎮研究的擴展和延續，當然也受到了同門張金龍先生大著《魏晉南北朝禁衛武官研究》的直接啓發。

　　先生建議將我將魏晉南北朝和隋唐結合起來，進行通貫性研究，但本人生性鈍拙，學力未逮，最後辜負了先生的期望，還是將題目局限在了唐代，而且側重於唐後期。但在翻閱魏晉南北朝史籍中，加深了對唐代的理解，使自己視野有所拓展，考慮問題不再局限於唐代一隅。三年中先生上課不多，主要是一些小組課，同門弟子集中一起就某人一篇文章進行討論，先生最後加以總結點評。「如切如磋，如琢如磨」，在相互砥礪和相互啓發中我自感獲益良多。課後同門例行聚餐，其樂也融融，昔日場景宛然如在目前。現在同門分散於各地，相見也難，想來不禁令人黯然。

　　論文寫作的最後一年，小兒景行呱呱降生。其生也艱，養亦難，其中之況味，不足為外人道也，現在想來都恍惚如在夢中。論文寫得很苦很累，身心交瘁、疲憊難支，數次想到過放棄，但最後還是咬牙堅持下來了。從這個意義上講，我又是於心無愧的，畢竟自己盡力了。

　　博士畢業後，我又回到了原來的單位河北省社會科學院歷史研究所。論文一放就是六年，剛開始不願修改，主要是有一種心理陰影，看到博士論文心裏總有一種隱隱的痛。後來心理漸漸平復，又投身於其他書稿的撰寫，以至論文的修改一拖再拖。其間也幾次湧起出版的欲望，但諮詢過後，高昂的出版費用，又令人望而卻步了。同門的論文先後付梓出版，我在羨慕之餘，

心裏也悵然不已，甚至有一種頭白可期，汗青無日的絕望。

臺灣花木蘭文化公司給書稿的出版帶來了轉機，使我重新看到了希望。花木蘭文化公司以發掘中國傳統文化，弘揚學術爲己任，分「古代歷史文化研究彙刊」「古典文獻研究輯刊」、「中國學術思想研究輯刊」、「古典詩歌研究彙刊」四個板塊，已經出版了一大批學術著作，在海內外產生了巨大影響。能忝列其中，深感榮幸。在此謹向高小娟社長、楊嘉樂博士表示深深的敬意和感謝。

本書是在博士論文的基礎上修改補充而成，最主要是增加了「行營體制下的地方武官」和「唐代地方武官與唐宋歷史變革」兩章。按照本來的計劃還要再寫「唐代地方武官與地域社會」一章，探討他們與地方文官之間的關係，探討他們的社會生活及其對地方社會的影響。但由於知識儲備不夠，一時找不到突破點，加之時間緊迫，只好割愛了。另外，由於本人閱力有限，對港臺和日本學者的成果吸收不夠，這是深以爲憾的。

書稿要出版了，心中感慨萬千。感謝恩師黎先生，感謝先生對我的寬容和諒解；感謝先生對我學業和生活上的關心照顧。

感謝博士論文答辯委員會閻守誠、郝春文、寧欣、游彪、孫繼民等先生。他們的褒揚，使我增加了信心；他們的指摘和建議也使本書避免了一些不該犯的錯誤。

感謝本人所在單位河北省社會科學院提供出版資助。

感謝彭豐文、董坤玉、付開鏡、施新榮、金霞、村井恭子等諸位同門無私的爲我提供建議和資料。

感謝愛妻張艷亭，爲了讓我安心讀書寫作，承擔了大部分撫養照顧幼子的重擔。她以少見的善良和寬容使我在勞累之餘能時時感到家之溫馨，幸福時時漾於心間。

「不惋惜，不呼喚，我也不啼哭／一切將逝去……如蘋果花叢的薄霧／金黃的落葉堆滿我心間——我已經再不是青春少年。」我很喜歡葉賽寧的這首詩，喜歡它的昂揚，也喜歡其中蘊含的如煙似霧的淡淡傷感。因爲我感到這才是眞正的人生。如今我已年近不惑，早已不是什麼青澀少年。逝去的就逝去吧，前面的路還很長，我仍要風雨兼程。

以之爲記。

馮金忠於石門
2012-3-18